去工业化、逆全球化与经济停滞常态化

——一个观察当代资本主义的新视角

何自力　乔晓楠　王　俊　苏立君　等著

中国财经出版传媒集团
经济科学出版社
Economic Science Press

图书在版编目（CIP）数据

去工业化、逆全球化与经济停滞常态化：一个观察当代资本主义的新视角/何自力等著．—北京：经济科学出版社，2020.12

ISBN 978－7－5218－2164－2

Ⅰ.①去…　Ⅱ.①何…　Ⅲ.①资本主义经济－经济危机－研究－西方国家　Ⅳ.①F112.7

中国版本图书馆 CIP 数据核字（2020）第 244801 号

责任编辑：于海汛　武志庆
责任校对：刘　昕
责任印制：范　艳　张佳裕

去工业化、逆全球化与经济停滞常态化
——一个观察当代资本主义的新视角
何自力　乔晓楠　王　俊　苏立君　等著
经济科学出版社出版、发行　新华书店经销
社址：北京市海淀区阜成路甲 28 号　邮编：100142
总编部电话：010－88191217　发行部电话：010－88191522
网址：www.esp.com.cn
电子邮箱：esp@esp.com.cn
天猫网店：经济科学出版社旗舰店
网址：http://jjkxcbs.tmall.com
北京季蜂印刷有限公司印装
710×1000　16 开　25 印张　470000 字
2021 年 5 月第 1 版　2021 年 5 月第 1 次印刷
ISBN 978－7－5218－2164－2　定价：96.00 元
（图书出现印装问题，本社负责调换。电话：010－88191510）

项目类别：国家社会科学基金重点项目
项目名称：《经济全球化条件下当代垄断资本主义经济停滞常态化及其影响研究》
项目批准号：15AJL001

本书作者

（按姓氏笔划为序排列）

王树春　　王　俊　　戈黎华　　邓作勇　　冯新舟
田　洋　　乔晓楠　　何自力　　杨晓玲　　杨成林
苏立君　　李路遥　　张月莹　　岳　欣

目 录

导　　论

20 世纪 90 年代以来，随着经济全球化进入快速发展阶段，西方学者对经济全球化条件下垄断资本主义的经济地位和作用以及经济发展状况进行了深入分析。萨米尔·阿明（1997）认为在经济全球化条件下，作为世界体系中心区的发达经济体占有了更多的投资和贸易利益，处于外围的发展中国家产业陷入严重从属地位，由于缺乏有效的管理机制，人类正处于严重的危机之中。理查德·隆沃思（1998）认为以市场力量为主导的经济全球化运动席卷全球，发达经济体通过经济全球化谋得了巨大利益，但是全球财富分配日益不均，使贫者愈贫，富者愈富。罗伯特·吉尔平（2000）认为，在经济全球化条件下，尽管美国经济实力有所衰落，但依然是独一无二的军事和经济超级大国，应当承担起世界经济的领导作用，这不但对美国有利，而且对全球资本主义有利。2008 年全球金融危机爆发导致世界经济陷入衰退，西方学者对金融危机发生的原因及垄断资本主义进行了反思。斯蒂格利茨（2013）认为，金融危机是美国社会长期存在的不平等所导致的，1% 的富人与 99% 的穷人尖锐对立，意味着美国的经济制度和政治制度已经失灵。彼得·希夫（2013）认为，美国金融危机是美国经济长期失衡的结果，不增加居民储蓄和削减债务，美国不可能走出危机。费尔斯坦（2011）认为，金融危机及欧债危机的根源在于资本主义国家经济高度债务化，整个西方资本主义经济都是一个“庞氏骗局”，经济崩溃只是个时间问题。爱德华·卢斯（2015）认为，美国金融危机爆发以来，出现了占领华尔街、财政悬崖、政府关门、制造业萎缩、无就业复苏、教育不公、医疗养老困境、创新领先优势不再等一系列严重经济和社会问题，这意味着美国正在走向衰落。格林斯潘（2014）则认为，美国金融危机是由银行家的贪婪和金融监管缺失造成的，只要加强监管，金融危机是可以预防的。阿瑟·拉弗（2014）认为，美国金融危机爆发是由联邦政府对经济的过度干预所致，要克服危机实现经济复苏，唯一的出路是最大限度地削弱政府对经济的干预。斯蒂芬·罗奇（2014）认为，金融危机爆发的原因是世界经济严重失衡，其表现是美国过度消费而生产不足，中国过度生产而消费不足，要克服金融危机和实现经济复苏，就必须努力实现世界经济的再平衡。

国内学者对经济全球化条件下垄断资本主义的发展现状和趋势以及金融危机的成因也进行了深入研究，最有代表性观点有：余永定（2002）认为，21 世纪世界经济的典型特征是经济全球化，发达国家和发展中国家都从经济全球化中受益，但是，经济全球化是由发达资本主义国家主导的，由此也带来了一系列消极后果，严重影响世界经济的稳定发展和经济全球化的进一步深化。王伟光（2009）认为，2008 年金融危机是资本主义制度性危机，资本主义私有制是其根本原因，生产力发展到高度社会化，资本也高度社会化，而生产资料和成果越来越为一小撮金融垄断寡头所有，这一矛盾必然导致金融危机的发生。李慎明（2013）认为，经济全球化条件下高新科技得到迅速发展客观上激化了资本主义内在矛盾，严重削弱资本主义制度，金融危机爆发是其表现之一。李长久（2012）认为，当代资本主义已经从国家垄断资本主义发展到国际垄断资本主义阶段，跨国公司利用全球化经营、专利和营销以及国际储备货币谋取巨额利润，西方资本主义还具有发展生产力、实现经济增长的潜力。

国内外学者探索了经济全球化条件下垄断资本主义的新发展和新特点，研究了全球金融危机发生的原因，指出了垄断资本主义面临严重危机的事实，对认识当代垄断资本主义很有启发性。但是这些研究大都依然将当代垄断资本主义面临的危机看作是周期性危机，依然从繁荣与危机的循环角度探讨当代资本主义危机问题。本书认为，当代垄断资本主义经济危机周期性的物质基础已经不复存在，经济不可能再现繁荣，经济停滞已经常态化。本书运用马克思主义政治经济学的立场观点方法对当代资本主义经济停滞常态化的表现、机理、成因及影响进行系统研究，旨在揭示当代资本主义的本质特征和发展趋势，为科学认识当代资本主义，正确应对资本主义引发的全球性矛盾和冲突提供理论指导。

要深刻认识经济停滞常态化这一当代资本主义的本质特征，必须对资本主义的发展阶段和发展趋势做出科学的判断和定义，本书对这一重大问题进行了创新性研究。关于资本主义的发展阶段，学术界流行的观点是将资本主义发展分为四个阶段，即自由竞争资本主义、一般垄断资本主义、国家垄断资本主义、全球垄断资本主义，这种划分方法对认识资本主义市场经济的结构和行为的特点，对于揭示资本主义经济组织的发展和变化趋势，具有一定的理论意义，但是对于资本主义发展过程中不同资本形态的地位和作用的变化，对资本积累方式的变化，对资本主义经济危机形式变化，特别是对当代资本主义经济持续停滞的成因则缺乏解释力。本书对这一划分进行了改进和完善，将竞争－垄断分析与资本形态变迁分析结合起来，形成了新的划分方法。本书用商业资本、工业资本、金融资本在资本主义发展的不同历史时期的地位和作用消长作为划分标准，按照这一划分方法本书将资本主义发展划分为商贸资本主义、工业资本主义、金融资本主义三个历史阶段。本书认为，商贸资本主义是前工业化阶段的资本主义，工场手工业和海洋贸易是这一阶段资本主义生产方式的基本形态，时间跨度大体从15世纪初到18世纪中叶；工业资本主义是工业化阶段的资本主义，机器大生产成为资本主义生产方式的基本形式，时间跨度大体从18世纪中叶的第一次工业革命到20世纪70年代初；金融资本主义是去工业化阶段的资本主义，金融资本主导的金融业成为资本主义生产方式的基本形式，时间跨度从20世纪70年代初至今。这个阶段金融资本主义的崛起和发展是与工业资本主义的衰落重叠在一起的。将商业资本、工业资本、金融资本在资本主义发展过程中地位和作用的变迁与资本主义竞争与垄断的发展和变化结合起来，形成了一个认识资本主义发展的新视角，这就是：自由竞争资本主义的发展是与基于工场手工业的商贸资本主义和工业资本主义的崛起相重合的，一般私人垄断资本主义和国家垄断资本主义是与工业资本主义的成熟发展相重合的，全球垄断资本主义则是与去工业化、金融化的金融资本主义发展相重合的。这种认识资本主义发展阶段和发展趋势的新视角体现了全球化条件下垄断资本主义生产力发展与生产关系发展的辩证统一性，能够更深刻地揭示资本主义生产方式发展和变化的规律性，更准确地阐明当代资本主义的本质特征和发展趋势。

本书认为，工业资本主义是资本主义生产方式演变和发展的独特阶段，它既是资本主义生产方式所能容纳的生产力发展的最高阶段，也是资本主义生产方式内在矛盾加速积累和激化的阶段。工业化的兴起和大机器生产与资本主义相结合，有力地推动了工业资本主义的形成和发展，工业资本主义创造了巨大的生产力，为资本主义制度奠定坚实物质基础，并推动资本主义生产方式伴随经济全球化走向世界。随着资本主义生产方式内在矛盾激化推动去工业化进程的出现，工业资本主义向后工业资本主义转型，资本主义从此进入了不可挽回的衰落轨道。

对产业资本主导的工业资本主义产生、发展、衰落的历史过程和内在必然性进行深入研究是本书的重要任务。本书将工业资本主义发展分为两个阶段：一是工业资本主义的成长阶段，时间跨度为18世纪60年代到19世纪70年代，约110年；二是工业资本主义的兴盛阶段，时间跨度为19世纪70年代到20世纪70年代，约100年。工业资本主义的成长阶段以第一次工业革命为标志，1765年，织工哈格里夫斯发明了“珍妮纺织机”，在棉纺织业引发了发明机器、进行技术革新的连锁反应，揭开了工业革命的序幕，棉纺织业中出现了水力纺纱机、水力织布机等先进机器，在采煤、冶金等许多工业部门都陆续有了机器生产。随着机器生产越来越多，原有的动力如畜力、水力和风力等已经无法满足需要，1785年，瓦特制成的改良型蒸汽机投入使用，推动了机器的普及和发展，人类社会由此进入了工业化时代，工厂替代手工工场成为工业化生产的最主要组织形式。工业革命和工业化使资本主义的物质财富生产能力大幅度提高，创造的财富超过了人类有史以来的总和，也为资本主义生产方式统治地位的形成奠定了物质技术基础，此间英、法、德、美、日等国相继完成工业革命，率先走上工业化道路。此阶段资本主义生产方式的特点是：资本主义生产关系与机器大生产相结合创造了巨大的物质财富；资本与雇佣劳动的对立和矛盾不断加深；资本开辟海外市场和抢夺原材料产地加快世界市场的形成和经济全球化的发展；资本与劳动的矛盾不断加深；资本主义基本矛盾推动经济危机周期性爆发。

工业资本主义的兴盛阶段以第二次工业革命为标志。从19世纪60年代起，科技进步取得一系列新成果。1866年，德国人西门子制成了发电机，70年代电气开始成为补充和取代蒸汽机的新能源。随后，电灯、电车、电影放映机相继问世，人类进入了“电气时代”。该阶段资本主义生产方式的特点是：电力、内燃机、电话的发明和广泛使用有力推动了社会生产力的发展，出现了一系列新兴工业如电力工业、化学工业、石油工业、汽车工业等；生产集中推动资本集中，资本集中引起垄断，自由竞争资本主义转变为垄断资本主义；银行的作用发生重大变化，由简单的中介人变成万能的垄断者；银行资本与工业资本相融合形成金融资本，金融资本成为资本主义国家经济和政治的实际统治者；借贷资本输出取代商品资本输出具有了特别重要的意义；垄断组织跨出国界，资本国际垄断同盟形成；世界领土被瓜分完毕；资本主义发展不平衡规律导致资本主义国家之间为重新瓜分世界而爆发战争。

从20世纪70年代起西方资本主义走上去工业化道路，工业资本主义向金融资本主义转变，本书对此进行了深入研究。20世纪70年代以来，西方国家的纺织、服装、造船、炼钢、家电、汽车等产业开始衰退，新兴高技术产业发展缓慢，产业结构中缺少带头产业。在制造业日益萎缩的同时，西方各国一直持续增长的产业是服务业，主要包括国际贸易、国际金融、国际保险、咨询业、广告业、批发业等。目前，在西方发达国家的三次产业中，各次产业的产值在国内生产总值中的比重是：第一产业约为10%，第二产业约为15%，第三产业约为75%①。据统计，2007年制造业产值在GDP中的比重美国是20.9%，意大利是

① 世界银行WDI数据库。

15%，爱尔兰是12%，西班牙是11%，葡萄牙是11%，希腊是9%[①]。这样的产业结构意味着加工制造业趋于萎缩，大部分普通消费品、日用品、工业制成品等在西方国家已不生产，消费品需求主要靠进口来满足，外贸赤字迅速扩大，加工制造业产业竞争力严重衰竭。在2008年的全球金融危机和其后的主权债务危机风暴中，美国、西班牙、意大利、希腊等国均为重灾区。西方国家政府在危机期间采取了一系列反危机措施，包括政府出巨资救助大型金融机构和大公司；实施量化宽松政策；减税和紧缩开支等。但是，在去工业化的背景下，产业链供应链参差不齐，资本循环不畅，投资回报率低，收入增长缓慢，消费严重萎缩，无论政府实施任何刺激政策，都难以达到预期效果，经济处于持续停滞状态。

与去工业化相同步，西方资本主义经济金融化进程加快。1929~1933年大危机后，各资本主义国家普遍对金融业实行分业经营与管理，加强了对金融业的政府监管。20世纪70年代起情况发生根本性逆转，西方国家普遍走上放松金融管制和金融自由化的道路，各国金融机构开始突破原有的专业分工界限，综合经营各种金融业务，取消外汇管制，实行浮动汇率制度，金融市场相互开放，金融工具不断创新，传统信贷业务逐年减少，债券业务却迅速增长，融资方式出现证券化趋势。金融自由化为金融业的大发展提供了机遇，金融业在经济中所占的比例迅速攀升，创造出了极大的繁荣。金融资本在工业资本主义的发展过程中崛起并逐渐占据支配地位，改变了资本主义的积累方式，也重塑着资本主义的运行方式。

本书认为，从20世纪70年代开始的去工业化进程带来的最严重后果是摧毁了西方国家的机器大工业生产体系，资本主义陷入持续的停滞，危机与繁荣交替的经济周期不复存在。在工业资本主义时期，制造业占主导地位，由于资本主义生产的不断扩张和劳动群众有支付能力的需求相对狭小，导致生产的产品超过了有支付能力的需要，产品卖不出去就会引发经济危机。由于这种危机的实质是生产相对过剩，所以消除过剩的生产能力，恢复供求平衡就成为经济危机的主要作用，也就是说，经济危机用企业破产和物质财富浪费为代价强制实现供求关系的平衡，并通过固定资本更新拉动需求，恢复市场信心，推动资本主义经济走出危机和萧条，实现复苏并逐渐步入繁荣发展的轨道。工业资本主义的生产过剩性危机具有阶段性和周期性，即整个经济危机会经历危机、萧条、复苏和繁荣四个阶段，危机过后将会迎来新的经济繁荣。但是，从20世纪70年代以来，西方资本主义发生过多次经济危机，这些危机同过去相比，除了经济增速低下相同之外，

① 世界银行WDI数据库。

最显著的不同点是各次危机的周期性越来越模糊，上次危机与下次危机之间的区别非常不明显。这说明了一个事实，就是这一时期的经济危机的基础已经悄然发生了变化，制造业的萎缩已经使固定资本更新难以正常进行，固定资本更新是经济危机周期性的物质基础，固定资本更新不能正常进行了，经济危机的周期性自然也就无法显示出来了。

本书在对西方资本主义国家工业化和去工业化的历史进程及动因进行深入研究的基础上，提出了西方资本主义经济陷入停滞常态化的观点，并构成本书的核心内容。本书认为当代垄断资本主义经济停滞常态化主要表现在以下几个方面。

1. 经济增速持续低迷

据世界银行统计，2008 年全球经济增长率从 2007 年的 3.6% 下降到 1.9%，2009 年增长为 -2.2%。发达国家由 2008 年以前较高的增长率下降到 2008 年的 0.8%，2009 年降为 -3.3%。美国、日本以及欧元区的经济增长率分别从 2007 年的 2.2%、2.1% 和 2.7% 降到 2008 年的 1.1%、-0.7% 和 0.7%，2009 年分别又降为 -2.5%、-5.4% 和 -4.0%①。金融危机期间，西方各国政府采取了一系列措施试图挽救遭受重创的经济，包括出巨资援助大银行和大公司；实施宽松货币政策，将利率降到接近于零的水平；实施再工业化政策，鼓励海外投资回流本土；加大基础设施、环境保护、高新技术产业的投资，创造新的经济增长点；等等。然而政策实施的成效甚微。金融危机已经过去 10 多年了，而西方经济始终笼罩在金融危机的阴影之下。目前，西方国家投资疲弱，消费不振，出口乏力，通货紧缩严重，经济增速持续低迷，美国经济增速在 2% 左右，欧元区和日本徘徊在 1% 左右。

2. 失业率高居不下

1974 年后，各发达资本主义国家的失业率几乎都超过了 5%。到了 20 世纪 80 年代，虽然通货膨胀得到了抑制，但失业率仍然居高不下。90 年代，失业现象进一步加重，特别是欧洲国家的失业率达到空前严重的程度。1995 年，经济合作与发展组织（OECD）25 个成员国的平均失业率高达 8%。1997 年，欧盟国家平均失业率高达 10.6%。金融危机导致严重失业，美国、日本、欧元区的失业率分别从 2007 年的 4.6%、3.9% 和 7.1% 上升到 2008 年的 5.8%、4.0% 和 7.8% 以及 2009 年的 9.3%、5.0% 和 9.4%。2013 年 9 月美国的失业率为 7.2%，青年失业率为 21%，黑人失业率为 12.9%，西班牙人为 9%。西班牙 2013 年第一季度总体失业人数增加到 620 万，失业率升至 27.16%。意大利 2012 年 11 月

① 世界银行 WDI 数据库。

的失业率为11.1%，与此同时，在15～24岁的青年失业率高达37.1%，创下历史新高。希腊全国整体失业率2013年初达到27%，15～24岁的青年失业率达到64.2%，也创历史新高①。

3. 收入差距和不平等不断扩大

第二次世界大战后随着经济快速恢复和增长，中产阶级成长为西方社会的重要阶层。随着去工业化导致的制造业衰落加剧，越来越多的蓝领和白领进入服务业，而服务业的劳动生产率和劳动者收入水平大大低于制造业。美国第三产业每小时平均工资约比制造业低11%。由于第三产业中零售业、金融业、保健业有大批工人从事非全日制工作，其收入水平就更低了。随着制造业的衰落，庞大的政府公共开支难以为继，不得不实行紧缩政策，大规模削减政府公务员的数量和降低工资，造成了中产阶级人数的减少和收入水平的下降。随着制造业的迅速萎缩，中产阶级的主导地位被动摇，收入增长缓慢，生活状况越来越差。2006年10月2日出版的《美国新闻与世界报道》指出，现在美国人贫富收入悬殊甚于历史上任何时候。目前，美国最富有的1%家庭拥有近全社会40%的财富，而底层80%的家庭只拥有全国16%的财富。随着中产阶级的没落和在社会政治生活中平衡作用的消失，西方社会形成了1%最富有人群与99%的低收入人群的严重对立，这种状况仿佛回到了财富占有极端不平等的资本主义发展的初级阶段，社会的阶级结构重新表现为穷人和富人两大集团的对立。

4. 政府债务负担不断加重，公共开支难以为继

新机器、新技术替代劳动是工业资本主义条件下劳资关系悖论的典型表现。在这一悖论存在的情况下，越来越多的劳动者被从生产部门排挤出来，进入失业大军的队伍，被迫在技术含量低或者没有技术含量的第三产业就业，收入水平十分低下，财富越来越向少数人手里集中，两极分化越来越严重。这一切对资本主义制度构成严重威胁，迫使资产阶级政府通过扩大公共开支来缓和矛盾。然而，加工制造业的衰退弱化了经济增长，政府扩大财政收入失去了经济来源。政府向资本家征税以维持福利制度，结果却迫使资本家借对外直接投资之名，将资本和相应的收入转移他国，以达到避税目的，这使政府税源进一步减少。产业空心化和制造业衰落以及资本家逃税行为使政府通过增大公共开支来支持福利制度变得非常困难，被迫举债以维持公共开支，结果使债务雪球越滚越大。目前，所有发达资本主义国家的政府都背负着巨额债务，债务危机随时可能爆发并压垮资本主义经济。

① 世界银行WDI数据库。

5. 虚拟经济与实体经济相脱节，金融危机频繁爆发

西方资本主义生产方式本来是建立在机器大工业生产体系基础上的，工业资本是经济增长和技术创新的主体性资本形态，但是在市场自发调节下，当工业资本推动的实体经济发展到一定程度时，主要从事货币借贷和资本运营活动的金融资本借势迅速崛起。比起规模庞大、管理复杂的工商业活动，金融投机更能快速而轻松地谋取暴利，一夜暴富遂成为社会风尚和人们的普遍向往，这使越来越多的社会资本脱离实体经济而汇集到金融业。最初金融资本凭借对资金供给的控制而支配实体经济成为金融寡头，进而贪婪的金融寡头脱离实体经济，通过形形色色的金融衍生工具在国内外股票市场、债券市场、基金市场以及房地产市场呼风唤雨，巧取豪夺，使财富以惊人的速度膨胀，其结果是虚拟经济的发展与实体经济的发展严重脱节，经济增长丧失动力，金融危机频发。20 世纪 80 年代爆发的拉丁美洲国家的债务危机揭开了全球性金融危机的序幕。1992 年爆发了涉及 10 个欧洲国家的欧洲货币危机。1994 年 3 月，墨西哥发生金融危机，外国投资者纷纷抽走其资本，墨西哥外汇储备急剧减少。1997 年 7 月，受美元升值和美国利率上调的影响，泰国市场信心下挫，外资开始大量撤离，股市连续下滑，泰铢急剧贬值，引发亚洲金融危机。俄罗斯于 1997 年 10 月和 1998 年 5 月先后两次爆发金融危机，在货币市场和证券市场上，占俄罗斯国债总额约 1/3 的外国资本大规模外逃，引起汇率下跌和股市大幅下挫。2001 年 3 月，阿根廷进入偿债高峰，而国内资本外逃却日益严重，经济陷入严重动荡和危机。2007 年 4 月 2 日，美国第二大次级抵押贷款企业新世纪金融公司由于逾 84 亿美元的流动性债务申请破产保护，美国次级抵押贷款危机爆发，引发全球金融危机。

西方资本主义经济停滞常态化的发生是由多种原因造成的，根本原因是资本主义基本经济制度、政治制度以及意识形态。

（一）以私有制和雇佣劳动为基础的基本经济制度

经济制度规定着一定社会生产、分配和交换的基本原则，规定着该社会生产关系的性质。经济制度是经济体制的基础，决定经济体制的根本性质和主要特点，规定着它的发展方向。西方国家的市场经济偏重市场调节，轻视必要的政府干预，这与其实行的基本经济制度有密切关系。西方资本主义经济制度的核心是私有制与雇佣劳动制度，私人资本在市场经济中占据支配地位，私人资本与雇佣劳动之间的关系具有对抗性。私人资本的本性是追求最大利润，它构成了私人资本从事所有经济活动的唯一动机和目标，决定了资本主义市场经济的固有特征，即资本利益至上和契约自由。在资本主义私有制条件下，私人资本最愿意接受的

市场竞争秩序是自由放任和自由竞争，市场发挥自发调节作用的自由市场经济是最符合私人资本的本性和意志的经济运行机制，体现了私人资本追求最大利润的目标和要求。基于资本主义私有制，私人资本追求私人利益最大化而不是社会利益最大化，私人利益与社会利益存在着尖锐的矛盾。私人资本对任何限制和约束其谋求私人利益最大化的行为的制度安排本能地予以抵制，拒绝承担任何以牺牲资本私利为代价的社会义务和责任，反对政府基于社会利益对其谋利行为的干预和调控，导致经济持续停滞，社会财富创造能力枯竭。

（二）以权力制衡为特征的政治法律制度

西方市场经济体制中市场力量强大而政府地位弱小，与西方的政治制度也有密切关系。在西方的三权分立制度安排中，立法是基础，司法是保证，行政只是立法和司法的从属和执行机构。表面上看，社会各种利益群体都有自己的代表参与立法决策，决策过程显示出民主性，但是事实上，真正能够影响决策的只是少数财力雄厚的利益集团，决策最终体现的是少数利益集团的意志和要求。西方政治制度中的政府是行政机构，基本职能是落实议会批准和通过的各项政策和法规。由于政府行政职能受到立法机构的严格制约，而立法机构又控制在少数利益集团的手中，体现少数人的意志和要求，因此，政府在本质上只是为少数利益集团服务的工具。西方的多党制与三权分立制度相适应，主要任务是隔几年为政府机构选择一个掌门人，哪个政党能够执掌政府权力，就看哪个政党能够代表大资本利益集团的意志和要求，或者看大资本利益集团支持哪个政党，愿意为哪个政党捐出巨额竞选经费。西方国家最有势力的利益集团既操纵议会的立法过程，又控制政府行政部门首脑的选举，政治体制沦为利益集团的驯服工具。在西方国家的政治实践中，私人资本利益集团占有社会资源，绑架公共权力，不允许政府过多干预和限制自己的权力。在这套制度中，不同党派为各自代表的利益集团的私利在立法机构激烈争斗，相互掣肘和拆台，很难就重大经济和社会问题达成一致，决策效率极端低下，致使作为执行机构的政府难以有效发挥职能，很难及时应对、解决经济社会发展中出现的重大问题和矛盾，导致经济持续停滞，社会财富创造能力枯竭，人们的收入水平不断下降。

（三）以新自由主义为核心的意识形态

新自由主义是流行于西方社会的主流意识形态。新自由主义形成于20世纪30年代，发展于20世纪50年代末60年代初，主要以哈耶克、弗里德曼等人发表的一系列论著中阐述的新自由主义思想为代表。新自由主义思想的主要内容是：宣扬个人高于社会的唯心主义历史观，将个人自由视为自由市场经济的基础；反对公有制，极力主张全盘私有化；倡导经济自由主义，迷信市场自行调节，断言市场机制可以有效地实现资源配置；反对国家干预，认为国家干预只会扭曲资源配置，降低资源配置效率，管得最少的政府才是最好的政府。自 20 世纪 70 年代以来，哈耶克、弗里德曼等人宣扬的新自由主义在西方大行其道，在该思潮的影响下，西方国家实施了一系列旨在强化市场调节，削弱国家干预的政策措施，遂使西方市场经济体制向更加偏向市场的方向转变。这种模式对私人资本的经济行为缺乏有效约束，对宏观经济波动和失衡状态缺乏有力调控，对私人利益与社会利益的矛盾难以有效化解，导致经济和社会矛盾日益激化，金融危机、债务危机频发，经济停滞常态化，社会成员的高收入难以为继。

经济停滞常态化是当代资本主义的典型特征，它的出现带来了一系列严重影响。

第一，它推动西方资本主义进入动荡、矛盾和冲突多发期。西方资本主义经济停滞常态化意味着经济发展动力丧失，当经济繁荣不复存在时，政治和社会稳定亦将不复存在，社会动荡不安、各种群体性冲突事件频发将成为常态。目前西方国家正在面临许多前所未有的社会问题，如恐怖主义问题、金钱政治问题、难民问题、移民问题、种族问题、枪击暴力问题等，这些问题相互缠绕，相互影响，随经济持续停滞而不断加剧。现在几乎每一个欧洲国家的传统主流政党的影响力都在下降，60 多年来，一直主导欧洲各国政治中的左派社会民主党派，以及中右派基督教民主党派正在为争取多一点点的支持率而苦苦挣扎。与此同时，政治的右倾化正成为西方政治变化的重要特征。在日本，右翼势力日益坐大，他们一方面篡改历史、参拜靖国神社、修改宪法、强军扩兵；另一方面不断在东海挑起钓鱼岛争端，拼命插手南海问题，借强化与美国军事同盟围堵和挤压中国。在美国，特朗普宣扬“美国优先”，在国内不断挑起党争，煽动种族矛盾，直言不讳地揭露美国政治和经济黑幕，撕裂社会，在国际上，奉行保护主义和单边主义政策，频频退出各类国际组织和协议，推卸国际责任，不断挥舞制裁大棒，挑起贸易战，在让人们看到了一个真实丑陋的美国的同时，也将人们对美国经济和政治失望的情绪和要求深刻变革的愿望调动到前所未有的高度。欧洲的政治右倾化也在与日俱增。欧洲的右翼政党利用经济停滞、紧缩财政、压缩福利等问题以及移民、难民，特别是多国发生的暴恐事件大造舆论，在全欧洲的声势大涨。资本主义国家政治右倾化是十分危险的，联想到 20 世纪 30 年代后萧条时期法西斯势力崛起并最终酿成惨烈空前的第二次世界大战，人们不能不对目前西方资本主义国家政治右倾化的发展保持高度警惕。

第二，西方国家失去经济全球化的主导地位，推动经济全球化发生逆转。2008 年金融危机爆发之后，世界经济陷入停滞状态，世界各国政府纷纷采取反危机措施救助经济，但是时至今日复苏极其缓慢和不确定，世界经济各项指标均未达到危机前的水平：从贸易看，经济衰退和贸易保护主义盛行，国际贸易的规模和增速显著萎缩；从金融看，发达经济体实施“量化宽松”，特别是负利率政策，导致流动性过剩和股市高度泡沫化；从投资看，发达经济体用于绿地投资的对外直接投资规模严重萎缩；从企业经营看，为了实现再工业化又采取吸引企业回流政策，跨国公司的发展受到制约。这一切意味着经济全球化陷入低潮。后危机时代经济全球化陷入低潮与发达经济体失去经济全球化主导能力有直接关系。①金融危机后国际金融监管加强，且油价和大宗商品价格大跌，发达经济体的投机性金融资本的国际流动受到抑制；②20 世纪 70 年代中期以来，新自由主义经济政策推动的跨国公司大规模对外直接投资使跨国公司母国产业高度空心化，发达经济体陷入经济衰退，根本无力继续推动投资全球化；③发达经济体收入差距日益扩大，社会消费能力受到严重削弱，吸纳国外商品和劳务的能力严重萎缩，而制造业萎缩也难以扩大出口，严重抑制国际贸易的复苏；④发达经济体实行再工业化战略，鼓励企业回流本土，对投资和贸易实施一系列限制措施，严重制约对外直接投资，阻碍经济全球化进程；⑤美国特朗普政府以经济民族主义对抗经济全球化潮流，用单边主义和保护主义对抗多边主义和自由贸易政策，向整个世界秩序宣战。

第三，美国成为世界经济稳定和世界和平的麻烦制造者和破坏者，和平与发展面临越来越大的威胁。在西方资本主义经济停滞常态化背景下，美国霸权地位衰落是必然的，由此也给世界和平和安全带来严重威胁。美国对其霸权地位的衰落不会袖手旁观，而是要竭尽全力加以维护，为此，会采取一系列损人利己的手段以求自保。①在贸易方面实施保护主义政策。奥巴马上台后，为了应对美国金融危机和减少贸易赤字，一改曾经高举的贸易自由化旗号，转而高举保护主义旗帜，极力强化对外贸的政府干预，限制别国对美出口。特朗普上台后更是变本加厉实施保护主义和单边主义，赤裸裸地奉行帝国主义和霸凌主义政策，对我国实施全方位遏制，对中国输美商品加征高额关税，打压中国高科技企业在美投资和贸易活动，限制科技人员和留学生在美交流和学习，企图与中国在贸易、投资、科技、教育等领域全面脱钩。②在金融方面利用利率调整扰乱世界经济。美元是世界储备货币，据此美国将海量美元输送到世界其他地区，构成各国外汇储备，使美国利率政策的每次调整都对全球资本市场产生重大影响。后危机时代的美国经济复苏相当脆弱，“量化宽松”和接近于零利率的政策释放大量货币，极大推高美国股市，但美国经济去工业化和产业空心化的状态并未改观。美国在调整利率时，只考虑美国自身利益，丝毫不顾及政策调整可能产生的外溢效应对世界其他国家的影响，以至于每次美国政府进行利率政策调整，都会引发国际资本市场剧烈波动，令世界各国，特别是发展中国家经济陷入严重危机，苦不堪言。③在政治上加大对别国的干预、控制和遏制力度，制造一系列严重恐怖灾难，推高战争危险。美国在世界范围推行价值观革命，企图将自己的制度输送和移植到别国，为此，美国与其同盟国联合对伊拉克、阿富汗、利比亚、叙利亚等国进行渗透和干预，结果非但没有给这些国家带来和平与安宁，反而造成持续的部族冲突和连绵不绝的暴力，给这些国家的民生带来深重灾难。为了遏制中国的发展，奥巴马政府高调宣称实施亚太再平衡战略，将其大部军事力量部署到亚洲，给亚洲的区域和平与安全造成严重威胁。特朗普政府的外交政策则对中国更加充满敌意。在 2017 年 12 月发布的国家安全战略报告中，特朗普政府把中国和俄罗斯视为“战略竞争对手”，称中俄挑战了美国的实力、影响力和国家利益，是两个意图侵蚀美国安全和繁荣的“修正主义国家”。该报告还指责中国寻求“取代”美国在亚洲的地位，称“中国在扩张自己实力的同时不惜以别国的主权为代价”，悍然对中国发起贸易战，在经济、政治、科技、军事等各个方面对中国进行全面遏制。

第四，西方资本主义发展模式内在矛盾激化，漏洞百出，现代化样板的光环黯然失色。西方资本主义发展模式一直被视为工业化和现代化的样板，是经济落后国家实现工业化和现代化学习的榜样，西方资本主义发展模式也的确在其发展过程中创造了耀眼的经济繁荣。但是资本主义发展模式带来的经济繁荣只是表面上的，与繁荣相伴随的收入差距和不平等一直在不断扩大，这决定了资本主义发展模式的不可持续性。随着去工业化进程的加快和内部矛盾的不断激化，西方资本主义发展模式的动力越来越衰竭，运行机制越来越僵化，发展效率越来越低下。现在，西方资本主义国家经济增速持续低迷、失业率不断攀升、收入差距和不平等不断扩大、主权债务危机频繁、科技创新能力衰竭、进出口贸易赤字累累，经济状况毫无生气，一片颓势，人们对未来充满彷徨、无望、焦虑。这一切意味着资本主义的发展模式内在矛盾充分暴露，且不可克服，它不再是工业化和现代化的样板，不可能带来繁荣和富裕，该模式对希望尽快摆脱贫穷落后面貌的国家和地区已经失去吸引力。

西方资本主义经济的总体状况是产业竞争力丧失，经济持续低迷，金融秩序混乱，政府债台高筑，中产阶级没落，政治制度失灵，经济和社会陷入全面危机。西方工业资本主义经济停滞常态化不是偶然的，而是资本主义内在矛盾和剩余价值规律作用的结果，具有客观必然性。西方资本主义经济制度以私有制和雇佣劳动为内容，它们构成了资本主义基本矛盾的制度基础，推动私人利益与社会利益的矛盾不断深化和激化，导致资本主义经济发展丧失动力，经济陷入持续停滞。资本主义生产方式内部劳资关系是对抗性的，资本既要靠剥削雇佣劳动获取剩余价值，又要用新机器替代雇佣劳动以谋求超额剩余价值，结果是大量的传统制造业被摧毁，越来越多的工人被迫进入服务业，导致经济陷入停滞。西方资本主义政治制度代表大资本的利益，运行效率低下，无力化解日益加剧的经济和社会矛盾，面对经济陷入持续衰退的局面却无能为力。新自由主义思潮鼓吹全盘私有化、完全市场化和极端自由化，是经济停滞常态化的重要意识形态原因，只要西方资本主义国家不放弃新自由主义这样的教条主义思维，就难以从根本上克服西方资本主义国家面临的经济停滞困境。

西方资本主义经济停滞常态化对世界经济和政治已经和正在产生严重影响，已经是世界第二大经济体并高度融入世界经济的中国不可能独善其身，必须从战略的高度采取措施加以应对。在 2016 年 G20 杭州峰会上，中国提出了建设“创新、开放、联动、包容”的世界经济的新理念，全面表达了在西方发达经济体经济停滞、世界经济复苏乏力背景下世界经济的发展思路、发展方向和发展着力点的中国观点。中国倡导二十国集团成员国积极调整政策思路，做到短期政策与长期政策相结合，需求侧管理与供给侧改革并重，通过创新、结构性改革、新工业革命、数字经济等新方式，为世界经济开辟新道路，拓展新边界；中国主张把创新置于推动全球经济复苏的首要位置，为世界经济摆脱复苏乏力、增长脆弱的局面提供强大动力；中国推动加强宏观经济政策协调，维护经济和金融稳定，共同促进全球经济增长；中国积极推动全球治理创新，提高发展中国家在规则制定中的话语权，构建系统完备、惠及所有国家的国际规则，不搞排他性、封闭性和碎片化安排，反对一家独大和赢者通吃，力求使所有国家共商规划、联动发展、共享成果；中国倡导所有国家不分大小一律平等的国际关系准则，积极打造人类命运共同体，努力构建合作共赢的国际经济新秩序。可以说，建设“创新、开放、联动、包容”型世界经济是中国给世界开出的一个全新药方，它是把握世界经济发展大势，引领经济全球化迈向新阶段，推动世界经济实现强劲、平衡、可持续和包容性增长的重大战略抉择，对克服西方资本主义国家经济停滞常态化造成的世界经济复苏乏力、经济和金融危机风险积聚、经济全球化态势逆转等消极影响具有积极的化解作用，对世界经济复苏和经济全球化重启无疑会发挥非常重要的助推器作用。

本书由十二章构成。

第一章着重对资本主义经济全球化的历史演进、性质、动因进行了深入研究。本书认为，自地理大发现以来的经济全球化是资本主义主导的。资本主义主导的经济全球化经历了世界市场形成、两个市场并行、全球经济高度一体化三个发展阶段。经济全球化具有二重性，它既是生产高度社会化和科技进步的产物，体现了生产力发展的客观要求，又是资本主义生产方式在全世界扩张的手段和工具，体现了资本占有和掠夺高额剩余价值的要求。作为社会生产力发展的客观要求，经济全球化是不可阻挡的历史潮流，作为资本主义生产方式扩张的手段，经济全球化又不可避免存在严重的矛盾性。迄今为止的经济全球化主要是在资本主义生产方式推动下发展的，是服务于资本主义基本经济规律要求的，必然体现为资本在全球生产、贸易、金融领域的扩张。

第二章着重研究工业化的含义、形成、特点、工业资本主义的形成以及工业资本主义的影响。本书认为，工业化的发生和实现是人类改造自然、征服自然实践活动的产物，标志着社会生产力发展的新阶段。同时，工业化不仅仅是个技术问题，它的发生与实现与资本主义生产方式有着密切的联系，资本主义生产方式为工业化的发生和实现提供了制度条件，工业化的发生和实现为资本主义生产方式统治地位的形成奠定了物质基础。资本主义生产方式对工业化的发生和实现的影响是双重的，它既推动了工业化的发生和实现，又制约着工业化的进一步发展。

第三章着重对西方资本主义国家产业变迁过程中去工业化发生机制进行了深入研究，本书认为，去工业化是资本主义条件下产业变迁的必然结果，是资本主义生产方式内在矛盾运动的产物，只有从资本主义生产方式的运动规律出发才能揭示和阐明去工业化的成因。资本主义条件下资本与雇佣劳动的对抗性关系是去工业化赖以发生的根本动因，技术替代劳动和资本有机构成的提高是去工业化的发生过程，制造业不断萎缩、经济高度金融化和服务化，是去工业化的最终实现。只要实行资本主义制度，凡是实现了工业化的国家最终都会不约而同地走上去工业化的道路，这是不以人的意志为转移的客观规律。

第四章着重研究资本主义经济的金融化问题。本书认为，资本主义经济金融化是资本主义生产方式矛盾运动的产物，是工业资本主义向金融资本主义转化的必然结果。金融化所形成的特殊的资本积累方式破坏了工业资本主义的物质财富积累，将资本积累所面对的价值实现的危机转变为价值生产的危机，经济周期不复存在，经济停滞成为金融资本主义的常态。

第五章着重对当代资本主义条件下产业结构的特点及存在的缺陷进行深入研究，本书认为，由产业资本推动的产业变迁表面上是三次产业的变化，实际上是资本获利手段的变化，许多产业被放弃只是由于不能给资本带来超额利润，并不是绝对过时。在资本逐利动机驱使下越来越多的传统劳动密集型制造业被淘汰，越来越多的劳动者不得不进入收入低下的服务业。服务业在产业结构中占比高并不等于产业结构高级化，相反，随着去工业化进程加快和服务业占比的上升，西方经济增速越来越低，失业人口越来越多，商品贸易赤字越来越大，产业竞争力越来越弱。

第六章着重研究当代资本主义经济增长问题。本书认为，资本主义经历了商贸资本主义、工业资本主义、金融资本主义等三个发展阶段，商贸资本主义是经济增长的起步阶段，工业资本主义是经济快速增长的阶段，金融资本主义则是经济增长逐步减速，陷入经济停滞常态化困境的阶段。资本主义经济由快速增长转向低速增长甚至停滞，是资本主义基本矛盾作用的结果，体现了资本主义生产关系从适应生产力发展要求向不适应生产力发展要求的转变，符合客观经济规律。

第七章着重研究当代资本主义条件下的就业状况。本书认为，随着发达资本主义国家经济发展步入去工业化和金融化轨道，资本积累模式从工业资本积累主导的模式转向金融资本积累主导的模式，去工业化使工业资本积累模式吸纳就业能力严重削弱，失业人口不断增大，金融资本积累模式占据主导地位进一步加速工业资本的萎缩，推动失业大军规模进一步扩大，就业问题成为金融资本主义时代最严重的社会问题。

第八章着重分析当代资本主义条件下的收入分配状况。本书认为，随着去工业化和金融化进程的加快，发达资本主义国家经济增速持续低迷，社会财富占有的两极分化不断加剧，一方面少数私人垄断资本拥有的财富不断膨胀，另一方面广大劳动者的收入水平却不断下降，收入分配差距和不平等不断加剧，既反映了资本主义内在矛盾不断激化，也体现了资本主义经济停滞常态化。

第九章着重分析当代资本主义条件下的政府债务问题。本书认为，资产阶级国家的财政属于上层建筑范畴，是资产阶级用于缓和社会矛盾和维护自身利益的重要手段。随着去工业化的发生，资本主义经济的财富生产能力迅速衰竭，财政入不敷出，不得不大规模举债，遂导致资产阶级政府债台高筑，债务危机频发。财政政策一直是西方国家政府进行宏观调控的基本工具，在债台高筑的情况下，资产阶级政府的财政政策失去宏观调控功能，面对日益激化的经济和社会危机，政府失去政策腾挪空间，只能任凭危机不断加剧却无能为力。

第十章着重分析当代资本主义条件下的对外直接投资问题。本书认为，资本主义条件下的对外直接投资具有二重性，一方面，对外直接投资是私人垄断资本在世界范围剥削和掠夺高额剩余价值的重要手段，随着对外直接投资规模的不断扩大，资本主义主导的经济全球化步伐加快，私人垄断资本占有的财富迅速膨胀，富可敌国；另一方面，对外直接投资规模的不断扩大加剧资本主义经济的去工业化进程，造成严重的产业空洞化局面，由此导致经济增速下滑、失业率攀升、贸易赤字剧增、产业竞争力衰竭。对外直接投资的二重性是由资本主义基本矛盾决定的，它决定了私人垄断资本主导的对外直接投资及由此推动的经济全球化不具有可持续性。

第十一章着重分析当代资本主义条件下的逆全球化问题。本书认为，2008年金融危机爆发后经济全球化快速发展势头戛然而止，出现逆转趋势，根本原因是资本主义主导的经济全球化失去动力。一方面，资本主义主导的经济全球化导致世界经济发展严重失衡，发达经济体凭借资本、技术和管理等方面的强大优势在国际经济关系中占据中心地位，广大发展中国家则处于外围和依附地位，中心与外围的关系是支配与被支配、剥削与被剥削的不平等关系，严重制约了发展中国家的发展；另一方面，资本主义主导的经济全球化的真正获益者是极少数私人垄断资本，不但导致国内收入差距急速扩大，而且导致国内产业严重空心化和大量制造业工人失业，私人垄断资本与资产阶级政府的矛盾加剧。这意味着资本主义主导的经济全球化具有不可持续性，发生逆转具有必然性。

第十二章着重对当代资本主义条件下的经济危机特点进行了深入分析。本书认为，周期性爆发经济危机是工业资本主义的本质特征，它是产业资本运动的内在矛盾决定的，具有必然性。随着去工业化的发生和经济金融化程度的深化，工业资本主义转变为金融资本主义，产业资本的主导地位让位于金融资本，经济危机相应地转化为经济和金融危机，危机与繁荣交替的周期性不复存在，经济停滞的常态化成为当代资本主义经济的本质特征。经济停滞常态化是资本主义基本矛盾运动的产物，表明资本主义生产方式可能容纳的生产力发展空间已经十分狭小，资本主义制度走向灭亡并被社会主义所替代的速度在加快。

本书是在由我主持的国家社会科学基金资助的重点项目《经济全球化条件下当代垄断资本主义经济停滞常态化及其影响研究》最终成果基础上形成的，是课题组成员集体劳动的成果。我负责设计了本书的研究计划和写作大纲，对研究和写作工作进行了全程指导。参与初稿写作的课题组成员有：何自力（导论），苏立君（第一章、第八章、第十一章），杨成林（第二章），田洋（第三章），戈黎华（第四章），张月莹（第四章），乔晓楠（第五章），王俊（第六章、第七章、第八章），杨晓玲（第六章），邓作勇（第九章），李路遥（第十章），冯新舟、岳欣（第十二章）。全书由我统一修改、统稿、定稿，苏立君协助对书稿进行了整理、编辑和校对。

本书的研究和出版得到了国家社会科学基金重点项目、中国特色社会主义经济建设协同创新中心的资助，在出版过程中得到经济科学出版社的大力支持，在此表示衷心的感谢！

何自力

2020 年 8 月 11 日

第一章

资本主义主导的经济全球化：演进与性质

经济全球化是一个长时期的历史过程，经济全球化的启动和发展体现了资本主义生产方式的本质，也必然包含资本主义生产方式的内在矛盾，本章着重对资本主义主导的经济全球化的发展历史、性质及动因进行深入分析，旨在揭示资本主义生产方式主导的经济全球化的内在矛盾和局限性，为正确认识当代资本主义的本质特征和发展趋势提供理论指导。

第一节　经济全球化的历史演进

一、经济全球化的含义

经济全球化，顾名思义，就是世界各国由于资金、技术、商品及人员的广泛流动而相互开放、相互联系、相互依赖的一体化过程。经济全球化早在地理大发现助推资本主义向海外扩张时期就已启动，随着科学技术的进步和社会生产力的发展，经济全球化得到不断发展，到 2008 年金融危机爆发前，经济全球化加速发展并形成了高潮，其表现是：国际分工从垂直型分工为主发展到垂直型分工与水平型分工并存的新阶段，全球价值链得以形成，在全球范围内开展的协同生产达到新的高度；世界贸易的增速远远超过了世界经济的增速，规模庞大的贸易成为推动世界经济的强大引擎；股票、基金和债券三大市场全球联网，国际金融市场的规模迅速扩大；跨国公司数量不断增多，对外直接投资规模不断扩大，生产组织、技术研发、市场营销、人员配置等经营活动实现了全球化布局。经济全球化极大地推动了世界经济的发展，增进了世界各国的经济联系，提高了资源在全球范围内进行配置的效率。

二、经济全球化的演进过程

关于经济全球化的阶段划分，学术界还存在一定的争议。安德斯·约翰逊①认为在过去的150年，北欧国家经历了以国际一体化为特征的三次全球化浪潮。第一次浪潮从1860～1914年，期间欧洲和北美深受全球化影响，商品流动加速，资本流动相对自由，金融一体化和跨国移民比当今更为显著。交通运输业的发展和自由贸易政策在一些国家取代了保护主义是此次全球化浪潮的推动力。英国是世界经济主导国家，1869年英国和法国之间自由贸易协定是欧洲自由贸易系统的基础。英国在1816年建立金本位制，在19世纪英镑成为国际货币，同时其他国家也引入了金本位制。1500～1800年世界贸易每年仅增长1%，在1820年之后每年增长3.5%②。第二次浪潮从1944～1971年，第二次世界大战后成立了国际性的监管和组织以支持国际经济一体化，国家间的合作以1944年建立的布雷顿森林体系为基础。美国是世界经济的主导国家，美元是金融体系的货币基础。这一时期的经济开放度要低于第一次世界大战之前，资本的国际流动要受到政府管制。第三次浪潮从20世纪70年代开始至今，随着加工、存储和传递信息的成本的下降，经济全球化程度不断提高。1995年世界贸易组织（WTO）的建立使贸易壁垒进一步降低，资本流动也变得更灵活。中国和印度加入全球化中，欧洲经济一体化也逐渐深化。柏林墙在1989年的倒塌可视为此次全球化的标志性起点。世界银行在2002年发布的题为《全球化、增长与贫困》的报告中认为，1870～2000年包含三次经济全球化浪潮：第一次浪潮从1870年开始到第一次世界大战前，是由运输成本下降和贸易壁垒削减共同引发的以土地密集型初级产品与工业品交换为贸易模式的全球经济一体化。总体劳动力流动和资本投入都大幅上升，经济增长加速，人均收入水平上升，阿根廷、澳大利亚、新西兰和美国加入世界富裕国家行列。第二次浪潮为1945～1980年，发达国家间工业品贸易壁垒大幅削减，发展中国家在初级产品领域所面对的贸易壁垒大幅降低，贸易规模得以恢复。发达国家间工业品贸易的增长增强了制造业国际化分工的重要性，产生了聚集效应和规模经济效应，而发展中国家被排斥在制造业和服务贸易的发展之外。第三次浪潮为1980～2000年，大批以出口劳动密集型产品为主的发展中

①② http://archive.nordregio.se/en/Metameny/About-Nordregio/Journal-of-Nordregio/2008/Journal-of-Nordregio-no-1-2008/The-Three-Waves-of-Globalisation/index.html.

国家进入全球市场，私人资本流入量大幅增长。在第一次和第二次浪潮之间，即1914～1945年，各国政府以保护主义应对"大萧条"，使出口占世界收入比重大幅降低，全球化浪潮逆转，后退到民族主义。罗比·罗伯逊（2003）也认为出现了三次全球化的浪潮，分别为从1500年之后至1800年之前的第一次浪潮，以世界贸易网络的建立为核心，从1800年开始至20世纪初的第二次浪潮，以世界工业化体系的建立为核心，从1945年之后至今的第三次浪潮。弗里德曼等（Friedman et al.，2005）将全球化分为三个阶段，分别为从1492～1800年的全球化1.0版本，始于哥伦布远航开启世界贸易，由为争夺资源而进行的暴力性的国家扩张推动。从1800～2000年的全球化2.0版本，由寻找市场和劳动力的跨国公司所推动，一体化进程的推进以铁路和蒸汽动力的使用带来的运输成本下降和后续电话、互联网、光纤电缆等的发展带来的通信成本的下降为基础。从2000年至今的全球化3.0版本，是由个人扩张推动的全球化时代，以软件和互联网的发展为基础的全球性的个人自由参与竞争。让－克洛特·德罗奈指出当代资本主义已经转变为金融垄断资本主义，"20世纪70年代，国家资本主义陷入了深刻的危机之中，这场危机的结果没有导致革命，而是使垄断资本主义进入了金融资本急剧膨胀的新阶段。"（让－克洛特·德罗奈，2001；雅克·阿达，2000和弗朗索瓦·沙奈，2006）也认为资本主义进入了金融全球化的阶段。

上述学者或机构的阶段划分大致反映出了经济全球化的发展过程，但是他们并没有将各个时期的生产社会化程度及技术特征和资本主义生产方式的发展程度及表现相结合来分析经济全球化的历史演进。由于各个时期生产社会化程度及占主导地位的技术不同，资本主义生产关系也呈现不同的特征，使经济全球化的内容、形式和规模不断发生改变。因此对经济全球化的阶段划分要充分考虑资本主义生产方式的阶段性特征。本书认为，在同时考虑不同时期的生产社会化程度及技术特征的情况下，随着资本原始积累、资本主义生产方式的确立和垄断资本主义的形成与发展，资本主义主导的经济全球化大体经历了三个阶段。一是殖民扩张和世界市场形成阶段。以15世纪末到16世纪前半叶的地理大发现为开端，西欧国家通过海外殖民活动进行资本原始积累，为资本主义生产方式的确立及由资本主义主导的经济全球化的启动打下了基础；18世纪中后期，英国工业资本主义的发展开启了以机器大工业为基础、以商品贸易为主要形式的经济全球化；19世纪中后期至20世纪初，资本主义从自由竞争过渡到垄断，以第二次工业革命的技术创新成果为基础、资本输出为主要手段的经济全球化加速发展，帝国主义国家对外直接投资的增加过程既是国际生产分工发展的过程，也是资本主义生产关系在资本输入国传播的过程。二是两个平行世界市场阶段。随着第二次世界大战结束，世界经济中形成了社会主义和资本主义两个平行的市场，发达资本主义国家间工业制成品的贸易壁垒大幅削减，发展中国家在初级产品领域所面对的贸易壁垒大幅降低，关税及贸易总协定、世界银行和国际货币基金组织的建立使经济全球化进入制度化发展阶段。三是20世纪80年代以来的经济全球化阶段。从20世纪80年代开始，资本主义进入“全球性新自由主义”[①]阶段，贸易自由化、废除资本管制和减少政府干预的新自由主义政策推动了生产、贸易和阶级关系的全球化，大批以出口劳动密集型制成品为主的发展中国家进入全球市场，流入这些发展中国家的私人资本大幅增长，经济全球化进入新阶段，到2008年金融危机之前世界经济一体化达到高潮。表1－1所示为经济全球化的各个阶段在技术、主导国家、商品贸易、服务贸易、资本流动和国际移民方面所呈现出的不同的特征。第一个阶段时间跨度较长，可根据主导国家、占主导地位的技术、资本对外扩张的形式等进一步将之划分为资本原始积累阶段、经济全球化的启动和垄断资本主义主导经济全球化三个阶段，如表1－2所示。

表1－1　经济全球化各个阶段的特征

	世界市场形成	两个平行市场	20世纪80年代以来的经济全球化
时间跨度	15世纪末～1944年	1945～1979年	20世纪80年代至今
技术	蒸汽机、电报、电力、内燃机等	喷气式飞机、电视、通讯卫星、集装箱运输	微处理器、计算机、互联网、移动电话等
主导国家	英国、美国	美国	美国、欧洲、中国
商品贸易	重商主义、自由贸易、保护主义	制成品关税逐渐下降	自由贸易范围越来越大
服务贸易	有限，以运输业为主	有限，以运输业为主	种类增多、规模扩大
资本流动	自由	管制	自由
移民	自由	管制	管制

① 即Global Neoliberalism，积累的社会结构（SSA）学派认为20世纪80年代后资本主义形成了新的积累结构，即“全球性新自由主义”。参见Kotz，David M.，and Terrence McDonough. Global neoliberalism and the contemporary social structure of accumulation［M］//McDonough，Terrence，Michael Reich，and David M. Kotz. Contemporary capitalism and its crises：Social structure of accumulation theory for the 21st century. Cambridge：Cambridge University Press，2010：93－120.

表 1-2　　世界市场形成阶段中的三个时期

	资本原始积累	经济全球化启动	垄断资本主义主导经济全球化
技术	造船、航海、武器	第一次工业革命	第二次工业革命
主导国家	西班牙、荷兰等	英国	美国
向世界扩张形式	殖民扩张	商品贸易	资本输出
贸易政策	重商主义	自由贸易	保护主义

（一）世界市场形成阶段

以 15 世纪末到 16 世纪前半叶的地理大发现为开端，西欧通过海外殖民活动进行资本原始积累，为资本主义生产方式的确立及资本主义主导的经济全球化的启动打下了基础。资本原始积累是资本主义生产方式的起点，它创造了劳动者和劳动实现条件的所有权的分离，是资本主义生产的历史前提。通过剩余价值生产进行资本积累是资本主义生产方式推动经济全球化的内在动力。因此，资本原始积累同时是资本主义主导的经济全球化的启动过程。

在西欧封建制社会中，商品经济是以简单商品经济的形式存在，劳动资料归劳动者个人所有，劳动者直接使用劳动资料进行生产，产品归劳动者个人所有，劳动者通过出售剩余产品来获得自己需要消费的其他商品。这一简单商品流通形式可表示为 W—G—W，W 和 G 分别表示商品和货币，两端是使用价值不同的两种商品。在商品的卖和买两个过程分离的前提下，随着用于交换的商品种类增多和交换地理范围扩大，越来越需要商人介入交换过程，作为商品生产者和消费者之间的中介。对商人而言，交换过程可表示为 G—W—G′，其中 $G' = G + \Delta G$，ΔG 来源于手工业者或农民的剩余劳动。商人的中介活动推动了商品贸易的发展，商人不断扩大商业范围以获得更多利润的努力成为世界市场发展的推动力之一。同时，银行家在为商品贸易提供资金融通方面发挥了重要作用。

除了商人和银行家通过在商品流通领域的活动占有剩余劳动外，还存在更直接的占有剩余劳动的阶级——国王、贵族和教士，他们靠租金、税收等过着骄奢的生活。16 世纪的核心问题便是增加君主的财富，而黄金是财富的代表，因此为君主寻找黄金成为西班牙人探索“新世界”的动机。造船、武器和航海技术的进步是地理大发现和西班牙对外暴力征服和对内剥削的手段，西班牙的对外掠夺既包括对贵金属和制造品等“死劳动”的掠夺，也包括通过强制劳动对新创造价值的掠夺。据统计，1502～1660 年西班牙从美洲掠夺黄金 200 吨、白银

1.86 万吨[1]，这与甘蔗种植和黑奴贸易一起共同成为西班牙的重要财富来源。与此同时，重商主义提出可以通过生产商品向他国少买多卖的政策来增加本国财富。国家的重商主义政策包括通过法令禁止贵金属出境、限制进口来阻止贵金属外流，并通过禁止原材料出口、鼓励出口来增加贵金属流入。总体上，在 16 世纪，商人和银行家积累了大量财富，并掌控着银行金融网络，而民族国家掌握了对外征服和对内统治的手段，他们共同推动了以积累贵金属货币为动机的向世界范围的殖民扩张，最终将掠夺行为体制化、奴隶贸易组织化，助推商贸资本主义的产生和发展。

1588 年“无敌舰队”战败标志着西班牙霸权衰落的开始，在 17 世纪取而代之的是作为“商业和金融资本主义的典范”的荷兰。以（荷属）东印度公司、阿姆斯特丹银行和船队这三个支柱为基础，荷兰更多地通过商品贸易向世界扩展势力范围，它有更具活力的和开明的资产阶级。荷兰这一商业强国通过世界贸易——从远东进口胡椒、香料以及纺织品，向西班牙提供补给，并与非洲和北欧贸易——攫取了丰厚的利润。在经历三次英荷战争、法荷战争以及“西班牙王位继承战争”之后，荷兰霸权的实力削弱并最终失去支配地位。

在 17 世纪初英国成立了（英属）东印度公司，开始了殖民扩张。此时，通过商品流通获取差价被认为比直接掠夺黄金更重要。因此，这一时期英国也采取了重商主义政策，包括颁发特许权和垄断权、控制制造业、禁止羊毛出口、提高法国和荷兰纺织品的进口关税等措施。对外贸易的发展极大地推动了英国国内生产的发展。在更广阔的世界市场上国家和商人的共同致富是资产阶级和君主相互妥协的基础。但是在圈地运动中遭受严重打击的小农户和耕地农民的反抗运动逐渐增加，大批发商所间接控制的手工业者要求提高工资、减少工作时间、抵御外部竞争的诉求也在增加。这些不满力量的积聚，加上英国资产阶级追求民主自由的“正当理由”，最终使英国绝对王权主义被推翻，英国资产阶级的统治地位得以确立，为商贸资本主义的发展奠定制度基础。

与英国不同，法国资产阶级的力量较为弱小，它与君主之间形成了妥协和联合，以共同对抗强大的贵族阶层和穷人的暴动。17 世纪初，孟克列钦阐述了法国重商主义，肯定了商人对财富的创造作用。重商主义政策则由黎塞留和科尔贝尔具体执行，通过保护性关税和生产规划这些政府行为为制造业和殖民主义扩张打下了基础，并使法国资产阶级在保护下成长，商贸资本主义得以快速发展。

在荷兰、英国和法国崛起的时期，资本主义生产关系并没有成为主导，但是

---

① http：//www.sohu.com/a/421195980_334198.

包括商品贸易（G—W—G′）和货币借贷（G—G′）在内的对外贸易成为越来越重要的积累原始资本的方式。同时，资产阶级的力量还较为薄弱，需要以民族国家作为依靠，通过民族国家的武力征服获得贵金属和市场，通过民族国家制定并强制实施的重商主义政策免受国外竞争，通过民族国家对劳动者劳动条件的剥夺获得必要的劳动力。最终取得胜利的资产阶级的活动的地理范围将是全世界，自由贸易将取代重商主义，资本家将在国际范围内寻求劳动力和原材料，生产的商品将在世界范围内销售。资本主义从诞生之初开始就既具有民族性，又具有世界性。

18 世纪中后期英国发生工业革命，机器大工业生产取代工场手工业成为基础性生产方式，生产取代流通成为资产阶级获取财富的根本途径，工业资本主义取代商贸资本主义成为资本主义的主体形态。1703 年和 1713 年，英国通过条约打开了巴西和西班牙帝国的市场，并获得了海上霸权。18 世纪初英国仍以农业和手工业为主，建立在殖民剥削基础上的世界贸易为英国提供了包括茶叶、食糖和棉花在内的基础产品，同时为英国生产的纺织品和制造品提供了销售市场。从 1760 年起圈地运动再次兴起，农业开始了大规模的现代化经营，大量赤贫的农民从农业中被排斥出来，为英国工业资本主义的发展提供了充足的劳动力。国家对产业资本的发展起到了一定的保护作用，包括贸易保护主义、带有重商主义精神的特许权和垄断权，以及为对外贸易和殖民扩张提供的直接政治保护。18 世纪后半叶，出现了工厂制生产模式，并出现了生产工具的重大改进和新的技术发明，如珍妮纺织机、蒸汽机等。这些因素综合促进了以第一次工业革命的技术创新为基础的英国工业资本主义的发展，使机器大工业逐渐建立起来，大宗商品数量大幅增长。但英国国内市场需求是有限的，机器大工业创造的大量商品价值需要在世界市场实现，从而推动了以机器大工业为基础、产业资本为主导、以商品贸易为主要形式的经济全球化的发展。此时产业资本取代商业资本成为占主导地位的资本形式，它的循环过程可表示为 G—W < Apm…P…W′—G′。整个 19 世纪资本主义的拓展主要是通过工业生产机械化的普及实现的，纺织业、冶金业和铁路运输业是推动性行业，水力和蒸汽动力提高了机械化生产效率。这种以雇佣劳动为基础的资本主义机器大工业生产最先在英国成熟，随后在法国、德国和美国发展起来。作为世界工厂，英国的经济发展从最初就是与殖民扩张和海外贸易联系在一起的，并与社会化大生产、分工专业化促进生产力发展的逻辑一致，推动了世界市场的形成。

19 世纪中后期至 20 世纪初资本主义从自由竞争过渡到垄断，以第二次工业革命的技术创新成果为基础、资本输出为主要手段的经济全球化加速发展。帝国主义国家对外直接投资增加的过程既是国际生产分工发展的过程，也是资本主义生产关系在资本输入国传播的过程。1873～1895年出现了几次大的经济危机，包括1873年维也纳股市暴跌引发的德国银行破产潮，1882年里昂股市暴跌引发的银行、工业企业破产潮，1884年美国“铁路恐慌”引发的铁路行业股票暴跌和银行破产潮，1889年法国负责开凿巴拿马运河的公司和金属公司倒闭引发的股市恐慌和信贷危机，1890年铁路行业利润暴跌引发的失业潮。这次危机相应引发了以失业增长、工资下跌、对外贸易缩减等为特征的经济萧条。这次萧条是英国相对衰落，美国、德国崛起的开始，在这次萧条中传统产业逐渐衰落、新兴产业逐渐崛起，旧的资本主义工业国被新的资本主义工业国追赶并超越。并且此次萧条推动了以联合企业、集团企业为主要形式的资本重组和资本集中，卡特尔、托拉斯等垄断组织发展起来，资本主义逐渐由自由竞争过渡到垄断。在垄断资本主义阶段，以第二次工业革命的技术创新成果为基础，以产业资本和银行资本融合形成的金融资本为主导，以商品贸易、资本输出为主要形式的经济全球化加速推进，资本输出使在世界大部分国家或地区内逐步确立了资本主义生产和交换关系。

垄断资本主义国家在资本增殖的逻辑下不断对外扩张，帝国主义瓜分势力范围的斗争、民族国家之间的矛盾越来越激烈，最终垄断资本主义国家之间的经济对抗演化为民族和军事对立，掀起了第一次世界大战。战争后英国逐渐失去了稳定国际经济的能力，而美国的经济实力还不足以支撑其为稳定国际经济服务，这导致稳定的国际支付体系的缺乏。为恢复经济，各国都采取了本国优先的政策，贸易保护主义加剧了民族国家间的矛盾，促使危机进一步扩散。第二次世界大战结束之后，美国和苏联两个超级强权主宰世界，世界分为资本主义和社会主义两大阵营。

（二）两个平行市场阶段

随着第二次世界大战结束，世界经济中形成社会主义和资本主义两个平行的市场。相应的，出现了两种积累模式：一是美国领导的资本主义阵营的私人资本积累模式，以生产资料私有制为前提，以雇佣劳动关系为基础，以剩余价值转化为资本为手段；二是苏联领导的社会主义阵营的国家集体主义积累模式，以生产资料公有制为前提，以联合劳动为基础，以国家有计划的积累为手段。这一时期国际政治格局上的两极对峙和国际经济格局中的两个平行市场的形成促使相互对抗的资本主义阵营和社会主义阵营都强化了阵营内部的协调性，两者分别提出了马歇尔计划和莫洛托夫计划，支持处于各自阵营的欧洲国家重建经济。以苏联为首的社会主义阵营建立起以苏联模式为范本的高度集中的计划经济体制，与以美国为首的资本主义阵营的市场经济体制相对立。两个平行经济体制的对立强化了阵营内部的协调统一性，尤其是资本主义生产方式在资本主义阵营内的广泛确立为资本主义主导的世界经济的一体化开辟了道路。

为了加强资本主义阵营内部的协调性，在美国的领导之下，资本主义国家开始战后重建。由此，资本主义国家经历了工业生产和世界贸易显著增长期。从20世纪50年代开始至70年代危机结束，被称为发达资本主义国家发展的“黄金年代”。资本主义“黄金年代”的劳动生产率、投资和消费等快速且稳定地增长。如表1－3所示，“黄金年代”的产出和人均产出的增长率是以往各时期的两倍，投资和出口都出现了前所未有的高涨，固定资本存量增长率是前一个时期（1913～1950年）的3倍，出口增长率高于产出增长率，是前一个时期的8倍，从一个侧面体现出资本主义阵营的国家之间的经济联系在“黄金年代”变得更紧密了。在第二次世界大战之后，为完成战后各个国家经济的重建，各国政府对重建国际经济秩序达成了共识。魏尔斯等（1990）认为第二次世界大战后协调国际性资本积累的一系列国际制度，即国际层面的积累的社会结构（SSAs），包括布雷顿森林体系和美国为了保护资本家的利益在全世界范围进行的政治和军事干预，可被称为“美国主导下的国际秩序”。为了恢复国际货币秩序，1944年形成了以美元作为国际货币中心的布雷顿森林体系，各国货币与美元挂钩，维持固定汇率，以保证贸易和资本流通的顺利进行。同时，成立了国际货币基金组织（IMF）和世界银行（World Bank）两大机构，对国家间战后重建和发展计划进行协调，并缔结了关税与贸易总协定（GATT）以规范和促进国际贸易。IMF、世界银行、GATT的建立以及1957年欧洲共同体的成立使资本主义主导的经济全球化进入制度化发展阶段。在多边协定和国际组织的约束之下，发达资本主义国家间贸易壁垒逐渐削减，促进了发达资本主义国家之间的国际贸易和相互投资的增长。与此同时，发达资本主义国家与发展中国家初级产品贸易的贸易壁垒逐渐被削减。初级产品价格，尤其是石油价格的下降为“黄金年代”第四次技术革命中以石油作为投入的资本品和消费品的生产的增长创造了基础条件。在两个平行市场的环境下，资本主义市场国际协调性的增强促进了资本主义阵营中的国家的共同发展，这一时期建立的国际经济制度为更多的国家参与到经济全球化进程中提供了制度保证。

表 1－3 资本主义发展不同阶段的增长特征（算数平均数）

阶段	产出	人均产出（年均符合增长率）	非住宅固定资本存量	出口量
Ⅰ（1870～1913 年）	2.5	1.5	2.8	3.7
Ⅱ（1913～1950 年）	1.9	1.1	1.6	1.1
Ⅲ（1950～1970 年）	4.9	3.8	5.6	8.6
Ⅳ（1970～1976 年）	3.0	2.4	6.3	6.0

资料来源：Maddison，Angus. Phases of capitalist development［J］. *PSL Quarterly Review*，1977，30（121）：114.

但在第二次世界大战后为资本主义国家带来长达 20 年经济繁荣的资本主义积累的社会结构在 1966～1973 年开始瓦解，随后“黄金年代”结束。布雷顿森林体系作为战后支撑“黄金年代”经济增长的资本主义积累的社会结构一个组成部分在 1967～1973 年崩溃。资本主义“黄金年代”的盛况从 1973 年延续至 1974 年的第一次石油危机开始出现逆转。石油输出国组织（OPEC）实行石油禁运，造成石油价格上涨，引起了西方发达资本主义国家的经济衰退。从表 1－4 可以发现，主要发达资本主义国家的经济增长率在 1973 年之后都大幅下滑。除了美国以外，1973～1979 年的 GDP 增长率相比资本主义“黄金年代”下各国的经济增长率下降了一半左右。受 1979 年～20 世纪 80 年代初第二次石油危机的冲击，1979～2000 年发达资本主义国家的经济增长率依旧保持下滑的态势。

表 1－4 主要发达资本主义国家实际 GDP 增长率（年均百分比增长率）

国家	1950～1973 年	1974～1979 年	1980～2000 年
法国	5.0	2.8	2.1
德国	6.0	2.4	2.1
意大利	5.6	3.5	2.0
日本	9.2	3.5	2.7
英国	3.0	1.5	2.3
美国	4.0	3.0	3.1

资料来源：McDonough，Terrence，Michael Reich，and David M. Kotz. Contemporary capitalism and its crises：Social structure of accumulation theory for the 21st century［M］. Cambridge：Cambridge University Press，2010：91，Table 4.9.

表 1 -5 中实际国民生产总值增长率和劳动生产率增长率这两个经济指标在 1948 ~ 1998 年的数据可反映出，当战后 SSA 的很多制度处于瓦解过程中时，在 1966 年之后美国开始失去资本主义“黄金年代”的繁荣，并且直到 20 世纪 90 年代美国经济增长下降的长期趋势都没有回转的迹象。

表 1 -5　　美国实际 GDP 和劳动生产率（年增长率）　　单位：%

时期	实际 GDP	劳动生产率
1948 ~ 1966	3.95	2.44[a]
1966 ~ 1973	3.45	1.57
1973 ~ 1979	2.69	0.50
1979 ~ 1989	2.45	1.24
1989 ~ 1998	2.47	1.15[b]

注：a. 非农部门在每小时所产生的实际 GDP 的年增长率，其中 1997 年总工作时数为估计值；b. 该数据是到 1997 年，而不是 1998 年。

资料来源：Kotz, David M. The state, globalization and phases of capitalist development [M]//Robert Albritton, Makoto Itoh, Richard Westra, and Alan Zuege. Phases of Capitalist Development: Booms, Crises and Globalization. Hampshire and New York: Palgrave Press, 2001: 93 - 109, Table 2.

如表 1 -5 显示，美国实际国民生产总值的增长率在 1966 ~ 1973 年开始下降，从上一个时期的 3.95% 下降至 3.45%，在 1973 年和 1979 年降幅更大，从 3.45% 下降至 2.69%。1948 ~ 1966 年劳动生产率的巨大增长被 1966 ~ 1973 年劳动生产率的大幅下滑所取代，从 2.44% 下降至 1.57%，到 1973 ~ 1979 年，劳动生产率的增长几乎停滞，增长率仅为 0.50%，20 世纪 80 年代之后劳动生产率增长有所恢复，但始终未能超过“黄金年代”的水平，1979 ~ 1989 年和 1989 ~ 1998 年的劳动生产率年平均增长率分别为 1.24% 和 1.15%。作为资本家不断增加投资的动机的利润率在“黄金年代”结束之后也处于持续下降的状态。莫斯利（1991）计算了在第二次世界大战之后美国利润率的变化趋势，发现在 1966 年前后美国整体的平均利润率开始下降，在此之后始终没有恢复至“黄金年代”甚至“黄金年代”之前的水平。①

资本主义“黄金年代”结束之后，20 世纪 70 年代发达资本主义国家出现的经济增长和劳动生产率增长的停滞造成失业率上升，还伴随着物价持续上涨，宏

① Moseley, Fred. The falling rate of profit in the postwar United States economy [M]. New York: St. Martin's Press, 1991: 77, Table 3.10.

观经济学中将失业率和物价同时上升的经济现象称为停滞性通胀，即“滞胀”。从表 1 –6 和表 1 –7 可以发现在 20 世纪 70 年代西方发达资本主义国家国内生产总值的增长率相比于“黄金年代”都出现了不同程度的下降，失业率也出现了不同程度的上升。经济增长率停滞和失业率上升伴随着通货膨胀的加剧，如表1 –8 所示为西方发达资本主义国家消费物价的年平均增长率，其在 20 世纪 70 年代有大幅上升。在解决“滞胀”问题上，凯恩斯主义的宏观经济管理政策失效，逐渐被新自由主义经济政策所取代，新自由主义政策的广泛推行成为 20 世纪 80 年代经济全球化迅猛推进的直接原因。

表 1 –6　　1950 ~ 1979 年西方发达资本主义国家国内生产总值增长率　　单位：%

年份	美国	联邦德国	日本	法国	英国	意大利
1950 ~ 1960	3. 3	7. 7	2. 2	4. 8	2. 8	5. 5
1960 ~ 1970	3. 9	4. 9	10. 8	5. 8	2. 7	5. 5
1971 ~ 1979	3. 2	2. 7	5. 5	3. 8	1. 8	2. 9

资料来源：张幼文等．世界经济一体化的历程［M］. 上海：学林出版社，1999：290.

表 1 –7　　1950 ~ 1980 年西方发达资本主义国家失业率变动情况　　单位：%

国家 \ 年份	1950	1960	1970	1960 ~ 1970	1970 ~ 1980	1971 ~ 1973	1974 ~ 1975	1976 ~ 1980
美国	5. 1	5. 5	4. 9	3. 8	6. 2	5. 3	6. 7	6. 5
日本	1. 2	1. 1	1. 2	1. 2	1. 7	1. 3	1. 7	2. 1
西德	10. 2	1. 2	0. 7	0. 9	2. 4	1. 0	2. 7	3. 5
法国	N. A	1. 0	1. 6	2. 2	3. 7	2. 6	3. 8	5. 2
英国	1. 6	1. 6	2. 6	3. 1	4. 6	3. 5	3. 4	5. 9
意大利	8. 3	4. 2	3. 2	5. 5	6. 3	5. 9	5. 6	7. 1

资料来源：张幼文等．世界经济一体化的历程［M］. 上海：学林出版社，1999：290.

表 1 –8　　1960 ~ 1980 年西方发达资本主义国家消费物价年平均上涨率　　单位：%

年份	OECD	美国	日本	西德	法国	英国	意大利	加拿大
1960 ~ 1969	2. 9	2. 3	5. 3	2. 5	3. 9	3. 5	3. 6	2. 5
1970 ~ 1979	8. 3	7. 1	9. 0	4. 0	8. 8	12. 5	12. 2	7. 3

资料来源：张幼文等．世界经济一体化的历程［M］. 上海：学林出版社，1999：291.

第二次世界大战后所形成的管制型资本主义[①]在70年代的瓦解也发生在国际经济层面。1970年之后布雷顿森林体系所面临的危机是其中一个表现。越南战争的成本不断上升和“Great Society”[②] 的社会改革项目导致美国出现预算赤字及通货膨胀是布雷顿森林体系出现危机的首要原因。经过多次美元危机之后，1971年美国总统尼克松宣布停止美元与黄金之间的兑换。此后；以“史密森协定”为标志出现了美元对黄金的首次贬值和美元对其他国家货币的贬值。1973年的石油危机进一步动摇了战后所建立的国际货币体系，美元进一步贬值，世界各国货币开始实行浮动汇率制度，布雷顿森林体系彻底瓦解。

（三）经济全球化阶段（20世纪80年代以来）

从20世纪80年代开始，资本主义进入“全球性新自由主义”阶段，贸易自由化、废除资本管制和减少政府干预的政策推动了生产、贸易和阶级关系的全球化。新兴经济体的加入使经济全球化进入新阶段，到2008年金融危机之前达到高潮。积累的社会结构学派（SSA）认为资本主义从1980年以来发生了显著变化，“全球性新自由主义”概念最能描述当代资本主义的特征（Kotz et al.，2010）。全球化和新自由主义紧密相连，新自由主义政策主张自由化、市场化和私有化，极大地推动了全球化；20世纪60年代和70年代全球经济一体化水平提高之后，来自国际市场的进口产品的竞争破坏了主要工业化国家受保护的国内市场，大资本为增强自身在国际上的竞争力，转而反对国家管制，因此，全球化也有助于新自由主义的崛起（Kotz，2002）。在西方发达资本主义国家“滞胀”危机后兴起的新自由主义推动了全球化的发展，全球化又进一步强化了新自由主义政策的经济基础，两者相互促进，使20世纪80年代以来的经济全球化进程不断加快。

传统SSA理论认为SSA是一系列相互协调的对资本积累起推动作用的制度安排（Gordon，1982）。每个SSA都有诞生期，随后是一段有效促进快速资本积累的时期，直至旧的SSA成为资本积累的障碍，经济进入停滞阶段，最终新的SSA取代旧的SSA。因此，每个SSA包含SSA有效促进资本快速积累的阶段和SSA成为快速积累障碍的阶段。但历史地看，新自由主义阶段经济增长并不比前一个SSA经济停滞阶段要快，因此若依据传统SSA理论很难将全球性新自由主义定义为新的SSA。将全球性新自由主义视为一个新的SSA，不是依据它对经济

① 参见积累的社会结构的理论中对管制资本主义的解释。

② 由美国民主党总统林登·约翰逊在1964～1965年发起的一系列国内改革项目。

增长率的影响，而是基于它作为服务资本积累过程的框架对利润获取的增进作用，即要修正对 SSA 的理解，将之定义为一系列相互协调的对利润获取有推动作用、服务于资本积累过程的制度安排。

全球性新自由主义持续了超过四分之一世纪，是与新自由主义意识形态和理论一致的一系列相互协调的制度，并通过以下几种方式促进利润获取：它的制度增强了资本相对劳动的谈判力，工人的工资增长停滞，工人的其他福利也被削减；它通过私有化、解除管制和公共服务外包等对资本开放全部新部门，并将社会成本和公共服务的税收负担从资本向劳动力转移；它扩大了资本增殖的地理范围，世界范围内商品、资本和货币自由流动有助于资本实现规模经济、获取专业化分工收益。有经验证据也表明全球性新自由主义有助于资本获取利润。（Wolff，2001；Duménil et al.，2004）

全球性新自由主义 SSA 中国际制度、经济环境也发生了重要变化。首先，资本、商品和货币全球范围内自由流动障碍减小。各个国家逐渐取消了对资本流动的管制并营造了良好的对外直接投资环境，再加上信息和通信技术、交通运输业的发展，生产过程逐渐被碎片化，分散在全球各地以获取最高利润，并通过贸易或跨国公司内部经营进行整合，形成全球价值链。其次，资本主义生产关系在地理上不断延伸。这种延伸包括苏联各国家向资本主义的激进转型。转型后的各国家加入经济全球化中，为发达资本主义国家的资本增殖提供了原材料、投资机会、廉价劳动力和广阔的市场。这些发展中国家原有发展模式被终结，取而代之的是资本主义的发展模式，资本主义生产关系全球化水平不断提高。资本主义生产关系的全球化产生了建立跨国机构以治理全球经济的必要性。WTO、OECD、G8、欧盟、NAFTA、世界银行等都是通过国家间协议和条约创立的全球治理组织。这些组织中，IMF 和世界银行通过为发展中国家提供援助和贷款的方式推动新自由主义制度体系在地理上的延伸。此外，美国霸权在全球性新自由主义中得到恢复和加强。

全球性新自由主义 SSA 中美国的国内制度也发生了变化。第一，工会作用弱化，工资不再由工会和雇主间的谈判决定，而是由市场决定。权力向雇主的倾斜导致工资增长停滞。第二，在旧 SSA 中劳动分工中存在“主要部门”和“次要部门”的差别，主要部门的工资高、福利好，但是在新 SSA 中两者差别弱化，“主要部门”的工资、福利等向“次要部门”靠拢。第三，新的弹性专业化、及时生产等新生产体系取代了相对死板、廉价和大规模的生产体系。第四，受益于交通通信技术的发展，资本可以转移生产以更好地利用各地区的自然和社会条件，并将从高薪地区向低薪地区进行生产转移的威胁作为控制劳动力的手段。最后，政府的作用也发生了改变，政府抛弃了凯恩斯总需求管理政策，这导致失业率上升，退休保障金、失业补偿金、残障人士保险和教育津贴等“社会性工资”锐减。对资本和富人的减税导致公共服务支出负担向工资收入者转移。多种公共服务转由私有部门提供，核心部门和自然垄断企业被解除管制并私有化，实施更具抑制性的社会控制措施。

全球性新自由主义改变了资本积累的框架结构，筹措资金的方式从企业内部资金积累向外部金融市场融资转变。高利润率鼓励资本积累，但是工资增长停滞和政府支出减少却导致商品价值实现困难。这样，产出增长越来越依赖于富有阶层的奢侈品消费、通过债务融资的工人阶级消费和以对未来利润和需求增长的预期为基础的生产资料购买。因此，全球性新自由主义并不一定会推动资本积累快速增长。高利润可能会推动高积累率，但是若将积累用于消费或并不会导致实际积累的金融投资，这种情况便不会发生。

由于各国具体历史条件不同，新自由主义制度在各国的扩散很不平衡。东欧和中欧的前社会主义国家通过从旧制度向新制度的激进转型，彻底采用了新自由主义制度；其他一些发展中国家，尤其是拉丁美洲国家，在 IMF 和世界银行支配之下进行了新自由主义重组。在发达资本主义国家，工人阶级和其他社会群体对新自由主义进行了不同程度的抵抗，结果美国和英国最明显地转向了新自由主义，但仍保留政府监管和提供社会福利的角色；而在主要西欧国家，虽然政府对商业管制减少了、财政和货币政策也更偏向新自由主义了，但福利国家的角色没有削减，工会依然保持强大力量。在亚洲国家中，日本仅仅进行了部分新自由主义重组，包括韩国、印度尼西亚、马来西亚、新加坡和中国台湾在内的国家和地区依然保持政府对经济发展过程的指导，推进积极的宏观经济政策，在 19 世纪八九十年代实现了经济快速增长与发展。新自由主义制度在全球化条件下的不均衡扩散有益于利润获取和资本积累。通过将生产不同阶段分配在不同地区，全球化的跨国企业可以从地域差异中获益：将总公司和研究开发部门置于社会民主制度良好的国家和地区；将中等劳动密集的产业置于东欧国家等有受教育的廉价劳动力、经济开放程度较高的国家和地区；将劳动力最密集的产业置于工资最低但有监管型政府维持社会秩序并建设必要基础设施的国家和地区。

全球性新自由主义 SSA 中存在一系列矛盾：第一，利润上升与工资停滞的不平衡结构加上政府支出减少导致经济中的总需求不足；第二，金融部门去管制化和 CEO 的短期行为导致金融脆弱性增强；第三，富人的利润和家庭收入不断增长，他们追逐有限的生产性投资的行为导致资产泡沫不断成长；第四，全球经济和金融深度一体化导致主要国家的商业循环周期同步，从而使金融危机及经济萧条在全球范围内传播更快，危机后各国对本国经济的管理重建也更难；第五，美元作为全球贸易和储备货币的角色与美国贸易和经常账户赤字相矛盾，后者会逐渐弱化前者；第六，资本控制劳动，导致工人阶级状况恶化、不平等状况加剧；第七，经济增长无计划导致自然资源快速枯竭。

全球性新自由主义的矛盾最终导致了危机。2007 年美国房产泡沫开始破裂，引发 2008 年金融危机并快速在全球金融系统扩散，随后全球实体经济部门陷入萧条。这标志着全球性自由主义 SSA 的内在矛盾已经激化，进入危机阶段，亟待转型。当前金融和经济危机时新自由主义资本主义的系统性危机，不能通过有限的干预——例如对金融系统的监管或大规模经济刺激项目来实现，因而新自由主义资本主义应该由其他制度体系所取代（Kotz，2009）。

第二节　经济全球化的性质与成因

一、经济全球化的二重性

大卫·哈维从“空间修复”的视角分析发达国家进行对外直接投资的原因，他认为将发达资本主义国家的先进技术与发展中国家的廉价劳动力相结合可以提高剩余价值率和利润率，这是资本进行全球扩张的原因。曼德尔（1983）也认为提高剩余价值率是恢复利润率的一个重要方式，大规模的相对过剩劳动力是资本家提高剩余价值率的基础，所以将生产转移至劳动力丰裕、工资较低的发展中国家是重建产业后备军以恢复利润率的重要方法。哈维和曼德尔均指出了资本进行全球扩张的原因，但如果没有资本，经济全球化就不会发生了吗？从经济全球化的性质来看，除了资本之外，存在推动经济全球化的一般力量。

一般的经济全球化是指在任何社会形态下都存在的国家间的经济交往扩大趋势，它具有二重性，包括物质属性和生产关系属性，它是物质生产社会化过程和主导经济全球化的生产关系的扩张过程的统一。特殊的经济全球化是指由主导世界经济的经济体的生产方式所决定的具有特殊的形式、目的和手段的经济全球化。特殊的经济全球化包括资本主义主导的经济全球化和社会主义主导的经济全球化。在一般的经济全球化层面，存在不以主导经济全球化的国家的生产方式为转移的一般动因。特殊的经济全球化所具有的共同属性是不以主导经济全球化的国家的生产方式为转移的物质生产过程的社会化。所以物质生产过程的社会化与国家间经济交往扩大化间的相互作用是经济全球化的一般动因。

从一般到特殊，资本主义主导的经济全球化也具有二重性，是物质生产过程社会化和资本主义生产关系的全球扩张过程的统一。资本主义主导的经济全球化的特殊属性是资本主义生产关系的扩张。所以资本主义生产关系的扩张与国家间交往范围扩大间的相互作用是资本主义主导的经济全球化所具有的特殊动因。马克思在《资本论》（第一卷）第三篇论述绝对剩余价值生产时首先指出了生产过程的三层逻辑关系：第一层次，产品生产过程，是劳动直接作用于生产资料来生产使用价值的一般劳动过程；第二层次，商品生产过程，是生产使用价值和价值的一般劳动过程和价值形成过程的统一；第三层次，资本主义商品生产过程，是生产使用价值和包含剩余价值的价值的一般劳动过程和价值增殖过程的统一。在资本主义主导的经济全球化中占主导地位的是资本主义商品生产过程，这决定了资本主义主导的经济全球化的二重性的特殊性，一方面，它是生产使用价值的一般劳动过程中社会化分工发展的结果，另一方面，它是生产包含剩余价值的价值的价值增殖过程中资本增殖动机与资本增殖手段间的矛盾运动的结果。

因此，从经济全球化的二重性来看，经济全球化既有一般的动因也有特殊的动因。一方面，是与经济全球化的物质属性相联系的一般动因，它不是由资本关系所决定的过程，而是由物质生产过程社会化和国家间经济交往相互之间的反馈所决定的过程；另一方面，是与经济全球化的生产关系的属性相联系的特殊动因，具体到资本主义主导的经济全球化，它是资本增殖动机无限与资本增殖手段匮乏之间矛盾运动的结果。

二、经济全球化的一般动因

物质生产是世界经济形成的基础，物质生产过程的社会化与国家间经济交往之间形成了“正反馈”，推动了经济全球化的发展。马克思指出：“在人们的生产力发展的一定状况下，就会有一定的交换和消费形式。在生产、交换和消费发展的一定阶段上，就会有相应的社会制度形式、相应的家庭、等级或阶级组织，一句话，就会有相应的市民社会。”① “随着新生产力的获得，人们改变自己的生产方式，随着生产方式即谋生的方式的改变，人们也就会改变自己的一切社会关

① 马克思．致帕·瓦·安年科夫．1846年12月28日//马克思，恩格斯．马克思恩格斯文集（第10卷）［M］．北京：人民出版社，2009：42－43.

系。手推磨产生的是封建主的社会，蒸气磨产生的是工业资本家的社会。"① 因此，需要从物质生产过程社会化和一般的经济全球化间在相互促进中实现动态演化的过程来认识经济全球化的一般动因。

（一）生产社会化与分工专业化：劳动过程

商品生产过程首先是劳动过程，是作为世界历史的起点的人与自然互动、发挥能动性的过程。在这一过程中，人类创造出"置于自己和劳动对象之间、用来把自己的活动传导到劳动对象上去的物或物的综合体"②，即劳动资料或劳动手段，使人类的物质生产能力极大地提高了。劳动资料的形式与使用方式的变化会改变人们在生产中的相互结合方式，即社会生产关系。因此，对经济全球化一般动因的分析首先要从劳动过程所发生变化对国家之间经济交往的范围和形式的影响出发。

劳动过程中客观因素——包括劳动对象和劳动资料在内的生产资料的发展演化决定着世界范围内的人与人之间的交往方式的变化。人与人之间在物质生产活动中的结合方式体现为劳动分工，劳动分工随着劳动过程的客观因素的变化而变化。随着物质生产技术条件的改变，部门内部的劳动分工首先不断分化形成独立的生产部门，进一步这些不断独立的生产部门分布的地理位置越来越不受限制，最终使全球社会生产分工体系得以形成。

在简单商品经济占主导地位的生产方式中，生产和交换的目的是获得使用价值，而不是价值，探索世界市场的努力是为了互通有无，为了获得自己需要的使用价值而与他国进行交换。比如古代中国的朝贡生产模式下的丝绸之路，是连接亚欧非大陆商品贸易的桥梁。由于技术水平、交通运输条件较为落后，交换只能在较小的区域范围内进行。在地理大发现之前的前资本主义社会，国家之间的往来主要目的是获得使用价值。技术进步和社会生产力的发展推动了国家之间交往范围的扩大，地理大发现就建立在武器、轮船、航海等技术发展的基础之上。随着国家间交换范围的扩大，劳动分工逐渐发展起来，反过来促进了技术进步和社会生产力的发展。亚当·斯密（1999）在《国富论》中分析了分工发展对一国财富的增进所起的重要作用。从产品层面的分工来看，他认为分工首先会带来劳动生产力的提高、进而财富的增进。以制针业为例，他指出当制针活动的全部流程不再由一个手工业者从前到后完成，而是分为多个生产环节由不同的专门劳动

---

① 马克思．哲学的贫困［M］//马克思，恩格斯．马克思恩格斯文集（第1卷）．北京：人民出版社，2009：602.

② 马克思．资本论（第1卷）［M］．北京：人民出版社，2004：209.

者分别完成时，会大大提高劳动生产率，他认为“劳动生产力最大的改进，以及劳动在任何地方运作或应用中所体现的技能、熟练和判断的大部分，似乎都是劳动分工的结果”。由于熟练程度提高、工作间转换时间降低和使用机器后劳动简单化，劳动分工后单位工人所生产的产品数量迅速增长。斯密认为劳动分工的范围受到交换能力，即市场范围的限制。他认为水运开辟的市场促进了交换发展，最早使海岸或者通航河道两岸的劳动分工发展起来，进而促进产业发展。由此可见，世界范围的交往的形成与扩大，有助于劳动分工的发展；而劳动分工的发展可以推动劳动生产率的提高，促进一国财富的增进。

关于分工对提高社会生产力的作用，马克思在《资本论》（第二卷）的第十一章、第十二章和第十三章做了系统的论述。

首先，从简单协作发展到以分工为基础的协作，实现了从生产资料的简单节约到形成社会劳动的生产力的转变，增加了单位时间内生产的使用价值，提高了劳动生产力。协作是资本主义生产的起点，它是指一定数量的工人在同一生产过程或者相互联系的不同生产过程中，在统一的计划和指挥之下进行劳动的形式。最初的简单协作，只是劳动过程规模的简单扩大，同一资本雇佣人数较多的劳动者进行生产，剩余价值量等于单个劳动者所能提供的剩余价值乘以劳动者数量。即使如此，单纯劳动过程规模的扩大也会引起劳动过程的物质条件的革命，产生规模经济效应。虽然生产资料的价值不会因为其使用价值的更有效利用而发生改变，但当商品数量增多时，商品价值中不变资本部分会相应降低。因此，数量更多的劳动者共同使用生产资料，可以使生产资料得到节约。这种节约一方面可以降低劳动力的价值，另一方面可以改变剩余价值同全部预付资本的比例，提高利润率。最终劳动过程的量变引起了质变，简单协作发展为以分工为基础的协作产生了一种结合劳动，结合劳动创造了一种生产力，是单个劳动无法实现的集体力，可以生产更多使用价值，“结合工作日的特殊生产力都是社会的劳动生产力或社会劳动的生产力。这种生产力是由协作本身产生的”。①

以分工为基础的协作在工场手工业时期占主导地位。工场手工业有两个起源：其一，由企业内部有组织的分工取代由市场力量协调的分工。原本独立进行的生产产品所需的顺序发生的不同种的手工业活动被资本家集中在同一个工场，这种简单协作发生本质变化后，在独立的手工业者间产生了劳动分工。其二，直接在企业内部实现的有组织的分工。原本可独立生产一种产品的手工业者被资本家集中到同一工场，随后各种制造环节被分离，分配给只进行局部操作的手工业

① 马克思．资本论（第1卷）［M］．北京：人民出版社，2004：382.

者，实现了劳动分工。由此形成了工场手工业的两种基本形式：其一，混成的工场手工业，商品由各个相互独立的局部产品纯粹机械地装配而成，是无数局部工人的社会产品，这些局部产品只是在最终组装的人手中才集合为一个整体；其二，有机的工场手工业，是工场手工业的完成形式，商品经过相互联系的、顺序发生的阶段过程而成，劳动分工减少了在各生产环节转移所需劳动、降低了成本，提高了劳动生产力。以分工为基础的协作改变了劳动过程和价值形成过程，第一，局部产品是同一商品的特殊的发展阶段，各个阶段的劳动过程不间断地同时进行需要各个局部只能使用社会必要劳动时间，这是由生产过程本身的技术规律所决定的。第二，这种分工协作产生了按比例分配工人的要求，以维持各个局部劳动过程的局部产品在量上的一致性。第三，不同的工场手工业之间还可进行次一级的联合，通过工场手工业上下游的纵向联合形成总工场手工业。

其次，工场手工业内的以分工为基础的协作和一国内部的社会分工之间相互促进，共同推动了社会劳动的生产力的充分发挥和生产社会化的发展。一国内部的社会分工是国内商品生产的一般基础，起源于自然分工或交换的发展。商品生产和流通是资本主义生产方式的一般前提，社会分工是商品生产和流通的前提。从这个意义上而言，社会分工是工场手工业分工的前提。工场手工业分工促使劳动工具日益分化，生产劳动工具的行业也日益分化。这样，工场手工业的分工会转化为社会分工，促进了社会分工的发展，“一旦工场手工业的生产拓展到某种商品的一个特殊的生产阶段，该商品的各个生产阶段就转化为各种独立的行业”。① 要得到分工的利益，相应的劳动力和生产资料必须增加；当生产规模扩大之后，分工会进一步细化。按照这一逻辑，分工促进了生产社会化的发展。工场手工业分工和社会分工的相互促进推动了社会劳动的生产力的发展，“工场手工业分工通过手工业活动的分解，劳动工具的专门化，局部工人的形成以及局部工人在一个总机构中的分组和结合，造成了社会生产过程的质的划分和量的比例，从而创立了社会劳动的一定组织，这样就同时发展了新的、社会的劳动生产力”。②

最后，在社会劳动的生产力不断发展和生产社会化程度不断提高的基础上，最终形成了机器大工业，成为经济全球化启动的物质前提。“工场手工业最完善的产物之一，是生产劳动工具本身特别是生产当时已经采用的复杂的机械装置的工场。”③ 这一产物最终生产出机器。工场手工业的变革是以劳动力为起点，以

① 马克思．资本论（第1卷）［M］．北京：人民出版社，2004：409.

② 马克思，恩格斯．马克思恩格斯全集（第23卷）［M］．北京：人民出版社，1972：403.

③ 马克思，恩格斯．马克思恩格斯全集（第23卷）［M］．北京：人民出版社，1972：407.

劳动分工的细化为内容，但机器大工业的变革以生产资料为起点，以机器分工的细化为内容。马克思认为机器由发动机、传动机构和工具机构成，工具机的革命——即由工具机完成以前由劳动力使用工具手工完成的操作，用一个机器代替一个工人——是第一次工业革命的起点。在机器生产体系下，劳动对象依次顺序通过由一系列各不相同、互为补充的工具机构成的互相连结的不同阶段，这是以分工为基础的协作从以劳动力为基础向以机器为基础的生产转变后的延续，现在“劳动过程的协作性质，现在成了由劳动资料本身的性质所决定的技术上的必要了”。① 机器大工业的建立是历史发展为世界历史、国别市场扩展为世界市场的物质前提，马克思和恩格斯在阐述机器大工业的发展对世界历史的形成的作用时指出：“各个相互影响的活动范围在这个发展进程中越是扩大，各民族的原始封闭状态由于日益完善的生产方式、交往以及因交往而自然形成的不同民族之间的分工消灭得越是彻底，历史也就越是成为世界历史。”② 另外，生产过程中机器的使用将生产过程中的劳动力的作用变得简单化和标准化，这是生产全球化的技术前提。此外，国际分工的发展可以增加用于国际贸易的商品种类。现在除了最终产品外，中间产品的贸易越来越兴盛。可见，分工确实增加了国家间商品贸易的往来，促进了贸易全球化。

马克思在工场手工业的劳动分工的论述中所指的两种起源的劳动分工，分别产生于不同产品生产过程和同一产品生产过程中所需要的具体劳动形式的不同，这些不同的具体劳动形式构成生产过程的总体。这些具体劳动形式的独立化即为劳动分工。起源于人类对产品多样性的需要而形成的劳动分工为社会分工，而起源于同一生产过程的不同阶段的劳动需要而形成的劳动分工为产品内部分工。劳动分工使局部过程独立化，独立化的局部过程之间存在着由物质生活需要和生产客观技术要求的客观的联系。“劳动分工，使社会生产体系内部产生了结构性的要求，这种结构的具体内容要求是以一定的生产技术条件为前提的。”③ 这种结构性的要求涉及生产什么和如何生产的问题。当整个社会的技术基础发生变革时，也会带来劳动分工结构的变革。因此，社会生产力发展中的技术条件决定了劳动分工的形式和范围。产品国家分工的最终形成符合生产力发展的必然要求，这里的分工是由生产的技术要求所决定的。信息技术的发展和交通运输成本的不断下降，使由生产的技术条件所决定的分工发生在地理距离十分遥远的劳动者之间具有了可能性，而劳动力在国家间不能自由流动就为这种跨国劳动分工的实现

---

① 马克思，恩格斯．马克思恩格斯全集（第23卷）［M］．北京：人民出版社，1972：423.

② 马克思，恩格斯．马克思恩格斯选集（第1卷）［M］．北京：人民出版社，1995：88.

③ 张俊山．政治经济学：当代视角［M］．北京：清华大学出版社，2015：27.

提供了现实的必要性。经济全球化在产品层面上就表现为国际分工的发展，其动因是要在世界范围内配置劳动力和生产资料，实现劳动过程的最优配置，提高整个产品生产链劳动生产率，促进生产力的发展。

可见，劳动分工从简单协作到以分工为基础的协作，再到以机器大工业为基础的协作的发展过程中，社会劳动的生产力和生产社会化不断发展，使经济全球化得以最终启动。因此，技术进步和社会生产力的发展推动交往范围的扩大，交换范围的扩大和世界市场的形成有助于劳动分工的发展，劳动分工有助于技术进步和社会生产力的发展，技术进步和社会生产力的发展使可在国家间交换的商品的种类和数量不断增加，并推动交通运输方式的变革降低了国家间交往的时间和信息成本，为国家间经济交往的进一步扩大创造了条件。可见，物质生产过程的技术进步为国家间经济交往的扩大创造了条件，为国家间的经济交往提供了内容和媒介，推动了经济全球化向前发展。

劳动分工的细化在产品层面体现为同一商品的生产过程被分解为不同的生产环节，由专业化的局部工人完成各个生产环节的操作，这是以产品内分工为基础的全球生产链的形成的历史起点。产品层面的分工的发展有两种截然不同起源：一种是原本由市场规制的分工经由资本家而集中到同一生产工厂内，由同一指挥官进行管理；另一种是原本由同一劳动者完成全部生产操作的商品经由资本家而集中到同一生产场所内，在同一指挥官的管理之下完成分工操作。随着技术的发展，经济上的国界越来越模糊，一国内部的社会分工的发展最终会发展为国际分工。与产品层面的两种分工起源相对应，制造业的国际分工也可区分为两种形式：第一，加工型制造业，制品由各国独立生产的局部产品组装而成，产品是不能跨国自由流动的局部工人的社会产品，这些局部产品在最终产品生产国经过组装形成待出售的最终产品。第二，制造业全球生产链，制品经过位于不同国家或地区的、相互联系的、顺序发生的生产阶段，变为最终产品，这是国际分工发展中的高级形式，这种分工充分利用各国在劳动力成本、原材料成本、离市场远近、政府监管程度、税收高低等因素的不同以获得最大限度提高劳动生产率。

（二）生产社会化和分工专业化：产业结构变迁

一国的产业结构的变迁过程本质上是由社会技术条件的变革引起的社会分工的变化过程。克拉克从40多个国家和地区的产业数据中归纳出产业会由第一产业（农业）向第二产业（工业）、最终向第三产业（服务业）升级的规律，认为服务业占比上升即“产业高级化”。在丹尼尔·贝尔所设想的后工业社会中，服务业尤其是知识型服务和公共服务会成为主导。由社会生产力的变革所决定的全球生产分工体系的动态演进，体现为全球范围内产业的重新布局过程，是发达资本主义国家完成产业高级化、服务业化过程的必要补充。19 世纪以来，在资本主义生产方式的各个时期中经济实力最强大的国家——英国、美国、德国、日本等国的崛起无一不是从农业社会成功转型到工业社会开始的，工业逐渐在国民经济中取得了主导地位。这一产业转型过程主要是通过国内相对独立的资本积累过程实现的，世界市场主要是为资本主义生产过程所生产的商品的价值实现提供场所。在工业社会发展的初期，服务业还主要以家庭和个人服务业为主，服务业中资本主义生产关系的形成相对滞后和缓慢。但是，在资本主义世界经历了以信息技术、新能源技术和新材料技术为主要内容的第三次工业革命后，生产力出现历史性的飞跃，世界经济结构和国家内部经济结构发生深刻变革，服务业的产品种类不断增加，资本主义雇佣劳动关系也在服务业中逐渐形成，从以家庭和个人服务为主转向以资本主义企业专门提供的服务为主。相应的，资本主义国家中最发达的国家，美国、英国、德国、日本等国家发生了产业结构“高级化”的过程，服务业逐渐取代工业成为国民经济的主导产业。但是，这一历史变迁过程的完成单单依靠本国相对独立的资本积累过程是无法实现的，这一产业转型过程依旧需要世界市场作为商品价值实现的场所，但更重要的是这一产业转型过程的完成需要全球范围内的其他发展中的国家或地区为资本主义生产过程本身提供场所、原材料，为劳动力再生产提供廉价的商品。

从农业到工业，再到服务业的产业变迁过程中所伴随的经济全球化的动态演化过程为：从贸易全球化和生产组织全球化到生产全球化和金融全球化。自给自足的农业社会属于简单商品经济，商品交换仅仅是为了获得交换者自身所需要的使用价值。由于生产力发展水平的限制，可用于交换的剩余产品较少，且交通运输手段较为落后，使交换仅仅局限在本地市场范围内。随着简单商品经济向资本主义商品经济的转型，生产者在更大程度上以获得由货币表现的价值为目的而从事生产、进行交换。可用于交换的剩余产品数量急剧增加，本地市场的需求越来越难以保证剩余产品的价值实现，此时开发世界市场就成为由实现商品价值所决定的必然过程，表现为英国主导下的自由贸易的扩张。世界市场的发展为发达资本主义国家的工业化奠定了基础，对世界市场的势力范围的争夺也成为资本主义国家间矛盾激化的原因。已经建立起工业生产体系的发达资本主义国家为了争夺有限的世界市场，进行垄断联合，建立卡特尔、辛迪加、康采恩和托拉斯等垄断型的组织，这成为未来跨国公司发展的雏形。随着工业生产在发达资本主义国家内部的饱和，工业化开始在后发国家内进行。经济全球化保证了发达资本主义国家工业转移的完成和相应的产业结构的高级化，并保证了后发国家可以获得先进的技术和设备。在现代的全球经济一体化中，全球金融体系仍然由产业高级化后的发达资本主义国家控制。通过控制全球金融体系和核心技术，发达资本主义国家实质上还控制着全球生产体系。

综上，生产社会化和分工专业化在产业层面表现为全球社会分工体系的形成。发达资本主义国家实现了产业结构“高级化”过程，主要为世界经济提供金融等服务，发展中国家中的一部分国家实现了工业化过程，通过物质产品生产过程为世界经济提供工业制成品。由于“物质生产劳动是一切其他形态劳动的本原和物质基础，其他形态的劳动都是在生产劳动发展的基础上产生的，物质生产领域的剩余劳动仅仅是其他劳动产生的必要条件，而社会生产关系中的剥削关系以及建立在社会生产关系基础上的社会关系则是其他各种劳动产生的依据”。[①] 全球生产链和价值链的形成将作为本源的生产劳动与为维系生产关系的非生产劳动的对立转变为工业化国家和金融化国家之间的对立。

三、资本主义主导的经济全球化的动因

资本主义主导的经济全球化具有物质属性和生产关系属性这二重性，它是生产社会化过程和资本主义生产关系扩张过程的统一。这决定了经济全球化的一般动因——技术进步和生产社会化为分工专业化和国际化分工提供现实条件，促进了国家间的交往；国家间交往范围的扩大使实现更大范围的生产社会化成为可能，这也是资本主义主导的经济全球化的动因之一。但资本主义主导的经济全球化具有特殊性，生产社会化和分工专业化在全球经济范围中的实现是在资本的推动下进行的，使资本主义主导的经济全球化表现为资本所具有的扩张力。因此，资本主义主导的经济全球化具有不同于其他特殊的经济全球化的特殊动因。资本家要获得更多的剩余价值，就需要更多的廉价雇佣劳动力和更大的商品价值实现场所，这种由资本增殖动机驱使之下产生的需求，客观上推动了生产社会化和资本主义生产关系的全球扩张，这是资本主义主导的经济全球化的特殊动因。

（一）经济全球化启动和贸易全球化

资本主义商品生产过程首先是制造使用价值的劳动过程。劳动过程是人类一切社会形态下所具有的人改造自然的过程，劳动者使用劳动资料，使劳动对象的形态发生改变，形成具有一定使用价值的产品。机器大工业的建立极大地提高了

① 张俊山．政治经济学：当代视角［M］．北京：清华大学出版社，2015：33－35.

劳动过程的生产效率，使可用于交换的使用价值数量大幅增加；同时第一次工业革命带来了交通方式的变革。两者的综合为资本主义主导的经济全球化奠定了物质基础，为国家间商品贸易提供了内容和中介。

资本主义商品生产过程也是劳动过程和价值形成过程的统一。商品价值由对象化在商品中的劳动决定。对象化在商品中的劳动包含属于同一劳动过程的前后相继的不同阶段的劳动：生产资料的生产属于产品生产的前期阶段，其劳动物化在生产资料中，对当前生产过程而言属于过去的劳动，只会按照原有价值转移到商品中；当前生产过程的劳动物化形成新的价值。更重要的是，资本主义商品生产过程是劳动过程和价值增殖过程的统一。资本家进行商品生产的根本目的是通过延长价值形成过程获得价值增殖，即资本家要使生产出的商品价值要大于他预付的生产资料和劳动力价值。劳动力商品具有二重性，劳动力的交换价值由包含在劳动力中的过去劳动决定，劳动力的使用价值是劳动力所能提供的活劳动，两者是完全不同的量。资本家雇佣劳动力，就是要利用这两个量之间的差异获得价值增殖。

劳动过程中的生产资料和劳动力在产品价值形成中起不同作用。生产资料的“旧价值”被转移到产品中去，它在生产过程中只是通过新的使用价值再现自身的旧价值，转变为生产资料的这部分资本可称为“不变资本”。劳动力则创造“新价值”加到商品上去，在生产过程中会再生产自身的等价物和剩余价值，转变为劳动力的这部分资本可被称为“可变资本”。预付资本 C 的这两部分，不变资本和可变资本的货币额分别记为 c 和 v，剩余价值的货币额记为 m，生产的商品价值 $=c+v+m$。$v+m$ 是劳动过程中新增加的价值，它们是此消彼长的关系，剩余价值的相对量或者可变资本的相对的价值增殖，可用剩余价值率——剩余价值和可变资本的比率表示，即为$\frac{m}{v}$。这一比率有重要的经济学意义，对资本家来说，可以寻找资本增殖的源泉；对于工人而言，对于缩短工作日的斗争有重要意义。工人的全部劳动时间，一部分是必要劳动时间，用于生产必要生活资料的价值，即劳动力价值，用于补偿可变资本，另一部分是剩余劳动时间，为超出必要劳动的界限的劳动的时间，用于生产剩余价值。因此，剩余价值率还可以表示为$\frac{m}{v}=\frac{\text{剩余劳动}}{\text{必要劳动}}$，反映了劳动力的受剥削程度。剩余价值生产是资本主义生产的决定性目的，资本家的一切活动都是围绕这一目的开展，包括探索世界市场。

劳动力的价值是由再生产劳动力的社会必要劳动时间决定的，在生产力不变的条件下，必要劳动时间是不变的量，剩余劳动时间的长度决定工作日的长短，劳动力的身体界限和社会道德因素决定了工作日的最高界限。资本家作为人格化的资本总是试图延长劳动时间，以获得更多的剩余价值，而劳动力的恢复需要一定时间，他会要求限制工作日，工作日的长度取决于资产阶级和工人阶级的力量对比。如果使用价值是以一个经济的社会形态占主导地位的目的，则不会产生对剩余劳动的无限制追求，但是资本主义中一切经济关系都以价值来表示，造成了资本对剩余价值的无限贪欲，即无限制地延长工作日。这会造成对劳动者生命健康的摧残，因此国家也会出现来强制限制工作日的延长。因此在必要劳动时间一定的条件下，剩余价值率的提高有一定的界限。但是一个资本所能获得的剩余价值量是由剩余价值率和可变资本的数量共同决定的。可变资本减少可用劳动剥削程度提高来补偿，劳动剥削程度一定的情况下，剩余价值量取决于所雇佣的工人数量。资本最初就是在既有技术条件下，通过延长工作日，提高剩余价值率的方式使劳动服从于资本，进行资本增殖的。

经济全球化的启动发生在英国工业资本主义占主导地位的时期，资本依托于机器大工业生产的增殖还处于以绝对剩余价值生产为主的阶段。绝对剩余价值生产是在生产力发展水平较低、技术水平不高、技术条件不变的条件下，资本增殖的主要途径。资本或者通过延长工作日的方式，或者通过增加雇佣工人的数量的方式来增加剩余价值量。但是延长工作日会受到工人阶级的抵抗，国家法律也会进行强制的限制，增加雇佣工人也会受到本国人口数量的限制。在这种历史条件下，资本寻找新的市场，探索新世界，一方面是要突破对工作日的强制限制，另一方面可获得大量的廉价的，甚至不费资本家分文的劳动力。要实现这两个目的，起初只有以“强盗逻辑”，利用民族国家的国家机器，对世界进行武力征服，实行殖民统治，强迫劳动。但与国内延长工作日的自然界限和社会道德界限相同，对外部劳动者的经济强制也必然会遇到天然的界限。随着殖民地独立运动的发展，“强盗逻辑”完全被资本增殖的逻辑所取代。由于发展中国家限制工作日的法律还不够完善，发达国家的资本绝对剩余价值生产的逻辑便可以继续发挥作用。

在英国工业资本主义占主导地位的时期，世界上的大多数国家还以农业生产为主，因此工业品的贸易流向基本是单向的从英国输出到其他国家，英国的机器大工业的发展提高了劳动生产力，降低了单位商品中包含的生产资料的价值，从而降低了单位商品的价值，成为取代其他国家手工业生产者所生产的产品的有利条件。通过倾销工业品，英国打开了世界市场，使其商品价值实现、资本增殖活动的完成有了更大的空间。

总之，剩余价值的生产与实现是资本主义主导的经济全球化得以启动的原因，并由此可以扩大产业后备军的规模和商品销售市场的规模。但是无论如何，资本无限增殖的要求与劳动力再生产自然的和社会的限制之间的矛盾，最终会导致绝对剩余价值生产作为主导的增殖方式的退位，取而代之的将会是相对剩余价值生产为主导的增殖方式。随着技术条件的变化，资本向世界市场的拓展也将采用新的方式。

（二）生产资本全球化

相对剩余价值生产同样体现了资本主义制度下资本无限增殖的要求。工作日的延长总会遇到劳动力生理上的界限和社会道德的、法律的界限，不能无限制延长。在工作日的延长受限的条件下，只有通过缩短必要劳动时间来相对地延长剩余劳动时间，即资本要更多的剩余价值就必须要有大量的廉价劳动力。廉价劳动力的获得可以通过全球产业转移来实现；也可以通过贸易全球化降低本国再生产劳动力的社会必要劳动时间，即降低劳动力价值来实现。但缩短再生产劳动力的必要劳动时间最根本途径是通过促进本国社会生产力的进步来实现。增加单位劳动所能生产的使用价值，即"它必须变革劳动过程的技术条件和社会条件，从而变革生产方式本身，以提高劳动生产力，通过提高劳动生产力来降低劳动力的价值，从而缩短再生产劳动力价值所必要的工作日部分"。[①] 这种通过技术进步和生产方式的变革而缩短必要劳动时间，改变必要劳动和剩余劳动的比例而生产的剩余价值的方式，就是相对剩余价值生产。

商品价值是由转移到商品中的生产资料的旧价值和劳动力创造的新价值构成的。因此，要缩短必要劳动时间，降低劳动力的价值，首先，可以通过决定劳动力的价值的那些生产生活资料的产业部门的生产力的提高。其次，可以通过为生产必要生活资料的产业部门提供不变资本物质要素的产业部门生产力的提高。单个产业部门节省的必要劳动时间的总和构成必要劳动时间的全部缩短。单个资本家可以通过技术创新提高劳动生产率降低个别价值，扩大个别价值与社会价值的差额，当他以低于社会价值但高于个别价值的价格出售商品时，便可获得超额利润。当竞争的压力促使所有资本家都通过技术创新提高劳动生产率使商品便宜来获得超额利润时，最终会降低生产商品的社会必要劳动时间。生产生活资料的部门及为生活资料部门提供不变资本的物质资料的部门生产率的提高，表现为再生产劳动力的必要劳动时间的缩短。因此，单个资本家通过技术创新提高劳动生产力的努力促成了一般剩余价值率的提高，为全体资本家的相对剩余价值生产创造

① 马克思．资本论（第1卷）［M］．北京：人民出版社，2004：366.

了条件。资本家追求的不是一般价值的增大，而是剩余价值的增大。“因此，提高劳动生产力来使商品便宜，并通过商品便宜来使工人本身便宜，是资本的内在的冲动和经常的趋势。”① 通过技术创新发展生产力来节约劳动是为了缩短生产商品的社会必要劳动时间，相对延长剩余劳动时间。但是，资本家通过技术创新降低商品价格的努力最终会造成社会整体劳动生产率的提高，全部资本将获得更低的平均利润，资本在既有的资本主义市场范围内的增殖将遇到阻碍。

马克思在分析资本主义积累的一般过程时指出：“一旦资本主义制度的一般基础奠定下来，在积累过程中就一定会出现一个时刻，那时社会劳动生产率的发展成为积累的最强有力的杠杆。”② 资本家为了获得初始技术革新时的超额利润，倾向于扩大生产规模、提高积累水平，反过来，技术革新提高了劳动生产率，有助于积累水平的提高。但是随着国内资本间的竞争，新技术带来的超额利润会趋于消失，投入新部门的资本会与经济中其他资本一样获得平均利润。当资本在既有的市场范围内的增殖遇到阻碍时可以通过两种途径缓解资本增殖目的和增殖手段之间的矛盾。资本增殖矛盾解决途径之一是通过在既有的市场范围内不断进行技术创新，使剩余价值的相对量不断增加。资本增殖矛盾解决途径之二是在当技术创新的应用潜力在既有的市场范围内达到饱和之后，资本通过技术和资本输出，扩大市场，继续在落后国家获得技术初创时的超额利润。在向发展中国家输出资本和技术的过程中，除了可以通过技术创新提高劳动生产力降低社会必要劳动时间以降低劳动力的价值来相对地增加剩余价值之外，发展中国家的劳动力价值由于经济发展水平落后，必要生活资料中包含的内容要远远少于发达国家，因而劳动力的价值“天然地”较发达国家的劳动力更为低廉，剩余价值率相对较高。但最终向发展中国家的技术输出过程和使用发展中国家“天然”低廉的劳动力生产的商品的个别价值降低，会导致社会价值的最终降低，也会降低发达资本主义国家工人生活资料的生产成本。资本为克服增殖危机而将技术和资本输出，客观上推动了生产全球化和资本主义生产关系的全球扩张。

（三）金融资本全球化

从自由竞争资本主义向垄断资本主义的转变是资本主义发展的必然结果。资本的垄断性在雇佣劳动关系上有最直接的体现，资本通过对生产条件的垄断，完成了对劳动的实际控制；同时，资本需要不断扩大由它占有并控制的生产条件的

① 马克思．资本论（第1卷）［M］．北京：人民出版社，2004：371.
② 马克思．资本论（第1卷）［M］．北京：人民出版社，2004：717.

规模，用内部的计划性弥补社会生产的无秩序性，以“创造”并实现最大限度的利润。在资本主义发展的初期，生产力发展水平较低，产业资本的规模较小，还受制于商业资本和银行资本，不能对社会经济实施直接的控制。与此相适应，在由资本主义主导的经济全球化的世界市场形成阶段初期，对金属货币的渴望是国家和资产阶级联合对外扩张的直接动机，殖民掠夺和商品贸易则是实现目标的主要手段。随着机器大工业的发展，幼小的产业资本在国家的保护之下不断发展，开始逐渐成为主导经济全球化的力量。

资本家通过占有生产资料而无偿占有劳动力生产的剩余价值，并将剩余价值转化为资本，进行资本积累，使资本主义生产在不断扩大的规模下进行。资本积累对资本家具有绝对的必要性：一方面资本有机构成提高造成的平均利润率的下降促使资本家不断扩大资本积累规模，以增加剩余价值的绝对量；另一方面，生产技术进步提高了对最低资本规模的要求，使资本积累不断扩大成为资本不断增殖的必要界限。资本要不断扩大再生产、进行资本积累，就需要有大量地雇佣劳动力以及商品价值实现的场所。资本的这种绝对需求决定了资本必须充分利用国际市场。从这个角度而言，资本主义主导的经济全球化是资本在不断扩大的规模下进行积累的需求推动过程，也是资本积累的绝对必要条件。在经济全球化条件下的资本的扩大再生产过程同时将资本主义生产关系扩大化了。资本通过不断扩大再生产，在单个资本家手中积累的规模越来越大，最终形成垄断，垄断资本进一步发展，形成金融资本的垄断。

在资本有机构成不变的情况下，扩大再生产会使资本对劳动力的需求增加。在资本增殖动机驱使之下，“在由于新发展起来的社会需要而开辟了新的市场、新的投资领域等等的情况下，只要改变剩余价值或剩余产品分为资本和收入的比例，积累的规模就能突然扩大，所以，资本的积累需要，能够超过劳动力或工人人数的增加……”① 当资本对劳动力的需求超过劳动力的供给时，工资就会上涨。即在新增加的价值中，可变资本部分增加，从而剩余价值会相应减少，使资本的增殖遭受损害。在一定限度内，资本可以继续保持积累，一旦利润率下降到使资本减少积累的程度，资本和劳动力的不平衡就会随之消失。资本通过这种自我调节方式，排除由于工资上涨给资本增殖造成的障碍。因此，“资本主义积累的本性，决不允许劳动剥削程度的任何降低或劳动价格的任何提高有可能严重地危及资本关系的不断再生产和它的规模不断扩大的再生产”。② 在市场范围不变

① 马克思．资本论（第1卷）[M]．北京：人民出版社，2004：708.

② 马克思．资本论（第1卷）[M]．北京：人民出版社，2004：716.

的条件下，资本只有通过减慢资本积累的速率来缓解不断扩大的资本规模和有限的劳动力供给之间的矛盾给资本增殖带来的障碍。当市场范围可变时，当世界市场取代国内市场，成为资本的活动范围时，资本不需要通过减慢资本积累的速率，而可以通过将资本积累，将规模扩大的再生产置于已经饱和的国内市场范围之外来解决工资上升对资本增殖造成的损害。这种扩大再生产活动场所的变化可以从两方面有助于资本增殖，一方面，资本可以直接利用其他生产力发展水平较落后国家的充足的产业后备军，由于落后国家的资本还不足以吸纳全部劳动力，这部分相对剩余的劳动力具有十分低廉的价格，即劳动力价值相对较低，从而相对增加了剩余价值；另一方面，在资本转移生产的压力之下，本国的相对剩余劳动力也会增加，工资也会相应地下降。

可见，世界市场的开辟使资本不再需要通过减慢资本积累的速率的方式来缓解不断扩大的资本规模和有限的劳动力供给之间的矛盾。由于国内资本积累扩大导致对劳动力的需求超过供给，工资上升，挤压了资本家可获得的剩余价值的量，此时世界市场通过为资本提供扩大再生产的场所，缓解了这类增殖矛盾。

但是在资本的有机构成可变的情况下，资本主义主导的经济全球化对资本积累有新的意义。资本主义的积累过程中一般会伴随社会劳动生产率的提高，表现为在相同的时间和劳动强度下，单位劳动力转移至产品中的生产资料的量的增长，反映在资本的价值构成变化上，即不变资本的相对增加。社会生产力的发展以大规模的协作为前提，在简单协作节约了生产资料的基础上，劳动的分工和结合逐渐发展起来，并催生了机器体系的产生。在资本主义生产方式下，要实现大规模的协作和生产，一定量的资本要掌握在单个资本家手中。资本主义生产方式的确立以资本原始积累作为基础，在这个基础之上产生的提高社会劳动生产力的方法，有助于增加剩余价值，从而是加速资本积累的方法。反过来，资本量的增长有助于扩大生产规模，提高劳动生产力，进而增加剩余价值。社会生产力的发展和资本积累这两个经济因素的相互存进，导致资本的有机构成不断变化，资本的不变组成部分的规模越来越大。19 世纪中后期在主要发达资本主义国家发生了第二次工业革命，提高了生产社会化的程度。化学、钢铁、电力等新兴的重工业部门，生产规模更大，不变资本所占的比重也更大。生产力性质的这种变化客观上要求数额巨大的资本。在资本主义生产方式下，这一要求只能通过生产和资本在单个资本家手中的集中或积聚来实现。

资本积累会扩大执行资本职能的财富在单个资本家手中的积聚，单个资本的积聚要按在社会资本中所占的份额的比例增长，并且单个资本作为独立的和互相竞争的商品生产者对立。降低商品价格是资本竞争的主要方式，扩大生产规模可以提高劳动生产率，进而降低商品价格，因此大资本会战胜小资本，互相排斥的单个资本的独立性会由于竞争而消灭，这是资本的集中。资本积聚使单个资本增加，为通过竞争机制实现了既有资本的重新分配的资本集中提供了材料；除此之外，同资本主义生产一起发展起来的信用提供了另一种集中资本的途径，将社会分散的货币资金集中到单个资本家手中。资本主义生产越发展，资本主义的生产规模越大，资本集中的愿望越强烈。资本集中对于建立强大的工业企业有重要意义，而“工业企业规模的扩大，对于更广泛地组织许多人的总体劳动，对于更广泛地发展这种劳动的物质动力，也就是说，对于使分散的、按习惯进行的生产过程不断地变成社会结合的、用科学处理的生产过程来说，到处都成为起点”。[①] 列宁指出：“资本主义最典型的特点之一，就是工业蓬勃发展，生产集中于越来越大的企业的过程进行得非常迅速。”[②] 在资本主义生产方式下的在单个资本家手中实现的资本的集中和积聚使社会化的生产力服务于资本增殖的需要，最终导向了私人资本垄断。

规模不断扩大的私人资本最终形成私人资本垄断，生产条件越来越掌握在少数大型企业手中，使少数大型企业组织控制社会生产的力量得到增强，通过对社会施加实质性的影响，以达到增殖资本的目的，成为社会经济的主导力量。私人垄断资本可以控制产量，控制生产资料和劳动力的购买价格，决定产品的销售价格，控制流通网络，通过控制核心技术控制与之有生产或其他联系的非垄断企业。其中私人垄断企业提高利润最主要的是其对价格的控制，包括销售产品时制定的高于商品生产价格的垄断高价和从依附于私人垄断资本的中小企业购买商品时制定的垄断低价。剩余价值仍然是劳动者的剩余劳动的凝结，但是垄断企业凭借垄断权力将由于技术进步等原因产生的超额利润持久地保留在本垄断组织中，形成稳定的垄断利润。

当私人垄断资本的活动范围扩大时，其控制力和影响力、获取垄断利润的能力也会相应地增强，由资本主义主导的经济全球化现在由国际私人垄断资本主导。国际私人垄断资本控制了世界贸易及与贸易相关的政策，控制了全球商品流通网络，通过控制全球价值链的核心技术控制其他国家的生产。世界市场为发达资本主义国家的相对过剩资本提供了增殖出路。资本输出是垄断占统治地位的资本主义的典型形式。这一阶段，发达资本主义国家有资本家之间的垄断同盟，并出现大量的相对过剩资本。这些相对过剩的资本并不会用于发展落后的农业、改

① 马克思．资本论（第1卷）［M］．北京：人民出版社，2004：724.

② 列宁．帝国主义是资本主义的最高阶段［M］//列宁．列宁专题文集：论资本主义．北京：人民出版社，2009：107.

善劳动者的生活水平，因为这些领域对资本而言不是有利的投资场所，并且发展不平衡和一无所有的劳动者是资本主义生产方式的前提。因此，这些相对过剩的资本会输出到国外，利用落后国家廉价的土地、原料和劳动力，获得更高的利润。资本输出所引起的输出国发展停滞会由资本输入国的发展加以补偿，国际私人垄断资本控制经济全球化的时代生产进一步社会化了。这种控制在私人垄断资本之下的生产社会化呈现出为其资本增殖服务的特征，垄断资本控制产品研发与设计、关键技术、销售网络等核心，将技术含量较少的简单的局部生产环节转移到发展中国家，通过垄断低价获得垄断利润。

私人垄断资本对生产条件的控制不仅仅体现在对产业资本的垄断上，还体现在对货币资本的使用的垄断。随着银行资本的集中而发展起来的银行资本的垄断与产业资本不断融合，使私人垄断资本最终发展为私人金融垄断资本，完成对世界经济的统治，形成金融全球一体化。银行起初只是作为资金的所有者和使用者的中介存在，但是随着产业资本的集中与垄断，这些规模庞大的企业对资本的规模和周转期的要求都变大和变长了，这种双重需求推动了银行业的集中过程，最终形成了少数的银行垄断者。列宁指出："随着银行业的发展及其集中于少数机构，银行就由中介人的普通角色发展成为势力极大的垄断者，它们支配着所有资本家和小业主的几乎全部的货币资本，以及本国和许多国家的大部分生产资料和原料产地。为数众多的普通中介人成为极少数垄断者的这种转变，是资本主义发展成为资本帝国主义的基本过程之一。"① 具有垄断性质的银行通过控制资金的供给控制产业资本，加快了产业资本的集中和垄断，增强了银行对实体的经济活动的控制。

在垄断资本主义条件下，垄断银行和垄断产业资本的联系不断加强，最终形成了金融资本。希法亭（2009）在《金融资本》中论述了虚拟资本形成、进而金融资本形成的过程。他指出在现代股份公司的成立过程中包含资本的二重化过程，一方面货币资本转化为产业资本，执行实际生产职能，另一方面股票作为资本化的收益权证存在，即作为虚拟资本存在。产业资本获得平均利润，虚拟资本获得平均利息，两者之间的差额即为由资本二重化带来的利润。从这个意义上而言，希法亭认为金融化是职能资本和虚拟资本的二重属性的差别扩大化，资本家只需要掌握少数资本就可以控制整个股份公司，随着相互持股的发展形成利益的共同占有，银行通过参与股票投资加强了对股份公司的监督与控制。银行利润来

① 列宁．帝国主义是资本主义的最高阶段［M］．列宁．列宁专题文集：论资本主义．北京：人民出版社，2009：107.

源于存贷款利差和创业利润，规模对银行的获利越来越重要，使银行业通过发行股票扩大自有资本，并将资本固定在产业领域，这一过程也包含虚拟资本的二重化：一方面，货币资本虚拟为银行股份资本，实际转为银行财产，银行资本虚拟为产业股票，实际转为生产资本。另一方面银行与产业间广泛的联系使银行越来越厌恶自身以及产业间的竞争，最终导致银行集团和产业集团的产生。资本通过产业集聚，排除竞争，建立垄断，获得垄断利润来阻碍平均利润率的下降。在这一过程中，银行和垄断企业之间的联系越来越紧密，产业资本和银行资本不断融和，形成金融资本，即由银行交给产业资本家，转化为产业资本的银行资本，随着股份公司、产业垄断化而达到顶点。金融资本成为经济社会中的统治力量，完成了过去劳动对活劳动的统治。列宁（2001）也指出资本主义进入了金融垄断资本主义阶段，即帝国主义阶段。他指出，工业发展、生产集中、企业规模越来越大是资本主义最典型的特点之一，集中发展到一定阶段就会形成垄断。经过19世纪末的高涨和1900～1903年的危机，卡特尔成为经济基础之一，资本主义进入帝国主义阶段。“帝国主义阶段的资本主义紧紧接近最全面的生产社会化，它不顾资本家的愿望与意识，可以说是把他们拖进一种从完全的竞争自由向完全的社会化过渡的新的社会秩序（列宁，2001）。”不仅生产社会化有了巨大进展，技术发明和技术改进过程也社会化了。但是社会化的生产资料仍然由私人资本家占有，这些少数垄断者对非垄断者实行着经济强制。不仅工业企业，银行业也从集中发展到垄断，其作用发生了根本改变，从中介变为控制产业资本家、掌握世界大部分生产资料和原料产地的垄断者。在垄断的基础上，银行资本和产业资本逐渐融合，形成金融资本，资本主义从一般资本统治发展到金融资本统治。“集中在少数人手里并且享有实际垄断权的金融资本，由于创办企业、发行有价证券、办理公债等等而获得大量的、愈来愈多的利润，巩固了金融寡头的统治，替垄断者向整个社会征收贡赋（列宁，2001）。”不仅如此，银行垄断还与地租垄断、交通运输业的垄断结合，从土地投机中获利。金融资本的统治，是资本主义的最高阶段，资本占有与在生产中的运用、货币资本同生产资本的分离达到极大的程度。

随着第二次工业革命，资本主义进入垄断资本主义阶段，垄断利润的不断积累，使主要发达国家内部形成了大量相对过剩资本。而资本只有进入生产过程，转化为生产资料和劳动力，才能进行价值增殖。此时的相对过剩资本在国内无法获得投资出路，只能进行资本输出。并且，资本输出相对于商品输出能够避开各国为了保护本国的工业生产而设置的高额的保护关税或者其他非关税壁垒。私人垄断资本通过资本输出，利用发展中国家的廉价的资源从事价值增殖过程，获得巨额的垄断利润。希法庭也指出了金融资本是如何实现自身对全球经济的统治的。金融资本总是会为自身的增殖寻找更大的投资场所，当国内由于卡特尔化而扩张受限时，就会进行资本输出，使国际分工体系逐渐形成。一方面，为了降低生产费用、实现专业化生产、实现生产部门的多样化与互补、增强抗干扰能力，金融资本倾向于扩大经济区规模，建立自由贸易市场；另一方面，为了形成垄断以获取超额利润，保证国内市场，稳定经营，资本家倾向于建立保护关税，此时为了获得更多的超额利润，资本也需要扩大经济区域。从而产生了扩大经济区和提高关税的双重需要，资本输出是解决这种双重需要的途径，资本直接在外国生产剩余价值，一方面，扩大了输入国市场的吸收能力，促进了输入国的资本主义的发展；另一方面，输出国获得了生产资料部门所需的原料。资本输出带来了分工发展，使资本主义进入一个狂飙的发展时期。通过资本输出，金融资本完成了对世界市场的经济上的瓜分，并形成了国际垄断同盟。

第二章

工业化与工业资本主义的形成和发展

工业化的发生和实现是人类改造自然、征服自然实践活动的产物，标志着社会生产力发展的新阶段。工业与资本主义结合形成的工业资本主义既为工业化的发生和实现提供了制度条件，又制约着工业化的发展，工业资本主义推动西方资本主义进入历史上最辉煌的发展时期，而工业资本主义的衰落则反映了资本主义生产方式必然灭亡的历史趋势。本章旨在揭示工业资本主义的二重性，为科学认识工业资本主义盛衰和后工业资本主义陷入经济停滞常态化的动因提供理论依据。

第一节　工业革命与工业化

一、工业革命的发生背景

18 世纪 60 年代英国发生工业革命，开启了工业化的进程。工业革命的出现不是偶然的，而是经济社会矛盾发展的结果。

（一）农业革命

进入 17 世纪以后，随着英国与拥有先进农业技术国家的接触日益增多以及大批清教徒的迁入，先进的农业技术越来越多地传入了英国，引发了英国的农业革命。在这场农业革命中，英国的农业生产技术得到了极大发展。比如，耕作方法的改良扩大了可耕作土地的面积，从其他国家引进的新式农作物使农产品的种类和产量得以增加和提高，新式农具在农业生产中大规模应用提高了农民的劳动生产率。

农业革命让农作物的产量得到了极大提高，提供了充足的农产品剩余，为劳动力向工业部门的转移提供了条件，为工业化的发生奠定了基础。可以设想，没有充足的农产品剩余，就无法支撑足够的工业人口，工业化也就不可能发生。马克思通过对农业革命历史过程的详细考察，指出了农业生产率提高的重要作用。“超过劳动者个人需要的农业劳动生产率，是一切社会的基础，并且首先是资本主义生产的基础。”① “农业劳动（这里包括单纯采集、狩猎、捕鱼、畜牧等劳动）的这种自然生产率，是一切剩余劳动的基础，因为一切劳动首先而且最初是以占有和生产食物为目的的。”② 马克思还指出，农业生产率提高不只是为人口的快速增长提供了支持，而且能够让大量的剩余劳动力从农业生产中剥离开来，为工业化的发展创造必要的条件。

农业革命的发生还带来了农村土地关系的变革。通过圈地运动的进行、教会土地的没收以及王室贵族们对土地的出售，土地实现了大规模的集中，改变了农业的传统生产方式。马克思高度评价了农村土地关系变革的这一基础作用，他指出：“在这个意义上，土地所有权的垄断是资本主义生产方式的历史前提，并且始终是它的基础，正像这种垄断曾是所有以前的、建立在对群众的某种剥削形式上的生产方式的历史前提和基础一样。”③ “土地取得土地所有权的形式，是资本主义生产方式的历史前提。”④

（二）资本原始积累的扩大

地理大发现开辟了新航线，各国之间的交流越来越频繁，给资本原始积累打下了坚实的基础。伴随着17世纪资产阶级革命的爆发，资本原始积累的速度得到了极大的提高。资本原始积累的过程是生产者和生产资料分离的历史过程。资本家在进行资本原始积累的过程中采取了多种方式加速这一过程，其中主要包括对农民土地进行剥夺、对殖民地进行掠夺、发动商业战争、发行国家公债、开展奴隶贸易、制定现代课税制度和保护关税制度等。马克思着重分析了对农民土地进行剥夺以及对殖民地进行掠夺这两种积累方式，并详细地论述了资本的原始积累为工业化产生创造的三个历史前提，即资本前提、雇佣工人前提和市场前提。

在这一过程中，封建制度逐渐解体，资本主义制度不断孕育，资本主义农场

① 马克思，恩格斯．马克思恩格斯全集（第25卷）［M］．北京：人民出版社，1974：885.
② 马克思，恩格斯．马克思恩格斯全集（第25卷）［M］．北京：人民出版社，1974：713.
③ 马克思，恩格斯．马克思恩格斯选集（第2卷）［M］．北京：人民出版社，1995：538.
④ 马克思，恩格斯．马克思恩格斯全集（第25卷）［M］．北京：人民出版社，1974：998.

主和工业资本家日益增多，雇佣劳动关系在这一期间得以建立，越来越多的雇佣工人从直接生产者中转化出来，为工业化的发生创造了历史条件。

首先，在部分资本家的手中聚集起大量的资本是进行大规模的资本主义生产的前提条件，而且这些资本同样也是工业化发生的前提条件。因为没有数额巨大的货币财富在少数人手中聚集并在一定条件下转变为资本，就不会有工业资本的产生，工业化更是无从谈起。资本家们用残酷的手段，通过资本的原始积累完成了这一工业化的前提条件。马克思在著作中对这些资本原始积累的手段进行了批判，指出："如果按照奥日埃的说法，货币'来到世间，在一边脸上带着天生的血斑'，那么，资本来到世间，从头到脚，每个毛孔都滴着血和肮脏的东西。"①

其次，雇佣劳动的存在是资本主义雇佣劳动制度能够实现的前提条件，同时这也是工业化能够发生的前提条件。马克思曾经在著作中阐述了劳动力成为商品的两个基本条件。一方面，劳动者必须是自己劳动能力的自由所有者，需要具备将自己的劳动能力当作商品进行买卖的条件，也就是说，劳动者应该有人身的自由。另一方面，劳动者除了自己的劳动能力外没有其他的商品可以出卖，或者说，劳动者丧失了一切生产资料和生活资料，为了能够维持生计而不得不出卖自己的劳动力。资本家们主要是通过原始积累的方式来实现雇佣工人这一前提条件的。马克思指出，资本家们通过圈地运动剥夺了农村居民的土地，让生产资料同小生产者相分离，使他们变为了自由无产者。资产阶级还通过对国家权力的控制而制定了血腥的法律来惩罚流浪者以及压低自由无产者的工资。最终，使自由无产者成为资本的隶属物，他们变为了雇佣工人。

最后，市场对于资本主义工业化生产来说是一个必不可少的条件。它主要包括了国内市场和国际市场两个组成部分。其中，国内市场是通过圈地运动和农业革命建立起来的，国际市场则是通过侵占海外殖民地以及发展殖民贸易形成的。在这些市场的形成过程中，虽然战争和政治等多种因素都起到了重要的作用，但是其中影响最大的因素还是原始积累。可以说，原始积累为工业化的产生创造出了市场条件。马克思在著作中分析了工业资本的国内市场的形成，认为以前独立农民自己生产和加工供自己消费的生活资料和供自己使用的原料，都转化为了商品，这必然为国内市场的扩大提供了良好的条件。他指出："一部分农村居民的被剥夺和被驱逐，不仅为工业资本游离出工人及其生活资料和劳动资料，同时也建立了国内市场。"② 同时，这些独立农民的被剥夺，还使资本主义国内市场变

① 马克思，恩格斯．马克思恩格斯全集（第23卷）[M]. 北京：人民出版社，1972：829.
② 马克思，恩格斯．马克思恩格斯全集（第23卷）[M]. 北京：人民出版社，1972：815.

得更加的稳固。马克思指出："随着以前的自耕农的被剥夺以及他们与自己的生产资料的分离，农村副业被消灭了，工场手工业与农业分离的过程发生了。只有消灭农村家庭手工业，才能使一个国家的国内市场获得资本主义生产方式所需要的范围和稳固性。"①

（三）商人资本的发展

在前资本主义生产方式下，商人资本是占统治地位的资本形式。而且，生产越不发达，货币财富就越集中在商人手中。马克思通过对商人资本发展的历史考察，得出了一条规律性的认识，即"商人资本的独立发展，是与社会一般经济发展成反比例的"。② 也正因为工业化以前社会一般经济发展程度较低，所以商人资本在社会经济发展中处于统治地位和发挥着极为重要的作用。在资本主义发展初期，商人资本处于优先发展地位，商人资本家不仅控制着整个流通领域，而且控制了产品的生产，商人通过提供资金、原料和包销产品等方式，直接支配生产。例如，11 世纪英国的呢绒商人把那些仍然是独立的织工置于自己的控制之下，把羊毛卖给他们，然后向他们购买呢绒，让织工按照原来分散的生产方式继续劳动。因而，整个生产部门依附于商人资本，却并没有改变旧的生产方式。在商人资本的发展过程中，资本的原始积累起到了至关重要的作用。因为通过原始积累积聚起来的庞大的资本首先是表现为商人资本，包括商品经营资本和货币经营资本。所以，马克思评价道："占主要统治地位的商业资本，到处都代表着一种掠夺制度，它在古代和新时代的商业民族中的发展，是和暴力掠夺、偷盗行径、绑架奴隶、征服殖民地直接结合在一起的。"③ 可以说，资本原始积累的大发展，也就是商人资本的大发展。

商人资本的职能主要是对商品交换起中介作用，因而只要历史上出现了简单的商品流通和货币流通，就具备了它存在的条件。所以，工业化产生的前提是离不开商人资本发展的。商人资本对工业化发展的重要作用首先体现在对自然经济的解体作用。商人资本的发展，促进了商品交换和货币流通，对自然经济具有解体作用。马克思在著作中指出："商业对各种已有的，以不同形式主要生产使用价值的生产组织，都或多或少地起着解体的作用。"④

另外，商人资本还为工业化的产生创造了基础的条件，包括货币的大量积

① 马克思等．马克思恩格斯与俄国政治活动家通信集［M］．北京：人民出版社，1987：632.
② 马克思，恩格斯．马克思恩格斯全集（第 25 卷）［M］．北京：人民出版社，1974：366.
③ 马克思，恩格斯．马克思恩格斯全集（第 25 卷）［M］．北京：人民出版社，1974：370.
④ 马克思，恩格斯．马克思恩格斯全集（第 25 卷）［M］．北京：人民出版社，1974：371.

累、造成的广阔市场，以及推动城市经济发展等等。最后，商人资本对封建生产方式向资本主义生产方式过渡还起到了促进作用。马克思指出："在 16 世纪和 17 世纪，由于地理上的发现而在商业上发生的并迅速促进了商人资本发展的大革命，是促使封建生产方式向资本主义生产方式过渡的一个主要因素。"①

（四）资产阶级革命和宗教改革

英国是欧洲资产阶级革命的先驱。西欧 17～18 世纪是一个剧烈动荡的历史时期，经济领域里的变革引发了一场接一场的政治变动，包括争夺封建王位的战争、争夺领土与殖民地的战争、农民起义战争、资产阶级和广大人民群众反对封建专制制度的斗争，以及工人阶级反抗资产阶级的斗争。其中，社会的主要矛盾是资本主义发展与封建专制之间的矛盾，表现为资产阶级民主制度取代封建专制制度的政治革命。英国从 13 世纪初限制王权的"大宪章"起，在政治改革方面就走在欧洲的前面。经历红白玫瑰战争封建主集团之间的相互残杀之后，新贵族和新兴资产阶级的力量日益加强。1640 年，资产阶级掀起了反对专制制度的革命。到 1688 年宫廷政变性质的光荣革命之后，英国终于推翻了封建王朝，建立起君主立宪的民主政治制度。英国资产阶级革命比法国资产阶级革命（1789～1794 年）早 100 多年，比德国革命（1848 年）早了 200 年。可以说，英国资产阶级革命的世界历史意义是十分重大的。

虽然英国资产阶级革命带有浓厚的保守性和妥协性，但它毕竟是人类历史上资本主义对封建制度的第一次重大胜利，其革命的火种燃烧到欧美及世界各地，开创了资产阶级革命的新时代。马克思揭示了资产阶级革命对工业化产生的巨大作用。在肯定经济基础决定上层建筑的前提下，马克思强调上层建筑各部门一旦形成，便具有相对的独立性，循着本性所固有的规律运行，并反过来对经济基础发生反作用。特别是政治权力，对经济及社会发展可以起加速或延缓的巨大作用。由此出发，他非常注意考察欧洲资产阶级革命对资本主义生产方式及工业化产生的影响，认为资产阶级革命为资本主义的发展清除了障碍。他在《法兰西内战》中对法国革命进行评价时指出："18 世纪法国革命的大扫帚，把所有这些过去时代的垃圾都扫除干净，从而从社会基地上清除了那些妨碍建立现代国家大厦这个上层建筑的最后障碍。"②

另外，马克思还认为资产阶级革命促进了旧生产方式向新生产方式的转变，

① 马克思，恩格斯．马克思恩格斯全集（第 25 卷）［M］．北京：人民出版社，1974：371.
② 马克思，恩格斯．马克思恩格斯全集（第 17 卷）［M］．北京：人民出版社，1963：355.

建立了资本主义社会经济的新秩序。他分两个时期对此来进行了考察，认为在资产阶级掌权之前，资产阶级往往利用“国家权力，也就是利用集中的有组织的社会暴力，来大力促进从封建生产方式向资本主义生产方式的转变过程，缩短过渡时间”。[①] 在资产阶级政权建立之后，就直接运用国家机器来推行符合他们利益的土地政策、殖民政策、税收和贸易政策，从而为资本主义生产方式的确立和工业化的兴起创造了条件。马克思还在研究资本原始积累的过程中，列举了英国资产阶级运用国家权力推进工业化的大量事实。指出，英国国会通过“公有地围圈法”，有组织的大规模盗卖国有土地；颁布血腥法律，强制无产者变成雇佣工人；制定压低工资的法律，利用暴力规定工作日和工资的界限；借助一系列暴力手段，推行殖民制度、国债制度、现代税收制度和保护关税制度，等等。

英国在 16 世纪前期进行了宗教改革。这场改革是由国王自上而下推行的，其根源是由于国王与新贵族和资产阶级的联盟。都铎王朝的王权空前强化，王权对罗马教廷的特权已不能容忍，新贵族和资产阶级也要求夺取教会财富。1533 ~ 1534 年，英国自立国教与罗马教廷决裂。随后还封闭了数百家寺院，并没收其全部财产。马克思对此进行了评论，指出：“在 16 世纪，宗教改革和随之而来的对教会地产的大规模的盗窃，使暴力剥夺人民群众的过程得到新的惊人的推动”[②]。英国 16 世纪的宗教改革使英国国教成为王权的工具和专制制度的支柱。到了 16 世纪中期，卡尔文派传入英国，其所宣传的教义和民主的教会组织形式，都符合资产阶级和新贵族的利益，因此又兴起了清教运动，以此作为反对国教和专制的武器。到 1640 年，英国资产阶级在清教徒的旗帜下，发动了政治革命。

马克思认为宗教改革对工业化的产生进行了推动。在他看来，英国资产阶级革命的一个重要特点就是在宗教外衣的掩饰下进行反封建的斗争。也就是说，宗教改革实质上也就是反封建的资产阶级革命。因为，中世纪的天主教会是西欧“封建制度的巨大的国际中心”，它在宗教的旗帜下把整个西欧社会联合为一个庞大的政治体系，教权凌驾于王权之上。罗马教廷占有大量土地和社会财富，每年从各国获取巨额贡税，并对各国内政横加干涉。因此，资本主义的发展必然会与作为封建势力代表的教会发生矛盾，王权的加强也会使与罗马教廷的矛盾日趋尖锐。恩格斯曾经在《德国农民战争》中指出：“一般针对封建制度发出的一切攻击必然首先就是对教会的攻击，而一切革命的社会政治理论大体上必然同时就是

① 马克思，恩格斯．马克思恩格斯全集（第 23 卷）［M］．北京：人民出版社，1972：819.

② 马克思，恩格斯．马克思恩格斯全集（第 23 卷）［M］．北京：人民出版社，1972：789.

神学异端。为要触犯当时的社会制度，就必须从制度身上剥去那一层神圣外衣。”[①] 这说明宗教改革对工业化产生的促进作用，实际上也就是政治革命对工业化产生的促进作用。

二、工业化的动因

（一）社会分工的深化

从简单协作到工场手工业，再到机器大工业，是社会分工的三个发展阶段，资本主义机器大生产体系在社会分工发展的基础上得以确立。在《资本论》中，马克思主要从企业内部分工的角度专门研究了工场手工业和机器大工业中的社会分工，从社会分工的发展来揭示生产方式的变革。企业内部的分工属于生产的物质技术基础方面的问题，而社会内部的分工则居于生产的社会形式问题。在马克思看来，社会分工所体现的历史性变革主要反映在社会分工的发展是机器体系产生的前提，也是机器大工业发展的推进器。

在工场手工业阶段，技术基础仍然是以手工劳动为主，其技术水平低下落后，从而决定了它在发展社会生产力和加速资本增殖上所起的作用终究是有限的。分工的不完善使生产力的发展遇到许多难以克服的障碍。例如，由于熟练工与非熟练工的简单分类，以及手工上的熟练程度仍然是工场手工业的基础，限制了非熟练工人的使用数量，更限制了大量使用妇女和儿童，从而妨碍了劳动就业的扩大。而且工场手工业中固定性的分工，使工人不断从事单调的劳动，会妨碍精力的集中和焕发，也不利于提高劳动生产率。

随着社会分工的发展，机器大工业在工场手工业分工的基础上产生。在这一过程中，工场手工业中的社会分工从两个方面为机器的产生提供了条件。一方面是分工使每个劳动者终身只从事一种操作，有利于积累经验和创造发明新的技术和工具。另一方面是分工又使工具分化和专门化，使同种工具只适合特种用途和取得特殊的固定形式，机器正是在工具分解的基础上组合而成的。马克思在《政治经济学批判》手稿中指出：“机器体系的这条发展道路就是分解——通过分工来实现，这种分工把工人的操作逐渐变成机械的操作，而达到一定地步，机器就会代替工人。”[②]

---

① 马克思，恩格斯．马克思恩格斯全集（第7卷）[M]．北京：人民出版社，1959：401.

② 马克思，恩格斯．马克思恩格斯文集（第8卷）[M]．北京：人民出版社，2009：195.

进入大工业阶段以后，机器的发展更是借助社会分工来推进。社会分工越发展，生产技术变革的速度就越快，机器以及机器生产也就越来越发展。所以，从这种意义上可以说，社会分工的发展是工业化的推进机制。恩格斯曾经在《英国工人阶级状况》中指出："分工、水利，特别是蒸汽力的利用，机器的应用，这就是从18世纪中叶起工业用来摇撼旧世界基础的三个伟大的杠杆。"①

（二）生产力的发展

生产力的飞跃既是工业化蓬勃发展的体现，也是工业化产生的根源。18世纪60年代开始的工业革命，以工具机的发明为起点，以蒸汽机的发明和应用为标志，科技革命带动工业革命。整个过程就是用机器代替手工工具、用科学原理驾驭的自然力、机械力和化学力等代替人力和畜力的过程。

首先，马克思指出：工场手工业阶段的生产发展为工业革命奠定了物质基础。工场手工业是以手工劳动为技术基础、以分工为特点的工业生产形式。在工场手工业阶段，产生了劳动工具的分化和劳动工具的专门化，并且也已经有了机器的应用。最初的机器是由工场手工业用手工劳动生产出来的。但是，工场手工业中普遍采用的是手工工具，即使在采用复杂机械装置的工场，也没有形成完善的机器体系。工人固定在一种特殊的操作上，形成各类局部工人之间的人为的差别和分工，并以这种分工为基础进行生产协作。工人使用工具的技巧和工具的功能受人力的限制，手工劳动技术基础只允许在很狭隘的界限内分解操作，这表明手工业仍旧是基础。也就是说，工场手工业由于它的手工劳动的技术性质，熟练技术工人具有相对独立性，从而制约了资本无限增殖价值的冲动。因此，马克思在《资本论》中指出："工场手工业既不能掌握全部社会生产，也不能根本改造它。"② 他还认为："工场手工业本身的狭隘的技术基础发展到一定程度，就和它自身创造出来的生产需要发生矛盾。"③ 这种矛盾作用的结果以及资本无限增殖的力量必然冲破狭隘技术基础的限制。因为机器与手工工具的区别是，劳动者使用工具的数量，不再受自己身体器官数量的限制，所以机器在一定限度内可以需要多少工具就使用多少工具。这样，机器使生产力从人体本身的限制下解放出来。因而，生产的发展必然导致工场手工业向机器大工业过渡。

其次，科技与生产的结合形成了工业化的物质技术基础。马克思考察了工业革命时科技与生产的结合，指出工业化本质上就是科学技术与社会生产结合在一

---

① 马克思，恩格斯．马克思恩格斯全集（第2卷）[M]．北京：人民出版社，1957：300.

②③ 马克思，恩格斯．马克思恩格斯全集（第23卷）[M]．北京：人民出版社，1972：407.

起的历史过程。马克思在这里阐明了机器的基本构造，并突出了工具机在工业革命中的重要地位。他把发达的机器分解为发动机、传动机、工具机或工作机三个组成部分。在整个机器构造中，发动机是动力装置，工具机是加工装置，传动机是传送、分配动力到工具机的中间环节。其中，工具机是机器体系中最重要的组成部分，发动机和传动机都是为工具机正常工作服务的。也正因如此，“机器的这一部分——工具机，是18世纪工业革命的起点”①。工具机的创新和应用，又使发动机的革命成为必要。大工业普遍应用瓦特发明的双向蒸汽机后，取得了完全受人控制的稳定的动力源，从而摆脱了地理条件和人力的限制，使工业布局从分散走向集中。恩格斯在《反杜林论》中指出：“蒸汽和新的工具机把工场手工业变成了现代的大工业，从而把资产阶级社会的整个基础革命化了。”② 而机器体系的建立，则逐渐取代了按简单协作的原则组织起来的机器生产。并且，机器体系的发展，出现了自动的机器体系，“通过传动机由一个中央自动机推动的工作的有组织的体系，是机器生产的最发达的形态”。③

这样，机器生产就达到了自动化的程度，机器成为了生产的主要因素，而个人的力量和技巧退到了次要的地位。机器制造业的发展，用机器制造机器完全取代了用手工劳动生产机器。马克思指出：“大工业必须掌握它特有的生产资料，即机器本身，必须用机器来生产机器。这样，大工业才建立起与自己相适应的技术基础，才得以自立。”④

（三）市场的扩大

工业化的主要实现机制是市场机制。马克思和恩格斯主要生活在自由竞争资本主义时期，这个时期的工业化主要靠市场机制来引导。企业和个人在经济利益的刺激下，按照市场价格信号选择最有利的分工组织形式。这极大地调动了社会各界的积极性，极大地推动了社会生产力的发展，改变了人类社会发展的面貌和进程。对于市场的扩大与工业化的关系，马克思在《共产党宣言》中指出：“市场总是在扩大，需求总是在增加。工场手工业也不能再满足这种需求了。于是，蒸汽和机器就引起了工业中的革命。”⑤ “当贸易在英国已发展到手工劳动不能满足市场需求的时候，人们就感到需要机器。于是人们便想到应用18世纪时即已

---

① 马克思，恩格斯．马克思恩格斯全集（第23卷）［M］．北京：人民出版社，1972：410.
② 马克思，恩格斯．马克思恩格斯全集（第19卷）［M］．北京：人民出版社，1963：214.
③ 马克思，恩格斯．马克思恩格斯全集（第23卷）［M］．北京：人民出版社，1972：419.
④ 马克思，恩格斯．马克思恩格斯全集（第23卷）［M］．北京：人民出版社，1972：421.
⑤ 马克思，恩格斯．马克思恩格斯选集（第1卷）［M］．北京：人民出版社，1972：252.

充分发展的机械学。"① 恩格斯后来在《卡尔·马克思》中总结了马克思在这一方面的伟大贡献："随着15世纪中叶以后欧洲以外的世界的发现，资产阶级得到了一个更广大得多的通商地区，从而也得到了发展自己工业的新刺激：在一些最重要的生产部门中，手工业被已经具有工厂性质的工场手工业所排挤，而工场手工业又被大工业所排挤，而这种大工业是由于前一世纪的各种发明，特别是由于蒸汽机的发明才可能建立的。大工业又反过来影响商业，它在落后国家里排挤旧式手工劳动，在比较发达的国家里，创造出现代的新式交通工具——轮船、铁路和电报。"②

三、工业化的特点

通过对马克思和恩格斯的著作进行研究可以发现，在当时工业革命的背景下，他们不光对工业化产生的前提与影响等方面进行了全面地考察，还通过对工业化过程的深入分析，精辟地论述了工业化的特点。

（一）工业化的过程中伴随着生产工具的变革

马克思把有史以来人类的生产工具概括为自然产生的生产工具，即手工工具，以及文明创造的生产工具，即机器。手工工具只不过是改变了形态的自然物，是人的肢体的延长而已。而机器则是"改变为工业过程的自然过程"，完全是超自然的人类创造。使用手工工具，是"古代公社所有制和国家所有制"以及"封建的或等级的所有制"，即农业社会的共同特征。而大规模地运用机器进行生产，则是工业社会的根本特征。由此，机器与手工工具的差别，不仅仅是技术上的差别，而且标志着两个不同的历史时代。他还在《哲学的贫困》中进行了具体分析，指出："机器是劳动工具的结合，但决不是工人本身的各种操作的组合。"③

生产工具本身就是科学的结晶，科学技术转化为直接生产力，首先是通过生产工具及其工艺过程的变革来实现的。英国工业革命起源于新兴的棉纺织工业领域，而工业革命的整个过程中都伴随着工具机的革新。1733年兰开夏的钟表匠约翰·凯伊发明了飞梭，使织布效率提高1倍，导致纺纱跟不上织布。1764年织布工詹姆斯·哈格里夫斯发明了效率提高8倍的"珍妮机"。此后，新发明不断

① 马克思，恩格斯．马克思恩格斯选集（第1卷）［M］．北京：人民出版社，1972：133.
② 马克思，恩格斯．马克思恩格斯选集（第3卷）［M］．北京：人民出版社，1972：41.
③ 马克思，恩格斯．马克思恩格斯选集（第1卷）［M］．北京：人民出版社，1972：131.

涌现，1764 年发明了水力纺纱机，1769 年瓦特试制成功单动式蒸汽机，1782 年又制造出双向蒸汽机，1785 年卡特 · 莱特发明了水力织布机，以及相继产生了一系列相配套的净棉机、梳棉机、漂白机和整染机等，由此开始了轰轰烈烈的工业革命。到 19 世纪二三十年代，机器的发明及其大规模的产业化应用，大大推动了纺织工业、采矿工业、冶炼工业向机械工业的蓬勃发展，终于形成了工业化高潮，产生了一种建立在机器大工业基础之上的全新的生产方式。马克思十分重视生产工具变革在社会经济发展中的重要作用。他曾经指出："手工磨产生的是封建主为首的社会，蒸汽磨产生的是工业资本家为首的社会。"① 在《资本论》中，他更是明确指出："各种经济时代的区别，不在于生产什么，而在于怎样生产，用什么劳动资料生产。劳动资料不仅是人类劳动力发展的测量器，而且是劳动借以进行的社会关系的指示器。"② 马克思强调生产工具的重要性，实际上也就是强调生产力的决定性作用。

（二）生产过程的社会化程度不断提高

生产过程的社会化是指生产从单个人的分散行动变成需由一系列其他人的共同努力才得以完成的过程。在这个过程中，从原来一种产品可由某个劳动者从头到尾独立地完成，逐步变成把具体生产过程分解为不同工序，由不同的劳动者协作完成，于是这个劳动产品从原来完全是个人的产品变成了是许多劳动者共同劳动的产品。在这里，产品社会化程度提高与生产过程的社会化程度是分不开的，因为产品社会化程度的提高是这个产品的生产是更多人劳动的结果，而这恰恰要由生产过程的社会化程度的提高来保证的。生产过程的社会化程度主要从生产过程中的分工和协作的深度和广度来看，因为只有生产过程中的分工越专业化，越广泛，协作愈密切、愈广泛，产品才可能是更多的人共同劳动的结果。现在我们要考察随着工业化的演进，生产过程中的分工和协作是不是逐步深化和广泛化。由于生产过程中的分工与协作是两个不可分割的部分，有分工才有协作，有协作必有分工，故我们将对这两个部分一起进行考察。整个社会生产过程中分工和协作，有三个层次：第一为产业间，第二为企业间，第三为企业内。

首先，我们分析产业间的分工协作，考察产业间的分工协作的发展。在工业化前期社会生产已有了三次大分工，第一次是原始公社后期的畜牧业与农业（种植业）的大分工，第二次是奴隶社会的手工业从农业中分离出来的大分工，第三

① 马克思，恩格斯．马克思恩格斯选集（第 1 卷）［M］．北京：人民出版社，1972：108.

② 马克思，恩格斯．马克思恩格斯全集（第 23 卷）［M］．北京：人民出版社，1972：203.

次则是手工业与商业相分离的大分工。机器大工业是从手工业中分离演化而成的特殊分工，然而正是机器大工业的诞生与发展导致整个社会产业间分工的进一步细化和协作的进一步社会化。这方面主要表现在原有行业（产业）的分化和新的独立行业（产业）的形成以及由此产生的相互之间的协作，例如从机械工业中逐步分化出农业机械制造工业，轻工机械制造工业、大型工业设备制造业，采掘机械制造业等；冶金工业中逐步分化出有色金属冶炼工业，黑色金属冶炼工业等；纺织工业中逐步分化出棉纺业、毛纺业、麻纺业、丝织业等。这些显然是工业内部专业分工发展的结果。随着最新科学技术成果在生产中的应用，新产品的不断出现，使新兴产业部门不断建立，如航空工业、航天工业、家用电器工业、新材料工业、计算机工业等。在农业和第三产业内部同样也有这样的分工趋势。这样一种产业部门日益增多及其相互之间协作深化的历史趋势，从各个国家的历史来看，确实是伴随着工业化推进和机器大工业生产方式的发展深化而展开的，确实是在工业化开始之后逐步发展的。因为，有分工才能有更高效率的专门机器发明，而更高效率的专门机器的使用又必须以更高的专业分工和更高度的协作为前提，而这正是机器大工业生产方式的重要特点和内容。于是在资本主义生产关系条件下，在追求最大利润的目标引导下，专业分工协作就成了获取更多剩余价值的重要手段。这样分工和协作的深化也就是必然的了。在社会主义国家，为了创造更多社会财富以满足人民日益增长的物质与文化的需要，同样也要利用专业化分工协作来促使生产效率的提高。

其次，从企业间的分工协作形式来看，分工协作同样是在工业社会主文化的推动之下进一步深化与密切的。企业之间的分工协作形式随着工业化程度的提高经历了如下的变化：第一阶段为产品专业化分工协作。此时的专业化分工协作又称作成品专业化分工协作，此时的企业是以产成品为分工协作基础的，显然这个阶段的分工协作的社会化程度是较低的。第二阶段为零部件专业化分工协作。此时企业是以生产某一产品中的某些零部件来进行分工与协作的。企业不再是生产一个产成品即完整的产品，而是只生产这些产成品中的一些零部件。由于此时的企业生产的产品只是最终的产成品的一部分，故企业之间相互依赖性更大，对协作的要求更高，社会化程度较之前一阶段提高了一步。第三阶段为工艺专业化分工协作。这种分工协作把许多企业共有的毛坯生产、各种工艺加工以及特殊的关键性设备的制造工艺进行相对集中生产，形成更专业化的分工与协作。因为一个零部件的加工就可能有很多工艺，故这种分工协作既不是成品专业化分工协作，也不是零部件专业化分工协作，而是在生产成品或零部件的过程中按不同加工顺序进行的工艺专门化分工并由此产生相应的协作。显然这种分工协作形式的社会化程度更高，即分工更细，协作更严。第四阶段为辅助（服务）生产专业化分工协作。即各种辅助、服务性工作相对集中，然后分工协作为基本生产提供更为有效的服务。由于各种辅助工作与基本生产过程的特点密切相关，故它的专业化分工更难，协作要求也更高。

最后，企业内的分工协作也有一个随工业化展开而不断深化发展的过程。我们仅以企业内管理组织内部的分工协作发展为例，因为管理组织的分工协作无非是适应了生产过程组织管理分工协作的要求而已。在工业化初期，企业内管理者只有资本家等有限的几个人，进行直线式管理。随着生产的复杂化和生产的分工，企业内管理组织进行了第一次大分工，即把专门负责生产经营管理的职责与专门负责财务、人事、技术等管理的职责进行了分工，在此基础上建立直线参谋组织形式以利分工协作提高管理效率。之后，在企业规模扩大，生产经营管理日益复杂的条件下，企业内管理组织又进行了大的变革，事业部制、矩阵制分工协作形式得到了确立。这是更深一步的管理人员的分工和协作。

四、工业化的类型

通常来说，工业化的类型可分为两大类，即按优先发展消费资料生产或优先发展生产资料生产的不同而分为以轻工业为主导型或以重工业为主导型。之所以会出现这种工业化过程的差别，是因为在不同国家中主导工业化的力量有所不同。以美国为首的资本主义国家的工业化是由私人力量进行主导的，以苏联为首的社会主义国家的工业化则是由国家力量进行主导的。所以，人们也将这两种截然不同的工业化方式分别称为资本主义工业化和社会主义工业化。

资本主义工业化通常是从轻工业部门开始的。尤其是轻工业部门中的纺织业，以其投资少、便于扩大生产规模、容易扩大市场的特点开启了多个资本主义国家的工业化进程。这些国家的工业化推进通常是呈线性的，也就是说会遵循着产业升级的顺序，从轻纺工业到基础工业，然后升级到重加工工业。因为，这些经济发达国家的产业结构成长的动力来源于经济主体对超额利润的追逐，劳动力、资本会在产业结构内部按照价值规律法则自动进行调节、流动以及均衡。而资本主义工业化的政策则是间接的对这一过程进行影响，发挥出一定的引导作用。第二次世界大战发生之前，资本主义国家的产业结构成长以竞争为主要推动力，在其产业结构变迁的过程中以市场的规则为准绳，而政府本身却不会对产业结构的变迁进行直接的干预。虽然在第一次世界经济危机发生以后，政府开始了对宏观经济层面的调节，但是这种调节也是通过一整套市场参数体系和产业政策、科技政策来实现的。

社会主义工业化的制度基础是国家所有制与计划经济制度，也就是说社会主义工业化是在生产资料公有制的条件下进行的。这种通过国家干预来推动工业化的发展方式可以有计划地发展用近代技术装备起来的大工业，采取优先发展重工业即生产资料生产的政策，在较短的时间内奠定起社会主义工业化的物质技术基础。由于社会主义革命一般是在较为落后的国家中完成的，而且社会性质不允许掠夺后进国和剥削本国劳动人民，因此在工业化的资金方面只能依靠国内的生产积累，在初期资金不够充足的情况下，资源也只能立足于本国。

许多国家的工业化模式则介于这二者之间。一些国家获得独立后，国家是以本国丰富的资源换取国外先进设备和技术来加速工业化的。还有些国家采取了由国家统一规划的工业化政策，政府在工业化过程中通过经济计划（发展战略）、经济立法和经济措施扶植“战略产业”的起飞和诱导经济按既定的目标发展发挥了重要作用。这一过程中，政府通过政策导向作用使资源在产业间流动实现结构转换，促进产业合理化和高级化并促进了区域性市场的建立和发展“贸易集团化”。产业升级也会呈现出非连续性、非线性的特征。在产业供给和需求两方面，由于受到政府和垄断力量的直接影响，其工业化进程不是按照一般顺序线性发展，而是非连续性、非线性和跨越式的，一些产业部门跨越幼稚阶段不再经历发展和增长阶段，直接进入成熟阶段。

五、工业化的衡量

（一）工业结构水平衡量方法

霍夫曼在1931年出版的《工业化的阶段和类型》中，提出了霍夫曼比例，即消费资料工业与生产资料工业的比值，并根据这个比例的变化趋势，把工业化分为4个阶段。霍夫曼比例亦称作霍夫曼系数，其值的大小取决于消费资料工业净产值与生产资料工业净产值之间的比值。霍夫曼比例揭示了工业化过程中工业部门内部结构演变的一般趋势。因此，霍夫曼比例的变化反映了工业化的进程。

（二）产业结构水平衡量方法

西蒙·库兹涅茨研究认为，工业化作为产业结构变动最迅速的时期，其演进阶段也通过产业结构的变动过程表现出来：从三次产业GDP结构的变动看，在工业化起点，第一产业的比重较高，第二产业的比重较低；由于市场经济国家在工业化开始时市场化已得到较大进展，以商业、服务业为基础的第三产业的比重较高；随着工业化的推进，第一产业的比重持续下降，第二产业的比重迅速上升，而第三产业的比重只是缓慢提高；当第一产业的比重降低到20%以下、第二产业的比重上升到高于第三产业而在GDP结构中占最大比重时，工业化进入中期阶段；当第一产业的比重再降低到10%左右、第二产业的比重上升到最高水平时，工业化就到了结束阶段。

（三）就业结构水平衡量方法

配第—克拉克定理是经济发展过程中产业结构变化的经验性学说。他认为，随着人均收入水平的提高，劳动力首先由第一产业向第二产业转移；当人均收入水平进一步提高时，劳动力便由第二产业向第三产业转移。该定理通过工业化过程中劳动力由生产率低的部门向生产率高的部门转移，反映了经济增长方式的转变过程。

（四）人均GDP水平衡量方法

通过对多国工业化的研究认为，经济增长是经济结构的全面转变，工业化可以用人均GDP水平来衡量，人均GDP水平越高，工业化水平也就越高。钱纳里等人按人均GDP水平将所研究国家的工业化分为四个不同的阶段。该划分方法被称为钱纳里的一般标准工业化模型。

（五）城乡结构状况衡量方法

钱纳里等经济学家在研究各国经济结构转变的趋势时，曾概括了工业化发展阶段与城市化水平之间的数量对比关系。即城市化与工业化是相伴而生、共同发展的，工业化必然带来城市化，而城市化所提供的集聚效应又反过来推进工业化进程。一般认为，在工业化的初级阶段，城市化率介于10%～30%；在工业化的中级阶段，城市化率在30%～70%；在工业化的高级阶段，城市化率一般在70%～80%；后工业社会时期，城市化率在80%以上。

（六）比较劳动生产率衡量方法

工业化进程也是农业富余劳动力转移的过程，随着富余劳动力大量向外转移，农业和非农产业的劳动生产率将发生明显变化。根据国际经验，当比较劳动生产率的差异明显缩小时，标志着工业化已进入中期；当比较劳动生产率逐渐均衡时，标志着工业化已进入后期。

第二节　影响工业化的因素

一个国家走上工业化道路由多种因素促成，了解和认识这些因素的特点，对把握工业化的产生和发展具有重要理论意义。

一、自然地理状态

一个国家的自然地理状态主要包括以下几点：这个国家在更大范围的地域中所处的地理位置，是日本、菲律宾、印度尼西亚这样的岛国，还是尼泊尔、蒙古国这样的内陆国，或者是中国、俄罗斯、美国这样的一般沿海大陆国家；这个国家的自然气候是热带国家、亚热带国家，还是亚寒带国家；这个国家的地理面积是大国，中型国家还是小国。

一个国家的自然地理状态是不能改变的先天性硬约束因素，它对工业化道路抉择的影响主要在工业化的起步和早期工业化的格局两方面。一个国家的地理位置将影响它自己及它与其他国家之间的贸易交往、运输方式、信息交流等联系。从历史上看交通方便的城市往往容易繁荣和发达，这不能不归结为地理位置的优越，工业首先集结于一些沿海或交通便利的城市就是一个例证。而且，一个国家的自然地貌以及气候是该国农业生存发展的重要条件，还可能影响到居住条件、生活方式从而影响到消费品的需求，而这些当然是该国工业化起步和早期工业化格局的重要影响因素。例如热带地区，橡胶、咖啡等作物易于生长，而这便为早期的橡胶工业、咖啡加工业的发展提供了有利的条件，从而形成了一定的工业格局。另外，一个国家的地理面积大小将给工业化和经济发展提供相应的周转场所和发展潜力。像加拿大，澳大利亚等土地面积辽阔而人口相对稀少的国家其工业化和经济发展的潜力是极大的。

二、人口状况

一个国家的人口状况主要包括以下几点：人口的总数及人口的相对数（人均拥有的国土面积，人均拥有的可耕地面积等）；人口中的劳动力构成，如劳动力在总人口中的百分比，男女劳动力的比例，目前从事工业、农业及第三产业劳动力的分布状况；劳动力的素质，这主要指文化素质、劳动技能素质、心理素质等。我们说人口也是一个硬因素，是因为人口的控制是一件极为困难和难以见效的事。人口这个因素将影响工业化起步的时间和早期工业化格局。

首先，一个国家总人口的多寡对工业化有着重要的影响。一方面，总人口多少将决定国内消费品市场容量的大小，即使在收入水平较低条件下，由于人口众多也会导致消费品市场容量巨大，而这给工业化起步时进口替代成功提供了国内市场。而且，总人口多就为工业化推进准备好了源源不断的劳动力。另一方面，总人口多少决定了当时消费品最低限量的大小，这是一种巨大的需求压力。它使在工业化经济发展和提高收入水平方面的任何努力因巨大的人口遭削弱，收入水平提高将是缓慢的。这反过来影响经济发展和工业化推进。

其次，总人口中劳动力构成状况一方面反映工业化起步时的产业发展状况，这种状况对工业化推进有重大影响。例如劳动力的极大部分分布在农业，那么这个国家显然是农业国，工业等方面很薄弱就不得不慎重考虑工业化的起步方式。另外，劳动力构成还反映了就业状况和潜在劳动力状况，这些都是工业化需要考虑的问题。

最后，劳动力的素质对工业化的影响是极大的。在生产力要素中劳动力是最重要的因素。劳动力各方面素质差，在劳动生产率方面就要反映出来，因为即使是十分先进的机器设备，在无多大技能，没有相应知识的劳动者手中也会成为一堆废铁。传统农业社会中劳动生活节奏是缓慢的，日出而作日落而息，而现代工业社会的劳动生活节奏是极快的，习惯了缓慢节奏的人一下子是很难适应机器运作的节奏和快节奏的生活的。工业化起步必须配合这一转变过程，考虑这一过程，否则就会有工业化的虚名，而无工业化的生产方式。

三、资源禀赋状况

这里的资源禀赋状况主要指自然资源的禀赋，这种自然资源具体指各种矿产资源（金属的和非金属的）、油气资源、水利资源、森林资源、海洋资源等。这种资源是一个国家所在地域疆界之内的，显然具有先天性的含义，对工业化起步及工业化格局有着很大的影响。这是因为在封闭经济条件下，这些资源是国内进行工业化的基础资源，有这些资源就可以发展相应的工业部门或其他部门，没这些资源就不可能发展相应的工业部门。因而，一定的资源条件和资源构成决定了工业化起步的选择和工业化的基本格局。在开放经济条件下，相对来说本国资源状况对工业化格局影响要小一些，但此时已将一部分希望寄托在国际市场上，本国工业化和经济发展不得不受到国际市场变化的影响。两次石油危机给日本经济的影响就足以说明这个问题。

四、原有的经济基础状况

一国原有的经济基础状况可以从许多方面加以描绘，这里主要从以下几个方面加以考虑：农业发展状况，如劳动生产率、耕作方式、收入水平等；原有工业基础的状况，如部门类别、产业规模、技术水平、产值利润、劳动生产率等；交通、运输等第三产业状况；人均收入水平、人均储蓄水平等。

原有的经济基础在工业化起步时是一个既定的量，从这个意义上说它便是一种先天性的因素。原有的经济基础比较差，在推动工业化时就必然困难一些，而且对工业化起步和工业化格局都有影响，例如一个农业落后，工业几乎没有，交通、电力等很落后的国家起步搞工业化，如何确定优先发展的工业类别就会相当困难，而且没有一点儿可支持的部门和产业；相反一个有一定工业基础的国家，它在工业化起步时，至少可以得到原来工业部门为其积累的资金。另外，经济基础差的国家必然人均收入水平低、储蓄率低，很难为大规模工业化提供资金。

五、经济管理体制

由生产关系决定的国家经济管理体制是工业化起步及推进的重要影响因素和约束因素。从理论上说，作为经济管理活动规范和准则的体制，应该与工业化推进的具体阶段、管理水平及能力的发展相适应，体制应该有一定的弹性，这样才能起到促进整个社会和谐发展的作用。作为工业化道路抉择的约束因素，主要在于什么样的经济管理体制与什么样的工业化道路有一定的配合性，因此在经济管理体制为既定的条件下，对工业化道路的抉择会产生一定的约束作用。例如高度集权的计划体制与保证资金的高度集中使用，重工业优先发展的工业化道路就有密切的相关性。也就是说，在收入水平和储蓄率较低的国家，没有高度集权就不可能集中相应的资金于重工业的重点优先发展之上。当然，也可以在考虑了其他各种因素后，先决定工业化道路，再来设计相应的经济管理体制，从而使经济管理体制来适应既定出工业化道路，推动工业化的实现。

六、政府的能力

这里所说的“政府的能力”主要指政府在工业化起步和工业化过程中制定相

关有效政策和计划的能力以及政府运用这些政策、实行这些计划的实际能力和工作效率。

我们知道无论是采用进口替代、出口导向、优先发展重工业还是平衡发展相关产业，都需要政府制定出一整套相应的政策，以保证工业发展路线的成功。而且当工业发展路线转变时还需制定一系列过渡政策和措施。除此之外，为了保证工业化过程中整个社会政治、经济、文化、科技的协调发展还需要相应的有关政策和法规。如果没有这种制定相关政策的能力，那么工业化的起步和推进就会受到影响。比如，在进口替代过程中，可能会因保护过度影响工业部门的健康成长；在出口替代过程中也许会补贴过度；工业化过程生态环境也许会得不到必要的保护。另外，政府虽然可以制定出相应的政策法规，而如何运用这些政策法规以推进工业化又是一个大问题。这实际上是政府在管理现代工业生产方式方面的能力问题。如果政府这方面的能力不够而又不尽快地增强这方面的能力，那么必然对工业化起步、工业化推进和工业化的迅速实现产生极大影响。

七、科学技术基础状况

科学技术基础状况这里主要指以下几个方面：各产业部门生产技术水平，如设备状况、工艺流程、技术人员构成等；各产业部门创新能力，即新产品开发、技术发明等的状况；全社会科学技术水平，如基础研究状况，应用研究状况，拥有的科研人员数量及结构等。科学技术基础状况经常被称为影响工业化发展的“软”因素，这并不是说科学技术在工业化中的地位不重要，而是它可以通过技术引进加以变通解决。但是尽管如此，若一个国家科学技术基础很差，生产力水平很落后的话，工业化起步时就不得不放弃先搞技术要求高的产业部门，从而使后起国的后发优势消失殆尽。

第三节　工业资本主义生产方式的建立

一、工业资本主义生产体系的建立

工业资本主义生产方式的建立首先是从生产工具即机器的革新开始的，先是创造出工具机，接着发动机和传动机，后来则是机器体系和机器制造业。马克思在《资本论》中，又进一步具体分析了工业资本主义生产体系建立的历程，将其分为单个的机器阶段、机器体系阶段、自动的机器体系阶段。

（一）单个的机器阶段

资本主义工业化发展到单个的机器这一阶段时，机器把某些简单的工具结合起来，并且将提供动力的装置换成了发动机来，从而实现了对只使用一个工具的工人的代替。马克思指出："作为工业革命起点的机器，是用一个机构代替只使用一个工具的工人，这个机构用许多同样的或同种的工具一起作业，由一个单一的动力来推动，而不管这个动力具有什么形式。"①

（二）机器体系阶段

当资本主义工业化发展到了机器体系阶段后，实现了各个局部工作机的结合，替代了各个独立的机器。在这一阶段，机器还无法实现脱离工人的自动运行，仍然需要工人对工具机的某些动作进行操作才能正常运行。马克思在著作中指出："只有在劳动对象顺次通过一系列互相连结的不同的阶段过程，而这些过程是由一系列各不相同而又互为补充的工具机来完成的地方，真正的机器体系才代替了各个独立的机器。在这里，工场手工业所特有的以分工为基础的协作又出现了，但这种协作现在表现为各个局部工作机的结合。各种局部工人的专门工具，例如毛纺织手工工场中的弹毛工、梳毛工、起毛工、纺毛工等等所使用的工具，现在转化为各种专门化的工作机的工具，而每台工作机又在结合的工具机构的体系中成为一个特殊的器官，执行一种特殊的职能。"②

（三）自动的机器体系阶段

资本主义工业化到了自动的机器体系这一阶段时，机器已经不再需要人的操作进行控制，真正实现了机器的自动运行，工业资本主义生产体系得以初步建立。马克思指出："一个机器体系，无论是像织布业那样，以同种工作机的单纯协作为基础，是像纺纱业那样，以不同种工作机的结合为基础，只要它由一个自动的原动机来推动，它本身就形成一个大自动机。整个体系可以由例如蒸汽机来推动，虽然个别工具机在某些动作上还需要工人，例如在采用自动走锭精纺机以前，走锭精纺机就需要工人发动，而精纺到现在都还是这样；或者，机器的某些

---

① 马克思，恩格斯．马克思恩格斯全集（第23卷）[M]．北京：人民出版社，1972：413.

② 马克思，恩格斯．马克思恩格斯全集（第23卷）[M]．北京：人民出版社，1972：416.

部分必须像工具一样，要由工人操纵才能进行工作，例如在机器制造上，在转动刀架还未变成自动装置以前就是这样。当工作机不需要人的帮助就能完成加工原料所必需的一切运动，而只需要人从旁照料时，我们就有了自动的机器体系，不过，这个机器体系在细节方面还可以不断地改进。”①

二、工业资本主义的发展引起生产关系的改变

虽然英国的工业革命发生于资本主义时代，但是无论工业化之前还是之后，资本主义生产关系的基本性质并没有改变，依然是资本剥削雇佣劳动的关系，是工人阶级同资产阶级的阶级对抗。然而，在基本性质未变的前提下，工业资本主义的发展仍然使资本主义生产关系发生了许多重大的改变。马克思在《资本论》中，就资本主义生产关系的这些变化进行了详尽的分析。

（一）确立了资本关系的统治基础

只有通过工业革命，资本主义生产方式才真正建立起与其相适应的物质基础，资本才彻底摧毁旧的生产方式，从而全面确立起资本关系的统治。马克思指出：“工场手工业生产了机器，而大工业借助于机器，在它首先占领的那些生产领域排除了手工业生产和工场手工业生产。因此，机器生产是在与它不相适应的物质基础上自然兴起的。机器生产发展到一定程度，就必定推翻这个最初是现成地遇到的、后来又在其旧形式中进一步发展了的基础，建立起与它自身的生产方式相适应的新基础。”②

（二）榨取剩余价值的方式变为以相对剩余价值为主

工业革命后，资本榨取剩余价值的方式发生了历史性转变，即由以生产绝对剩余价值为主转变为以生产相对剩余价值为主。机器不仅成为生产相对剩余价值的手段，同时由于增强劳动而引起相对剩余价值性质的变化。马克思指出：“随着机器的进步和机器工人本身的经验积累，劳动的速度，从而劳动的强度，也会自然增加。例如，英国在半个世纪内，工作日的延长同工厂劳动强度的增加一直是同时并进的。但是很明显，如果一种劳动不是一时的发作，而是日复一日有规律地划一地反复进行，那么必定会出现这样一个时刻，这时工作日的延长和劳动

---

① 马克思，恩格斯．马克思恩格斯全集（第23卷）［M］．北京：人民出版社，1972：418.

② 马克思，恩格斯．马克思恩格斯全集（第23卷）［M］．北京：人民出版社，1972：532.

的强化会互相排斥，以致要延长工作日就只有降低劳动强度，或者反过来，要提高劳动强度就只有缩短工作日。自从工人阶级不断增长的反抗迫使国家强制缩短劳动时间，并且首先为真正的工厂强行规定正常工作日以来，也就是说，自从剩余价值的生产永远不能通过延长工作日来增加以来，资本就竭尽全力一心一意加快发展机器体系来生产相对剩余价值。"① "同时，相对剩余价值的性质也发生了变化。一般地说，生产相对剩余价值的方法是：提高劳动生产力，使工人能够在同样的时间内以同样的劳动消耗生产出更多的东西。同样的劳动时间加在总产品上的价值，仍然和以前同样多，虽然这个不变的交换价值现在表现为较多的使用价值，从而使单个商品的价值下降。但是，一旦强制缩短工作日，情况就不同了。强制缩短工作日，有力地推动了生产力的发展和生产条件的节约，同时迫使工人在同样的时间内增加劳动消耗，提高劳动力的紧张程度，更紧密地填满劳动时间的空隙，也就是说，使劳动凝缩到只有在缩短了的工作日中才能达到的程度。"②

（三）劳动成为资本实际上的隶属

资本主义工业化使劳动与资本的隶属关系发生了深刻变化。工人完全成为了机器的附属物，劳动由形式上隶属于资本改变为实际上隶属资本；工人和资本家之间的契约关系也发生了变化，使全部交易本身失去了自由人之间的契约的外表。马克思指出："相对剩余价值的生产以特殊的资本主义的生产方式为前提；这种生产方式连同它的方法、手段和条件本身，最初是在劳动在形式上隶属于资本的基础上自发地产生和发展的。劳动对资本的这种形式上的隶属，又让位于劳动对资本的实际上的隶属。"③ "机器引起的劳动力买者和卖者之间的法权关系的革命，使全部交易本身失去了自由人之间的契约的外表，这就为后来英国议会提供了国家干涉工厂事务的法律上的根据。"④

（四）工人的处境更加恶化

工业化使机器成为生产剩余价值的手段，这提高了对雇佣劳动的剥削程度。马克思指出："现在，一家人要维持生活，四口人不仅要给资本提供劳动，而且要给资本提供剩余劳动。因此，机器从一开始，在增加人身剥削材料，即扩大资

①② 马克思，恩格斯．马克思恩格斯全集（第23卷）［M］．北京：人民出版社，1972：449.

③ 马克思，恩格斯．马克思恩格斯全集（第23卷）［M］．北京：人民出版社，1972：557.

④ 马克思，恩格斯．马克思恩格斯全集（第23卷）［M］．北京：人民出版社，1972：436.

本固有的剥削领域的同时，也提高了剥削程度。"① 同时，马克思还指出：工业化加快了资本有机构成的提高速度，这导致了人口的相对过剩、产业后备军的扩大以及工人阶级的贫困化。"一旦工具由机器来操纵，劳动力的交换价值就随同它的使用价值一起消失。工人就像停止流通的纸币一样卖不出去。工人阶级的一部分就这样被机器变成了过剩的人口，也就是不再为资本的自行增殖所直接需要的人口，这些人一部分在旧的手工业和工场手工业生产反对机器生产的力量悬殊的斗争中毁灭，另一部分则涌向所有比较容易进去的工业部门，充斥劳动市场，从而使劳动力的价格降低到它的价值以下。"②

第四节　资本主义工业化的影响

一、扩大市场的规模

工业化过程同时也是商品化、市场化的过程，即商品经济或市场经济发展的过程。没有工业化，就没有真正意义上的市场化；没有市场化，也不会有工业化的顺利推进。从工业革命的历史来看，工业化必然采取市场化的形式，必然表现为市场化蓬勃发展的过程。在马克思看来，在资本主义生产关系条件下，机器大工业及机器大工业生产方式的发展深化，促使商品生产不断增加，从而愈加促进对于原料供给和商品销售市场的需要，市场也就不断地扩大。马克思指出："在资本主义生产方式的发展中，由于这种生产方式的内在必然性，由于这种生产方式要求不断扩大市场，它成为这种生产方式本身的产物。"③

首先，工业化提高了社会生产力，促进了市场的扩大。工业革命创造出了一种新的社会生产力，并通过技术进步推动生产力不断提高。通过生产率的提高，各种商品的产量得到了巨大的增加，而资本家们对于价值实现的追求必然会导致市场的扩大。社会生产力的发展迅速消灭了农村的家庭手工业，并以强大的竞争优势排挤和改造其他落后产业，从而为商品经济的发展征服了整个国内市场乃至夺取了国际市场。马克思指出："大工业通过它的不断更新的生产革命，使商品的生产费用越降越低，并且无情地排挤掉以往的一切生产方式。它还由此最终地

---

① 马克思，恩格斯．马克思恩格斯全集（第 23 卷）［M］．北京：人民出版社，1972：433.

② 马克思．资本论（第 1 卷）［M］．北京：人民出版社，2004：495.

③ 马克思，恩格斯．马克思恩格斯全集（第 25 卷）［M］．北京：人民出版社，1974：264.

为资本征服了国内市场。”①

其次，市场的规模因生产规模的扩大而不断扩大。由机器体系的技术性质所决定，机器生产必然是大规模的生产，必然追求规模经济。这是因为只有生产达到一定的规模才能降低单位成本和取得经济效益，也只有通过规模的不断扩张才能取得市场的竞争优势。随着生产规模的扩大，市场规模也不断扩大，从而总体上使商品经济的规模不断扩大。马克思认为：“社会劳动生产力的发展怎样以大规模的协作为前提，怎样只有在这个前提下，才能组织劳动的分工和结合，才能使生产资料由于大规模积聚而得到节约，才能产生那些按其物质属性来说只适于共同使用的劳动资料，如机器体系，等等，才能使巨大的自然力为生产服务，才能使生产过程变为科学在工艺上的应用。”②

二、带来经济结构的变化

工业化不但推动了生产力的飞跃发展，还变革了资本主义的生产方式，在实现并完成了由农业社会向工业社会的过渡，进而把世界的各个国家紧密地联系起来的同时，极大地推进了人类社会的文明进程，实现了由农业文明向工业文明的迈进。可以说，工业化不仅改变了以往自给自足的农业经济结构，实现了工业化在世界范围内的分工与协作，还使生产出来的工业产品作为商品运往世界各地，让各个国家的农村人口迁往城市，建立起了大型的工业化城市。因此，工业化实现了经济结构由农业经济结构向工业经济结构的变迁。

相对于农业文明来说，工业文明给人类社会生产力和社会结构带来了发生突飞猛进发展的新的文明形式。体现在经济结构的变化上就是工业化实现了由传统的以农业为主的经济结构逐步转变为以工业为主的经济结构的变迁。相伴于工业化的展开，在总产值中，农业部门所占的比重下降，工业部门所占的比重上升。

工业化是一个由工业领域里的革命逐渐向其他产业领域推进的过程。由产业之间的相互联系，马克思认为：“一个工业部门生产方式的变革，必定引起其他部门生产方式的变革。”③ 所以，马克思提出了工业化为服务业的大发展奠定基础的思想。他指出：“大工业领域内生产力的极大提高，以及随之而来的所有其他生产部门对劳动的剥削在内含和外延两方面的加强，使工人阶级中越来越大的

---

① 马克思，恩格斯．马克思恩格斯全集（第 25 卷）［M］．北京：人民出版社，1974：1027.

② 马克思，恩格斯．马克思恩格斯全集（第 23 卷）［M］．北京：人民出版社，1972：684.

③ 马克思，恩格斯．马克思恩格斯全集（第 23 卷）［M］．北京：人民出版社，1972：421.

部分有可能被用于非生产劳动。”[①] 在这里，他实际上指出了产业结构变动的趋势，认为工业革命促进了交通运输业、金融业及其他服务业的变革。也就是说，工业化使第三产业在整个社会经济中的比重不断上升。马克思在《共产党宣言》中指出：“资产阶级既然把一切生产工具迅速改进，并且使交通工具极其便利，于是就把一切民族甚至最野蛮的都卷入文明的漩涡里了。”[②] 他还在《资本论》中指出：“随着信用制度的发展，——它的发展必然是同大工业和资本主义生产的发展并行的，——这种货币不再执行贮藏货币的职能，而是执行资本的职能，不过不是在它的所有者手中，而是在另一些使用这种货币的资本家手中。”[③]

三、促进生产力的发展

以机器为代表的一系列机械的发明和普遍的使用，使生产由长期的人力、畜力、水利、风力变为开始依靠机械动力。而且，机器制造业的蓬勃发展带来了纺织、钢铁和煤炭行业的技术进步，大大提高了生产的效率。可以说，资本主义工业化极大地提高了生产力的发展水平。马克思和恩格斯在《共产党宣言》中对资产阶级完成工业革命对社会生产力发展的促进作用进行了阐述：“资产阶级在它的不到100年的阶级统治中所创造的生产力，比过去一切世代创造的全部生产力还要多，还要大。自然力的征服，机器的采用，化学在工业和农业中的应用，轮船的行使，铁路的通行，电报的使用，整个大陆的开垦，河川的通航，仿佛用法术从地下呼唤出来的大量人口，——过去哪一个世纪能够料想到有这样的生产力潜伏在社会劳动里呢？”[④]

马克思将生产力分为直接生产力和一般生产力两部分。凝结在机器设备中的技术，即物化的知识力量，是直接的生产力。而一般社会知识和智力劳动，主要指独立于生产过程之外的自然科学和技术，是一般生产力。直接生产力体现在生产过程中的劳动力、劳动工具和劳动对象之上，而一般生产力则是尚未体现为劳动者的技能和尚未物化为生产资料的知识形态的科学技术。因此，一般生产力作为人类智力的产物、作为知识形态的精神因素，还只是一种精神的力量或潜在的生产力。但是，精神的力量能否转化为物质的力量取决于一定的社会经济条件。工业化使科学技术在社会生产中大规模应用，从而让科学技术从一般生产力转化

① 马克思，恩格斯．马克思恩格斯全集（第23卷）［M］．北京：人民出版社，1972：488.
② 马克思，恩格斯．马克思恩格斯选集（第1卷）［M］．北京：人民出版社，1972：255.
③ 马克思，恩格斯．马克思恩格斯全集（第24卷）［M］．北京：人民出版社，1972：203.
④ 马克思，恩格斯．马克思恩格斯全集（第24卷）［M］．北京：人民出版社，1972：256.

为直接生产力。马克思指出："大工业把巨大的自然力和自然科学并入生产过程，必然大大提高劳动生产率，这一点是一目了然的。"[①]

在19世纪中期，德国经济学家弗里德里希·李斯特（Friedrich List）也在其出版的著作《政治经济学的国民体系》中，对工业化与科学技术这两者之间的关系进行了论述。他认为工业"既是科学与技术的成果，又是二者的支持者和哺育者"[②]。由于制作原始农业的生产工具几乎不需要科学与技术的参与，所以原始农业条件对科学与技术的需求很少。在那种单一农业的国家里，新发明和改进并没有多大价值，努力从事研究的人通常劳而无功，甚至成为自己研究和努力的牺牲品。因此，李斯特认为，"如果没有制造业，科学技术将永远是私人的财富，而对广大人民群众也几乎不会产生什么有益影响"[③]。在工业国家中，在科学启迪大众工业的同时，大众工业同时又支持着科学技术的发展。制造业行业与物理学、力学、化学、数学等学科有着密切的关系。离开这些学科的进步、新发现或新发明，工业就不可能获得改进或革新，因而在工业国家，科学技术必然会得到普及。可以说，科学与工业的结合产生了一种巨大的物质力量，它在现在的社会中产生了巨大的效益。李斯特指出，工业化"取代了古代奴隶劳动，并且它对于大众的生活状况，对于未开化国家的文明进化，对于人烟稀少地区的人口增长，以及对于原始文化国家的力量，都不可避免地产生着巨大影响"[④]。

可以说，只有工业化才使科学技术变成了现实的生产力，并且让科技成为了经济发展最重要的推动力，而工业化的过程实质上就是通过科技进步带动生产力不断发展的过程。

四、加快城市化的进程

在没有发生工业化的时代，人类还没有创造出大规模进行集中生产的物质技术基础，单凭人们进行分散的手工劳动，即使劳动强度再大，劳动时间再长，人类总有个不可逾越的自然生理界限。因此，人类所能提供的剩余产品量也总有个限度。在这种条件下，人类提供的剩余产品总量所能支持的各类城市人口（官吏、士兵、文人、僧侣、工匠、仆人等）一般只占总人口的3%左右，最多不会超过10%。这可有下述事实得到印证：大约在10000多年前，世界城市人口就达到占总人口3%的水平，而一直到1800年仍为3%[⑤]。这一时期的城市文明（与

① 马克思，恩格斯，马克思恩格斯全集（第23卷）［M］．北京：人民出版社，1972：424.

②③④ ［德］弗里德里希·李斯特．政治经济学的国民体系［M］．北京：商务印书馆，2017.

⑤ 尼兹·加亚尔、贝尔纳代特·德尚．欧洲史［M］．海口：海南出版社，2000：118－119.

现代城市文明相比是低层次的城市文明）只限于那些统治者以及他们的近臣、随从和服务人员享受。广大劳动人民只能为城市作贡献而辛苦劳作，城市靠剥削农村养活自己。

而在英国工业革命发生以后，世界城市人口占总人口的比重便以每 50 年翻一番多的速度增长，1850 年增长到了 6.4%，1900 年则到达了 13.6%，1950 年为 28.2%，2000 年更是到了 50% 以上。就工业革命的发源地英国本身来说，城市化的增长还要快一些。在产业革命之前的 1700 年，英国的城市人口只占总人口的 2%，在工业革命开始的 1760 年前后这个比例估计在 10%，到 1801 年用了 100 年时间使城市人口比重从 2% 上升到 26%。又经过了 100 年，到 1900 年，城市人口比重从 26% 提高到 75%。其他西欧国家也经历了相类似的过程。法国 1801 年时城市人口占总人口的比重为 20.5%，1851 年时上升为 25.5%，到 1901 年时已达 40.1%。法国的最大城市巴黎，1800 年时规模为 54.7 万人，1850 年上升为百万城市，达 105.3 万人，1900 年达到 271.4 万人。德国 1881 年城市人口比重为 41.4%，1901 年为 54.3%，超过乡村人口。柏林的人口，1800 年为 17.2 万人，1850 年为 41.9 万人，1900 年为 188.9 万人。美国的城市化进程也相当快。1790 年时，其城市人口比重仅 5.1%，到 1890 年已上升为 35.1%。纽约城，1860 年为 7.9 万人，1850 年达 69.6 万人，到 1900 年已达 343.7 万人。1900 年时，芝加哥也成为百万城市，达 169.9 万人①。

农业区别于非农产业的最大特点是农业因依附于土地而分散经营。而工业的特点是使用机器大工业的大规模的集中生产，城市的主要特点则是集中。第三产业也只有在第二产业及人口集中到一定规模后才满足了它成规模发展的“门槛条件”。可以说，城市化是工业化发展进程中必然伴生的社会现象，城市化发展速度与水平和工业化发展速度及进程密切相关。通常来说，工业化对城市化的促进作用体现为以下几点。

首先，工业革命直接影响了城市生产力的布局，改变了工业革命前国家的经济地理面貌，促使人口向城市集中。例如英国，工业革命前，经济最发达和人口密集的地区是以伦敦为中心的东南部。产业革命后，人口向西北地区移动，在丰富的煤矿产区，出现了新的工业中心如曼彻斯特、伯明翰和利物浦等。1760 年，曼彻斯特人口仅 12000 人，至 19 世纪中叶，人口达 40 万②。城市化的进程促使城市人口的增加显著。

① 潘纪一．世界人口通论［M］．中国人口出版社，1991：253－255.

② 郭笑撰．西方城市化理论、实践与我国城市化的模式选择［M］．武汉：武汉大学出版社，2006：11－13.

其次，这个时期蒸汽机的使用将洁净的水使用后变为污水，将城市的洁净河道变成排污水沟；城市化进程的加快，城市人口迅速增长，引起城市的畸形发展，市区地价昂贵，建筑拥挤，密度过高，居住条件恶化，旧的大城市缺乏更多的发展空间，必须向周边扩张。

再次，资本家和工厂主为获取廉价原料、劳动力和销售市场，赴乡村不断建设新厂，围绕这些新厂不断形成新的工业城市，它们在旧的工业城市周围接二连三地聚集起来，形成了今天存在的工业城市带。

最后，由于大工业的发展需要新的交通工具，在交通沿线也形成了一系列独立的城市。

现代城市作为工业革命的产物，完全以机器大工业为基础，即建立在新的生产方式的基础之上。工业革命后，城市凭借工业资本的力量和技术的优势，先是在经济上确立了对农村的统治，随后在政治上也确立了对农村的统治，从而真正成为社会的经济、政治和文化中心。工业化使越来越多的大的工业化城市在世界的各个国家建立起来，这让城市最终战胜了乡村。可以说工业化的历史就是城市迅速扩张的历史，工业化社会就是传统落后的乡村向现代先进的城市转变的社会。工业化使城市本身的功能和性质发生了变化。随着工业资本取代商业资本占统治地位，城市的主要产业和功能也由商业转向工业生产，由商品交换中心转变为工业生产中心。城市对农村剩余劳动力巨大吸纳，以及城市不断向乡村的扩展，直接改变了乡村的面貌。马克思在《资本论》中指出："资本主义生产方式同时为一种新的更高级的综合，即农业和工业在它们对立发展的形式的基础上的联合，创造了物质前提。"① 因而城乡之间的商品货币关系发生了本质性改变，这让城乡之间的物质交流突破了使用价值交换的旧形式，真正具有了交换价值生产的性质。可以说，城市商品生产的发展，带动着农村商品生产发展起来。这一变化推动了资本、人口、自然资源等生产要素向城市的集中，而这一集中的过程对城市化起到了促进的作用。随着乡村人口源源不断的由农村迁往城市，越来越多的国家和地区的城市人口大大地超过了农村人口。这让越来越多的农村居民脱离了农村生活的愚昧状态完全变为城市人口。马克思曾经在《共产党宣言》中深刻地指出："资产阶级使乡村服从于城市的统治。它创立了巨大的城市，使城市人口比农村人口大大增加起来，因而使很大一部分居民脱离了乡村生活的愚昧状态。"②

---

① 马克思，恩格斯．马克思恩格斯全集（第23卷）［M］．北京：人民出版社，1972：552.

② 马克思，恩格斯．马克思恩格斯选集（第1卷）［M］．北京：人民出版社，1972：255.

五、推动全球化的发展

从19世纪20年代到第一次世界大战爆发的100多年间，世界贸易高速增长。在1820~1880年，外贸增长率为每10年50%，1881~1911年，每10年增长速度为37%。如果就整个时期来计算，外贸额每10年增长46%，仅比同期经济速度最快的美国的经济增长率略低一些。就英国、法国、德国这些主要的发达国家来说，外贸的这一发展速度比它们的国民生产总值增长率要高得多（这些国家的国民生产总值每10年增长率介于20%~30%）。19世纪20年代到1913年，对外贸易的高速发展与18世纪中期略低于10%的低速增长率形成了鲜明的对比[①]。可以说，工业革命开辟了经济关系国际化的新时代，工业化发展过程同时也是全球化的发展过程。

在马克思看来，全球化首先是一个经济范畴，即全球经济一体化。其内容包括生产和消费的世界性、各国经济的对外开放和相互依赖、全球生产方式的一致性等。他曾经从工业化发展的必然性这一角度来谈全球化，指出工业化构成了全球化的客观基础，如果没有工业化，根本不可能出现全球化。他在《德意志意识形态》一书中对工业化发展产生的全面影响进行了分析："大工业通过普遍的竞争迫使所有人的全部精力极度紧张起来。只要可能，它就消灭意识形态、宗教、道德，等等，而当它不能做到这一点时，它就把它们变成赤裸裸的谎言。它首次开创了世界历史，因为它使每个文明国家以及这些国家中的每一个人的需要的满足都依赖于整个世界，因为它消灭了各国以往自然形成的闭关自守的状态。"[②]

马克思还从分工的角度客观地分析了工业化对全球化的推动。因为生产力是分工的决定因素，所以工业化所创造的生产力的巨大发展使商品流通必然越出国界发展为世界性贸易，社会分工必然要发展为国际分工，从而导致经济关系的国际化。他指出："一旦与大工业相适应的一般生产条件形成起来，这种生产方式就获得一种弹力，一种突然地跳跃式地扩展的能力，只有原料和销售市场才是它的限制。"[③] 在这种扩展的过程中，工业化起了两方面的作用。"一方面，机器直接引起原料的增加，例如轧棉机使棉花生产增加。另一方面，机器产品的便宜和交通运输业的变革是夺取国外市场的武器。机器生产摧毁国外市场的手工业产

---

① 西蒙·库兹涅茨，戴睿．现代经济增长［M］．北京：北京经济学院出版社，1989：266－271.

② 马克思，恩格斯．马克思恩格斯选集（第1卷）［M］．北京：人民出版社，1995：114.

③ 马克思，恩格斯．马克思恩格斯全集（第23卷）［M］．北京：人民出版社，1972：494.

品，迫使这些市场变成它的原料产地。”① 也就是说，工业化使资本家们需要开辟国外的原料产地并且通过摧毁国外商品生产的方式将其获得。在工业化的影响下，许多“非工业”的国家都被迫卷入到了世界贸易中。部分国家以原料产地的身份加入到了全球化的链条中来，这无疑对全球化也起到了促进作用。马克思在《哲学的贫困》中也对这一方面进行了总结说明：“由于机器和蒸汽的应用，分工的规模已使大工业脱离了本国基地，完全依赖于世界市场、国际交换和国际分工。”②

李斯特则从工业化促进运输工具改进的角度分析了工业化对全球化的影响。李斯特在《政治经济学的国民体系》中指出：“国家之间的贸易主要是伴随着制造业的发展、交通运输工具的改进以及人口的不断增长而发展的。”③ 运输工具的极大改进，大大缩短了热带地区各国与温带地区各国之间的距离，由于经营风险降低、运输时间缩短、运费下降以及操作更加规范，因而两个地区之间的贸易往来更加频繁，贸易量得到了迅猛增长。而且随着蒸汽机的普及和铁路运输系统的完善，这种贸易往来得到了进一步的增长。李斯特进一步指出：“运河、铁路和轮船只有通过制造力量才能产生，也只有通过制造力量才能扩展到全国各地。在单一农业的国家里，每个人都为自己生产所需的大部分产品，消费自己产品的大多数，他们只能经营些许货物运输和客运，这就不可能有足够数量的客运和货运，足以负担设立和维持运输机械的费用。”可以说，世界贸易能够快速发展的基础就是工业化对运输业的促进。

---

① 马克思，恩格斯．马克思恩格斯全集（第43卷）［M］．北京：人民出版社，2016：474.

② 马克思，恩格斯．马克思恩格斯全集（第4卷）［M］．北京：人民出版社，1958：169.

③ ［德］弗里德里希·李斯特．政治经济学的国民体系［M］．北京：商务印书馆，2017.

第三章

去工业化及其发生机制

去工业化是经济发展过程的“特征事实”。历史地看，去工业化不是新发生的经济现象。然而，作为一个经济现象，去工业化是在20世纪50代引起学界普遍关注的。一些未来学家和经济发展阶段论专家首先给予了关注，罗斯托和贝尔都是这个领域的重要代表。这些未来学家和经济发展阶段论者认为，工业相对服务业衰减，是产业不断高级化的过程，体现了经济社会发展的进步性，代表了人类从工业社会向后工业社会的演变。因此，他们普遍对这一现象持有乐观主义态度。

然而，对所有经济体而言，工业，尤其是制造业是经济运行和增长的基础和核心动力。缺少工业制造业的经济体即使经历了经济增长和发展的过程，但这一增长和发展必然会因根基的缺失而遭遇困境。总之，从去工业化的影响看，去工业化所带来的困难不仅包括工厂关闭、失业增加、贫困加剧等现象，而且也包括诸如一个国家的经常项目赤字、全球经济失衡、虚拟经济的过度膨胀、主权国家的债务危机和经济金融危机等一系列问题。可见，发达国家经济增长和发展的“特征事实”，并没有在经验上确证关于去工业化的乐观主义观点。

第一节　去工业化及其表现

一、去工业化的由来及内涵

历史地看，去工业化不是新近出现的现象，也不是没有先例的经济“特征事实”。去工业化的出现最早可以追溯到地理大发现及后来资本主义国家对殖民地的剥削。[①] 例如，1810～1940年，工业核心地区和贫穷边缘之间出现了巨大的人均国内生产总值差距，后者生产越来越多的初级产品。对外围国家而言，它们面临的贸易条件表现出较高的波动性。因此，在经济增长的过程中，贸易条件的长期增长对外围国家产生了强大的去工业化效应，即贸易条件波动抑制了外围国家的积累和经济增长。[②] 由此可见，早期资本主义核心地区向外围地区扩张的过程，造成了前现代时期第三世界欠发达国家和地区的去工业化。举例来说，1815～1850年，英国纺织业征服了印度，印度手工业工人在工业方面已经找不到了出路。古老的“工业中心”沦亡了，部分达卡城遍地荆棘，失业的大量手工业者都涌入了农村。[③] 现在看来，去工业化是资本主义扩张的必然产物，是资本主义制度的必然产物。

去工业化一词，最早具有具体的历史和政策含义——旨在反映第二次世界大战结束后，以美国为首的盟国削弱和限制战败国——德国、日本、意大利等国家经济（尤其是工业制造业）基础的经济制裁方式。随着时间的推移，去工业化逐渐地具有了学术和政策的含义。经历了战后增长的“黄金时期”，发达国家普遍出现了服务业相对于工业制造业重要性日益提升，相反，工业制造业，即商品生产相对于服务业重要性日益下降的过程。在卡尔多看来，这一特征是战后经济增长和发展过程中最显著的“特征事实”之一，主要表现在经济越发地服务化了，服务业在就业和产值方面越发地占据主导地位。虽然作为一个长期的动态过程，这一现象已是众所周知，但经济就业结构这种大幅度的调整和变化，尤其是在其规模和速度的相对变化方面，形成了一个没有先例的经济现象。[④]

值得指出的是，去工业化问题一直没有被纳入西方主流经济学研究范畴，因而始终徘徊在外。主要表现在两个方面：一是主流西方经济学者很少论及去工业化问题；[⑤] 二是主流国际经济学期刊很少发表以去工业化为主题的论文。在《新

① Bret Altena and Marcel van der Linden. De-industrialisation: Social, Cultural, and Political Aspects. Cambridge University Press, 2002: 1.

② Jeffrey G. Williamson. Globalization, de-industrialization and underdevelopment in the third worls before the modern era. Revista De Historia Económica/ Volume 24/Issue 01/January, 2006, 24 (1): 9-36; Clingingsmith David, Williamson Jeffrey G.. Mughal Decline, Climate Change, and Britain's Industrial Ascent: an Integrated Perspective on India's 18th and 19th Century Deindustrialization. NBER Working paper No. 11730, November 2005.

③ 曼德尔．论马克思主义经济学（下卷）［M］．廉佩直译．北京：商务印书馆，1979：64.

④ José Gabriel Palma. Four Sources of "De-industrialization" and A New Concept of the "Dutch Disease". Senior Lecturer, Faculty of Economics, Cambridge University. http://listweb.bilkent.edu.tr/bsb/2005/Jul/att-0025/04-Ch._3.doc.

⑤ Krugman P.. Domestic Distortions and the Deindustrialization Hypothesis [R]. NBER Working Paper, No. 5473, March, 1996.

帕尔格雷夫经济学大辞典》刊载的条目中，去工业化甚至没有作为一个单独的条目出现。特别地，虽然“去工业化”只是作为一种学说或一种社会思潮对政府发生某种程度的影响，但不可否认，去工业化推动着政府政策制定思路的转变。就此而言，去工业化具有较强的政策和政治策略含义。例如，发展不平衡、收入差距扩大、环境污染等一系列难题引发了激烈的争论，尤其是左翼政党的内部。源于此，一种被称为“去工业化”的政策呼声便引起了人们的注意。

学术界从不同的角度对去工业化的内涵进行了界定。目前，学术界对去工业化内涵的界定大致有两个视角，其一是地理学上的去工业化；其二是宏观经济视角下的去工业化。前者是资本的地理空间转移，它与产业空心化密切相关；后者是经济结构的变迁，它与工业制造业的就业和产值变化等问题密切相关。

（一）地理学意义上的去工业化

事实上，若将工业化视为资本移向劳动的过程，那么，去工业化便可以定义为资本远离劳动的过程。一般而言，资本的移动即是地理空间上的移动，因此，发达国家所进行的产业转移—资本的转移—商品生产转移到具有较低成本的发展中国家的过程，便是一种典型的去工业化。这一转移过程被称为“生产及其能力的地理空间转移、再配置”，其动力在于资本逐利本质。具体而言，在地理学意义上，经济的去工业化是工业制造业就业从发达国家向发展中国家的转移过程。①

地理学意义上的去工业化包括一个在时间上延续的跨区转移过程。首先，资本，即商品生产及其能力在一个国家内部区域内进行转移——从工业中心地带转移到外围郊区地带；其次，资本又进一步从外围地带转移到非核心地带；最后，资本进行商品生产的跨国转移、跨国再配置。不难理解，在地理学意义上，去工业化与对外直接投资，从而与“产业空心化”密切相关。“产业空心化”有广义和狭义之分。广义的“产业空心化”是指因对外直接投资而引发的东道国三次产业结构变化的过程，具体表现为第一、第二次产业比重下降，第三次产业比重上升的过程，即经济不断服务化的去工业化过程；狭义的“产业空心化”直接是指因对外直接投资引发的生产跨国转移，导致东道国工业制造业不断萎缩的去工业化过程。可见，无论是狭义的，还是广义的“产业空心化”都是典型的去工业化过程。

① Fligstein Neil. Is Globalization the Cause of the Crises of Welfare States. University of California, Berkeley, working paper, 1999.

（二）宏观经济视角下的去工业化

在地理学意义上，去工业化侧重于从成因方面去界定去工业化的含义。相比而言，宏观经济视角下的去工业化则侧重于从产业结构变迁，从经济表现的角度去界定去工业化的含义。因为在经济发展的过程中，伴随着农业产值和就业份额的相对下降，工业制造业的产值和就业份额会相对的上升；随后，随着经济的进一步发展，工业制造业的产值和就业份额会相对下降，而服务业产值和就业份额则相对的上升。这就是著名的配第·克拉克定理。显然，前者是“工业化”，而后者是“去工业化”。① 历史和经验显示，配第·克拉克定理是一个几乎所有国家都大致遵循的经济结构演变路径。

然而，这种含义并不能涵盖去工业化的全部。在宏观经济视角下，去工业化根据不同理解有广义和狭义之分。狭义的去工业化，是指作为经济增长繁荣基础的工业制造业不断走向衰落的过程，主要表现为制造业就业和产值占总量份额或相对于其他经济部门所经历的相对或绝对的下降过程。在这一意义上，去工业化是指一个国家的基础生产能力广泛而系统的撤资过程所导致的工业生产能力大幅下降、就业大幅减少的现象。② 其结果是，制造业部门的长期萎缩及制造业就业长期绝对下降的过程。③ 同时，去工业化也包括制造业就业相对于其他经济部门的下降过程。④ 因此，对去工业化的理解也应该以工业就业相对下降为视角。然而，在绝对意义上，不考虑制造业部门的产出和就业绝对水平，并不意味着绝对意义上的去工业化并不重要。⑤ 综上可见，去工业化具有较为宽泛的内涵，其核心要义是一个国家或地区所出现的工业就业下降的过程。在一个处于全球化和技术进步的经济中，这种结构演变趋势可能既包括相对下降，又可能包括绝对下降；这种结构演变趋势也不仅包括工业产出的下降，而且还包括工业就业的

---

① Rowthorn Robert, Coutts Ken. De-industrialisation and the Balance of Payments in Advanced Economies. Cambridge Journal of Economics, 2004, 28 (5): 767 – 790.

② Barry Bluestone and Bennett Harrison. The Deindustrialization of America: Plant Closing, Comminity Abandonment and the Dismantling of Basic Industry, New York, Basic Books, 1982. 6.

③ Stephen, Tony Thirlwall. UK Industrialization and Deindustrialization (3rd), Heinemann, 1997: 15 – 19.

④ Alderson, Arthur S. and Frangois Nielsen. “Globalization and the Great U-Turn: Income Inequality Trends in 16 OECD Countries.” American Journal of Sociology, 2002 (107): 1244 – 99.

⑤ Singh, Ajit. “UK Industry and the World Economy: A Case of Deindustrialization?” Cambridge Journal of Economics, 1977, 1: 113 – 136; Singh, Ajit. “Third World Competition and De-Industrialization in Advanced Countries.” Cambridge Journal of Economics, 1989 (13): 103 – 20.

下降。[①]

在宏观经济视角下，狭义去工业化主要是从就业和产值（绝对和相对）的角度加以界定。但是，这一内涵无法穷尽有关去工业化的其他重要方面。因此，在相对意义上，去工业化还有所谓“广义”之分。阿伯克龙比等认为去工业化是导致制造业衰落的成因，它所反映的是经济内部结构的变化。在对外经济交往层面，去工业化意味着制造业国际竞争力的不断下降，主要表现在制造品国际贸易状况方面。例如，20 世纪 80 年代，英国自工业革命以来首次成为制造品净进口国。[②] 在美国的例子中，克鲁格曼阐释了一种所谓的“去工业化假说”——制造品对外贸易是美国高工资制造业工作减少，工人工资收入在总水平上停滞，甚至是下降的主要原因。[③] 鉴于去工业化的这一重要性，卡尔多将去工业化界定为一国制造业贸易在国际贸易份额中比重持续下降的过程。结果，这个国家将日益难于获得实现其经济外部平衡的、足够的制造品贸易盈余。[④] 可见，去工业化表现为一种结构失衡的经济现象——要素配置结构、产业结构和价值链结构等诸多方面，这些失衡给国民经济发展带来了严重的后果。[⑤] 在更广泛的意义上，去工业化不仅是经济现象，同时也是社会、政治和文化现象。[⑥] 可见，作为一个历史转型的过程，去工业化不仅指就业在数量及质量等方面的变化，而且也包括与其自身相关的社会结构等其他方面的变化。[⑦]

依据去工业化的内涵，去工业化可区分为两种基本类型：典型的去工业化和早熟的去工业化。从逻辑与经验上讲，去工业化是工业化完成后顺次出现的一种与之相对应的经济发展过程——工业化的进一步升级或高级化过程。就这一现象而言，去工业化——“典型的去工业化”有时被视为是发达高收入国家的

---

① Paul Knoxt and John Agnew. The Geography of World Economy，(4th edition)，Arnold，1996. 422.

② Nicholas Abercrombie，Stephen Hill and Bryan S. Turner. The Penguin Dictionary of Sociology. London，New York：Penguin Books，1994：103 – 104.

③ Krugman P.. Domestic Distortions and the Deindustrialization Hypothesis. NBER Working Paper，No. 5473，March，1996.

④ 转引自 Kamitake Yoshiro. The Process of De-industrialisation in Modern Economic History：Lessons from British Historical Experience. Hitotsubashi Journal of Economics，1990（31）：51.

⑤ 王展祥，魏琳．去工业化及其在中国的适应性研究——基于结构失衡视角［J］. 当代财经，2012（6）.

⑥ Bret Altena and Marcel van der Linden. De-industrialisation：Social，Cultural，and Political Aspects. Cambridge University Press，2002.

⑦ Cowie Jefferson，and Joseph Heathcott. The Meanings of Deindustrialization. http：//digitalcommons. ilr. cornell. edu/cbpubs/33，Cornell University，2003.

特有现象。[①]

二、去工业化的表现

资本远离劳动的地理搬迁过程必然表现为工厂关闭、工人失业、产出下降、结构变迁等诸多特征。这些特征构成了去工业化的几个重要的表现方面。美国是发达国家去工业化的最典型例子。

（一）部分传统产业的衰败和消失

衰败和消失的传统产业一般都具有相类似的特征，即竞争激烈、产品同质化等。钢铁冶炼、汽车制造、机械铸造、炼油业、纺织和制鞋业等都属于上述类型的产业。美国的汽车业是其中最典型的。数据显示，第二次世界大战结束后美国的汽车工业曾一度拥有绝对的优势，1955 年，美国汽车生产率为工人年均生产汽车 19.8 辆，而同期德国的数字为 3.9 辆同类汽车。凭借与外国竞争的天然优势，美国基本上垄断了国内的汽车消费。然而，美国汽车工业在战后较长时期的“优势”是在十分有限的竞争环境中实现的，因而其汽车产业实际上十分地脆弱，尤其是在面临强有力竞争者的时候更是如此。[②] 底特律是享誉全球的汽车城，可以说，底特律兴也汽车，败也汽车。从 1960 ~ 1980 年，尽管汽车业占比相对稳定，但其他制造业部门就业减少大于汽车业，因而制造业就业总体持续下降。事实上，汽车业就业也出现了下降，20 年间底特律交通产业失业人口为 4.9 万。可见，当其面临来自欧洲和新兴工业化国家的强有力竞争时，美国汽车业的市场份额必然会下降。其他产业也都大致如此，随着经济不断地服务化，它们也纷纷地衰败了，甚至是历史地消失。当然，无论它们是地理学意义上的转移，还是宏观经济视角下的结构变迁，都是典型的去工业化过程。

（二）部分工业城市的衰败

在地理分布方面，美国东北部和中西部的多数工业城市都在不同程度上出现了去工业化。令人惊奇的是，纽约是城市区域去工业化的典型例子。历史地看，作为世界金融中心的纽约曾经具有强大的工业制造业能力。例如，纽约曾拥有强

---

① 与之相对，学术界界定了一种被视为“早熟的去工业化”的去工业化类型。“早熟的”较为精确地表达了发展中国家和地区在人均收入水平低下时经历的去工业化。

② Martin N. Baily. “Made in the U. S. A.”. The Brooking Review, Winter, 1993: 38. http: //global. umi. com.

大的服装制造业，1948 年，纽约服装业的从业人数高达 35 万人之多，但到了 1975 年财政危机爆发时，其服装业就业人数大幅减少了 15 万人。在这期间，纽约制造业出现了长期持续的撤离，乃至消失。这一过程的一个特征表现为许多公司将其总部搬离纽约。可见，在区域层面，纽约遭遇了典型的地理学意义上的去工业化。

其他工业城市也经历了大体相同，甚至更为严重的遭遇。根据费希曼的研究，到 20 世纪末期，布法罗、底特律、费城、匹茨堡等著名的工业城市减少了将近 75% 的制造业就业机会。① 对这些传统的工业中心而言，制造业一直拥有较高的就业份额占比，但是，自 20 世纪 50 年代以来，这些城市的制造业就业人数和就业份额一直持续下降。特别地，随着传统制造业的衰败和城市产业基础的消失，这些城市的人口总量呈持续下降的态势。事实上，工作岗位离开人和离开城市的步伐快于人离开的步伐。可见，就业人数的下降与城市人口的下降是一致的。除了底特律，匹茨堡是这一去工业化表现的最典型例子。1980 ~ 1990 年，匹兹堡由于钢铁产业的急剧衰落，出现了金属制造业就业份额的急剧下降。1981 年夏至 1982 年末，匹兹堡出现了严重的衰退。衰退末期该市只剩下琼斯和劳福林（Jones & Laughlin），但此后不久，这个公司的钢铁厂也被废弃了。自此，建立于钢铁产业的整个匹兹堡竟然没有一家在营的钢铁厂。

（三）传统工业中心和制造业带衰落

美国东北部和中西部专业生产制成品的诸州，历史地被称为“工业核心”区域。20 世纪 50 ~ 60 年代，新英格兰和阿巴拉契亚地区出现了大范围的工厂倒闭；70 年代，工厂倒闭主要集中在中部的大西洋各州；80 年代中期，工厂的倒闭主要集中在工业的中西部。在更大的范围内，制造业衰败、工作岗位消失和人口外流等问题在工业诸州相当均匀地传播，这些影响不仅集中在大城市和小城镇，而且也波及了农业。② 在地理分布上，这些区域因五大湖、俄亥俄河、密西西比河和密苏里河等水系连接起来，从而形成了大区域制造工业带。

在去工业化的冲击下，首当其冲，受影响最大的是经济上密切联系的俄亥俄、密歇根、印第安纳、伊利诺伊和威斯康星 5 个州。尽管，在将近 1 个世纪的时间里，这些地区是最具活力的工业核心地带。这种体现在区域层面的去工业化，使美国东北部和中西部传统制造业不断衰落。制造业衰落的代价是极为沉重

---

① Robert Fishman. “The American metropolis at century's end: Past and future influences”. Housing Policy Debate, Volume 11, Issue 1, 2000: 203.

② 因为美国的工业重心不仅生产占全国多数的工业制造品，同时也生产大部分农产品。

的，因为这些区域的失业率大大高于全国平均水平。同时，在工业核心地区，源于收入下降和开支上升，这些区域内的州政府和地方政府都承受了极大的财政压力。结果，缓慢的经济增长和制造业就业的最终下降，使贫困人口不断增多，尤其是少数民族受到了不公平的对待——黑人和拉美裔移民失去发展的机会。[①]

综上可见，美国的去工业化具有很强的区域性特征。在产出方面，1967～1986年，美国本土各州（48个州）中，有15个州出现了去工业化，其中，有10个州位于美国工业核心地带，覆盖了东北到纽约，南到马里兰，东到新泽西，西到伊利诺伊的大片区域；在就业方面，1979～1986年，无论是在就业总数，还是在就业占比份额方面，工业核心带的东北部和中西部的制造业就业都出现了下降，特别是这两个区域制造业就业的下降幅度要大于其他地区和整个美国（见表3－1）。

表3－1　　美国的区域就业统计

	1979年就业份额（%）	1986年就业份额（%）	就业人数变化（千人）	增减情况（%）
东北部	24.7	23.2	－805.1	－15.5
中西部	31.3	28.7	－1141.6	－17.2
南部	29.1	31.2	－230.9	－3.8
西部	14.9	16.9	53.5	1.7
整个美国	100	100	－2124.1	－10.2

资料来源：Lloyd Rodwin and Hidehiko Sazanami（Editor）. Deindustrialization and Regional Economic Transformation：the Experience of the United States，Boston：Unwin Hyman，1989：32.

三、去工业化的实质

与工业化相比，去工业化被视为制造业在国民经济中地位和作用的下降过程。这一判断基于卡尔多“经济增长定律”——制造业产出增长决定制造业生产率增长，决定非制造业生产率增长，决定GDP增长。这是因为，制造业需要更多中间投入品，尤其是制造业的技术创新和技术扩散是整个经济技术进步和劳动生产率提高的原动力。

① Benjamin Chinitz. “The Regional Transformation of the American Economy”. The American Economic Review，Vol. 76，Issue 2，May，1986：303.

事实上，卡尔多对制造业在经济中决定性地位和作用的分析，遵循了古典经济分析的传统。在古典经济学那里，工业制造业是创造财富的主体，是经济中价值和剩余价值生产的主体。斯密1776年出版的《国民财富的性质和原因的研究》已经充分地说明了这一点。作为古典政治经济学的批判者，马克思也认为工业制造业是财富创造的主体。在《资本论》第1卷中，马克思开宗明义地指出，资本主义生产方式占统治地位的社会的财富，表现为“庞大的商品堆积”，单个商品变现为这种财富的元素形式。① 可见，无论是生活必需品和便利品，还是表现为财富的商品，都是工业制造业的产品。同时，工业制造业也是价值和剩余价值创造的主体。因为，“作为劳动过程和价值形成过程的统一，生产过程是商品生产过程；作为劳动过程和价值增长过程的统一，生产过程是资本主义生产过程，是商品生产的资本主义形式”。②

特别地，马克思较早地注意到了科学技术在不同工业部门之间的传播、扩散和溢出效应。在阐释机器大工业的发展时，马克思强调：“一个部门生产方式的变革，会引起其他部门生产方式的变革。这首先涉及因社会分工而孤立起来以至各自生产一种独立的商品、但又作为一个总过程的各阶段而紧密联系在一起的那些工业部门。”③ 在现代经济学的语境中，制造业增长具有较高乘数效应——制造业经济活动能够创造出更多的经济活动。因此，制造业增长必然导致不同工业部门劳动生产率的增长，进而经济的总量增长。从人口、阶层和社会结构上看，工业制造业历来是中产阶级形成的基础——为中产阶级就业提供主要来源，为工人向上流动提供的渠道。尽管发达国家普遍经历了去工业化，但对发达国家而言，制造业仍是创造财富、提高生产率的主体，其重要性无论如何都不应该被低估。④ 对于美国而言，强大的制造业一直是其财富和权力的关键特征。⑤

事实上，基于工业制造业在经济中的重要性，使我们得以说明去工业化的本质。不难理解，去工业化的本质蕴含于去工业化的内涵之中。具体而言，去工业化是指工业，尤其是制造业在经济中地位和作用的下降过程。这一下降过程使一个国家丧失了经济运行和增长的基础与原动力。特别地，去工业化使一个国家丧失了技术创新和技术扩散的来源和基础。

---

① 马克思．资本论（第1卷）［M］．北京：人民出版社，2004：47.

② 马克思．资本论（第1卷）［M］．北京：人民出版社，2004：230.

③ 马克思．资本论（第1卷）［M］．北京：人民出版社，2004：440.

④ Economist Intelligence Unit. Globalization and manufacturing. 2010.

⑤ Stephen S. Cohen，John Zysman. Manufacturing Matters：The Myth of the Post – Industrial Economy. Basic Books. New York，1987. 其他关于制造业在经济中地位和作用的分析，参见 Hersh Adam and Weller Christian. Dose Manufacturing Matter? Challenge，Vol. 46. No. 2.

第二节　去工业化的过程：国际比较

去工业化既不是没有先例，也不是某个国家或地区所特有的特征事实。从发达国家的发展历程看，去工业化是所有高收入发达国家所经历的经济演变过程，它在国别和地区间的差别只在于其发生程度的不同以及其所引发的宏观经济绩效不同。经验数据显示，去工业化是发达国家在工业化完成之后且在其人均收入水平较高（按1990年的价格大约是0.9万～1.1万美元）的时候经历的工业制造业萎缩过程。

可见，去工业化首先是作为发达国家经历的“特征事实”进入学术视野的。历史地看，英国和美国是发达国家“典型去工业化”的最典型例子。对比这两个当今世界最发达的国家，我们便能发现两者之间的诸多相似之处。第一，美国是欧洲海外后裔国家中，与英国渊源最深且联系最紧密的国家。两者的发展模式被统称为“盎格鲁—撒克逊模式”；第二，英国和美国是全球经济体系中处于核心地位的“中心”国家；第三，美国和英国都拥有当今世界上最庞大和最发达的金融体系，其服务业（尤其是金融业）在经济中具有极其重要的地位和作用；第四，英国和美国在发达国家中应该是最先出现或经历去工业化进程的国家。鉴于此，对英国和美国两个国家的去工业化进行对比研究具有重要的意义。

一、英国的去工业化

在人类发展历史上，英国最先发生科技和产业革命，因而在现代意义上最先实现工业化和现代化。源于强大的工业制造业生产能力，英国在相当长的时期内享有“世界工厂”的美誉。例如，1860年，英国生产了占比45%的世界工业产品，同时英国人口仅占世界人口总数的2%。从世界贸易往来的角度看，英国的进出口量占世界进出口的份额分别高达25%和34%。[①] 从生产结构的角度看，英国生产资料生产所占的比重从1740年的16%上升到了1881年的53%，相比而言，消费资料生产的占比从1740年的84%下降到了1881年的47%。[②] 由于在工

① 史东辉．后起国工业化引论——关于工业化史与工业化理论的一种考察［M］．北京：中国人民大学出版社，1997：83.

② 刘世锦等著．传统与现代之间——增长模式转型与新型工业化道路的选择［M］．北京：中国人民大学出版社，2006：42.

业生产和世界贸易等领域的领先和主导地位，英国也主导了当时的国际货币金融体系。历史地看，作为世界金融体系的主导和核心，英国在 19 世纪后期的长期萧条和金融扩张中向全世界提供资金。英国既是这一普遍联系的现代世界体系的主要组织者，又是主要受益者，它发挥着中心票据交易所和管理者的双重职能。[①]

然而，像现代世界经济体系的前一个霸权中心荷兰一样，英国在工业生产、世界贸易和国际金融中心等诸多方面铸就而成的霸权地位并非是一成不变的，显然，英国主导的世界经济体系也要发生周期性的演变，就是说，英国并不是最后的霸权国家。因为，正如马克思所言，工业较发达的国家向工业较不发达的国家所显示的只是后者未来的景象。也就是说，工业革命必然要向其他国家持续扩散，而后者将不断地侵蚀英国霸权得以形成和维系的工业基础，从而威胁英国霸权本身。

事实上，历史就是这样地发生的。1870 年以来，尽管英国主要工业品生产的绝对产量有所提高，但是不可避免地其在世界工业总产量中的比重却在不断地下降。特别地，这一下降尤为体现在重要的新兴产业，如钢铁、化学、机床等领域。就这样，英国很快就失去了它原先所具有的领先地位。其中，英国的工业产量在 1820～1840 年、1840～1870 年两段期间的年均增长率大约分别为 4% 和 3%，这一数字在 1875～1894 年则下降到了仅略高于 1.5%。[②] 不难看出，英国工业产量的增长率不但远低于之前的增长水平，而且也远低于其主要竞争对手，如法国、德国和美国等。结果，在 19 世纪的最后 15 年，英国已经不再是唯一的世界工厂了。

19 世纪末期至 20 世纪初期的世纪之交，英国失去了在工业生产领域的主导和领先地位，而其主要的竞争对手美国和德国则先后成为世界头号和二号先进的工业强国。表 3－2 所示的是，1880～1938 年，英国、美国和德国在世界制造业总产量中所占比重的变化；表 3－3 所示的是，1880～1938 年，英国、美国和德国三国之间相对工业潜力的变化；表 3－4 所示的是，世界工业强国地位发生的一系列变化。历史地看，英国是最早出现或经历现代意义上去工业化进程的国家，其去工业化进程最早可以追溯至 19 世纪后半叶。这一过程体现在阿瑞吉教授关于现代世界体系周期演变的过程中，尤其是体系霸权衰落的金融化过程中。事实上，尽管英国工业力量的衰落确实有其自身内在的原因，但无法否认的是，在 19 世纪后期，世界工业生产及贸易领域的增长已经从一种“正和”关系逐渐地向一种“零和博弈”关系转变，就是说，不同工业力量之间的竞争越发地激烈

---

① 乔万尼·阿瑞吉、贝弗里·J. 西尔弗. 现代世界体系的混沌与治理［M］. 王宇洁译，北京：生活·读书·新知三联书店，2003：71.

② 保罗·肯尼迪. 大国的兴衰［M］. 陈景彪，等，译. 北京：国际文化出版公司，2007：181.

了，尤其是工业力量的相对变化、市场份额的扩大等都是以其竞争对手的减小为代价的。因此，当时世界工业生产及贸易在整体上的扩张和上涨态势，并不足以为每个国家的资本提供一个足够的获利空间——充足利润水平（见表3－2、表3－3、表3－4）。

表3－2　1880～1938年各大国在世界制造业产量中的占比份额　单位：%

年份	1880	1900	1913	1928	1938
英国	22.9	18.5	13.6	9.9	10.7
美国	14.7	23.6	32.0	39.3	31.4
德国	8.5	13.5	14.8	11.6	12.7

资料来源：保罗·肯尼迪．大国的兴衰［M］．陈景彪，等，译，北京：国际文化出版公司，2007：160.

表3－3　1880～1938年各大国相对工业潜力比较（以1900年英国为100）

年份	1880	1900	1913	1928	1938
英国	73.3	100	127.2	135	181
美国	46.9	127.8	298.7	533	528
德国	27.4	71.2	137.7	158	214

资料来源：保罗·肯尼迪．大国的兴衰［M］．陈景彪，等，译，北京：国际文化出版公司，2007：160.

表3－4　世界工业强国地位的变化：一种直观认识

序号	1860年	1870年	1880年	1900年	1970年
(1)	英国	英国	美国	美国	美国
(2)	法国	美国	英国	德国	苏联
(3)	美国	法国	德国	英国	日本
(4)	德国	德国	法国	法国	德国

资料来源：L.S.斯塔夫里阿诺斯．全球通史：1500年以后的世界［M］．吴象婴，梁赤民，译．上海：上海社会科学院出版社，1992：298.

尽管，1873～1896年"大萧条"期间的生产和投资仍在持续增长，但正如凡勃伦所言，经济"大萧条"与生产和投资增长的同时并存，并不是矛盾的。更有甚者，"大萧条"恰恰是源于世界经济中的生产和投资仍在持续增长，以至使资本的利润率难于维持在一个合理的水平上。① 很显然，利润的争夺导致了各个国家间愈发激烈的竞争，而越发激烈的竞争又反过来加剧利润的下降。因此，在这种意义上，美国和德国作为新兴工业力量的强势崛起是以英国工业及其霸权力量的衰落为代价的。对英国而言，更彻底地专注于作为世界商业和金融中心的角色，要比从根本上重组自己的工业并与新兴工业化国家竞争更为有利。在整个19 世纪，英国工业普遍显示出明显的裂变，而不是生产和交换的有序聚变趋势。也就是说，英国是在向纵向"分解"，而不是向纵向一体化发展。②

在现代世界体系的第三个周期的演变中，英国的去工业化进程——专注于商业和金融活动大约就起始于这个时期。从工业生产的所占比重来看，1870～1971 年，英国工业产值占世界工业生产总值的比重从巅峰时期的 32% 一直跌落至谷底时期的 4%。不难看出，英国的去工业化进程可识别出两段明显的时期，第一段是大约肇始于 19 世纪后期直至 20 世纪初期，其特征是 1873～1896 年的长期萧条，这可视为世界经济体系周期演变中英国霸权衰落的金融化阶段；第二段是在经历了第二次世界大战结束后经济增长的"黄金时期"后，肇始于 20 世纪 60 年代中后期工业制造业萎缩过程，其特征仍然是经济的不断金融化过程，这个过程重叠于现代世界经济体系的第四个周期中美国霸权衰落的金融化过程。

自在体系的周期演变中失去工业霸权以来，英国再也没有过去那样的工业制造业主导力量。即使在战后经济增长的"黄金时期"，与其他主要资本主义国家相比，英国在经济增长和发展方面的表现也处于劣势。1913～1970 年，英国的年平均经济增长率为 2.58%，同期，美国、日本、西德和法国的这一数字分别为 3.7%、3.9%、4.66% 和 4.88%。其中，1950～1970 年，5 个国家的年均经济增长水平分别为 2.8%、3.7%、10.95%、5.53% 和 4.85%。③ 差强人意的经济增长表明，英国不但没能抓住战后重建，尤其是工业制造业投资和扩张的机会，相反，其工业制造业更是在其他工业制造业力量的崛起和竞争中持续衰落。20 世纪 60 年代中期以来，英国的经济活动进一步地由生产活动向服务活动转移，主要表现在工业（制造业）领域的产值和就业持续不断地下降，而服务业领域的产值和就业持续不断地上升。

---

① 参见乔万尼·阿瑞吉、贝弗里·J. 西尔弗. 现代世界体系的混沌与治理［M］. 王宇洁，译. 北京：生活·读书·新知三联书店，2003：94.

② 乔万尼·阿瑞吉、贝弗里·J. 西尔弗. 现代世界体系的混沌与治理［M］. 王宇洁，译. 北京：生活·读书·新知三联书店，2003：138.

③ 皮埃尔·莱昂. 世界经济与社会史［M］. 谢荣康，等，译. 上海：上海译文出版社，1985：12. 张贤淳. 战后日本经济高速发展的原因［M］. 长春：吉林大学出版社，1985：23.

自此，伴随着历史的发展，英国由第一个实现工业化的国家，转变为第一个现代意义上的经历两次较为明显的去工业化过程的发达国家。历史是一面镜子，它发生于过去，但却照亮了今天。虽然两次去工业化进程发生的历史场域不同，其特征各异，但不难发现，两次去工业化进程仍可以识别出诸多相同或相似的特征。特别地，第二个阶段的去工业化进程进行得尤为彻底。即使在发达国家普遍实行“再工业化”策略的情况下也没有出现逆转的迹象。作为去工业化“特征事实”的产值和就业的变化已经充分地确证了这一点。从产值的角度看，2017年，英国工业、制造业、农业和服务增加值占 GDP 的比重分别为 18.57%、9.2%、0.52%和 80.91%；从就业所占比重的情况看，2017 年，英国工业、农业和服务就业占比分别为 18.36%、1.12%、80.53%。由此可见，英国的经济已经高度地服务化了，工业制造业已经不再是英国经济的主体或主导，其产业结构变化符合世界商业和金融中心的角色定位。

二、美国的去工业化

在现代世界经济体系的历史演变中，19 世纪的历史不可分割地与它在 20 世纪的延续联系在一起。这一点充分地体现在了英国的衰落和美国的崛起过程当中，两者之间力量的转移，尤其是后者对前者的取代是 20 世纪的重大历史事件。就美国而言，其工业化进程起步于 19 世纪初期，完成于 19 世纪末期至 20 世纪初期。两个国家在 19 世纪后期至 20 世纪初期完成了历史接力棒的交接。经历了两次世界大战和 1929 ~ 1933 年的“大萧条”，美国不断巩固其世界第一工业强国的地位，并全面地超越和取代英国成为“世界工厂”，尤其是现代世界经济体系的霸权中心。

自 19 世纪末期以来，全球工业制造业力量或资本积累中心日益向美国转移，源于此，美国开启了其世界工业霸权的历史历程。值得指出的是，在经历了约长达 10 年的萧条之后，20 世纪 30 年代末期开始起飞，尤其是第二次世界大战不但没有削弱美国的工业制造业基础，相反，美国在战争期间一直是战争工业化的领袖。具体而言，在欧洲扩张军备和美国对战争的准备，即在战争本身的刺激下，美国的生产者突然将低工资和大量未被使用的技术结合起来，获得了 20 世纪有记录以来最高的利润率水平。1940 ~ 1945 年，美国私人经济的利润率水平比 1929 年的水平平均高出 50%，比 1900 ~ 1929 年的平均水平高出 60% ~ 70%。[①]

① 罗伯特·布伦纳．全球动荡的经济学［M］．郑吉伟译．北京：中国人民大学出版社，2012：52.

美国作为世界上唯一避免两次世界大战战争破坏的主要发达国家，经历了长达10年之久的投资高峰，带来了极为坚实的生产率增长。在这个过程中，美国极大地拓展和奠定了它的实力基础和领导地位。凭借强大的工业制造业生产能力，1947年，美国生产了占世界总量57%的钢铁和基础金属、62%的石油、80%的汽车，其制造业产量惊人地占世界制造业总产量的53%。1948年，美国的出口贸易占世界贸易总额的33.33%。最终，在经历崛起和全面扩张的历史进程后，美国取代英国成为第二次世界大战结束后世界经济秩序的建立者和维护者。① 事实上，在战争结束时期，在各国力量的对比中，美国这一优势地位就已经很明显了。凭借这一优势，美国可以选择为这个世界安排一个符合其自身利益的秩序。②

然而，任何事情总是有两个方面。作为体系的领导者，美国也付出了应有的代价。在经历了战时的高速积累和增长后，美国经济于20世纪50年代首先趋于增长的停滞。③ 主要表现在美国国内投资增长的放缓和劳动生产率增长放缓，与此同时，伴随着工资的快速上涨、生产成本的增加，美国的贸易平衡面临长期的困境，其制造业的海外直接投资也出现快速地上涨。尽管1958年之后，美国的工资增长放缓，但这种模式成为战后经济繁荣时期中演化的特征。不过，人们会看到这种经济在日益激烈的国际竞争中显得是那么的脆弱。④ 因为世界从来就不是一个国家的世界，虽然美国拥有难以撼动的霸权地位，但其主要竞争对手德国和日本——经济社会落后并被“霸权支配”的国家，存在着能够实现技术上赶超领导者的潜在优势。⑤ 也就是说，美国将不可避免地受到来自德国和日本等后发国家工业制造品的强有力竞争。作为一个证据，美国1951～1965年的年均工业增长率为4.7%，同期德国为8.1%、法国为5.7%、日本和苏联更是分别达到了14.4%和10.7%的超高增长水平。⑥

后起者的追赶、自身存在的原因等诸多问题使美国制造业遭遇了1965～1973年的盈利危机。到了20世纪70年代，美国制造业的增长速度明显放缓；到了20世纪80年代初期，美国制造业更是出现了严重的衰退。期间，美国工厂大量倒

---

① 何自力．产业结构不能以西方为样板［N］．环球时报，2011－09－14.

② 乔万尼·阿瑞吉、贝弗里·J．西尔弗．现代世界体系的混沌与治理，王宇洁译．北京：生活·读书·新知三联书店，2003：96.

③ 一些观察家，如保罗·巴兰和保罗·斯威齐最初用“资本主义的停滞”来解释战后的经济发展模式，其中，“停滞”源于“垄断资本”。

④ 罗伯特·布伦纳．全球动荡的经济学［M］．郑吉伟译．北京：中国人民大学出版社，2012：64.

⑤ 罗伯特·布伦纳．全球动荡的经济学［M］．郑吉伟译．北京：中国人民大学出版社，2012：44.

⑥ 郭万达，朱文晖．中国制造：世界工厂正转向中国［M］．南京：江苏人民出版社，2002：71.

闭、工人大批失业、生产性投资大幅减少、贸易逆差日益扩大。[①] 20 世纪 60 年代，尽管西欧和日本经济已经复苏，但美国工业制造品出口量在工业化国家中所占的比重仍高于 25%，特别是美国工业制造品还能满足其 98% 的国内市场需求。但自那以后，美国制造在国内外市场中所占份额日益减少，而且是一直在加速下降。20 世纪 70 年代，美国制造业占世界市场的份额下降了 23%，这一数字在 60 年代为 16%。与此同时，美国制造业在国内市场中所占的份额也比过去以更快的速度下降。[②] 因此，到了 1980 年前后，美国已经沦为竞争异常激烈的全球制造业市场中的一个综合性竞争者，其制造业只有在生产率和产品设计与发展方面取得优势地位，才能生存下去。简言之，美国在制造业领域已经失去了霸主地位。[③]

事实上，正是源于上述原因，20 世纪 50 ~ 60 年代以来，美国经济像其之前的领先者英国那样，开始经历其经济的"去工业化"进程。美国经济中的资源不断地从实体经济的工业制造业领域抽离，并向其他领域，尤其是向金融、保险和房地产等服务业领域转移。在曼德尔看来，过于资本主义化、积累过剩使资本增值越来越困难重重，而这是晚期资本主义的一个特征。国家克服这些困难的办法，至少部分地克服这些困难的办法，是以前所未有的规模，……给这一资本的"有利可图"的投资提供额外的机会。所谓"有利可图"，就是由国家保证或由国家补助来赚钱。[④]

特别地，由于在生产领域受到了挑战，美国转而通过专注于金融活动来维持其霸权。因此，美国也像历史上的英国那样，越发地专注于商业和金融中心的角色，并形成了强大的具有世界性和全球化特征的货币金融综合体。[⑤] 在这一时期，资本积累的中心从实体经济转移至金融领域。强大的金融资本拥有足够的力量对工人阶级运动和国家行为实施决定性的影响，尤其是在那些深陷严重债务危机的国家里。凭借这一全球化的金融资本积累及其体制，美国、日本和欧洲的公司接

---

① 罗伯特·布伦纳．全球动荡的经济学［M］．郑吉伟译．北京：中国人民大学出版社，2012：126.

② 金慰祖，于孝同．美国的"再工业化"问题．外国经济与管理，1980（10）.

③ 大卫·哈维．新帝国主义［M］．初立忠，沈晓雷译．北京：社会科学文献出版社，2009：54.

④ 厄尔奈斯特·曼德尔．晚期资本主义［M］．马清文译．哈尔滨：黑龙江人民出版社，1983：570.

⑤ 华尔街—财政部—国际货币基金组织复合体的权力与强加在各国头上的国际金融体系是一种既共生又寄生的关系，该体系建立在所谓的华盛顿共识之上，之后通过构建新的国际金融框架而得到进一步完善。索德伯格指出，该体系虽然是"美国政府的附属物"，尽管它也为"所有跨国资产阶级"的利益服务，但是该体系对集中于东亚和东南亚地区的"发展型"国家的约束甚至破坏，迫使这些国家准备推出这一体系。参见大卫·哈维．新帝国主义［M］．初立忠，沈晓雷，译．北京：社会科学文献出版社，2009：60 - 61.

管了东亚、东南亚和拉丁美洲等发展中国家的金融体制、产品市场以及逐步壮大的公司。结果，通过从海外攫取高额利润，现代世界体系中心国家的低额利润得到了有效补充。被称之为“剥夺性积累”的行为成为全球资本主义的核心特征。① 然而，尽管转向专注于金融领域为美国带来了巨大的直接利益，但这即便没有给美国自身的工业结构带来灾难性影响的话，也使其遭受了重大创伤。②

与此同时，对利润的渴望使离岸生产成为可能，并变成现实。美国的一个又一个工厂、一个地区接着一个地区在一波连着一波的去工业化浪潮中遭到打击，这种打击首先体现在低附加值的商品上（比如纺织品），但是随后逐步扩展到从钢铁业和造船业到高科技产业等一系列附加值较高的产业。美国大量进口国外尤其是从东亚和东南亚地区的商品。③ 以钢铁业为例，1977 年美国钢铁业开始关闭工厂，解雇工人。1979 ~ 1985 年，美国钢铁业从业人数由 34.2 万人大幅下降至 15.1 万人，下降幅度高达 50% 多。整体而言，1969 ~ 1976 年，因工厂倒闭、工厂跨区转移而消失的就业岗位高达 2230 万个之多。整个 20 世纪 70 年代，美国大约有 3200 万 ~ 3800 万个工作岗位消失，这相当于 1969 年总就业量的 39%。④

目前，美国的去工业化仍在持续，即使在再工业化政策的推动下也没能恢复。从去工业化的“特征事实”看，美国的去工业化充分地体现在了其工业制造业的产值和就业方面。首先，从产业增加值的角度看，2016 年，美国工业、制造业、农业和服务增加值占 GDP 的比重分别为 18.88%、11.6%、1.01% 和 80.11%；从就业份额的情况看，2018 年，美国工业、农业和服务业就业所占比重分别为 18.82%、1.63% 和 79.55%。可见，与英国相类似，美国也是高度服务化，尤其是金融化了的国家。美国的工业霸权完成了向金融霸权的转换。凭借其金融霸权，美国有能力在全球范围内推动货币循环和价值转移，货币金融综合体是这一货币金融循环体系的“中心”或“永动机”。事实上，这也是晚期资本主义的一个重要标志。社会制度越来越倾向于爆炸性的经济金融危机和政治危

---

① 大卫·哈维．新帝国主义［M］．初立忠，沈晓雷，译．北京：社会科学文献出版社，2009：55 - 56. 显然，这种剥削方式有别于传统的依附论观点。依附论者认为，在现代世界体系中，中心国家对外围国家的剥削主要是通过等级式分工和不平等交换的方式。关于剥削和价值转移的估算，可参见萨米尔·阿明．世界规模的积累——欠发达理论批判［M］．杨明柱，等，译．北京：社会科学文献出版社，2016：59 - 65.

②③ 大卫·哈维．新帝国主义［M］．初立忠，沈晓雷，译．北京：社会科学文献出版社，2009：54.

④ Barry Bluestone and Bennett Harrison. The Deindustrialization of America: Plant Closing, Comminity Abandonment and the Dismantling of Basic Industry, New York, Basic Books, 1982: 9.

机，这种危机直接威胁着整个资本主义生产方式。[①]

综上可见，英国和美国都经历了世界经济体系周期演变所要经历的崛起、全面扩张和消亡三个阶段。英国的消亡，即金融化过程——去工业化过程造就了美国霸权的崛起。同样，美国的消亡过程，即金融化过程意味着美国霸权的“信号危机”。在这一意义上，英美两国的去工业化并非完全意义上的经济或产业高级化的过程。特别是，英美两个国家近些年来的都经历了较为糟糕的宏观经济绩效，主要表现在贫富差距过分扩大、经济金融危机的发生、主权债务危机的发生、制造品国际竞争力的下降和经常项目赤字等诸多方面的问题。

第三节　去工业化的成因

不难理解，推动去工业化的成因是多种因素共同作用的结果。正如现有文献所显示的那样，尽管关于去工业化成因的解释一直存在较大争论，但主流经济学认为，去工业化是消费需求结构变化、劳动生产率提高、对外直接投资和国际贸易等经济因素发生作用的结果。显然，这些因素都内生于资本主义制度，因而去工业化的发生有着深刻的制度根源——资本主义制度的必然产物。

一、资本主义制度

既然去工业化是一个过程，那么，将这一过程的“特征事实”看作历史的社会制度，即资本主义制度必然产物则是合理的，就是说，去工业化的可能性就潜藏在资本主义的发展之中。只有资本主义制度获得了充分地发展，这种可能性才能变为现实性。这一现实性正是发达资本主义国家所发生的，可见，去工业化是资本逐利的必然结果，是资本主义制度的必然产物，因而内生于资本主义制度。

尽管在马克思那里没有关于去工业化的概念，但他关于资本主义制度的分析却给予我们引人瞩目的指示。更为重要的是，马克思对资本主义制度的分析同样适用于对去工业化及其成因的分析。回顾马克思的政治经济学批判，尤其是马克思在《资本论》第1卷中对于“资本主义生产方式以及和它相适应的生产关系

---

① 厄尔奈斯特·曼德尔．晚期资本主义［M］．马清文，译．哈尔滨：黑龙江人民出版社，1983：570.

和交换关系”的分析，不难发现，马克思提供了一幅关于去工业化的成因的丰富的思想图景。

（一）资本主义运行机制的去工业化效应

资本不是物，而是一定的阶级和利益关系。资本只有一种生活本能，这就是价值增值，创造剩余价值，用自己的不变部分即生产资料吮吸尽可能多的剩余劳动。[①] 生产剩余价值主要靠绝对剩余价值生产和相对剩余价值生产。前者靠延长工作日，而后者靠缩短必要劳动时间。随着资本主义生产的发展和生产方式的变革，绝对剩余价值的生产，逐渐地让位于相对剩余价值的生产。就是说，现在，对于由必要劳动转化为剩余劳动而生产剩余价值来说……它必须变革劳动过程的技术条件和社会条件，从而变革生产方式本身，以提高劳动生产力，通过提高劳动生产力来降低劳动力的价值，从而缩短再生产劳动力价值所必须的工作日部分。[②]

为了达到这一目的，资本家只有提高劳动生产力使商品便宜，并通过使商品便宜来使工人本身便宜。因此，从绝对剩余价值生产到相对剩余价值生产，核心是提高劳动生产力。但是，要使劳动力的价值降低，生产力的提高必须扩展到这样一些产业部门，这些部门的产品决定劳动力的价值，就是说，它们或者属于日常生活资料的范畴，或者能够代替这些生活资料，但是，商品的价值不仅取决于使商品取得最终形式的那种劳动的量，而且还取决于该商品的生产资料所包含的劳动量。[③] 这一过程的动态特征如下：劳动生产力↑→社会必要劳动时间↓→劳动力价值↓→剩余价值↑。另外，在竞争的外在压力下，资本要想获得超额剩余价值或在激烈的竞争中不被淘汰，就必须进行技术创新和改进或改变原有的生产方式，而不管他的商品是否属于必要生活资料的范畴，是不是参与劳动力日价值的决定。因此，就一般意义而言，每个资本家都抱有提高劳动生产力来使商品便宜的动机。[④] 总之，相对剩余价值的生产，不是资本的直接要求和运动的结果，而是资本家直接追求超额剩余价值或利润的自发运动的结果。

在马克思那里，相对剩余价值生产经历了从简单协作到机器大工业发展变化

① 马克思．资本论（第1卷）[M]．北京：人民出版社，2004：269.

② 马克思．资本论（第1卷）[M]．北京：人民出版社，2004：366. 劳动生产力的提高，我们在这里一般是指劳动过程中的这样一种变化，这种变化能缩短生产某种商品的社会必需劳动时间，从而使较小量的劳动获得生产较大量使用价值的能力。

③ 马克思．资本论（第1卷）[M]．北京：人民出版社，2004：367.

④ 马克思．资本论（第1卷）[M]．北京：人民出版社，2004：369.

的整个过程。人数较多的工人在同一时间，同一空间（或者说同一劳动场所），为了生产同种商品，在同一资本家的指挥下工作，这在历史上和概念上都是资本主义生产的起点。[①] 而这种资本主义生产的最基本形式是从简单协作开始的。以分工为基础的协作，在工厂手工业上取得了自己的典型形态。[②] 与简单协作相比，工厂手工业通过进一步地分工和专业化，有效地提升了劳动生产力。在工厂手工业中，在一定劳动时间内提供一定量的产品，成了生产过程本身的技术规律。[③]

大工业的起点是劳动资料的革命，而经过变革的劳动资料，在工厂的有组织的机器体系中获得了最发达的形态。[④] 在工厂组织中，用机器生产商品对工人产生了直接的影响。机器不仅使男劳动力贬值，而且使工人家庭全体成员都是资本统治。也就是说，机器从根本上是资本关系的形式上的中介，即工人和资本家之间的契约发生了革命。[⑤]

很明显，不管机器生产怎样靠减少必要劳动来提高劳动生产力，而以此扩大剩余劳动，它只有减少一定资本所使用的工人人数，才能产生这样的结果。但是，机器一作为劳动资料出现，就立刻成了工人本身的竞争者。资本借助机器进行的自行增殖，同生产条件被机器破坏的工人的人数成正比。因此，一旦工具由机械来操纵，劳动力的交换价值就随同它的使用价值一起消失。工人就像停止流通的纸币一样卖不出去。工人阶级的一部分就这样被机器转化为过剩的人口，也就是不再为资本的自行增殖所直接需要的人。[⑥] 可见，现代大工业通过机器、化学过程和其他方法，使工人的职能和劳动过程的社会结合不断地随着生产的技术基础发生变革。[⑦] 总之，大工业的本性对工人产生了诸多方面的影响，它不仅随时可以将工人排斥在生产过程之外，而且还决定了劳动的变换、职能的变动和工人的全面流动性。

（二）资本主义发展规律的去工业化效应

马克思对资本主义经济运动的考察，主要从它的运动机制和它的发展趋势着

---

① 马克思．资本论（第1卷）［M］．北京：人民出版社，2004：374.
② 马克思．资本论（第1卷）［M］．北京：人民出版社，2004：390.
③ 马克思．资本论（第1卷）［M］．北京：人民出版社，2004：400.
④ 马克思．资本论（第1卷）［M］．北京：人民出版社，2004：453.
⑤ 马克思．资本论（第1卷）［M］．北京：人民出版社，2004：455.
⑥ 马克思．资本论（第1卷）［M］．北京：人民出版社，2004：495.
⑦ 马克思．资本论（第1卷）［M］．北京：人民出版社，2004：560.

手。[①] 前者考察的是相对静止的运行机制，后者则考察长期动态的发展趋势。据此，可以将马克思在《资本论》中对现代经济运动规律的分析分为两类，一类是资本经济的运转规律，如价值规律、剩余价值规律、竞争规律等；另一类是资本主义经济的发展规律，如资本积聚和集中的规律、资本有机构成提高的规律和一般利润率趋向下降的规律等。[②] 经济运行是经济发展的基础，因而前者决定后者，反过来，经济发展趋势和规律又是经济运行在不同历史阶段的具体实现。

显而易见，资本主义运行机制去工业化效用的分析多是从运转规律的角度阐释去工业化的成因，但运动机制又内含着发展趋势，因而也需要从资本主义经济运动的发展趋势和规律中去理解和把握去工业化的制度成因。从资本主义原始积累开始，经由简单协作一直到机械大工业的确立，就是这同一过程的两个方面的具体展现过程。资本积累及资本积累的一般规律和发展趋势具有重要的去工业化效应。

第一，资本构成提高的去工业化效应。资本积累对工人阶级的命运产生了极为重要的影响。"命运"的德文原文是 Geschick，在日语中有命运、宿命的意思，可以理解为，在近代社会里，工人、劳动者等劳动阶级的人必然遭受的和不可避免的宿命。[③] 而资本构成和它在积累过程中所起的变化是对工人命运产生影响的最重要的因素。[④] 从在生产过程中发挥作用的物质方面来看，每一个资本都分为生产资料和活的劳动力。由生产过程中的技术关系所决定的两者之间的量的关系或比例是资本的技术构成，而由资本的技术构成决定并且反映技术构成变化的价值构成是资本的有机构成。

就一般意义而言，资本积累并不会伴随有资本构成的同步变化，或资本构成并不会固定不变，相反，在积累和伴随积累的积聚的进程中，资本的可变部分会相对减少。这一减少反映在从简单协作到机械大工业化整个历史进程中。因为，劳动生产率的增长，表现为劳动的量比它所推动的生产资料的量相对减少，或者说，表现为劳动过程的主观因素的量比它的客观因素的量相对地减少。[⑤]

历史地看，只有在资本主义的形式上，才具有大规模生产的基础。一切在这个基础上生长起来提高社会劳动生产力的方法，同时也就是提高剩余价值或剩余

① 列宁所说的"活动规律"和"发展规律"。参见列宁．什么是"人民之友"以及他们如何攻击社会民主主义者?，列宁全集（第1卷）［M］．北京：人民出版社，1984：110.

② 高峰．资本积累理论与现代资本主义——理论的和实证的分析［M］．北京：社会科学文献出版社，2014：3－4.

③ 宫川彰．解读《资本论》第1卷［M］．刘锋，译．北京：中央编译出版社，2011：336.

④ 马克思．资本论（第1卷）［M］．北京：人民出版社，2004：707.

⑤ 马克思．资本论（第1卷）［M］．北京：人民出版社，2004：718.

产品的生产的方法，而剩余价值或剩余产品又是积累的形成要素。一定程度的资本积累变现为特殊的资本主义的生产方式的条件，而特殊的资本主义生产方式又反过来引起资本的加速积累……这两种经济因素由于这种互相推动的复合关系，引起资本技术构成的变化，从而使资本的可变组成部分同不变组成部分相比越来越小。① 可见，资本有机构成提高意味着它所使用或雇佣的劳动的相对减少。在工业制造业领域，这是典型的以劳动定义的去工业化。

第二，资本集中和垄断的去工业化效应。在积累的过程中，社会总资本分散为许多单个资本，或它的各部分间的相互排斥，又遇到各部分间的相互吸引的反作用。这已不再是生产资料和对劳动的支配权的简单的、和积累等同的积聚。这是已经形成的各资本的积聚，是它们的个体独立性的消灭，是资本家剥夺资本家，是许多小资本转化为少数大资本。这是不同于积累和积聚的本来意义的集中。② 许多时候，资本主义生产和积累的发展，是通过竞争和信用这两个最强有力的杠杆实现的。首先，在各个资本竞争的过程中，较大的资本凭借劳动生产率的优势战胜较小的资本，从而使许多较小的资本垮台；其次，信用事业作为一种崭新的力量，随着资本主义生产而形成和发展起来，并成为资本家竞争中的一个新的可怕的武器和实现资本集中的一个庞大的社会机构。从结果上看，集中在这样加强和加速积累作用的同时，又扩大和加速资本技术构成的变革，即减少资本的可变部分来增加它的不变部分，从而减少对劳动的相对需求。③

对于资本积累而言，在正常的积累进程中形成的追加资本，主要是充当利用新发明和新发现的手段，在这种形态下，用较少的劳动就足以推动较多量的机器和原料，由此必然引起对劳动需求的绝对减少，不言而喻，经历这种更新过程的资本越是由于集中运动而大量积聚，对劳动需求的减少就越厉害。④ 可见，一方面，在积累进程中形成的追加资本，同它自己的量比较起来，会越来越少的吸收工人；另一方面，周期地按新的构成再生出来的旧资本，会越来越多的排斥它以前所雇佣的工人。⑤ 总之，伴随资本积累，资本的构成不断提高，失业将不可避免地增多。

第三，一般利润率下降的去工业化效应。马克思所发现的资本的一般运动规律与资本主义生产方式历史之间的关系，是马克思主义学说中一个最为复杂的问题。这种关系一直没有一个令人满意的阐述，这一事实可以说明其难度。⑥ 甚至

---

① 马克思．资本论（第1卷）［M］．北京：人民出版社，2004：720－721.

② 马克思．资本论（第1卷）［M］．北京：人民出版社，2004：721－722.

③④⑤ 马克思．资本论（第1卷）［M］．北京：人民出版社，2004：724.

⑥ 厄尔奈斯特·曼德尔．晚期资本主义［M］．马清文，译．哈尔滨：黑龙江人民出版社，1983：7.

有观点认为，经济方面的运动规律是十分“抽象”的，以致在“真正的历史”中，这些规律根本不能自我表现出来。[①] 有学者认为，一般利润率下降趋势规律在“马克思主义经济学”中已属于“死去的部分”?[②] 利润率下降规律在马克思那里是一个不受具体历史时间框架约束的抽象趋势，与资本积累的现实动态漫无联系。[③]

就此而言，利润率下降趋势规律的理论研究和经验验证，尤其是关于这一趋势规律的论争是马克思主义经济中最重要的命题之一。利润率下降趋势问题在马克思的积累理论中占有特别重要的地位，围绕这个问题所展开的讨论也最广泛、最激烈，时间持续最长，直到今天还在进行。[④] 在近 1 个世纪的长期争论中，焦点集中在资本主义社会一般利润率的长期变动趋势究竟如何，是否存在马克思所论证的一般利润率下降趋势规律。很显然，这是一个抽象的理论命题，但这个理论命题必然包含经验上的含义，因而需要经验数据和经验研究加以论证。[⑤] 另外，经验研究显示，利润率下降趋势并不是贯彻在一个持续下降的过程中，而是贯彻在利润率的波动过程中。也就是说，利润率的长期变动和利润率的周期波动是两个相互联系的动态过程。没有利润率的周期性下降，就不会有利润率的长期下降趋势。[⑥]

尽管，利润率下降趋势、利润率下降、利润率周期性波动是具有不同含义的命题，但正如曼德尔明确地提出的，我们的命题就是：“资本主义的历史以及资本主义的内在规律性和已经表露出来的种种矛盾的历史，……利润率的波动是这一历史的地震仪，因为，这种波动明白无误地表明，这种相互影响的结果与以利润为基础，换言之，与资本的增值为基础的生产方式的那种逻辑，是相符合的。但是，这种波动只不过是结果，这个结果本身还必须用这些变量的相互影响来加以解释。”[⑦]

既然“利润率”的波动是资本积累的历史地震仪，那么作为资本积累必然产

---

① 厄尔奈斯特·曼德尔．晚期资本主义［M］．马清文，译．哈尔滨：黑龙江人民出版社，1983：4－5.

② 孟捷．马克思主义经济学的创造性转化［M］．北京：经济科学出版社，2001：178.

③ 孟捷．马克思主义经济学的创造性转化［M］．北京：经济科学出版社，2001：105－107.

④ 高峰．资本积累理论与现代资本主义——理论和实证的分析［M］．北京：社会科学文献出版社，2014：19.

⑤ 利润率下降趋势规律进行了开拓性的经验验证，并依据经验结果对这一规律进行了相应的解释。J. M. Gillman. The Falling Rate of Profit. London：Dennis Dobson，1957.

⑥ 高峰．资本积累理论与现代资本主义——理论和实证的分析［M］．北京：社会科学文献出版社，2014：338.

⑦ 厄尔奈斯特·曼德尔．晚期资本主义［M］．马清文，译．哈尔滨：黑龙江人民出版社，1983：31.

物的去工业化，必然与之密切相关。事实上，作为去工业化“特征事实”的资本跨行业、跨空间的地理转移决定于资本获利的情况，如果资本在某一地理领域内，或在某一行业内无法获得足够的利润，那么资本跨行业、跨领域的转移或再配置就是必然选择。从工业或产业周期的角度看，尽管马克思强调经济或工业周期具有持久性，危机却没有，生产过剩也不会引起利润率的持续下降，但恩格斯在《资本论》第1卷的序言中特别强调，周期性（每10年反复一次）的停滞、繁荣、生产过剩和危机已经结束了，取而代之的是经济陷入持续的和慢性的萧条的绝望泥潭。这一周期转换的特征符合第二次世界大战结束后增长繁荣到增长停滞的历史事实。尤其是，1965～1973年，世界主要发达经济体先后从经济繁荣转入经济衰退和经济危机。全球主要发达经济体的资本利润率都出现了急剧下滑。更有甚者，世界制造业开始进入资本利润率下降的长期阶段（见表3－5）。如上文所言，若资本在实体经济的制造业无法获得足够的利润，那么资本要么进行跨行业转移——流动或配置金融、保险和房地产服务业，要么进行地理空间的转移——从中心转移至郊区地带，再转移至非核心地带，最后转移至国外成本较低的国家和地区。

表3－5　　主要发达国家制造业净利润率的长期变化　　单位：%

年份	1950～1970	1970～1993	1991～2000
美国	24.35	14.5	17.7
德国	23.1	10.9	5.2
日本	40.4	20.4	14.5
七国集团	26.2	15.7	—

注：①除净利润率平均值外，其他指标均为年均变化率。

②1990～1993年以后的各项指标数字由作者依据布伦纳的方法计算整理而得。

资料来源：罗伯特·布伦纳．繁荣与泡沫——全球视角中的美国经济［M］．王生升，译．北京：经济科学出版社，2003：3. 罗伯特·布伦纳．全球动荡的经济学［M］．郑吉伟，译．北京：中国人民大学出版社，2012：287. OECD Database，http：//stats. oecd. org/Index. aspx；U. S. BLS Database，http：//www. bls. gov/lpc/tables. htm；U. S. BEA Database，http：//www. bea. gov/iTable/index_FA. cfm；National Accounts of Japan，http：//www. esri. cao. go. jp/en/sna/stock/stock_top. html.

从去工业化的制度根源到去工业化的具体成因，让我们能够从一般到具体的角度去理解和把握去工业化的“特征事实”，因为在资本主义经济运动机制和发展规律上还存在经济上的相关具体表现。关于后者，即从制度层面去阐释和说明去工业化具体成因，如消费需求结构变化、劳动生产率提高、商品贸易、对外直接投资等，我们要做出具体说明。只有从制度根源和具体成因两个层面，且是从两者统一的角度去阐明去工业化，才能对这一“特征事实”有更全面、更深入的理解。

二、资本主义发展具体表现的去工业化效应

多数研究认为，去工业化源于消费需求结构的变化、劳动生产率的提高等内部因素；商品国际贸易、对外直接投资等外部因素。不难理解，这些因素都内生于经济，是资本主义发展的产物。

（一）消费需求结构变化的去工业化效应

恩格尔定律指出，随着落后国家或地区人均收入的增长，收入中食物支出的份额将不断减少，而在制造品上的支出则不断增加。更进一步地，像贝尔等后工业论者所预测的那样，随着经济的进一步成长和发展，消费者的消费需求模式将从制造品向服务品转移。① 这种消费需求模式的动态变化是由不同种类商品的收入需求弹性决定的。显然，制造品的收入需求弹性在收入较低的国家较高，在收入较高的国家则相对较低，而服务品需求弹性在高等收入国家较高。

经验证据和经验数据都验证了上述需求演变模式。消费需求结构的变化在一个重要的方面表现为制造品消费在货币支出上的下降。但是，从需求角度对去工业化的这一解释并不全面。这是因为，这一解释忽视了劳动生产率提高和制造品价格变动的影响。相对于经济整体和服务品部门，制造业劳动生产率的提高更快——部门间劳动生产率的提高具有差异性和不平衡性。结果，制造品的相对价格必然不断地下降。在高收入水平国家或地区，制造品需求不断地被其他商品和服务所替代。因此，制造品支出份额的下降并不是发达国家制造品需求停滞的结果，相反，发达国家消费者对于制造品的平均消费大幅增长。可见，制造品支出份额的下降是劳动生产率提高导致制造品价格相对下降的必然结果。值得指出的是，因为工业制造业部门劳动生产率的增长相对较高，所以一个稳定的制造品相对需求也将导致制造业劳动力需求的减少。从长期看，即使在制造品需求预期增加的前提下，制造业劳动力需求的比例也将下降。②

---

① 贝尔这一论断被称为“贝尔定律”。参丹尼尔·贝尔．后工业社会的来临——对社会预测的一项探索［M］．高铦，等，译．北京：商务印书馆，1986.

② Clark，Colin. The Conditions of Economic Progress，3d ed. London：Macmillan，［1940］1957.

（二）不平衡劳动生产率提高的去工业化效应

劳动生产率的增长具有重要的去工业化效应，但正如我们所强调的，不同部门间劳动生产率的增长具有不平衡性，即制造业劳动生产率增长快于经济整体，尤其是服务业。从定义上看，劳动生产率增长等于产出增长率减去就业增长率。如果两个部门存在相同的产出增长速度，那么拥有较快生产率增长速度的部门必然是就业增长速度较低的部门，反之亦然。可见，经济中最有活力部门的就业增长最慢，因而就业份额将不断地下降。

经验研究表明，自 20 世纪 80 年代以来，发达国家的制造业与服务业实际平均产出增长率大致相同，而且大多数国家制造业部门劳动生产率的增长速度一直远高于服务业。经验事实说明，制造业部门的就业人数必然增长更慢，因而在总就业量的占比必然会不断下降，相反，服务业就业份额人数增长更快，因而占比必然会不断上升，当然，这一就业份额增加是以制造业就业份额的减少为代价的。① 尽管相对便宜的制造品价格会极大地刺激制造品需求，从而间接地增加对制造业劳动力的需求，但正如发达国家的经验所显示的，制造业劳动生产率快速增长的劳动节约效应要大于制造品相对价格下降的劳动力需求创造效应。因此，制造业劳动生产率提高的净效应减少了制造业部门劳动力的就业份额。②

尽管来自低工资国家的竞争对美国的去工业化也存在影响，但这种影响是微乎其微的。因为去工业化是发达国家技术进步驱动，而不是制造品贸易领域低成本国家的竞争和制造业向低成本地区的空间转移的结果。③ 对 18 个 OECD 国家的经验研究有大体上相同的结论。④

（三）国际贸易的去工业化效应

国际贸易通过多种渠道对去工业化产生影响，而且这些影响有直接和间接之

---

① Rowthorn, Robert, and Ken Coutts. "De-industrialisation and the Balance of Payments in Advanced Economies." Cambridge Journal of Economics, 2004, 28 (5): 767 – 790.

② Rowthorn, Robert and Ramana Ramaswamy. "Growth, Trade, and Deindustrialization." International Monetary Fund Staff Papers, 1999, 46 (1): 18 – 41.

③ Fligstein Neil. Is Globalization the Cause of the Crises of Welfare States. University of California, Berkeley, working paper, 1999; Krugman, P. "Technology's revenge." Wilson Quarterly (Autumn), 1994: 56 – 64; Krugman, P. "Growing world trade: causes and consequences." Brookings Papers on Economic Activity, 1, 1995. 327 – 377. 36.

④ Christopher Kollmeyer. Explaining Deindustrialization: How Affluence, Productivity Growth, and Globalization Diminish Manufacturing Employment. AJS Volume 114 Number 6 (May 2009): 1644 – 1674.

分。例如，制造品的国际竞争迫使本国企业采用更有效率的生产方式，从而导致制造业劳动生产率的提高；而国外制造品的竞争也能通过淘汰低价值经济活动和无效率企业方式，间接提高制造业的劳动生产率。显然，无论是直接还是间接影响，国际贸易都通过对制造业劳动生产率提高的影响，产生国际贸易的去工业化效应。在国际贸易中，南—北贸易一直被认为具有较大的去工业化效应。尽管这一影响及其程度一直存在争议，但这一影响本身却是毋庸置疑的。过去几十年来，发达国家从发展中国家和地区进口的低端制造品大幅增加。面对发展中国家和地区制造品的竞争，发达国家在劳动密集型和初级产业制造业领域的竞争力，因而盈利水平不断下降。这导致了发达国家的新投资受到了抑制，进而劳动密集型生产部门现有生产能力的彻底淘汰或劳动力的直接替代。与此同时，新投资直接投向节省劳动力的创新方面，目的是防止南方国家制造品竞争，但是这进一步地抑制了发达国家非熟练劳动力的需求。由此可见，在全球范围内按照比较优势原理来组织生产，导致发达国家对熟练工人的需求增加，对非熟练工人的需求减少，结果，发达国家遭遇了以制造业就业份额不断下降为主要表现的去工业化进程。①

伍德认为，过去的研究较为严重地低估了南—北贸易对制造业就业影响。到了 1990 年，南—北贸易的累积效应大约使发达北方国家制造业就业每年减少约 900 万人，占其实际制造业就业的大约 12%。② 布洛尔和范塔涅的研究表明，若来自发展中国家进口额占 GDP 的比重每增加 1%，则 OECD 国家制造业就业份额就将在长期内下降 4%。相比而言，若这些进口来自发达国家，则这一数字仅 1%。因此，南方发展中国家与北方发达国家之间的贸易能解释发达国家去工业化的 1/3。③ 即便南—北之间的贸易是平衡的，国际贸易也将减少 OECD 国家的制造业就业，就是说，南方国家日益融入全球经济对北方国家的经济转型产生了重要影响。④

除了南—北贸易外，发达国家间的北—北贸易也对个别发达经济体的去工业化产生了影响。但很显然，这一去工业化效应对于发达国家整体而言相对较小，

---

① Dennis Snower J. Causes of Changing Earnings Inequality. IZA Discussion Paper No. 29, January, 1999.

② Wood, Adrian. North – South Trade, Employment, and Inequality. Oxford, England: Oxford University Press, 1994.

③ Boulhol Herve and Fontagne Lionel. Deindustrialization and the Fear of Relocations in the Industry. CEPII, Working Paper, No 2006 (7).

④ Steven S. Saeger. Globalization and Deindustrialization: Myth and Reality in the OECD. Review of World Economics, 1997 – Springer.

甚至综合影响接近为零，因而可以忽略不计。[①] 不过，对个别经历贸易不平衡的发达国家而言，北－北贸易具有显著的去工业化效应——影响普遍水平的制造业就业人数。美国和日本之间的贸易就是这一状况的典型代表。这是因为，美国至少有一半制造业就业减少源于像日本这样的亚太经合组织国家在制造业领域的强有力竞争。[②]

（四）对外直接投资的去工业化效应

“古典国际劳动分工”认为，落后国家和地区专门生产其具有比较优势的初级产品或劳动密集型产品，而发达国家则专注于生产资本和技术密集型等高附加值产品。但是，20 世纪 60 年代末期以来，这个占统治地位的生产和贸易模式开始转变，并被“新的劳动国际分工”模式所逐渐替代。历史地看，由于交通运输和信息革命不断减少与地理距离相关的障碍，使许多跨国公司能够在全球范围内对资本进行优化配置。尤其是，为了降低生产成本，将资本配置到劳动力成本相对较低的发展中国家和地区。作为经营策略，跨国公司将其生产经营活动扩张到许多国家和地区，从事一体化的全球生产和经营活动。总之，长期占据统治地位的国际劳动分工模式不断地重新调整。这一过程创造出一个专门从事劳动密集和低技能制造品生产的迅速工业化的南方国家，和一个专门从事高技能和高附加值经济活动的经历着去工业化的北方国家。[③]

对外直接投资与产业空心化密切相关，因而对外直接投资的结果就是地理学意义上的去工业化。跨国公司是对外直接投资的主体，其跨国配置生产及生产能力的过程，就是资本在地理空间上转移的过程，从而就是去工业化过程。对外直接投资是一套新的企业战略，它旨在取代第二次世界大战结束后资本、劳动力和国家之间旧的契约关系，以恢复资本可以接受的利润率水平——回应 1965～1973 年的盈利危机及其长期化的“利润挤压”。显然，对资本流出国而言，跨国企业已经不再承担国内生产的直接投资，而是将资本投向国外。[④] 这必然造成工作机会的减少，甚至是消失。总之，虽然对外直接投资并不是去工业化的唯一原因，但它“确实是美国失去其制造业基础的一个主要原因”[⑤]。当越来越多的制造业企业到国外寻找更低的劳动力成本时，对外直接投资在近些年来的增长便对发达

---

①③　Christopher Kollmeyer. Explaining Deindustrialization：How Affluence，Productivity Growth，and Globalization Diminish Manufacturing Employment. AJS Volume 114 Number 6（May 2009）：1662.

②　Krugman，P. “Technology's revenge.” Wilson Quarterly（Autumn）56－64. 1995a. “Growing world trade：causes and consequences.” Brookings Papers on Economic Activity，1994（1）：327－377. 36.

④⑤　Harrison，Bennett and Barry Bluestone. 1988. The Great U-Turn. New York：Basic Books：29.

国家的去工业化产生了重要影响。①

事实上，在马克思、恩格斯对资本生产方式的分析中，国际贸易和世界市场完全是出于最大限度地攫取剩余价值的贪婪本性。因此，创造世界市场的趋势已经直接包含在资本的概念本身中。任何界限都变现为必须克服的限制。② 资产阶级创造世界市场因为不断扩大产品销路的需要，驱使资产阶级奔走于全球各地，它必须到处落户，到处开发，到处建立联系。在这个过程中，资产阶级由于开拓了世界市场，使一切国家的生产和消费都成为世界性的了。因此，过去那种地方的和民族的自给自足和闭关自守状态，被各民族的各方面的互相往来和各方面的互相依赖所代替了。最终，资产阶级将“按照自己的面貌为自己创造出一个世界”③。可见，无论是国际贸易，还是对外直接投资都是资本逐利的途径和方式，因而内生于资本主义制度。更为重要的是，二者的去工业化效应也同样内生于资本主义制度。

综上所述，去工业化的制度根源和去工业化的具体成因之间有着深刻的内在关联。去工业化的具体成因要么是资本主义运动机制在经济上的具体表现，要么是资本主义发展规律在经济长期发展趋势上的具体表现。简言之，去工业化的具体成因是资本主义制度在经济上不同方面的反映。鉴于此，无论是去工业化的制度根源，还是去工业化的具体成因都可以被统一到一个资本主义的分析框架之中。一言以蔽之，去工业化内生于资本主义制度，是资本主义制度的必然产物。

---

① Arthur S. Alderson. Explaining Deindustrialization: Globalization, Failure, or Success? . American Sociological Review, Vol. 64, No. 5 (Oct. , 1999): 705.

② 马克思，恩格斯. 马克思恩格斯选集（第30卷）[M]. 北京：人民出版社，1972：388.

③ 马克思，恩格斯. 马克思恩格斯选集（第1卷）[M]. 北京：人民出版社，1995：276.

第四章

去工业化、金融化与金融资本主义的形成

发达资本主义国家出现的去工业化进程不是孤立现象，与去工业化密切联系在一起的，是发达资本主义国家经济的高度金融化，深刻认识去工业化与金融化的内在联系，揭示资本主义经济高度金融化的内在机制、本质特征以及影响，对于正确认识当代资本主义的阶段性特征和发展趋势具有十分重要的理论和现实意义。

第一节　资本主义经济的金融化

一、金融与金融化的含义

金融的发展伴随着资本主义经济的发展，在其发展的早期，更是与生产和贸易形成了互相促进的关系。阿瑞基在论述金融的早期发展时指出，“佛罗伦萨的巨额融资体系，最初就是扎根于由羊毛贸易建立起来的广阔而又密集的交易网之中，并在此基础上逐步形成和扩大起来的”（阿瑞基，2011）。银行作为金融体系发展早期的产物与代表机构，最早便是为生产与贸易提供融资服务的，反过来，生产与贸易的迅猛发展也正为金融的发展提供了市场与契机。

从其功能上看，金融为生产与贸易提供资金融通服务以保证其能够顺利进行，其可以跨时空配置资源的能力为物质财富的生产与再生产提供了帮助，应当是资本主义经济中资本积累运动的保驾护航者。从其自身的性质上看，扎根于资本主义经济体系的土壤中的金融业，就像资本主义工业产业一样，是遵循资本主义经济发展规律的。金融业的发展也同样是由资本逐利行为所推动的，其所追求

的目标同样是资本的无限的、无休止的增殖。

金融在推动工业发展的过程中发展着自身，随着资本主义生产集中与资本集中的进行，金融业的发展也不断出现新的变化，其规模、组织、功能以及与生产之间的关系都在发生改变。20 世纪 70 年代后，西方资本主义国家遭遇经济滞胀的困境，新自由主义经济思想开始登上舞台，金融化成为资本主义经济发展的重要特征之一。爱泼斯坦对"金融化"一词作出了较为全面、宽泛的解释："'金融化'是指金融动机、金融市场、金融参与者和金融机构在国内及国际经济运行中的地位不断提升"（爱泼斯坦，2007）。这种解释更偏向从金融化在社会经济中的表面现象与结果的角度阐释金融化的含义。近几十年来，随着金融机构的不断扩张、金融衍生品的不断推陈出新，越来越多的社会个体与社会经济部门被卷入金融系统中，金融部门已经成了资本主义国家经济运转不可缺少的一部分，并且仍在不断扩大其影响范围与控制程度。随着其飞速发展，金融部门的作用领域早已突破、独立于单纯为生产提供资金融通服务，当前金融化过程中的金融部门对资本主义生产与再生产的进行、社会经济整体的运行与发展、国民生活水平的稳定与提高都有着牵一发而动全身的作用。我们把金融资本从产业资本中独立出来，并凭借其对金融资源和金融工具的垄断，反过来支配产业资本运动、攫取超额剩余价值的过程称为金融化。

20 世纪 70 年代后，西方资本主义工业经济发展遭受挫折，劳动生产率增长缓慢，排斥劳动的技术革新进一步加剧劳动者与生产资料的分离、劳动者与资本之间的矛盾，工业制造业向海外转移形成本国的产业空心化。在这样的发展中，工业资本主义经济中的价值生产与价值实现的矛盾愈发激烈，资本逐利的本性使资本主义经济的发展走向金融化。1973 年的石油危机后，以美国为首的西方发达资本主义国家的经济增长陷入滞胀的困境。与此同时，在危机爆发后直到 90 年代中期，尽管技术创新在不断推进，但在这 20 年间，劳动生产率却并未因此发生显著提升（考斯拉斯拉帕维查斯，2009）。如表 4 - 1 数据所示，美国的劳动生产率年增长率从 1971 年的 3.75% 开始经历波动下降，甚至在个别年份出现负增长，直到 90 年代中期才重新开始稳定增长，但在 2007 年金融危机后又一次陷入下降的低谷。另外，由于第二次世界大战结束后的劳动力短缺状况以及特殊的国际局势，工会的力量得到不断的增强，工人阶级在与资本的斗争中得以增强自己的实力，美国等国内部的劳资矛盾在一定程度上得到缓和，但到了 20 世纪 70 年代后，这成了进一步威胁资本积累运动、威胁资本追求无限的不间断的增殖的原因。因此，为了赢得与其他资本的竞争的胜利，为了实现资本的无限增殖，一方面，以美国为代表的发达资本主义国家的自动化等技术创新不断排斥劳动，去工业化的发展则不断导致工会力量的削弱与集体谈判能力的下降（斯蒂格利茨，2017），劳资矛盾激化，从而使工业资本主义的价值生产与价值实现之间的矛盾进一步激化；另一方面，美国等国的制造业开始向海外转移，转移到了生产力水平更低的发展中国家，以应对其在本国内生产所面临的利润实现危机，最终导致了本国的产业空心化。

表 4－1　　1971～2017 年美国劳动生产率年增长率变化

年份	劳动生产率年增长率（%）	年份	劳动生产率年增长率（%）	年份	劳动生产率年增长率（%）	年份	劳动生产率年增长率（%）
1971	3.75	1983	2.74	1995	0.22	2007	1.08
1972	2.43	1984	2.08	1996	2.49	2008	0.92
1973	2.37	1985	1.84	1997	1.45	2009	3.15
1974	−0.90	1986	2.26	1998	2.25	2010	2.83
1975	2.74	1987	0.73	1999	2.91	2011	0.16
1976	2.42	1988	1.16	2000	2.80	2012	0.26
1977	1.07	1989	0.88	2001	2.24	2013	0.38
1978	0.79	1990	1.71	2002	2.82	2014	0.44
1979	0.45	1991	1.31	2003	3.08	2015	0.75
1980	0.02	1992	3.44	2004	2.60	2016	0.26
1981	2.32	1993	0.38	2005	2.13	2017	1.01
1982	−0.32	1994	0.85	2006	0.99		

资料来源：OECD 数据库。

在资本主义工业经济最终向产业空心化发展的背景下，金融化则寻找到了使资本进行无限的自我增殖的突破口。尽管在第二次世界大战结束后遭遇政府对金融市场的严格监管，但金融机构却在不断寻找机会、探索金融创新的方向。各金融机构为避开管制而开发的金融创新与金融衍生物层出不穷，最终，在实体经济的资本积累运动陷入困境时，金融部门在政策上也被当作可以提高利润率，加快资本积累，推动宏观经济迅速发展的重要对象。1980 年通过的《存款机构放松管制和货币控制法案》、1982 年颁布的《嘉恩—圣哲曼存款机构法案》、1987 年重新了修订与解释的《格拉斯—斯蒂格尔法案》与 1999 年出台的《金融服务现代化法案》，分别解除了对利率的管制与对金融机构混业经营的管制。在这一过程中，从政府政策到金融部门与非金融部门比重的显著变化，从物质产品贸易余额与资本输出净值的对比到个人收入的变化，金融化进程的开展开始体现在社会经济的各个方面。

二、经济金融化的成因

资本主义经济金融化实际上是资本主义为解决自身内在的矛盾。为了突破价值生产与价值实现的矛盾所进行的自我发展，通过价值增殖脱离生产、脱离价值与剩余价值创造本身来试图逃避其自身难以解决的矛盾。这种资本主义经济的发展是由其自身的性质所决定的，是资本主义条件下资本力图抛开一切约束条件进行自我增殖的结果。这种自我发展实际上蕴含着资本主义条件下资本与人的矛盾，而这种内在的矛盾正是资本主义经济金融化的深层原因。

资本与人的矛盾首先表现在资本雇佣劳动这一资本主义私有制经济的核心问题上。资本积累需要不断进行扩大再生产，而资本主义生产则要求生产资料与被剥夺了生产资料的工人相结合，工人生产出剩余价值以供资本家将其占有并转化为资本重新投入生产，从而实现不间断的资本增殖。在这一过程中，在不考虑技术进步导致的劳动生产率提高时，每一次资本都需要将更多的劳动力投入生产过程。换言之，资本需要更多的劳动力为其进行生产。但反过来，竞争的压力逼迫每一个资本家都尽力追求超额剩余价值的生产，为此需要不断提高各方面技术水平，使用创新的机器以替代对劳动力的雇用，提高资本有机构成，提高劳动生产率。资本需要通过不断的扩大再生产进行积累与增殖，同时也排斥着越来越要求提高工资的劳动力，在这样的矛盾作用下，发达资本主义国家的资本不得不选择金融资本的增殖方式——脱离直接的剩余价值生产，从而在一定程度上脱离自身对劳动力的直接依赖，依靠分割工业资本对劳动力的剥削与对工人创造的剩余价值的占有来进行自我增殖。图 4 - 1 中美国制造业与金融业的就业人数占总就业人数的比例变化清楚地显示出制造业就业由波动上升趋势到缓慢波动下降趋势，再到 20 世纪 70 年代后大幅下降的变化轨迹，以及与之相对应的，金融业低就业比例的长期稳定趋势。

进一步地，工业资本主义经济中资本所追求的不断扩大的价值生产与不间断的资本积累，面临着与受到人们消费能力限制的价值实现能力不足的矛盾。资本逐利的本性要求其不断地提高生产力、通过扩大再生产进行资本积累，资本所追求的价值与剩余价值的生产是没有上限的。为了实现这一目标，资本不断地扩大劳动力的队伍，将越来越多的人口纳入劳动力市场，同时通过资本主义条件下资

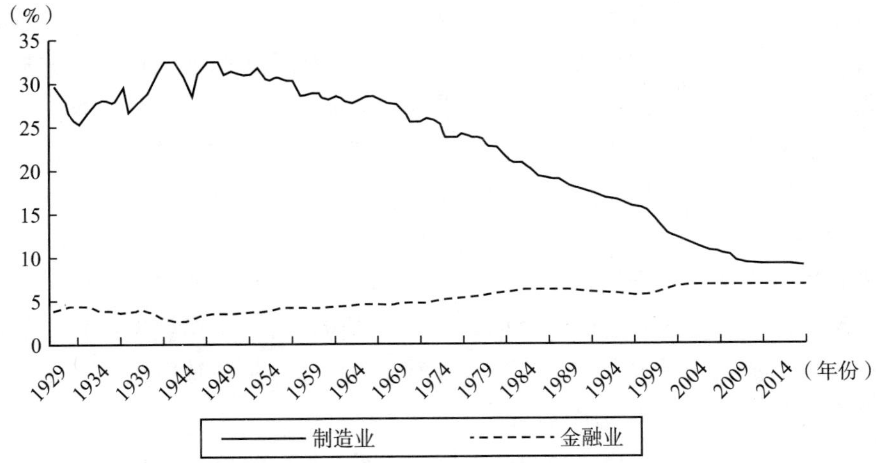

图4－1　1929～2014年美国制造业与金融业就业人数占比变化

资料来源：美国经济分析局（BEA）。

本所引导的技术创新将更多的劳动力排斥出生产过程，使之成为过剩劳动力，从而进一步限制劳动力的工资增长、进一步提高对劳动者的剥削。尽管从表面上看这样的行为可以在一定程度上对利润率下降造成反向作用，但实际上却将资本与人之间的矛盾表露无遗，劳动者作为市场中的消费者群体的重要组成部分，其购买能力与消费倾向在很大程度上影响了社会消费水平，即价值与剩余价值的实现水平。当劳动者受到资本的排斥，相对过剩人口队伍的壮大使其在劳资矛盾的斗争中处于劣势，那么资本所追求的不断增长的价值与剩余价值的生产与实现之间的矛盾就会激化，资本主义生产面临利润实现危机，资本积累运动受到中断的威胁，这将从根本上对资本主义经济造成打击。因此，在这样的矛盾运动与发展下，资本无疑会选择另一种资本积累方式，即通过脱离直接的生产过程来“解决”价值实现危机的金融资本积累。

最终，资本主义条件下资本与人之间的矛盾是资本追求无限的自我增殖与人追求自身全面自由发展之间的矛盾，资本的追求与人的追求尽管在某些情况下可以达到表面上的统一，但究其根本则是相互对立的。马克思在《雇佣劳动与资本》中描述资本与劳动力的矛盾关系时写道，资本家使用“一部分资本去购买织布工人的劳动力，这就同他拿他的另一部分资本去购买原料（纱）和劳动工具（织布机）完全一样”，对于资本来说，“织布工人现在也属于劳动工具之列”①。

① 马克思，恩格斯．马克思恩格斯选集（第一卷）［M］．北京：人民出版社，2012：331.

这一段论述已经直接地解释了资本与身为劳动力的人之间的关系，对资本而言，劳动力是其购买的用于生产的工具之一，在这样的生产关系下人作为人的物质与精神需要、作为人对全面自由发展的追求都被剥离了。这样的社会关系是由资本主义生产关系所决定的，也体现在资本主义经济的各个方面。推动金融化不断扩大范围、金融泡沫不断堆积的金融衍生品中有许多将广大劳动者阶层卷入金融市场，引发 2007 年金融危机的次级贷款就是其中之一。次贷从表面上看同时满足了资本对价值增殖的追求与人们对更高水平的物质财富积累的追求，但实际却从根本上反映出了二者之间矛盾的激化。正因普通劳动者阶层渴望实现自身的物质与精神需要，却无法凭借自己的劳动所得而实现，才导致其被次级贷款卷入金融市场，成为其不断累积的风险性的组成部分。

资本主义条件下资本与人之间的矛盾是根本性的，是资本主义生产关系中必然存在的，在这样的矛盾冲突中不存在“以人为本”，只能是资本追求无限的增殖从而将社会经济引向金融化，剥夺社会经济的物质财富创造能力，从而进一步地加深资本与人之间的矛盾。

从全球范围的资本运动来看，产业链协作的深化推动国际垄断资本主义不断扩张，总体工人国际化和国家局部工人化并行不悖为西方国家经济过度金融化提供了内生动力。20 世纪 70 年代末以来，国际产业分工深化，国际金融资本通过跨国并购等手段使参与全球产业链协作的各国工厂、产业和产业链置于国际金融资本的支配之下，纳入全球分工体系的劳动者国际化倾向加强。参与其中的所有国家由于本国的工厂、产业和产业链都失去独立性，出现国家生产局部工人化的趋势，国家垄断资本主义转向国际垄断资本主义。

一方面，国际垄断资本主义下的总体工人国际化加快西方国家资产证券化。国际金融资本借助各国金融市场的金融工具，仅以少量自有资本就可以操控数十倍甚至数百倍的社会资本，跨国攫取超额利润，扩大了对资本主义全球产业链协作的支配。国际垄断资本主义的扩张，既空前提高垄断程度，又刺激产业资本输出规模扩张，并使食利者阶层脱离生产，加深西方国家经济的寄生性，加速西方国家资产证券化。在经济繁荣时期，西方国家向外大规模输出产业资本，FDI 净流出规模增大，国际金融资本积极利用虚拟资本的高流动性和高杠杆率增强对国际总体工人支配，国际金融资本可通过资产价格上涨赚取超额垄断利润。在经济萧条时期，西方国家产业资本流动锐减，FDI 净流出规模减小，上市公司市值和股票交易额也随之剧烈下降；但国际金融资本仍可利用资产价格崩溃的有利时机收购全球廉价资产，排挤中小资本并强化垄断，对国际总体工人的支配能力在危机中继续增强。图 4 – 2 反映了 OECD 国家 FDI 净流出规模与国内上市公司市值比重、股票交易额比重保持了同步的波动上升趋势。

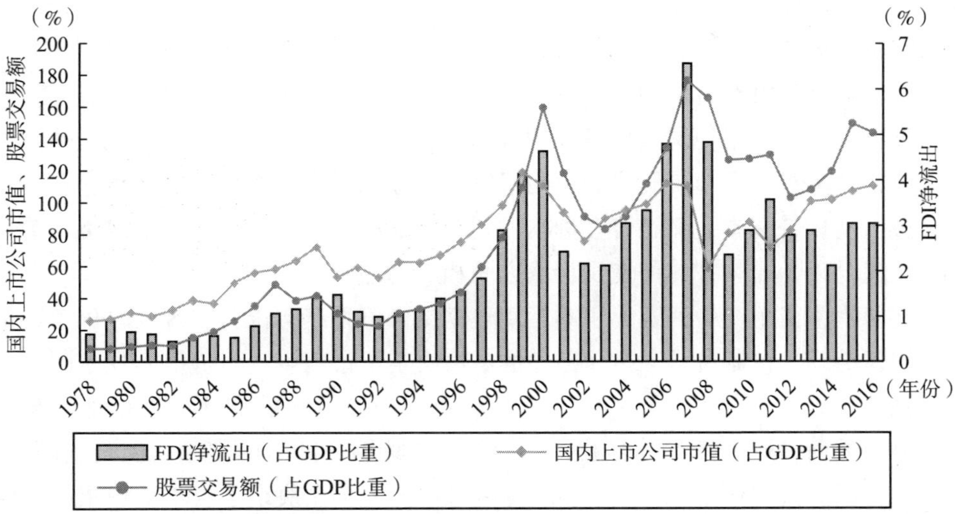

图4－2　OECD国家1978～2016年FDI净流出、国内上市公司市值和股票交易额

资料来源：世界银行WDI数据库。

另一方面，国际垄断资本主义下的国家局部工人化加速西方国家经济虚拟化。国际金融资本对国际总体工人的支配，使国际金融资本手中以虚拟资本形态存在的社会财富加速积累；局部工人化的国家必须以为国际金融资本提供“服务”为条件获取本国国民所需的生产资料和消费资料。西方发达国家的资产证券化为国际金融资本所拥有的虚拟资本提供了载体。同时，西方国家产业资本对国际金融资本的依附性不断增强，成为国际金融资本在全球范围内攫取超额垄断利润的工具。20世纪70年代末以来，西方国家金融部门提供的国内信用占GDP的比重都持续上升，其中美国金融部门提供的国内信用占GDP比重由1978年的113.5%上升到2016年的241.9%，日本则由1978年的173.6%上升到2016年的362.4%。这表明国际金融资本手中以虚拟资本形态积累的社会财富快速增长，增强了国际金融资本凭借垄断地位攫取超额利润的能力。随着国际金融资本统治的强化，西方国家经济虚拟化程度不断加深，西方国家经济虚拟化都随国际垄断资本主义的扩张而加快，为西方国家经济过度金融化提供了内部强化机制（王俊，2018）。

三、经济金融化的本质特征

从人与人之间的劳动产品交换开始衍生并逐渐发展的货币，在资本主义经济中作为承载、表现价值的载体，实质上是一种社会关系，而其社会属性在货币由金属货币逐渐转变成信用货币时得到了进一步的发展。马克思指出金属货币的职能与其自身的重量并没有直接关系，“金的铸币存在同其的价值实体完全分离了。因此，相对地说没有价值的东西，例如纸票，就能代替金来执行铸币的职能”①。货币在形态上由金银等贵金属制成的货币转变为纸币等信用货币，其价值基础也从制成货币本身的贵金属转变为由国家经济支撑的国家信用。货币经济存在内在的虚拟性前提，资本主义经济在资本逐利驱动下的发展进一步加剧了以货币为载体的价值与以商品为载体的使用价值之间相脱离的矛盾。

在资本主义生产中，资本积累运动建立在价值生产与价值实现的基础上，但资本雇佣劳动、控制劳动、排斥劳动的本性决定了价值生产与价值实现之间的矛盾关系。一方面，资本需要不断扩大再生产、控制更多的劳动力以增加剩余价值；另一方面，资本又不断地推进技术更新以减少劳动力的使用，提高剥削率，在两个方面的共同作用下，这种劳资对抗性的分配关系决定了资本所追求的不断扩大的价值生产与劳动者不断被剥削从而缺乏使价值实现的消费能力之间的矛盾。工业资本主义中的资本积累所遇到的这种困境，在信用体系的建立、金融资本的集中、金融化趋势的加强中寻找到了缓解的方法：通过使金融资本脱离生产过程进行自我增殖，从而进一步加强价值与使用价值的分裂，进一步使价值脱离使用价值，使价值增殖脱离新价值创造。价值生产与价值实现的矛盾从表面上看有所缓解，金融资本的自我增殖使资本主义经济“摆脱”了利润实现危机的束缚。这正是金融化的实质，为试图解决资本主义经济中资本积累的困境，所自我发展出的一条通过使价值增殖脱离新价值创造来实现资本的无限的自我增殖的路径。资本主义经济金融化使资本积累脱离了物质财富积累，“更多地体现为从使用价值生产和流通中分离出来的价值积累，开启了资本主义财富积累的新阶段”②。

资本主义经济发展出了缓解价值生产与价值实现矛盾的金融化路径，改变了财富积累方式，但这并不改变资本的本质，也不改变资本主义经济的发展规律。当矛盾激化、工业资本主义经济的资本积累遇到危机之时，资本追求价值增殖的内在动力使其寻找、发展新的资本积累方式——摆脱价值实现的束缚的、周期更短的资本积累方式。金融化正是在资本这种本质内涵的要求下发展出的路径。金融资本作为资本发展的一种新形式，一方面向实体经济部门提供融资服务以分割

① 马克思．资本论（第一卷）[M]．北京：人民出版社，2004：149.

② 何自力，马锦生．发达国家经济高度金融化的内涵及本质 [J]．经济纵横，2013（5）：20－27.

劳动者所创造的、被产业资本家所占有的剩余价值；另一方面则在金融部门内部进行循环以实现自我增殖。如前面所指出的，金融资本的资本增殖进一步脱离了价值生产与剩余价值生产，这看上去仿佛使资本积累脱离了利润实现的危机，使资本的无限增殖与自我增殖得以实现，体现出了资本内在的本质要求。

从全球范围来看，国际垄断资本主义的扩张在为西方国家经济高度金融化提供动力的同时，也使西方国家金融化具有以下本质特征：一方面，国际金融资本全面控制了西方资本主义国家的社会再生产过程，在更大范围内扩大超额剩余价值的攫取范围和攫取程度。纳入全球产业链协作国家的产业发展也受到国际金融资本在各国投放货币信用的影响。西方国家虚拟经济极度膨胀和实体经济逐渐衰颓并存的现象，本质上是国际金融资本以攫取超额剩余价值为目标、以虚拟资本的膨胀和收缩为手段，调整全球产业链协作的结果。国民经济由彻底脱离生产的、单纯食利的国际金融资本集团把控，是国际垄断资本主义时代西方国家经济寄生性与腐朽性特征的具体表现。以美国为例，1978 年美国广义货币占 GDP 比重为 69. 35%，资本形成总额占 GDP 比重为 24. 78%，固定资本形成总额占 GDP 比重为 23. 68%；1998 年美国广义货币占 GDP 比重为 65. 27%，资本形成总额占 GDP 比重为 22. 85%，固定资本形成总额占 GDP 比重为 22. 15%，尽管实体经济部门资本投入相对下降，但虚拟经济尚未开始膨胀；但 2016 年美国广义货币占 GDP 比重上升到 90. 28%，资本形成总额占 GDP 比重下降到 19. 69%，固定资本形成总额占 GDP 比重下降到 19. 5%，虚拟经济膨胀与实体经济衰退并存的问题已经十分显著。另一方面，西方国家政府政策不得不体现国际金融资本集团的意志。西方国家的中小资产阶级和劳动者阶级虽可利用政治程序出台一些限制国际金融资本的政策，但不足以对抗国际金融资本集团的强大实力。西方国家在制定政策时需要优先考虑国际金融资本集团的利益，才能维持国家的“繁荣”与“稳定”。西方国家政府对国际金融资本集团的维护和逢迎是西方国家经济过度金融化本质特征的一种表现形式，也说明西方国家经济的寄生性和腐朽性使西方国家无力解决过度金融化问题（王俊，2018）。

金融化所形成的特殊的资本积累方式，破坏了工业资本主义经济下的物质财富积累方式，金融化并没有改变资本主义经济的本质，也并没有脱离资本主义经济发展的道路。相反，金融化是资本在更大范围内出现并发展的符合资本主义经济客观发展规律本质要求的新表现。

金融资本作为资本发展的一种新形式，一方面向实体经济部门提供融资服务以分割劳动者所创造的、被产业资本家所占有的剩余价值，另一方面则在金融部门内部进行循环以实现自我增殖。但实质上，金融化所形成的这种特殊的资本积累方式，破坏了工业资本主义经济下的物质财富积累，产业资本为追求更高的利润率与摆脱了束缚的资本增殖而不断逃逸到金融部门转变为金融资本，从而将资本积累所面对的价值实现的危机转变为价值生产的危机。金融化并没有改变资本主义经济的本质，也并没有脱离资本主义经济发展的道路，相反，金融化是在资本的内在本质要求下出现并发展的，是符合资本主义经济客观发展规律的。

第二节　资本主义经济金融化的实现途径

一、个人与家庭

马克思指出，随着资本主义经济的发展，生产集中、资本集中趋势的进行，资本主义生产中的资本有机构成将不断提高，这一进程最终导致一般利润率下降，劳动者的实际工资率的增长将会停滞。随着资本向金融部门集中，金融资本对资本主义工业文明与国民经济运行的影响力、控制力增强，金融衍生品不断推陈出新，房地产市场的兴起，房屋的使用价值从居住向投机获利转变，劳动者越来越多地依赖从金融市场中而不是工作劳动中获得收入，劳动性收入占比下降，财产性收入占比不断提高。此外，图 4－3 数据显示，美国家庭金融资产中现金

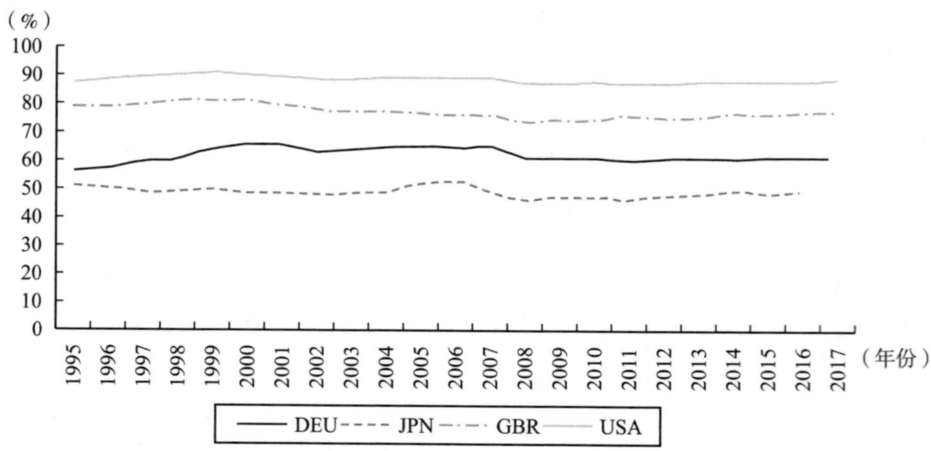

图 4－3　1995～2017 年各国家庭金融资产中通货与存款外的部分占比变化

资料来源：OECD 数据库。

与存款的占比仅有10%左右，其他金融资产的占比则稳定地保持在高位水准上，英国的情况与美国十分相近，德国与日本的现金与存款占比则明显高于美英两国。而在代表性资本主义发达国家美国内部，其家庭与非营利机构的资产构成对比十分明显，图4－4的数据变化表明金融资产在总资产中的占比远远高于非金融资产的占比，且二者之间的差距仍在扩大，到2018年，前者的数额甚至已超过后者的两倍（见图4－5）。

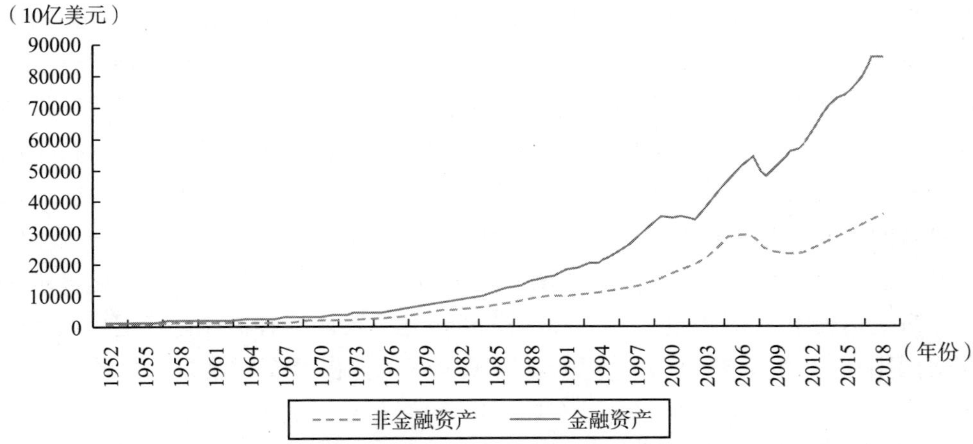

图4－4　1952～2018年美国家庭与非营利机构资产构成变化（USD billion）

资料来源：美联储数据库。

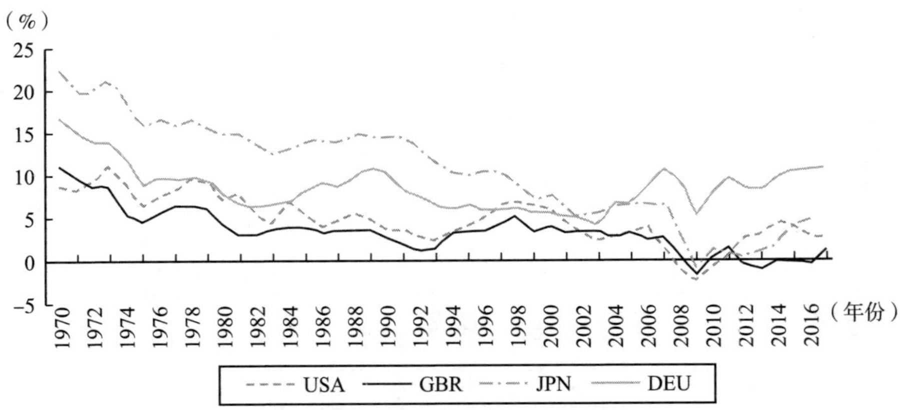

图4－5　1970～2017年各国储蓄率变化

资料来源：OECD数据库。

除收入来源这一直接途径之外，当前资本主义国家的个人与家庭成为经济金融化的实现途径的另一个方面是社会保障体系的金融化。以英国、美国为代表的一些资本主义国家逐步放弃了国家职能机构对保障人民生活水平和经济安全的社会事业的参与和控制，对社会保障部门实行私有化、金融化，转由金融机构对这类社会事业进行操控。

此外，金融资本的逐利行为推动金融衍生品与金融科技不断创新，只为了吸收、夺取更多利益，不断地将个人与家庭卷入金融系统与金融资本的积累运动中来。在金融资本的影响与控制下，消费主义思想兴起，个人与家庭的债务负担不断增加。一方面，房地产一类的生活资料发生了使用价值上的转变，原本被人生产、交换是为了实现其供人居住的使用价值，但在金融资本逐利行为的操控下，逐渐转变为投机品，源源不断地将人们的收入吸引进房地产市场中进行投机活动；另一方面，为了不断增加资本投入与投机收益，适用于更多人的金融衍生品不断被创造出来，金融资本利用诸如次级抵押贷款一类的手段将更多的、收入水平更低的劳动者卷入其控制中，因此导致更多的劳动者及其家庭受到金融资本的挟制，从而进一步推动资本主义国家金融化的进程。图 4－6 的数据变化显示了近年来发达资本主义国家的家庭负债情况的变化，德国与日本较为稳定，而英国与美国则在 20 世纪末到 21 世纪初经历了家庭负债占可支配收入比例的大幅上升，并在 2007 年达到 150% 左右（见图 4－7）。另外，美国的个人金融资产与人均 GDP 的比例经历了明显的上升，甚至已超过 4，日本与英国略低于美国，但德国的该比例则较为稳定地维持在较低水准上。

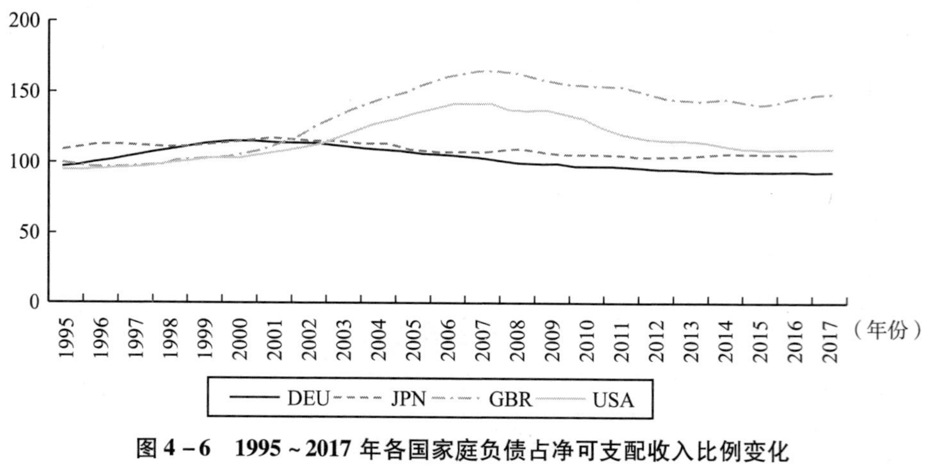

图 4－6　1995～2017 年各国家庭负债占净可支配收入比例变化

资料来源：OECD 数据库。根据美联储数据库的数据进行整理与计算获得。

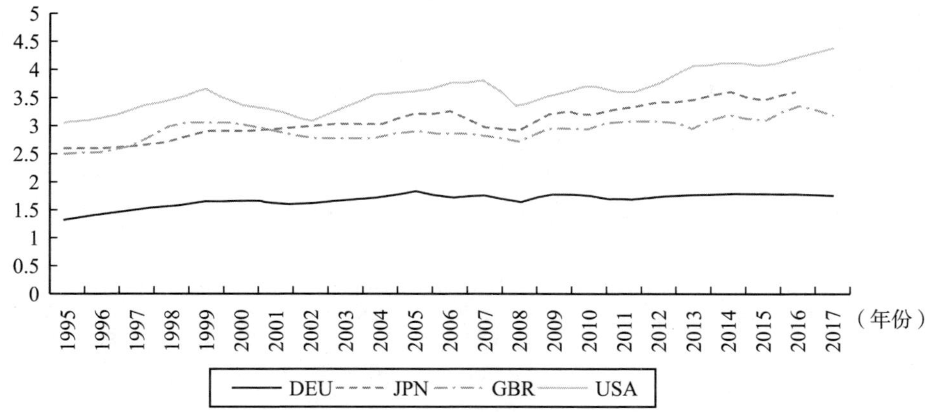

图4－7 1995～2017年各国人均金融资产与人均GDP之比

资料来源：根据OECD数据库的数据进行整理与计算获得。

二、非金融企业

作为工业资本主义经济发展的推动力的非金融企业，在第二次世界大战结束后资本主义经济复苏中曾作出了巨大贡献。但在20世纪70年代后，金融资本力量进一步增强，资本主义国家的工业生产与实体经济发展逐渐萎缩，非金融企业身上发生的变化为资本主义国家的经济金融化提供了实现、发展的途径。

一方面，企业推行“股东价值最大化”的管理体制改革，名义上企业经营目标是创造更多的股东价值，在这一名义下，“高层管理者配置公司资源的战略导向从‘保留和再投资’转向‘裁员和分红’”（Lazonick，W，O'Sullivan，M，2000）。在这样的目的驱动下，越来越多的资本从生产与贸易转而投向金融投机活动，物质财富生产活动于是趋于萎缩，金融资本对生产活动及其剩余价值的掠夺逐渐增强。非金融企业越来越依赖于从其金融活动而非生产活动中获利，而越是更多地从金融业务中获取收入，非金融企业就越多地从生产物质财富、创造剩余价值的生产领域、实体领域中退出，成为资本主义经济金融化的重要实现途径。图4－8数据显示，美、英等国非金融企业的债务与盈余比率在经历了20世纪90年代到21世纪初的上升后，目前较为稳定地保持在较高的水平，与之相反的是日本的这一比率显著地下降了，德国则长期稳定地保持其低债务比率。

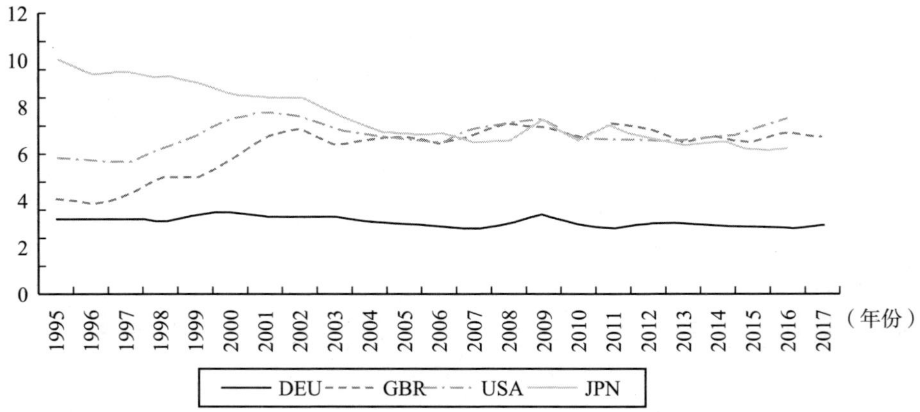

图 4-8　1995~2017 年各国非金融企业债务与盈余比率变化

资料来源：OECD 数据库。

另一方面，以美国为代表的发达资本主义国家逐渐将其国内的实体产业转移至中国、越南等发展中国家进行生产，开启去工业化进程，工业资本主义生产的基础被破坏，物质财富生产逐渐萎靡，资本流动进一步集中于金融部门内，从而推动国民经济的金融化趋势的发展。如图 4-9 所示，第二次世界大战结束后至 20 世纪 70 年代前，美国制造业 GDP 占比按附加值计算远高于金融业，但随着制造业附加值占比的不断下降与金融业附加值占比的持续上升，从 90 年代开始金融业的附加值逐渐超过制造业，而制造业的附加值占比已降至 10% 左右。

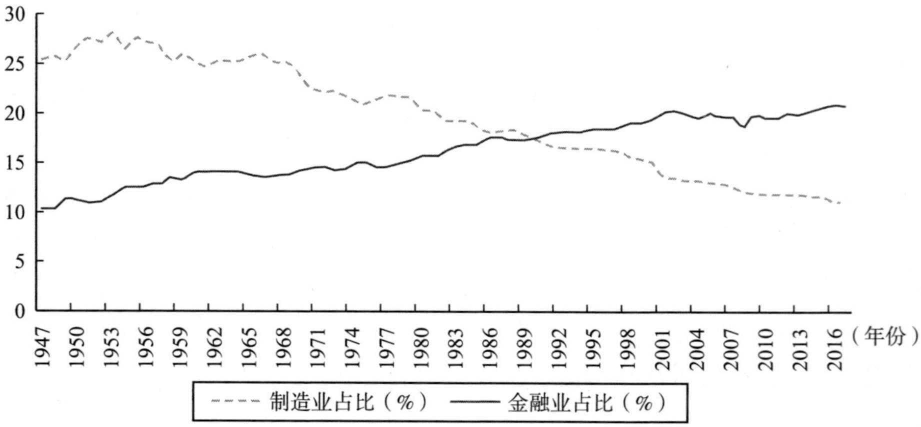

图 4-9　1947~2017 年美国按附加值计算制造业与金融业 GDP 占比变化

资料来源：美国经济分析局（BEA）数据库。

三、金融机构与金融体系

随着金融资本的集中以及其对工业资本主义经济的影响力、控制力的增强，金融业本身也在不断地发展变化，而金融体系已就其中的金融机构本身所发生的变化也直接地为资本主义国家经济金融化提供了实现途径。

一方面，商业银行职能变化、金融业混业经营等发展趋势使金融资本参与、影响、控制的行业领域与经济主体范围不断扩大。以英、美等国为代表的资本主义国家的商业银行逐渐向金融市场中介转变，从而使金融市场中的资本集中趋势加强，并扩大向个人与家庭提供金融服务的范围，进一步加强金融业的辐射范围。另一方面，以美国为代表，其资本化的金融杠杆率与宏观资本化杠杆率均有显著上升，金融资产得以不断膨胀。前者是指金融机构自身的负债率的上升，包括商业银行自有资金与资产之比以及证券化中的流量与存量之比，金融机构的高杠杆率意味着收入流可以高倍数地放大为金融资产，进一步放大金融机构的辐射能力。以美国为代表，其证券交易商和经济商杠杆率在实行金融业混业经营发展后出现大幅上升，截至金融危机发生时，该数据已从 1970 年的 23.14% 提高到 2008 年的 43.22%。而后者则为一国金融资产总值与 GDP 之比，进一步从宏观经济层面表现出国民经济收入资本化的状况，资本主义国家的金融资产出现大幅、持续膨胀。以美国为例，其宏观资本化杠杆率从 1970 年的 4.6% 增长到 2008 年的 9.8%（刘晓欣，2010）。金融资本通过吸收实体经济创造的价值以及在金融系统内的自我循环不断膨胀，在这样便捷地"创造"收益的动力驱使下，金融机构愈发异化，从为生产融资转向为其自身的金融投机活动融资，从而愈发使其自我膨胀，为进一步实现国家经济的金融化提供途径。

第三节　资本主义经济金融化的影响

一、资本主义财富形态新变化

财富是长期积累的结果。现代社会的财富不仅包括收入性财富，还包括资源性财富。财富反映的是拥有存款、房产、金融证券、矿产资源等能够通过市场变现，并能够产生收入的财产。

20 世纪 70 年代后，发达国家出现了产业空心化的现象，实体经济逐渐萎缩，经济形态向非生产主导型转变，金融相关产业逐渐繁荣，致使发达国家国民经济生产构成和价值构成发生改变，最终导致经济结构和财富结构的变动，资本主义财富形态呈现金融化的新趋势。财富金融化是将各类财富资源（包括居民个人资产在内）通过产权化、证券化或者金融票据化等形式变成可以流通的金融资本，从而实现财富增值过程，尤其是使非流动的财富和未来收益通过金融工具的作用实现其流动性并产生增殖的过程。当金融制度不发达、金融工具比较单一时，居民的收入大部分转化成储蓄，通过金融机构发挥着间接财富分配的作用，此时财富的增殖功能也不够大。随着资本市场的不断发展和完善，居民闲置资产与企业可以直接联系起来，不仅增强了金融资本供给，而且强化了财富资本化的能力。如果人们不善于运用现代金融工具配置金融资产，将会因此而产生有明显差距的财富效应。

财富的金融化，不仅表现为流动财富的金融化，更表现为非流动财富的金融化（葛杨，2015）。一方面，发达的资本市场可以为流动财富的金融化提供便利的条件，流动财富的持有者如果对投资银行存款、国债等传统金融工具的收益率不满意，可以进入资本市场，选择高风险、高收益的金融工具，实现财富金融化。另一方面，产权明晰的土地、房产和自然资源等资产也可转化为流动财富，土地所承载的财富能够使社会的资本增加，房屋可以作为银行贷款的抵押物，也可以通过住房按揭贷款将房产所占用土地、住房本身实现金融化。财富金融化的实现依赖以下三方面而实现：一是居民劳动报酬的金融化。居民通过债券、股票、租赁等资产投资方式将自己的劳动报酬金融化，获得财产性收入，财富金融化的过程具有放大财富分配差距的功能。二是非金融企业的金融化经营。现代非金融企业的业务范围不限于生产经营性投资，还可以融资或把盈余用于金融投资。非金融企业把资金和资源用于社会物质财富创造，可以支撑社会就业和直接参与积累经济剩余，降低社会的收入不平等程度。当非金融企业把资金和资源用于金融投资获得高额利润，然后再把利润用于金融投资，如此循环往复分割社会经济剩余，可以使企业快速积累资本，不再进行生产性投资。在总经济剩余不变或缓慢增长的情况下，分割有限经济剩余的竞争，将导致企业倒闭乃至行业衰败，影响收入分配。三是财富金融化过程中金融机构的杠杆作用。银行等金融机构的资金运作会影响一国的经济结构。从使用上看，如果金融机构向企业或居民提供的是生产性资金，会支持实体经济的可持续发展，从而能够缓解收入分配不平等。但是，如果金融机构为了追求高额利润，偏好于向居民与非金融企业提供非生产性资金，会助推居民与非金融企业进一步的金融化，在较短的时间内进一步放大社会财富分配的差距。

对社会财富的增长而言，借助于金融化，财富能够实现快速增值，金融化发挥了促使社会财富迅速积累的杠杆作用。社会财富形态呈现金融化的新趋势是经济金融化的必然结果。

二、资本主义积累模式新变化

资本主义发展到今天经历了自由竞争资本主义阶段、垄断资本主义阶段和金融垄断资本主义阶段。每个阶段的生产力水平、资本运动的主要特征、生产方式面临的主要矛盾各不相同，资本积累的主要领域和主要模式也各不相同。在自由竞争资本主义阶段之前，重商主义思潮兴盛，生产力水平普遍低下，资本积累主要来自商业、农业和采矿业等领域，从总体上看消费可以得到基本满足；在自由竞争资本主义时期，随着机器生产的扩大，工厂制度逐渐推广，生产力水平有了明显提升，资本积累开始转向包括工厂、交通运输和通信等现代工业生产领域。同时，资本主义生产方式内在矛盾导致的经济繁荣与萧条交替出现。随着资本家阶级剥削的加剧，工人阶级普遍的购买力低下，有效需求不足，生产过剩的经济危机经常爆发；19 世纪末进入垄断资本主义阶段后，生产力水平进一步提高，资本积累的来源更多来自银行、房地产业等领域，这一时期资本积累呈现急剧集聚和集中的特点，整个经济体系有效需求不足的问题愈来愈严重；20 世纪 70 年代进入金融垄断资本主义阶段后，与生产力水平快速上升同时存在的是产业空心化和经济脱实向虚的加剧，经济停滞的常态化趋势明显，资本积累主要集中在金融领域，传统意义上的资本积累模式发生改变，虽然剥削率愈来愈高，贫富差距却在加大，与此同时金融垄断资本垄断程度和获利程度却出现超常规增长。在以上资本主义阶段更替中，相应的资本积累模式也在随之发生改变，资本积累的内在机制向金融化主导的方向转变，货币资本化、资本虚拟化成为资本积累的主导机制。

马克思主义政治经济学认为，金融化积累模式就是脱离商品生产过程而直接取得利润的资本积累模式。在金融垄断资本主义出现之前的漫长时间里，资本积累主要是通过剩余价值转化为资本来实现，生产过程经过 M（货币）—C（商品）—M′（货币）实现增殖，进而完成资本积累；从 20 世纪 70 年代初以来，在金融垄断资本主义阶段，占据主导地位的资本积累模式是金融化的积累模式。这一模式下的资本积累方式绕过生产环节直接获取利润成为现实，即资本家通过 M（货币）—M′（货币）的方式完成资本积累。金融化积累模式使资本积累摆脱了通过剩余价值资本化进行资本积累的束缚。金融资本的积累规模不再受到消费能力相对低下的制约，资本家阶级可以超出现有储蓄水平进行积累。金融化积累模式的运行方式是金融系统的去中介化，即通过股票、债券和大量金融衍生品等金融产品的交易，金融资本直接把非金融企业、家庭以及政府部门卷入金融化积累的过程。结果是金融系统与实际生产体系之间的距离越来越遥远，脱离实体经济的金融部门变得更倾向于造成资产泡沫，制造更大的经济动荡。

把握金融化积累模式的本质需要联系资本运动、价值运动的规律，联系资本主义生产方式的内在矛盾。资本主义的生产方式以榨取剩余价值为基础而存在，通过剩余价值的攫取实现资本积累是其进行资本主义生产的动机所在。正是这种对利润的贪婪追求，最终又会引起资本利润率的下降。这种内生于资本主义生产方式的矛盾既决定了价值增殖的目的，又阻碍了价值增殖的进一步扩大，从而决定了剩余价值的生产和实现处于对抗性的矛盾状态之中。解决这一矛盾必须依靠哈维所说的剥夺性积累，即通过对国民收入的再分配和金融化积累方式等来实现资本的价值增殖，但“连接剥夺性积累和扩大再生产之间的纽带是由金融资本和信贷机构所提供的，而这一切则依然是由国家权力所支持的”①。金融化的资本积累是资本积累内在矛盾的发展形式，是资本积累在金融领域进行的又一次扩展而已，是资本增殖方式改变，它并不能改变资本主义的本质。因此，资本主义资本积累模式的金融化反映了资本积累具有的不通过使用价值的生产和交换而积累的趋势，是资本主义生产关系下资本增殖独立于新价值创造的必然结果，是资本主义生产方式内在矛盾逻辑演绎的结果。

金融化是由金融资本和金融部门主导经济增长和积累的过程。金融化积累模式不仅通过金融系统的去中介化，即通过股票、债券和大量金融衍生品等金融产品的交易实现，而且其高渗透性使一个社会的非金融企业、家庭以及政府部门都卷入金融化积累的过程中。以美国近 30 年来的表现为例，生产性积累能力枯竭和债务驱动型消费难以持续已经成为美国经济发展的重要阻碍（马锦生，2013）。

在企业层面，金融化体现为把“股东价值最大化”作为企业最重要的治理目标。出于机构投资者成为大公司的股东和以股票期权为主的企业高层的报酬结构两方面的原因，“股东价值最大化”受到史无前例的强化。一方面，机构投资者衡量企业绩效的标准是每股收益的多少，并且拥有利用其所有权对企业治理进行干预的便利。由于企业管理层担心敌意接管，股票价格的波动便成为企业管理的核心变量，通过股票回购以拉升股价是必备的选项。当企业治理目标成为“股东

① 大卫·哈维. 新帝国主义［M］. 初立忠，沈晓雷，译. 北京：社会科学文献出版社，2009：124.

价值最大化”时，必然引致投资和利润脱节。为避免这一现象发生，应对投资导致成本支出和利润的延期实现的不利局面，企业更偏重于通过兼并和收购已有生产能力的投资，于是企业的金融性资产投资快于生产性投资；另一方面，企业管理层往往迫于市场压力会优先考虑企业的短期目标而不是长期目标，在一定程度上，企业的研发、设备的更新、工作人员技能的培训以及与供货商长期关系的培养等会退居次要选项。在“股东价值最大化”的理念驱动下，企业每股的收益成为评价业绩的指标。为了满足金融机构对公司绩效评价的指标稳定上涨的期待，20 世纪 80 年代以来大量的美元被用于操纵公司股票价值而不是用来创新和提供工作岗位，公司通过大规模股份回购的方式促进其公司股价的上涨，这会进一步削弱企业内部融资的能力。除此以外，非金融公司的利润还有很大的一部分用于支付股息。据美联储资金流量表数据，美国非金融公司净股息支出与税后利润的比例在 80 年代以后升幅巨大。从 1980 年的 38.6% 到 1990 年的 81.7%，2000 年达到了 95.8%，2001 年居然达到了 120.4%，这些同样会降低企业内部的积累，从而倾向于增加负债进行金融积累。金融化的实现机制是将企业未来收入，如利润、股息、利息等转化为像股票或者债券那样可供交易的资产，从而企业能够更加容易地筹措到所需资金以满足融资需求。美国金融化的深入导致非金融企业开始过多地依赖资本市场，企业自身的创新能力在下降，生产性积累的能力面临枯竭的危险。

消费是维持生产可持续的基本条件。家庭部门是重要的消费领域，金融化使家庭部门的消费建立在债务基础上，导致家庭部门债务驱动的消费不具有可持续性。自 20 世纪 80 年代起，美国的就业环境和就业形势发生了变化。伴随着产业向东亚国家的转移，美国国内受过高中教育的蓝领工人良好的就业机会逐渐丧失。同时，就业市场上终身雇佣制作为职业规范的结束和白领工人工作保障的岌岌可危成为现实，受过大学教育的白领工人就业机会和工资收入也趋于下降。面对就业的结构性改变，企业管理层以“股东价值最大化”为宗旨，更热衷于追求能带来金融收益的就业战略，寻求海外低工资成本地区的可替代离岸生产。

美国失业率的上升使美国个人储蓄率从 20 世纪 80 年代以来持续下降。美国经济分析局国民收入账户数据显示，从 1980 年的 9.8% 下降到 1990 年的 6.5%，2000 年、2005 年分别为 2.9% 和 1.5%。个人储蓄率的下降与高收入群体储蓄率的下降相联系，从金融财富增长中受益的高收入群体，相应地，其边际储蓄倾向却较低。从 90 年代起，美国家庭财富收入比呈现持续上升的趋势，在 21 世纪初和 2009 年呈现急剧下降态势，而这一时期正是“科技泡沫破灭”和“次贷危机”发生的阶段，这表明家庭部门的财富受金融波动的影响非常之大。进 21 入世纪，美国家庭部门财富与个人可支配收入的比例上升的幅度则更大。

由美国经济分析局国民收入账户数据显示，消费与可支配收入的比例即消费率的波动与美国家庭财富收入的比率趋向一致。这就进一步表明家庭部门的消费支出不是建立在工资性收入的基础之上，而是建立在财富的基础之上。股票和住房构成家庭财富变化的来源，其价格变化又取决于金融市场的状况。从 2007 年第二季度到 2009 年第一季度，美国家庭财富损失了相当于 1.8 年的家庭收入。在此期间，财富与收入比率遭受了自 1952 年以来最严重的持续下降。在总下降中，股票市场的财富损失了 1.1 年的收入，净住房财富损失了 0.6 年的收入。如此庞大的财富下降预期将减少 6.7% 的个人消费支出。进入 21 世纪以后，美国家庭债务占可支配收入的比例持续上升，从 2000 年的 94.5% 增加到最高时期 2007 年的 131.4%，2011 年该比例为 111.8%，而该比例在 80 年代以前一直低于 70%。以上分析表明美国由债务驱动的家庭消费模式难以持续。

三、金融危机频繁爆发

20 世纪 70 年代以来，西方国家推动金融自由化，是为了将陷入“滞胀”泥沼的经济拉出来，恢复往昔的繁荣。然而，实施金融自由化的后果却是金融风险的不断扩大和金融危机的频繁爆发。80 年代爆发的拉丁美洲国家的债务危机揭开了全球性金融危机的序幕。1992 年爆发了涉及 10 个欧洲国家的欧洲货币危机。1994 年 3 月，墨西哥发生金融危机，外国投资者纷纷抽走其资本，墨西哥外汇储备急剧减少。1997 年 7 月，受美元升值和美国利率上调的影响，泰国市场信心下挫，外资开始大量撤离，股市连续下滑，泰铢急剧贬值，引发亚洲金融危机。俄罗斯于 1997 年 10 月和 1998 年 5 月先后两次爆发金融危机，在货币市场和证券市场上，占俄罗斯国债总额约 1/3 的外国资本大规模外逃，引起汇率下跌和股市大幅下挫。2001 年 3 月，阿根廷进入偿债高峰，而国内资本外逃却日益严重，经济陷入严重动荡和危机。2007 年 4 月 2 日，美国第二大次级抵押贷款企业新世纪金融公司由于逾 84 亿美元的流动性债务申请破产保护，美国次级抵押贷款危机爆发，引发全球金融危机。受金融危机的冲击，从 2008 年 8 月到 2009 年 3 月世界贸易总值大约萎缩了 31%，2008 年和 2009 年全球投资也大幅下降，2009 年全球经济出现负增长 0.6%，其中美国衰退 2.6%，欧元区整体出现 4.1% 的负增长。发展中国家和新兴经济体也遭遇沉重打击。金融业的发展基础是实体产业的发展，只有深厚的实体产业基础才能支持繁荣的金融。金融危机本质上是工业衰退的危机，是产业衰退和资本主义财富创造能力枯竭的表现。金融危机的作用是挤水分，是按比例发展规律在资本主义条件下的实现形式，其底线是金融业的发展与实体经济发展的要求相适应。金融危机的结果必然表现为财产性收入的大幅度缩水、金融机构的大批倒闭以及金融从业人员的大量失业。金融危机持续多久，要看产业危机持续多久，只要产业危机没有结束，金融危机就不可能根本结束。

第五章

去工业化与西方国家产业变迁的逻辑

第一节　西方国家产业结构变迁的一般理论

一、产业结构的含义

产业这一概念在诞生初期多是与工业在同一意义上使用的，在诸如“产业革命”“产业工人”等表述中也可以捕捉到工业的踪迹。随着理论的深入，人们发现产业绝不仅仅是工业的代名词，它有着比工业更为广泛的内涵。随着社会经济的发展，社会分工和专业化程度的提高，产业的内涵和外延也在扩大，凡是分工基础上形成的，使用相同的原材料、相同工艺和技术或产品在用途上较为类似的企业集合都可被称作“产业”。产业结构中的“结构”指的是某个整体的各个组成部分的搭配和排列状态。产业结构作为经济领域的概念最早出现于20世纪40年代，用于解释不同产业和相同产业内部之间的关系，同样用于解释产业内部的企业关系结构与地区分布。随着产业理论的发展和完善，产业结构限定于解释产业间的技术经济联系与联系方式，包括同类型企业间的垄断、竞争关系，以及产业内企业的组织形态。从整体上讲，产业结构是一个具有多层次特征的立体的结构系统，包括产业间和产业内部两个维度。

产业结构可以从狭义、广义两个层面认知。狭义的产业结构研究的是产业间的关系结构，揭示产业间技术经济联系与联系方式不断发展变化的趋势，特别是其中产业部门调整与更替的规律；广义的产业结构还包括研究产业内的企业关系，分析技术经济比例关系背后的产业关联情况。产业结构的含义，包括两个层面：一个是产业间的技术经济联系与联系方式的不断演进，揭示的是经济发展中的产业部门中占主导的部门更替的规律与结构效益。另一个是静态分析一定时期内产业间的联系和联系方式的数量比例关系。从区域分布上来看，产业结构代表的是国民经济各部门的空间分布特征，产业空间分布的合理性对于资源配置的效率有较大的影响，如果产业的区域分布有助于发挥比较优势，可以提供成本较低的产品和劳务，则可以断定这种产业分布格局是合理的。本章所提及的产业结构侧重于狭义的产业结构理论。

二、西方产业结构变迁理论

（一）配第—克拉克定律

早在 1690 年，威廉·配第在其著作《政治算术》中提及了产业间存在的收入差异的现象，发现工业比农业、商业比工业附加值高，而这种现象会造成劳动力的转移并有助于经济发展。[①] 随着劳动力向高收入产业转移，工业和商业的比重会逐渐加大。在此之后，英国经济学家和统计学家科林·克拉克在三次产业划分的基础之上分析研究了劳动力在三大产业间分布结构的演进趋势并印证了威廉·配第的观点，他发现随着人均国民收入水平的提高，就业人口从第一产业转向第二产业并逐步向第三产业转移。后人将上述规律总结起来称为“配第—克拉克定律”。

该定律的存在有三个前提条件：第一，该定律是以若干国家在时间的推移中发生的变化为依据的，这种时间序列和不断提高的人均国民收入水平是相对应的。第二，该定律首先使用了劳动力这一指标来考察其随经济发展在产业中分布状况的变化。后来，克拉克、库兹涅茨等人从国民收入在各产业的现实情况出发对产业结构进行进一步的研究并得出了新的规律。第三，该定律使用的是三次产业的分类方法，即将全部经济活动分为第一产业、第二产业和第三产业为基本框架。

克拉克认为劳动力在产业间的变动是源于经济发展过程中产业之间收入的相对差异。劳动力产业间移动不仅可以在一个国家发展的时间序列里得到印证，也可以在处于不同发展水平上的国家在同一时点的横截面数据中得到证明。人均收入越高，农业劳动力在全部劳动力中的占比就越小，反之农业劳动力比重就越高。三次产业比重的变动规律包括三次产业的就业和产出结构的变动，随着人均收入的提高，就业人口在产业间转移，产业结构从以第二产业为主的椭圆结构向

① 威廉·配第. 经济著作选集［M］. 北京：商务印书馆，1981.

以第三产业为主的倒金字塔形结构转变。

（二）库兹涅茨定律

库兹涅茨在配第和克拉克等人的研究基础上对产业结构与经济发展之间的关系进行研究。认为经济增长中的部门变化和总量变化之间是相互关联的，若缺少所需的总量变化，战略部门变化的可能性就会大大降低。在结构变化与经济增长中较为重要的是经济总量的增长，总量的增长会带来结构的变动。经济增长是一个总量的过程，其数量特征是人口和产量的增长，以及生产率的高增长，结构特征是经济结构的转变①。库兹涅茨在配第—克拉克定律的基础发展和完善了产业结构变动和人均国民收入变动之间的关系的理论。

第一产业的相对国民收入在大多数国家低于 1，第二、第三产业则高于 1。从时间序列的角度来看，劳动力相对比重和国民收入相对比重下降的情况下，国民收入相对比重下降的趋势超过了劳动力相对比重下降的趋势。对于第二产业来说，在国民收入特别是人均的国民收入增长的方面来看，第二产业有较大的贡献。第三产业的相对国民收入从时间序列分析来讲，一般是呈现下降的趋势，但是劳动力的相对比重是上升的，第三产业具有较强的吸纳劳动力的特性。

1941 年库兹涅茨在《国民收入及其构成》中阐述了国民收入与产业结构之间的关系②。他认为产业结构和劳动力部门会随着经济增长而变动，劳动收入相对财产收入在国民经济中所占的比重逐步上升。相对于个人消费，政府消费在国民生产总值中的比重也日趋增加。

（三）霍夫曼定理

德国经济学家霍夫曼在工业化过程研究领域做出了突出贡献。霍夫曼发现在工业化过程中消费资料（消费品）工业的净产值和生产资料（资本品）工业净产值之比是不断下降的。参照上述理论霍夫曼将工业化过程分为四个阶段：第一阶段是工业化的起步阶段，消费资料生产的净产值较生产资料生产的净产值的比例（霍夫曼比例）约为 5；第二阶段中与消费资料工业相比生产资料有了较快的发展，霍夫曼比例为 2.5；第三阶段中生产资料工业开始处于主体地位，此时的比例约为 1；第四阶段生产资料工业规模大于消费资料工业，霍夫曼比例小于 1③。

在实际应用的过程中，霍夫曼比例往往用轻工业净产值与重工业净产值的比

① 西蒙·库兹涅茨．各国的经济增长［M］．北京：商务印书馆，2011.

② 西蒙·库兹涅茨．国民收入及其构成［M］．北京：商务印书馆，1985.

③ 霍夫曼．工业化的阶段和类型［M］．北京：中国社会科学出版社，1991.

例表示。霍夫曼的工业化阶段理论阐释的是工业化过程中重工业化阶段的结构演变情形。不论是重工业还是轻工业，工业结构演进都是从以原材料为中心的结构向以加工、组装为中心的结构演进，即进入工业结构的“高加工度化”，它表明工业体系以生产初级产品为主，向生产高级复杂、高附加值产品为主的阶段过渡，即工业结构日趋高级化。

（四）钱纳里标准结构

20 世纪 60 年代以来众多经济学家对经济增长与结构演变进行了深入研究。其中美国经济学家霍利斯·钱纳里构造的“世界发展模型”和由此求出的经济发展“标准结构”具有代表性。

钱纳里通过对 101 个国家和地区 1950～1970 年的统计资料进行归纳分析，认为在经济发展的过程中，经济结构是随之在不断变化的，资本与劳动的替代弹性是不变的。他由发展模型求出一个经济发展的“标准结构”，即经济发展不同阶段具有的经济结构的标准数值。根据人均 GDP 水平其将结构转变过程分为 3 个阶段、6 个等级，如表 5－1 和表 5－2 所示①。

钱纳里认为制造业的发展可以分为三个历史时期。发展的初期诞生的初期产品，是经济发展的初始阶段对于经济发展起主导作用的制造业部门，包括食品、纺织、皮革等；中期的产业包括非金属矿产品、橡胶制品、木材的加工、石油化工、煤炭制品等，是在经济发展中期起主导作用的制造业部门；后期的产品包括服装、日用品、纸制品、印刷、金属制品和机械制造等，是经济发展的后期占主要地位的产业部门。

表 5－1　　钱纳里人均经济总量与经济发展阶段之间的关系　　单位：美元

经济发展阶段		人均 GDP（1970 年）	人均 GDP（1980 年）
初级产品生产阶段		140～280	300～600
工业化阶段	初级阶段	280～560	600～1200
	中级阶段	560～1120	1200～2400
	高级阶段	1120～2100	2400～4500
发达经济阶段	初级阶段	2100～3360	4500～7200
	高级阶段	3360～5040	7200～10800

① 钱纳里，等．工业化和经济增长的比较研究［M］．北京：商务印书馆，1989.

表 5－2　　钱纳里——塞尔奎因的标准产业发展模式　　单位：%

人均 GDP（1980 年，美元）	第一产业	第二产业	第三产业
<300	48	21	31
300	39.4	28.2	32.4
500	31.7	33.4	34.6
1000	22.8	39.2	37.8
2000	15.4	43.4	41.2
4000	9.7	45.6	44.7
>4000	7	46	47

三、现有产业变迁理论的根本缺陷

（一）缺乏劳动价值论的基础

自配第—克拉克定律起，西方产业变迁理论多是基于产业分类逻辑，从国民经济统计中不同产业部门的划分角度来认识产业结构变迁，是基于统计数据进行的分析，往往触及的是经济的表象，而缺少对其背后深层次逻辑的思考。而根据马克思主义理论，理解产业发展和产业变迁，认识产业演进的实质要从价值的创造上来看，从一个部门是否创造价值为切入点。简单理解就是生产性劳动创造价值，而非生产性劳动不创造价值。在认识产业发展与变迁的过程中要对于不同的产业进行系统化的分类分析并明确其在产业发展中扮演的角色。诸如现在发展势头较快的金融业本身并不创造价值，只是从产业资本那里分割一部分剩余价值。

马克思主义经济学要求我们不能单从统计数据上看变迁，应该从价值创造的角度审视经济的发展与变迁。审视西方的产业发展道路我们可以发现随着经济的金融化，其价值创造能力在不断下降，仅仅保留分割价值的能力。从长远意义上来看这对于其产业发展是不利的，会影响社会再生产和产业结构的合理性。若经济结构中价值创造能力持续下降，需要转移剩余价值的产业过多，会造成产业发展的放缓和潜力的下降。

产业变迁离不开价值的创造，但是在价值创造研究的过程中不能简单套用三次产业分类标准。即不能简单地将第二产业划分为创造价值的部门，而视第三产业为不创造价值只分割价值的产业部门，服务业中也存在创造价值的部门。在现代社会中，服务业的比重在逐年增加，生产的社会化和专业化促使非实物劳动成果在生产和消费结构中占据越来越重要的地位，按照产品使用价值的用途可以将服务业产品划分为第一部类和第二部类。服务形式的生产资料，来源于第一、第二产业生产所需的服务产品和第三产业自身生产所需的服务产品，诸如其中的交通运输业，是创造价值的，而第三产业中的批发、房地产、金融等确实不创造价值。只有为物质产品生产提供服务的劳动才创造价值，其他服务劳动都是通过商品的交换形式转移价值。第三产业的生产率增长慢于第一、第二产业的背景下，以实物产品为等价形态的服务产品的相对价值也在呈现一个增加的趋势。实现在非实物使用价值上的劳动，在马克思看来也是劳动时间的凝结和劳动的物化。而服务劳动的特殊性表现在劳动的凝结过程的完成就是劳动产品消失的过程。

（二）缺乏社会再生产的视角

马克思主义理论揭示了资本主义再生产过程中的价值补偿和实物替换问题，社会再生产需要满足总量与结构的同时均衡。这在《资本论》第二卷中就曾剖析过，作为单个资本集合的社会总资本再生产运动中的价值补偿和实物替换背后是社会资本连续运动的实现条件的规律性。资本主义再生产的特征是扩大规模的再生产，也就是说第一部类生产出来的生产资料除了要保证两大部类原有规模再生产所必须的条件外，还必须有一个用于满足两大部类扩大再生产追加的生产资料的余额，第二部类生产的消费资料同理。

无论是简单再生产还是扩大再生产，社会总的劳动产品的组成部分的价值补偿和实物的替换，都必然要保持一个协调的比例关系。扩大再生产的过程中，第一部类的剩余价值必须有一部分转化为积蓄，形成追加的不变资本和追加的可变资本用于扩大再生产，也就是在简单再生产的产业链条基础上通过连接生产资料和追加的生产资料实现产业链在第一部类的延伸，第二部类则是消费资料和追加的消费资料的连接进行的延伸。

现实的经济活动之间的关系更为复杂，体系庞大部门众多，生产、流通、交换、消费之间相互联系组成一个闭环。在社会发展的过程中，需要产业部门之间保持一个合理的比例关系维持整个经济活动的各个环节。而现有的产业变迁理论，缺少对上述问题的思考，没有从整体的生产与扩大再生产的逻辑维度思考产业部门产品的生产与投入再生产比例，因此对产业变迁的理解只停留在表面。

马克思社会再生产理论既要求总量的平衡，也要求结构的均衡。在封闭的经济中，两大部类内部和之间的部门在价值交换和实物补偿上做到彼此协调，如果比例失衡，产业发展就会受到很大的限制。扩大再生产有效连接了两大部类，反映了物质财富的积累和社会总价值的提升，而且也反映出了连续的追加资本等要素背景下社会再生产的动态的平衡。只有从外延扩大到一定规模的基础上才能从内涵的方面扩大再生产，在经济发展的初期，通过密集地使用某种要素经济得到了较为快速的发展，当经济发展遇到一些阻碍时就需要通过创新和技术进步，实现进一步的扩大再生产，但这种扩大是要在产业比例保持在一定的合理水平的基础上的。

两大部类生产资料与消费资料之间要有一定的比例关系，如果比例关系出现了问题，再生产就会有比例失调的危险。即使在开放的经济下加入贸易因素还是要考虑比例关系，虽然这种比例关系可以通过进出口进行弥补，但是如果保持不了一个较为合理的结构，一旦进出口存在波动，这个经济就会产生结构性的问题。不同的产业部门之间不是占比越高越好，而是比例关系要把握好，特别是第三产业，如果国民经济头重脚轻，第三产业占比过大，势必会影响扩大再生产的过程。

（三）缺乏历史唯物主义的方法

西方经济学的产业结构变迁主要看的是供求关系和资源配置过程的变化。从供给和需求的角度来看，供给中的技术发生变化可能促进产业结构的变动，需求端人的偏好的变动会引发产业结构的调整。马克思主义从生产力和生产关系的角度去思考产业变迁和其背后的深层次问题。生产力的变化推动着产业从无到有、从小到大，先进的科学技术总能带来新的产业的兴起和发展。同时，上层建筑中的方方面面也会影响产业结构的发展和变迁。文化的发展会带来相关产业的繁荣，而行政手段会带来某些主导产业的优先发展。思考一个产业的发展，理应以历史唯物主义的角度，审视其经济和社会价值。随着劳动生产率的提高，第一产业、第二产业与第三产业的构成比例也在发生变动，第三产业的比重在增加，对于社会发展而言，第三产业的发展满足了人们的生活需要，而第三产业在其发展的过程中推动了整个产业结构的转变，尽管社会整体的价值创造能力在下降。如果第三产业占比过高导致国民经济比例失调，反而会对经济发展造成负面的影响。

要以历史唯物主义的观点思考产业发展与变迁，在生产力与生产关系辩证统一的基础上，从社会发展的现实价值出发强化共识，在理论与实践相统一的认识上推动产业结构优化升级。产业结构的变迁，是一个历史发展的过程，因此认识产业发展不能局限于某一历史时点，应该从一定的时间维度上进行思考。产业发展的动力因素离不开科学技术。近代以来，蒸汽机、电力、电子信息技术每一次进步都提高了生产力水平，进而促进了产业结构的优化升级。

真正推动资源的配置是源于资本追逐利润的特性，资本投在物化劳动上导致了生产的过剩，同时由于需求不足的存在，且资本家提高效率推动技术进步、推动资源有机构成的提高，更加剧了相对过剩人口的增加，社会需求的下降、平均利润率下降，都是随之而来的问题。

第二节　西方国家产业变迁的历史逻辑

一、西方国家产业变迁的历史演进

时至今日，以“配第—克拉克定律”为核心的产业结构变迁理论已经成为理论界的共识，被写入了经济学教科书之中，并且很多国家产业结构调整政策的制定也以此作为依据。下面将以美国产业结构变迁及其对经济绩效产生的影响作为案例，揭示西方国家产业变迁的历史演进趋势和背后的危机。

对于美国产业结构变迁的研究，本书采用两种产业划分方法来加以分析。第一种方法即克拉克提出的三次产业划分法（以下简称“三分法”），其中第一产业为直接以自然界作为劳动对象的部门，第二产业是对取自自然界的物质进行加工的部门，第三产业则为除了第一、第二产业之外的那些非物质生产部门。第二种方法是在上述传统的“三分法”的基础上进一步将第三产业划分为“高附加值第三产业”和“低附加值第三产业”两大类的“四分法”，详细的产业划分参见表 5－3。这样处理产业划分的目的在于帮助我们认识隐藏在美国产业结构变迁背后的问题与危机。

表 5－3　“三分法”和“四分法”的产业细分

三分法	四分法	产业细分
第一产业	第一产业	农业、畜牧业、渔业、林业、采掘业
第二产业	第二产业	制造业、建筑业、电力煤气制造和公用事业
第三产业	高附加值第三产业	金融保险、房地产、租赁业、专业服务业
	低附加值第三产业	批发、零售、运输仓储、信息、教育、卫生、社会福利、艺术、娱乐、住宿餐饮、行政管理、其他服务业

（一）美国战后产值的变化情况

众所周知，美国的工业化是在南北战争（1861～1865 年）之后的 30 年完成的。在南北战争前夕，农业在国内收入中的占比为 30.8%，制造业的占比仅为 12.1%。南北战争之后由于美国摆脱了英国的殖民统治，推翻了奴隶制度，扫清了资本主义工商业发展的障碍，加之丰富的自然资源与广袤的土地以及新技术的广泛应用，所以美国的工业发展驶入了快车道。到 1884 年，美国的工业生产就超过了农业，占国民收入的 52%，标志着工业化正式完成。又过了 10 年，美国的工业生产进一步超越了英法，成为世界第一。进入 20 世纪之后，美国第三产业开始稳步发展，其产值的占比在第二次世界大战之前就已经超越了工业。

1947 年，美国三次产业的产值占比约为 10∶30∶60。图 5－1 给出了第二次世界大战结束后美国不同产业在 GDP 中的占比变化情况（三分法），第一产业的产值占比呈现持续下降的态势，1952 年低于 9%，1959 年低于 6%，1991 年则低于 3%，此后逐渐稳定在这一比例上，由此可见其占比下降的速度逐渐减慢并趋于稳定。第二产业的产值占比同样呈现出持续下降的态势，并且下降的幅度比第一产业更大。在 20 世纪 50 年代和 60 年代，美国的第二产业产值占比一直在 30%～35%徘徊。但是，这并不意味着美国制造业的衰落，美国在 20 世纪 50 年代和 60 年代，其 GDP 占世界 GDP 的比重一直在 30%以上，而 GDP 中制造业则占 25%以上，足见其制造业独步世界的实力与世界工厂的地位。相反，第二产业

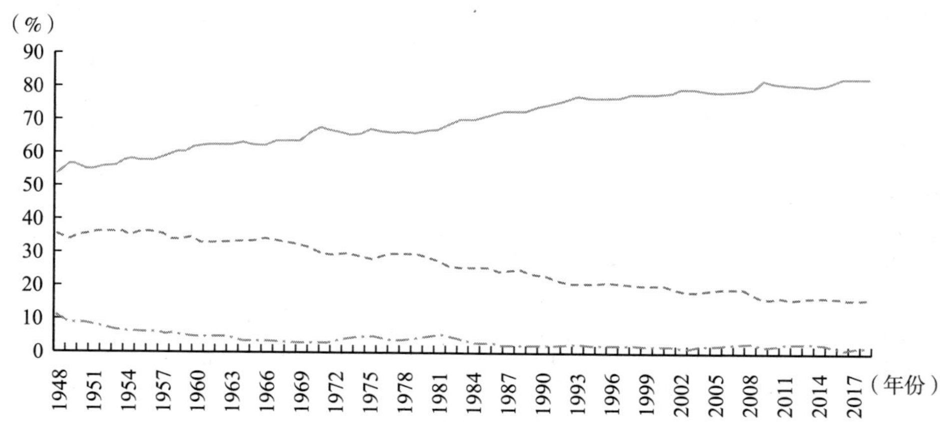

图 5－1　美国产业产值占比变化（三分法）

资料来源：笔者根据美国经济分析局数据整理。

占比在 1970 年下降到 30% 以下，2001 年之后则进一步下降到 20% 以下，目前其占比仅为 16%，而美国的 GDP 占世界 GDP 的比重也已经下降到 20%，制造业占比则仅为 12%，这意味着美国的去工业化过程已经完成。与此相对，美国第三产业的占比却持续攀升，1957 年超过 60%，1985 年超过 70%，2009 年进一步超过 80%，这标志着美国已经正式蜕变为一个依靠第三产业支撑的经济体。2008 年后受金融危机的影响，美国第三产业的占比有一定的下降但是仍旧保持在 80% 以上。

以上的分析均基于传统的“三分法”，如果我们进一步以“四分法”的角度来审视产值的变化轨迹（见图 5 - 2），可以看出，1948 ~ 2018 年美国的低附加值第三产业增加值占比仅上升 6.3%，而高附加值第三产业产值占比则上升 21.78%，并且在 1985 年超过第二产业的占比。美国的第一、第二产业增加值总和的占比同期则下降 28.09%。这说明真正支撑美国产业结构转型与去工业化的是高附加值第三产业。

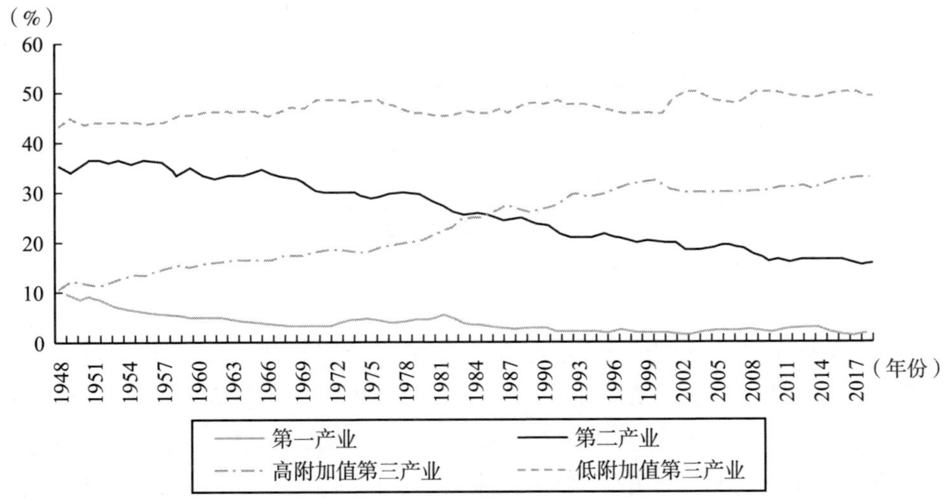

图 5 - 2　美国产业产值占比变化（四分法）

资料来源：笔者根据美国经济分析局数据整理。

（二）美国战后就业的变化情况

美国战后各产业就业人数在总就业人数中占比的变化态势与产值占比的变化态势类似。1947 年，美国三次产业就业的占比为 7∶34∶59。从图 5 - 3 可以看出，美国第一产业就业的占比在持续下降，到 1986 年时就已经低于 2%，随后一直在 1% ~ 2% 徘徊。第二产业就业的占比由 1947 年的 34% 下降至 2017 年的 13%，累积下降了21%，呈现出持续下降的趋势。并且，第二产业就业的占比的下降速度要快于产值占比，在1967年和1991年就业的占比就下降到30%以下和20%以下，分别比产值占比下降到同等水平要早3年和10年。第三产业就业的占比由1947年的59%上升至2017年的86%，累积上升了27%，1948年超过60%，1975年超过70%，1997年超过80%，其上升速度快于产值占比。2009年后其增幅受金融危机影响稍显回落，但是第三产业就业的占比依旧保持在85%以上。

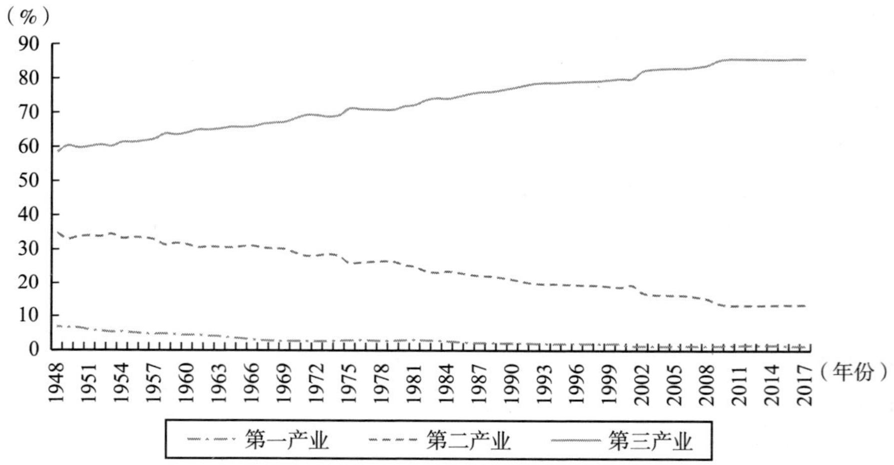

图5-3　美国产业就业的占比变化（三分法）

资料来源：笔者根据美国经济分析局数据整理。

进一步基于“四分法”来分析就业占比的变化轨迹（见图5-4），可以发现从1947~2017年，低附加值第三产业就业的占比从52%上升至67%，高附加值第三产业就业的占比则从7%上升至18%，两者累积的上升幅度分别为15%和11%，对于第三产业整体就业的占比上升的贡献均比较突出。换言之，是高附加值与低附加值两类第三产业共同吸纳了从第一、第二产业中转移出来的劳动者。这一点与单纯依靠高附加值第三产业增加值的提升来带动第三产业整体增加值的提升存在明显差异。也正是由于上述原因，高附加值第三产业就业的占比直到2001年才超越了第二产业，较之于产值占比的这一变化要晚16年。

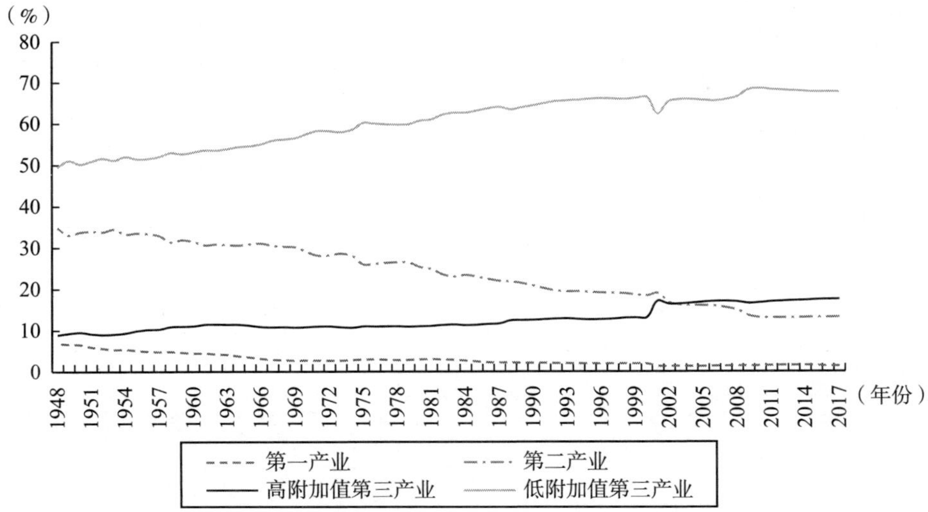

图 5－4　美国产业就业的占比变化（四分法）

资料来源：笔者根据美国经济分析局数据整理。

（三）美国战后劳动生产率的变化情况

生产率为某一产业总产值与其就业人数之间的比值。由于劳动生产率表现单位劳动创造的产值，因此通常作为研究效率的指标加以使用。同时，我们还可以从另一角度来看待劳动生产率，即吸纳单位劳动所需要创造的产值。如果某一产业的劳动生产率越高，那么除了可以说明效率较高之外，也从另一方面反映了这一产业吸纳就业的能力较差。

我们来观察美国第二次世界大战结束后各个产业的劳动生产率的变化情况。首先，基于“三分法”的角度来看（见图 5－5），1947～1965 年美国三次产业的劳动生产率基本持平，之后三次产业的劳动生产率都出现了显著的上升，但在上升中也出现了分化。1965～2013 年第一产业劳动生产率上升最快，由 1.105 万美元/人上升到 20.502 万美元/人，2008 年之后的金融危机期间第一产业劳动生产率受到了较大规模的冲击，虽然在 2014 年左右恢复到较高的水平但之后又经历了较大的波动。而第三产业劳动生产率上升最慢，由 0.877 万美元/人上升到 9.328 万美元/人。由此可见，美国三次产业单位产值吸纳就业的能力由强到弱依次为第三产业、第二产业和第一产业。

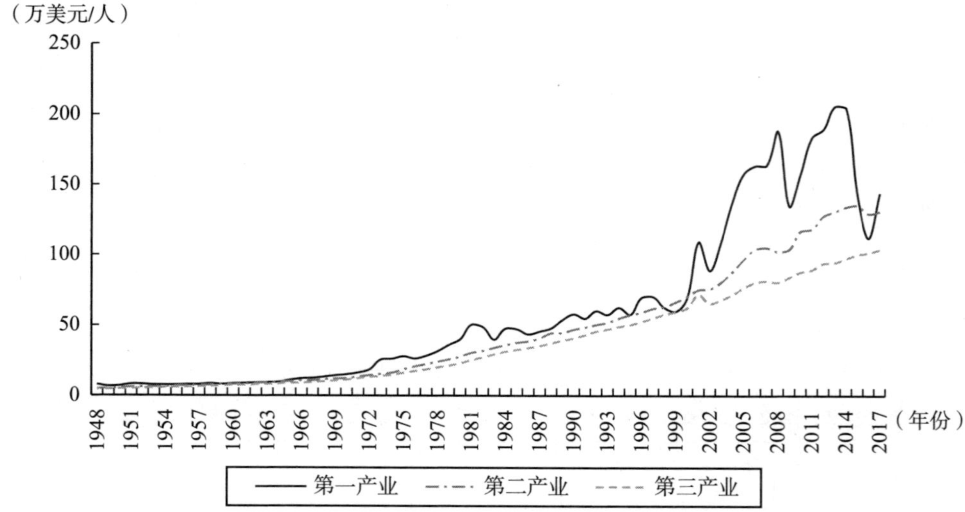

图 5－5　美国产业劳动生产率变化（三分法）

资料来源：笔者根据美国经济分析局数据整理。

再者，基于“四分法”的角度来分析劳动生产率的变化（见图 5－6），我们发现劳动生产率在第三产业内部出现了显著的分化。1947 年高附加值第三产业的劳动生产率高于低附加值第三产业，两者分别为 0.595 万美元/人和 0.42 万美元/人，之后高附加值第三产业劳动生产率增长迅速，其水平与第一产业基本持

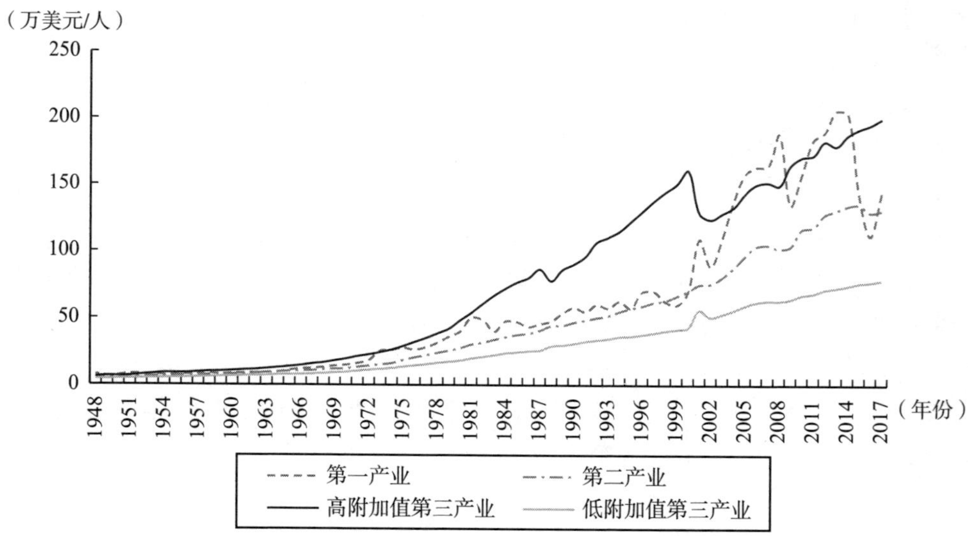

图 5－6　美国产业劳动生产率变化（四分法）

资料来源：笔者根据美国经济分析局数据整理。

平，而低附加值第二产业劳动生产率增长最为缓慢，与第二产业的差距也在逐步扩大。到 2017 年，高附加值与低附加值第三产业的劳动生产率分别为 19.91 万美元/人和 7.814 万美元/人。可见第三产业劳动生产率偏低的原因是低附加值第三产业劳动生产率过低，这同时说明高附加值第三产业单位产值吸纳就业的能力远远弱于低附加值第三产业。

（四）美国战后产业结构的高级化与合理化

产业结构高级化是对产业结构升级程度的衡量，已有的文献一般采用非农产业产值占总产值的比重作为产业结构高级化的度量，但干春晖等指出这种度量方式无法反映出“经济结构服务化”这一产业结构升级的重要特征。借鉴他们的做法，我们采用第三产业产值与第二产业产值之比 TS = Y3/Y2 作为测度产业结构高级化程度的指标。如果一个经济体的 TS 处于不断上升的状态，则说明该经济体的产业结构处于不断升级的过程之中。

图 5 - 7 反映了根据美国 1947 ~ 2018 年的产值数据计算出的 TS 值，可以看出除小范围波动外，美国 TS 值始终处于明显上升状态，由 1947 年的 1.92 上升至 2018 年的 5.13。因此，美国产业结构高级化程度确实在不断提高，完全符合“配第—克拉克定律”描述的产业结构变迁的一般路径。

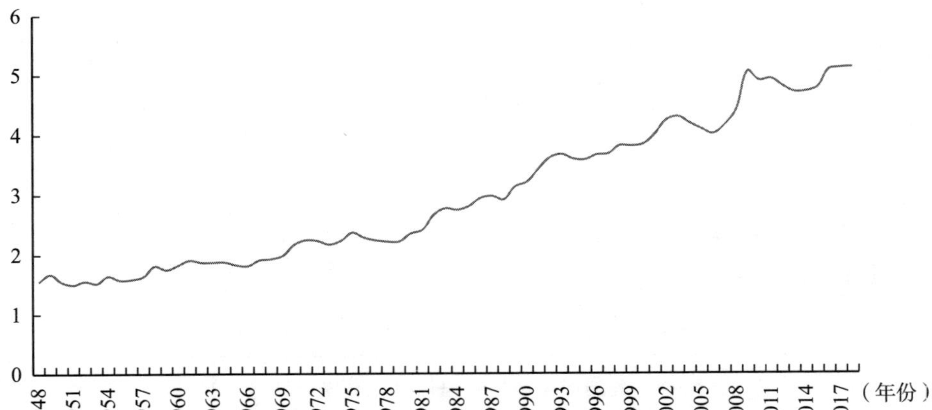

图 5 - 7　美国产业结构高级化

资料来源：笔者根据美国经济分析局数据整理。

产业结构合理化是对要素投入结构和产出结构匹配程度的一种衡量，它是一个既反映产业之间协调程度又反映资源有效利用程度的指标。我们借鉴干春晖等重新定义的“泰尔指数”来度量产业结构的合理化程度，其计算公式为：

$$TL = \sum_{i=1}^{n} \left(\frac{Y_i}{Y}\right)\ln\left(\frac{Y_i}{L_i} \Big/ \frac{Y}{L}\right) \backslash * \text{MERGEFORMAT} \qquad (8-1)$$

其中 Y 表示产值，L 表示就业，i 表示产业，n 表示产业部门数。从而 Y_i/Y 表示产出结构，Y/L 表示劳动生产率。当经济处于均衡状态时，各产业部门的劳动生产率相同，即 $Y_i/Y = Y/L$，从而 TL = 0。TL 偏离零的程度越大，表示经济偏离均衡状态的程度越大，产业结构越不合理。

图 5 – 8 是我们根据公式（8 – 1）计算的“三分法”和“四分法”下 TL3 和 TL4 的变化图。从图中可以看出，TL3 值除小幅波动外基本保持稳定，并始终在 0.02 以下，说明基于“三分法”的角度，美国的产业结构已经比较合理；而基于“四分法”的角度，TL4 的值高于 TL3，1947 ~ 1995 年 TL4 的值基本围绕 0.06 上下波动，从 1995 年开始，TL4 的值上升，到 2017 年已经逼近 0.1，并有进一步上升的趋势。因此我们可以判断，在三分法产业结构较为合理的表象下，美国产业结构的合理化程度实质上是在加速下降。

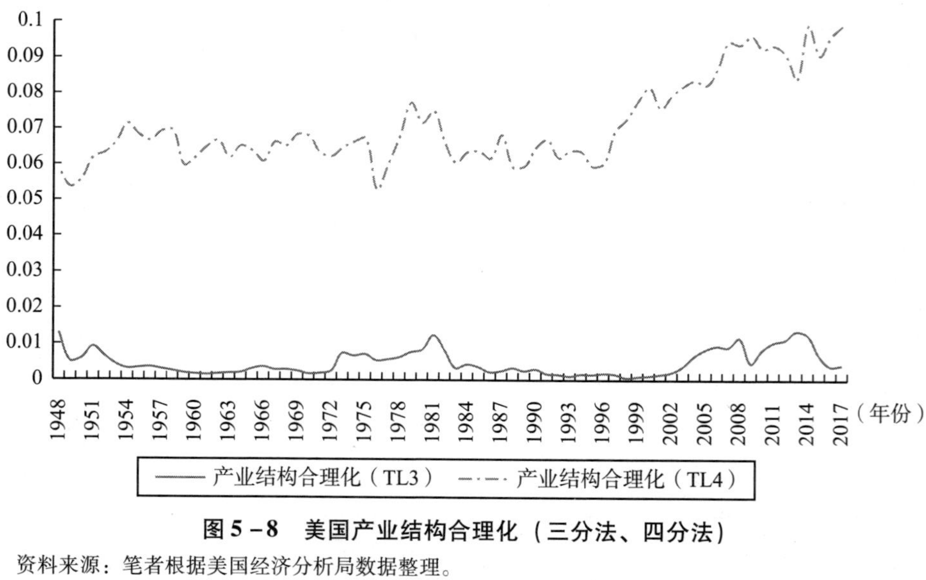

图 5 – 8　美国产业结构合理化（三分法、四分法）

资料来源：笔者根据美国经济分析局数据整理。

（五）小结：美国战后产业结构变迁的特征

基于以上的分析，我们可以总结出美国产业结构变迁的三个显著特征。首先，美国的产业结构表现出明显的去工业化特征，第二产业产值占比由 20 世纪 50 年代初的 35% 降至目前的 16%，第三产业产值占比则超过了 80%，美国的经济增长已经完全依靠第三产业的发展来支撑；其次，通过将第三产业细分为高附加值第三产业和低附加值第三产业，我们可以发现从产值的角度来看，美国目前是单纯依靠高附加值第三产业产值的提升来带动第三产业整体产值的提升进而带动 GDP 的增长，而从就业的角度来看，高附加值与低附加值两类第二产业共同吸纳了从第一、第二产业中转移出来的劳动力，这就造成了两类第三产业劳动生产率的巨大差异；最后，由于在第三产业内部存在劳动生产率的巨大差异，虽然美国产业结构高级化程度在逐步提升，但以“四分法”衡量的产业结构合理化程度在加速下降。

二、西方国家产业变迁的内在动力

劳资对立和利润率下降导致发达国家产业对外进行产业转移并且金融化，是近几十年来产业变迁的内在动力。自 2008 年以来的经济危机根本原因是发达资本主义经济体其基本矛盾运动的结果，资本积累和总需求长期下降的根源在于资本的回报率在体制范围内的大幅下降，并且没有得到恢复。自 1973 年长期衰退开始，经济当局通过更大规模的信贷来支撑需求来延缓经济危机。但是，暂时稳定的代价是停滞的进一步加深，因为债务的增加和无法消解的过剩产能使经济对刺激计划越来越不敏感[①]。

总的利润率的下降是长期衰退的原因而非劳动对资本挤压的结果，而是资本主义的强化的、平行的竞争引发的过剩的产能和生产的结果。资本主义社会之间由于低成本、低价格的商品涌入国际社会而引发竞争，特别是在制造业中，这是以牺牲高成本、高价格的现存的生产者和利润率的生产能力为代价的。因为发达资本主义不能充分缩减或者重新配置其生产能力，以克服产能过剩从而恢复利润率，长期的衰退得以持续，失业率也因此而攀升。

20 世纪 70 年代，美国的制造业企业面对利润率下降的现实，想要通过拒绝降低投资增长并增加出口增长的方式促进技术的变革。为了弥补需求的放缓，美国的竞争者们不仅愿意消化吸收美国制造商最初所承受的利润率的下降，而且通过银行和股东的支持成果达成这一目标。这就不可避免造成了进一步的生产过剩。而对于德国、日本等国家而言，从已经过剩的制造业部门中缩减多余的生产能力要比将生产方式转移到服务业部门中更加困难。制造业部门中的生产率增长的平均水平要比服务业部门高，所以如果将投资从制造业部门转向服务业不会给

① 罗伯特·布伦纳. 全球动荡的经济学［M］. 北京：中国人民大学出版社，2012.

利润率带来损失，但是进一步削减服务业的工资或扩大工资差距不是容易的事，因此最终的解决方式是金融化，经济重心转移至金融、保险和不动产等领域。这些领域里的生产率和利润率都在显著增加。

金融化伴随而来的是新的问题，2000 年以来，经常性的公司收入恶化加速了证券市场的崩溃，随之而来的财富效应逆转和暴露了由泡沫推动的繁荣后遗症即存在大量的过剩的资产和债务，从而引发了周期性的金融危机与衰退，利润率的危机引发了需求的危机。如果对于危机进行深层次的剖析就可以发现资本主义经济面临的问题是其内部面临的矛盾的外在表现。

资本主义发展与演变的基础是资本的积累与内在的矛盾。资本的积累，来源于微观实体的需要，组合成社会层面的经济需求，而资本积累客观上促进了资本主义经济的再生产。一方面，在制度上资本主义通过不断再生产剥削剩余价值；另一方面，在竞争不断加强的社会里，资本靠不断扩张来维护自身生存与发展。资本积累的同时扩大了投入和生产规模，提高了效率，促进了分工和合作，进而促进了生产技术的发展完善，从根本上提高价值创造的能力。

推动资本主义经济发展的根本动力来自资本积累的内在矛盾，这个矛盾有两个层面的含义，其一是资本主义的生产与资本主义制度之间的矛盾，其二是资本主义市场和资本主义生产之间的矛盾。

资本主义生产和资本主义制度之间的矛盾的实质是资本主义经济中的物质内容和社会形态的对立统一，对照积累进程的深入表现为尖锐和缓和两种形态。资本主义经济的根本制度是资本主义私有制度和雇佣劳动制度，在这基础上的是资本主义经济制度的实现形式，包括个人所有制或股份制等不同的形式。而资本主义制度还需要一个上层体系，那就是资本主义再分配，财政、金融、国际货币等制度，是宏观的经济制度。谈及资本主义生产与资本主义制度之间的矛盾，主要是后两个层次，在资本主义制度的发展过程中，资本主义具体的经济实现形式和宏观的经济体制随时间变化在国家间有不同的存在形式，这背后的推动力是生产力的发展。随着技术的变革，生产力的发展会造成经济基础和上层建筑在一定领域的冲突，进而促使资本主义不断调整，改变阻碍资本主义发展的制度形式，积累过程中的资本主义制度与生产之间的这种矛盾是资本主义制度演变的内在动力。

资本主义生产与资本主义市场之间的矛盾是资本积累过程中另一个基本的矛盾。这一矛盾来源于资本主义制度本身和商品制度的不可分割性，资本主义在生产目的、生产形式上的不一致伴随着生产目的和手段的冲突。资本价值的实现是一个前提而剩余价值的实现才是根本的要求，资本主义生产与市场之间的矛盾实质上是剩余价值生产与实现上的矛盾。

这两个基本的矛盾中第一个是资本主义制度的不断变革进而适应生产力的快速发展，第二个矛盾的要求是资本主义市场的不断扩大以保证资本主义产品中的资本价值和剩余价值的实现。正是资本积累过程中的两大矛盾的交织和运动，推动了资本主义的发展和演变。资本的迅速积累从而造成生产过剩和利润率下滑，造成的危机促使资本主义制度不断调整完善以适应生产力的发展。而由一般利润率的下降而引发的积累的缓慢和资本主义经济的萧条是制度、技术和市场等方面共同的作用，资本主义市场摆脱长期萧条需要制度和技术的创新，更需要的是市场规模的进一步扩大。

总结来讲，资本主义生产方式的基本矛盾决定了其积累过程的基本矛盾，两个基本矛盾是资本主义生产和占有之间矛盾的具体表现形式，根源于资本主义经济制度。资本主义的发展与演变来自技术的不断进步，这种进步促使制度的完善进而促进了市场的扩大，最终又加速了科技的发展和进步，正是在这样的矛盾的反复过程中资本主义得到了发展与演进。

三、西方国家产业变迁的实质

认识西方国家的产业变迁，需要借助马克思主义的分析视角。利润率危机和劳资对立，引发了西方世界产业结构的调整。但是这种基础上的调整更多的是转移和转型而非产业结构上的优化升级。20 世纪 70 年代以来美国制造业部门利润率下降带来的两个趋势，一个是全球化资本主义，另一个是金融资本主义化，对于世界经济发展格局产生了深远影响。

随着资本主义的飞速发展，其经济逐渐呈现以下的几个特征：第一，信息技术的运用在整个经济中发挥着越来越重要的作用，信息技术改变了商品和劳务的生产方式，加速了生产的自动化和商品的流转，深刻改变了人民的生活方式。第二，服务经济的发展带来服务业占比的进一步提升，到 20 世纪 90 年代末，发达资本主义国家第三产业的比重已经达到了接近 70%，服务业以逐渐在国民经济中占据主导地位，这种后工业化的阶段带来了第二产业的转移与缩水。第三，虚拟经济进一步发展，金融业逐渐膨胀，虚拟资产交易额与实际商品与劳务的交易额差距逐渐拉大，在资产存量和交易数量方面虚拟经济已经超过了实体经济。第四，经济的全球化带来了世界经济更紧密的联系。世界经济在商品、资本等领域逐渐联结成为一个整体。

资本社会化的深入带来的是金融市场的膨胀发展，银行和证券资本等不仅对于实体经济的积累运转产生影响，也对于世界经济的稳定发挥作用。但是金融资本在价值创造中只是扮演分割价值的角色，本身并不是价值的创造者。“生产过程只是为了赚钱而不可缺少的中间环节，只是为了赚钱而必须干的倒霉事。因此，一切资本主义生产方式的国家，都周期地患一种狂想病，企图不用生产过程作为媒介而赚到钱。”而随着世界市场的扩展，中心国家将产业转移至更多的外围国家中去，对于世界市场的依赖也越来越强。

这种资本主义新的发展阶段，被国内的学者定义为金融化全球化的垄断资本主义阶段。在当今的资本主义世界，垄断资本占据了更多的话语权，在全球性贸易中占有支配地位，同时经过在生产要素空前自由国际流动的基础上进行全球化的资源配置，并通过跨国投资与并购来争夺、瓜分和控制主导产业的世界市场。当代的资本主义金融化的发展，不仅促使金融资本交易的进一步扩大，同时非金融企业也逐步进入金融领域从事金融贸易。

因此，在资本主义金融化全球化的历史背景下，金融危机的爆发可以看作是资本主义经济危机新的表现形式，这是由工业主导的周期性危机转向金融部门主导的危机。由工业主导的危机，是工业部门中的投资波动引发的，虽然金融因素在危机爆发中发挥了重要的作用，但是货币信用关系的波动和金融危机仍是派生现象，原始动力还是来自工业部门。

而随着经济的虚拟化和全球化，资本通过金融刺激消费和投资，进而攫取利润，2008 年以来的金融危机首先来自金融领域，而以房地产泡沫破灭和次贷危机为基础的金融危机的爆发，也必然导致美国和全球性的经济危机。

第二次世界大战结束后，西方世界的资本主义发展经历了上升期，生产能力的提高和经济的快速发展带来的是全球性生产能力的过剩与资本的过剩。面对实体经济生产能力的过剩和利润率的显著下降，资本一方面将劳动密集型投资转向新兴市场特别是亚洲和拉美等国家，促进了部分国家资本积累和工业化，但是这种方式只是转移了生产过剩，在总体上并没有缓和世界市场的过剩形势。另一方面资本逐渐向金融转移，西方国家的宏观政策从信奉凯恩斯主义进行干预和调节到自由化、私人化和管制的进一步放宽，最终导致了资本主义经济的虚拟化和全球化。西方国家将一般制造业转移至新兴的发展中国家，通过金融资本的积累来刺激消费的扩大，以拉动投资和进出口，同时，制造业向海外转移，在国内造成了对于工人阶级的压力进而压低实际工资，造成了劳资冲突和进一步的劳资对立。同时进口廉价的工业品也造成了国内较低的通胀率，经济金融化自由化的发展帮助美国等发达国家走出了经济“滞胀”的困境，但这种模式只是对外转移了生产和资本过剩，对于全球经济而言并未从根本上解决问题，反而通过金融化造成了经济环境的脱实向虚，造成了全球经济的不稳定。

第三节　西方国家产业变迁的教训

一、西方国家产业结构的特点

（一）变迁符合“配第—克拉克”定律

依照“三分法”，美国产业结构高级化程度不断提升，第二产业逐步替代了第二产业，产业合理化程度保持稳定，完全符合“配第—克拉克定律”的描述。美国的工业化是在南北战争之后的30年完成的。早在第二次世界大战之前，美国的第三产业产值就已经超越了第二产业。美国三次产业的产值占比在1970年时约为4∶35∶61，2010年时则为1∶20∶79。在20世纪70年代，美国经济遭受滞胀困扰之时，实际上意味着工业资本主义的落幕。而当金融、房地产、保险逐渐取代了钢铁、汽车和建筑，成为美国新的三大支柱产业之际，则说明以去工业化为特征的深刻产业结构变革推动着金融资本主义取代了工业资本主义。这一变化的直接影响就是伴随着服务业快速发展与工业的日益萎缩，美国的经常账户的逆差持续累积增长。其实在1980年之前，美国经常项目基本为顺差，但进入20世纪80年代之后，其国际收支结构发生了根本性的逆转。经常项目的逆差金额从1982年的116亿美元增长到2010年的4734亿美元，在金融危机爆发前的2006年甚至高达8006亿美元。

马克思在其诸多经典著作中已经系统地论述了资本主义的发展得益于生产力层面工业革命的推动。换言之，工业化帮助资本主义实现了前所未有的繁荣。然而，马克思同时也预言了资本主义的历史宿命，即资本主义固有矛盾导致的经济危机必将毁灭资本主义本身。这意味着生产力的进步固然可以实现社会财富高速增长，但是在此过程中如果不能有效地调节收入分配，那么生产关系的反作用必将抑制甚至消灭不断膨胀的生产力。这一论断在今日看来依然具有极强的现实意义，也正是因为资本主义的固有矛盾消灭了一些资本主义国家的工业化基础，才使这些国家走上金融化的道路，进而爆发金融危机与主权债务危机。

需要注意的是美国的去工业化是一种在已经攀升至当时技术水平所决定的最高生产环节，并且实现了全体系积累之后，由资本主义盈利危机所导致的去工业化。这种去工业化使美国逐渐丧失掉原有的制造业优势，并且非常“彻底”，无论是资本品贸易还是消费品贸易均表现为逆差。美国的去工业化导致其高收入阶层也越来越依靠金融、保险、房地产等行业，制造业与其他服务业的就业者则收入相对下降，加剧了国内的两极分化。

出现类似去工业化的国家除了美国之外还包括一些欧元区国家，这些国家的情况与美国较为类似，并且欧元如同美元也可以作为世界货币来透支信用，差异不仅是加杠杆的部门更多的是政府部门，即政府以提供社会福利的方式弥补家庭部门的消费能力，因此其危机的形式自然就表现为主权债务危机。危机爆发之后，这些国家也难以通过税收来增加财政收入。其原因在于真正可以提供税负的资本家，在面临高昂税收的时候就会选择逃离至外国。

（二）制造业竞争力下降

目前在西方学术界存在着一种观点，即是中国进入 WTO 并且大量出口抢占了美国相关产业的市场份额，导致企业利益受损，并且工人失业。这种观点被称为“中国冲击”，并且成为美国选择贸易保护政策、制造中美贸易摩擦的理论根据。但是，本书认为美国所面临的贸易逆差问题，其根源并非所谓的“中国冲击”，而在于其自身制造业竞争力的下滑。

经济理论认为一国的贸易收支应该是动态均衡的。假设贸易均衡，中国出口增长与进口增长相互匹配。虽然中国的冲击会造成美国等国家的某些行业的进口竞争变得更加激烈，但其制造业和其他贸易部门的出口也有所增加。中国的崛起可能会导致美国工人从一个贸易行业重新分配到另一个行业，但这并不一定会导致他们完全退出贸易部门。

而许多西方经济学家在面对中国崛起的时候提出了不同的理解，他们认为贸易不平衡通过在部门就业调整中引入时间维度使事情变得复杂。假设中国的政策出现了扭曲，例如国有企业过度吸收信贷，诱发贸易顺差和美国贸易赤字。由于市场转型带来的生产力提高，中国制造业的增长将导致美国贸易行业的就业人数收缩，从而迫使工人进入非贸易岗位或完全失业。中国将向美国借入其今天所需的资金来实现正净进口。而在 1991 ~2007 年，美国很少有对中国出口净额增加。而从 1991 ~2007 年，美国从中国进口的年度商品价值增长了惊人的 1156% 。在未来的某个时刻由于中国的净出口转为负面，美国净出口转为正增长，预计中国储蓄将下降，消费将增加。美国的贸易产出和就业将扩大，美国将开始偿还中国的早期借款。在这种长期的情况下，中国不断上升的比较优势将导致美国交易行业的长期就业亏损，其中中国享有长期的竞争优势，而贸易不平衡导致美国在交易行业短期内的短期就业亏损暂时陷入萎缩。1992 年中国工业增加值突破 1 万亿元，2007 年突破 10 万亿元，2012 年突破 20 万亿元，2018 年突破 30 万亿元。按不变价格计算，2018 年比 1978 年增长 56.4 倍，年均增长 10.7%。根据世界银行的数据显示，按现价美元考察，2010 年中国制造业增加值首次超过美国，成为全球制造业第一大国，自此之后连续多年稳居世界第一。2017 年我国制造业增加值占世界的份额高达 27.0%，成为驱动全球工业增长的重要引擎。①

1983～2008 年，美国经济的制成品进口量翻了一番，美国跨国公司在低收入国家的就业人数增加了两倍。在同一时期，美国国内制造业就业人数从 2200 万人减少到 1600 万人。部分西方学者认为如果中国对美国的出口在 1999 年以后没有增长，那么到 2011 年美国将由于自身产业升级减少 56 万个制造业就业岗位，而实际上美国制造业就业人数减少了 580 万人。1999～2011 年，进出口致使美国制造业就业人数下降了 10%，在他们看来这是中国加入 WTO 给美国的国内生产造成的损失。自 2008 年"大衰退"以来，美国制造业急剧下滑，增加了近 200 万个失业岗位。今天，美国就业复苏仍然疲弱，数百万工作年龄的美国人面临失业的问题。许多人将这些趋势归咎于全球化特别是中国经济的崛起。继 2001 年中国加入世界贸易组织后，中国对美国的出口激增，且到 2008 年，近 60 万中国工人在美国跨国分支机构就业。这些发展导致一些全球化批评者得出结论认为"好"的制造业工作已经流向海外，而中国"篡夺"了其中大量的工作机会。

自第二次世界大战结束以来，美国制造业就业的份额一直在下降，在 1944 年 1 月达到美国非农就业的 39.0%，然后下降到 2015 年 6 月的低点 8.6%，制造业就业岗位的消失并不是什么新鲜事。其次，美国和许多其他发达国家工资不平等的急剧上升和低教育工人实际工资的下降与贸易开放度上升并不吻合。发达国家的商品贸易与 GDP 的比率在 20 世纪 70 年代急剧上升，但此后趋于稳定，这一事实极大地削弱了贸易导致工资不平等上升和下降的情况。与此同时，与教科书贸易模型的预测相反，尽管技能价格上涨，但发展中国家的制造业似乎正在替代高技能工人，这表明这些行业正在经历技能偏向的需求转变。

不过也有学者认为虽然大多数观察到的贸易流入美国是供需因素的结果，但中国出口增长主要是由于中国内部改革引起的变化：生产率增长、劳动密集型出口部门投资的增加，以及降低贸易壁垒的政策导向。接纳中国的商品进入会影响当地的劳动力市场，特别是制造业就业，但是会伴随着其他的诸多利润。进口冲

① 国家统计局工业司．工业经济跨越发展　制造大国屹立东方——新中国成立 70 周年经济社会发展成就系列报告之三［R］．2019－7－10.

击引发工资下降，这主要是在制造业之外观察到的。就业和工资水平的下降导致家庭平均收入急剧下降，这些变化可以通过有计划增加转移支付解决。从理论上来讲与中国的贸易可以为美国经济带来的总体收益还是显著的。

美国制造业就业人数的下滑和贸易逆差的扩大，根源于美国对外产业转移和金融化。随着美国制造业比重的下降和第三产业的飞速发展，制造业就业人数的下降是一个长期的、连续的过程。这个过程与中国加入 WTO 并加大对美国的出口是没有因果关系的。美国经济的金融化造成了价值创造能力的下降，经济脱实向虚的程度加深带来的是经济的不稳定，而美国经济分割的是全球产业资本的剩余价值，其自身是享受着贸易带来的多重优势的。

二、西方国家产业结构的经济绩效

（一）贫富分化

通常以基尼系数反映贫富差距的变化情况。以美国为例，其基尼系数总体呈现显著上升的趋势，从 1968 年的 0.386 上升至 2010 年的 0.469，1977 年就已经超过了国际警戒线 0.4①，这说明随着经济的增长，美国收入分配结构逐渐恶化，贫富差距日益加大已是不争的事实。

若将美国基尼系数与前面计算的产业结构合理化指标 TL4 相结合，有助于我们进一步从产业结构变迁角度揭示贫富差距日益扩大的深层原因。通过研究发现基尼系数的变化与 TL4 值有较强的相关性，尤其是 1995 年之后，两者都呈现显著上升的趋势。我们可以认为美国的产业结构合理化程度的下降是导致贫富差距不断扩大的一个主要原因，其根据在于产业结构的不合理主要表现为各产业劳动生产率的显著差异，而这种劳动生产率的差异又进一步导致了劳动者收入的差异。美国劳动生产率较高的产业（第一产业和高附加值第三产业）仅吸纳了不到 20% 的就业，而劳动生产率最低的产业（低附加值第三产业）却吸纳了接近 70% 的就业，这就使社会的大部分财富流向了处于高劳动生产率产业的少数人手中，进而使贫富差距日益扩大，基尼系数不断上升。不仅在美国，在主要的西方国家这些问题都是始终存在的，而且与产业大范围转移和金融化有很大的关联。

（二）国际收支结构逆转

观察美国 1960～2010 年的国际收支变化情况可以发现，1980 年之前，美国

① 笔者根据美国人口普查局数据整理。

经常项目处于顺差，资本项目处于逆差，而进入 80 年代之后，这一国际收支结构发生了根本性的逆转，经常项目长期处于逆差，并且这一差值随着时间的推移明显扩大，如 1982 年经常项目逆差为 55360 亿美元，2010 年则扩大到 4708980 亿美元，2006 年甚至高达 8006210 亿美元。[①]

从产业结构变迁的角度来看，我们认为美国巨额的经常项目逆差与其产业结构的去工业化是密切相关的。随着经济的发展，美国第二产业产值占 GDP 的比重显著下降，到 2010 年仅为 17%，而美国又是一个高消费的国家，国内工业生产的商品不足以支撑这种高消费需求，从而必须依靠进口从国外获得支撑，进而导致了经常项目逆差不断扩大。

针对美国国际收支的变化情况，刘骏民等（2009）指出其本质上反映了输出美元方式的变革。在 20 世纪 80 年代之前，特别是第二次世界大战结束后，美国通过资本项目，以对外贷款和进行援助的方式输出美元，这些海外美元被用来购买美国制造的产品，支撑了其第二产业的发展与贸易顺差。之后，美国则通过用美元购买其他国家产品与资源的方式，利用经常项目输出美元。当美元流到这些国家之后形成了外汇储备。由于美元的霸权地位发挥着价值标准、交易结算媒介以及财富工具的功能，因此其他国家主观上没有放弃美元的理由，客观上又面对美元流动性没有退出渠道的局面，进而只能返回头来购买美国的债券以及资产。于是，这种模式成为金融资本主义剥削外围国家的工具，加剧了全球经济失衡。帕因赛拉（2009）提出，对于金融化的资本主义而言，消费型的美元输出成为中心同家从外围国家榨取价值的机制，外围国家的外汇储备的积累只不过是新型剥削过程的一种体现。

（三）债务水平攀升

银行转型后以贷款替代工资的结果必然是债务的攀升。在广大工薪收入阶层开始利用分期付款、信用卡购物、贷款消费、次级贷款等金融创新工具进行透支消费的同时，家庭的负债不断升高，而储蓄却不断下降。美国的家庭负债经过 20 世纪 80 年代的上升之后，从 90 年代后期开始进一步加速上升，目前其在 GDP 中所占的比例与 60 年代相比，已经大幅提高。相反，储蓄率的下降趋势也非常明显。在 70 年代和 80 年代早期，美国的储蓄总额占 GDP 的比重是在 22% ~ 23%，在 2009 年降至不到 14%。[②] 与此同时，金融行业的负债水平也不断上升，

---

① 笔者根据美国经济分析局数据整理。

② 世界银行。

经过80年代的加速上升之后在90年代中期超过了非金融行业的负债水平。

1980年之前，美国联邦债务每年都有所上升，但增长缓慢，年平均增长率为7.5%，进入80年代之后，债务水平不断攀升，年平均增长率为9.4%，到2010年，美国联邦债务已经高达13.5万亿美元；从占GDP的百分比来看，1946~1981年联邦债务占GDP的百分比经历了一次大幅显著的下降，由121.7%降至32.5%，但之后又在波动中不断上升，到2010年已经达到了93.2%①。2012年1月，由于美国联邦政府的举债总额距15.2万亿美元的公共债务上限不足1000亿美元，美国总统奥巴马不得不将联邦政府公共债务上限提高1.2万亿美元，这意味着美国联邦政府“寅吃卯粮”的局面仍将延续，美国正面临着严重的债务危机。

在收入分配不均的情况下，美国经常项目的巨额逆差和较高的债务水平都使其需要有足够的资金能够从海外回流购买政府债券及资产证券化的金融衍生品。但是，赤字型经济却与资本回流在利率环节构成了对立关系，由此出现的利率悖论就成为金融资本主义内部不可调和的矛盾。一方面，高利率会对财政赤字形成压力，同时也会刺激储蓄，抑制消费，并且提升信贷的违约风险；另一方面，高利率又是吸引资本回流的重要驱动力。事实上，也正是美国的联邦基准利率从2004年6月至2006年6月的不断提升，使贷款者的偿债负担增加，次贷违约率上升，贷款机构形成大量坏账，最终点燃了危机的导火索。因此，次贷危机的本质就是过度去工业化后金融资本主义的危机，甚至还引发了诸如“占领华尔街运动”这样的政治危机。

（四）经济危机与政治危机

第二次世界大战结束后美国不仅产业结构发生了深刻的变化，而且整体的经济运行模式也随之发生了改变。那么，对于当前的经济模式而言，是否也存在着价值增殖过程中的“限制”呢？答案无疑是肯定的。通过前面的分析不难看出，在收入分配差距持续拉大的条件下，支持贸易赤字和财政赤字的关键在于是否有大量资金与资本能够从海外回流购买政府债券以及以抵押贷款为基础的证券化的金融衍生产品。然而，赤字型经济与资本回流在利率这个核心环节上构成了对立关系。一方面，高利率会对财政赤字形成压力，同时也会刺激储蓄，抑制消费；另一方面，高利率又是吸引资本回流的重要驱动力。因此，利率悖论就是金融化资本主义内部不可调和的矛盾。当以贷款替代工资以后，工人将会受到生产性资

---

① 笔者根据白宫网站数据整理。

本与金融资本的双重剥削。金融资本的收益来源于工人贷款的利率，并取决于利率的高低。显然，金融资本在利益的驱动下会倾向于高利率。可是，高利率对应着工人工资的下降，这将会抑制消费能力，进一步加剧生产过剩与消费不足的冲突。所以，利率悖论的本质依然是资本与劳动的对立。

事实证明，次贷危机的导火索正是利息率的“U”形反转。“9・11”事件之后，为了刺激经济增长，美联储连续13次降息，联邦基准利率由6%下降为1%，这是美国30年内的最低水平，并且持续了一年半的时间。低成本在推高贷款规模的同时，也带来了新一轮房地产的繁荣。从2004年6月开始，直到2006年6月，美联储连续17次加息，将联邦基准利率从1%提高到5.25%。可调整利率的贷款规模巨大，贷款者的负担不断加重，次贷违约率持续上升，造成了贷款机构出现大量坏账。包括贷款机构、投资银行、对冲基金在内的贷款抵押支持证券化利益链条上的所有参与主体均无法幸免。并且越是疯狂投资的金融机构，损失越惨重，处境越艰难。对于过度依赖高附加值第三产业的美国而言，次贷危机已经冲击了美国经济的基石，金融崩溃必然使已经金融化的资本主义陷入危机。

面对这样的危机，即使美国政府花再大的力气来拯救以华尔街为代表的高附加值第三产业，最终的结果也必然是无济于事。其原因在于高附加值第三产业的特征是高劳动生产率，换言之即低就业吸纳能力。虽然救市措施可以刺激金融业复苏，获得高额利润，甚至助推GDP增长，但是无法有效地降低居高不下的失业率。而在失业率持续高位运行的前提下，美国经济也就不可能实现真正意义上的复苏。而且美国政府受制于财政压力，还要求通过减少公共福利来要求民众买单救市，这又势必激化社会矛盾，引发政治危机。“占领华尔街运动”的兴起就是一个最好的例证。

当然，美国也意识到产业结构存在严重问题，为此明确提出了“再工业化”战略。然而，“去工业化”已经使制造业大量地转移到海外，消费品基本依赖进口，因此刺激需求的政策不可能发挥太大作用，相反只能拉动向美国出口商品的发展中国家的产业成长，进一步加大自身的贸易逆差。此外，美国本土制造的产品并不具备明显的成本优势，所以再次打起贸易保护的大旗，封闭国内市场也不会获得良好的效果。因此，本书对美国产业结构能否再次成功转型并不抱有乐观的态度。

（五）小结

第一，依照“三分法”，美国产业结构高级化程度不断提升，第三产业逐步替代了第二产业，产业合理化程度保持稳定，完全符合“配第—克拉克定律”的描述。而按照“四分法”来看，伴随着第三产业的分化，真正取代第二产业的是高附加值第三产业，并且造成产业结构合理化程度加速下滑。

第二，第二次世界大战结束后美国的产业结构变迁可以简单概括为“去工业化”的过程，而支撑这种转型的内在动力就是资本与劳动的对立运动。其机制表现为消费能力下滑限制市场需求提升，技术进步无法持续推动剥削率提高，因而第二产业的利润率下滑，第三产业的利润率提升，同时银行转型延缓了危机的爆发，保障了去工业化的完成。

第三，美国产业结构的转型推动了经济运行模式的转型。在收入差距持续拉大的条件下，经济运行依靠贸易逆差与财政赤字来维持，但即使如此，作为资本与劳动对立关系变形的利率悖论依然导致全面危机的爆发。如果人们对于美元的信心进一步丧失，那么美国的经济将变得非常危险。美国当前的产业结构难以支撑美国的经济实现可持续性的增长，同时其再工业化战略的推进也面临重重困难。

基于上述研究结论，我们可以从中获得一些启示。虽然美国是当今世界第一大经济体，但是并不意味着美国的产业结构就是最高级的、最现代的和最先进的。美国反而是经济危机和政治危机爆发的源头。换言之，配第—克拉克定律所描述的产业结构变迁的一般规律仅是资本主义制度下资本运动的结果，而非所能够突破资本主义制度固有矛盾的全新路径。

第六章

去工业化与西方国家经济增长的趋势

资本主义经历了商贸资本主义、工业资本主义、金融资本主义三个发展阶段，商贸资本主义是经济增长的起步阶段，工业资本主义是经济快速增长的阶段，随着去工业化和金融化的发生，工业资本主义转变为金融资本主义，资本主义经济增长逐步减速，陷入经济停滞常态化困境，本章着重对资本主义经济增长的长期趋势进行分析，深入探索推动资本主义经济陷入停滞常态化的成因。

第一节　西方国家经济发展的阶段与经济增长的趋势

一、西方国家经济发展的阶段

（一）商贸资本主义阶段

商贸资本主义经济发展阶段时间跨度大体为15世纪初至18世纪中期。从生产力与生产关系的辩证统一视角来看，这一时期经济发展的特征表现在两个方面：一方面，从社会生产力发展的角度来看，手工业、农业的技术革新促进了社会生产力的提升，加快了经济发展。在15世纪初期，西欧国家的手工业技术与中国、印度等亚洲国家相比并无优势，在很多商品领域西欧国家手工业技术还明显落后于亚洲国家。尽管在中世纪晚期集中制手工工场就已经出现，但在16世纪以前集中制手工工场并未成为主流，“分料到户”制仍是英国手工业的主要组织形式。16世纪中叶以后集中制手工工场在纺织、采矿、冶金等行业逐渐兴起，促进了劳动生产率的提升。① 此外，地理大发现之后马铃薯等美洲农作物的引进、农业生产工具的改良，也促进了西欧农业生产技术的进步，为近代西欧农业革命的爆发创造了物质基础和技术支撑。农业、手工业部门生产技术的进步是这一阶段经济发展的鲜明特征。另一方面，资本主义生产关系的萌芽与发展逐步改变着西方国家的经济结构，为西方国家的经济发展带来了深远的影响。新航路开辟后贸易路线转移、美洲白银输入和人口快速增长等因素的共同作用推动了西欧"价格革命"的爆发。②"价格革命"加速了西欧封建制度的衰落和资本主义萌芽的发展。随着西欧农业革命的扩展，资本主义生产关系从商业、手工业向农业延伸，引发了西方国家所有制结构、产业结构、收入分配结构等方面的结构性变迁。这一阶段社会生产力的发展与资本主义生产关系的发展相互强化：社会生产力的发展为资本主义生产关系的发展创造了越来越坚实的物质基础，资本主义生产关系的发展又为技术的改良和革新、社会生产力的发展提供了制度支撑。值得一提的是，在西方国家商贸资本主义经济发展阶段，经济发展的成果并非是平均地由全社会共享，封建地主、劳动群众所分享的经济发展成果较为有限，但工商业资产阶级则攫取了这一阶段经济发展的绝大多数成果，经济地位的迅速提高促使工商业资产阶级寻求政治地位的改善，触发了西方各国资产阶级革命或改革的相继发生。总的来看，在 15 世纪初期至 18 世纪中期商贸资本主义经济发展阶段中，新兴的资本主义生产关系的历史进步性在促进经济发展方面得到充分体现，资本主义生产关系的萌芽与发展对西方国家经济发展产生的积极影响大于消极影响，但资本主义生产方式的基本矛盾在这一阶段尚未充分显现。

（二）工业资本主义阶段

工业资本主义经济发展阶段的时间跨度大体为 18 世纪中期至 20 世纪 70 年代初。这一阶段是西方国家经济发展速度最快、质量最好的时期，但这一阶段西方国家经济发展也存在一系列突出的矛盾和问题。

首先，从社会生产力发展的视角来看，工业资本主义经济发展阶段通过工业革命和科技革命，实现了社会生产力的空前发展。从 18 世纪下半叶开始，进入工业资本主义阶段的西方国家相继爆发了以机械化为标志的工业革命、以电气化为标志的第二次工业革命和以自动化为标志的第三次科技革命，形成了社会生产力跨越式发展的三轮浪潮，极大地促进了西方国家经济发展，形成了"西方国家

① 孙海鹏．论近代早期英国集中制手工工场的发展［J］．贵州社会科学，2016（4）：71－77.

② 薛国中．美洲白银与欧洲价格革命［J］．扬州大学学报（人文社会科学版），2007（6）：106－110.

大幅领先于东方国家、北方国家明显领先于南方国家”的世界经济发展格局。如图6－1所示，1970年时美国人均GDP为5234.3美元，欧元区为2233.12美元，日本为2037.56美元、OECD国家为2668.95美元，但作为东方发展中国家的代表，同期中国人均GDP仅为113.16美元，印度仅为112.43美元，东西方国家经济发展差距之悬殊是显见的。西方国家在工业资本主义阶段经济发展的成就，集中体现在成功的工业化所释放的巨大社会生产力上。

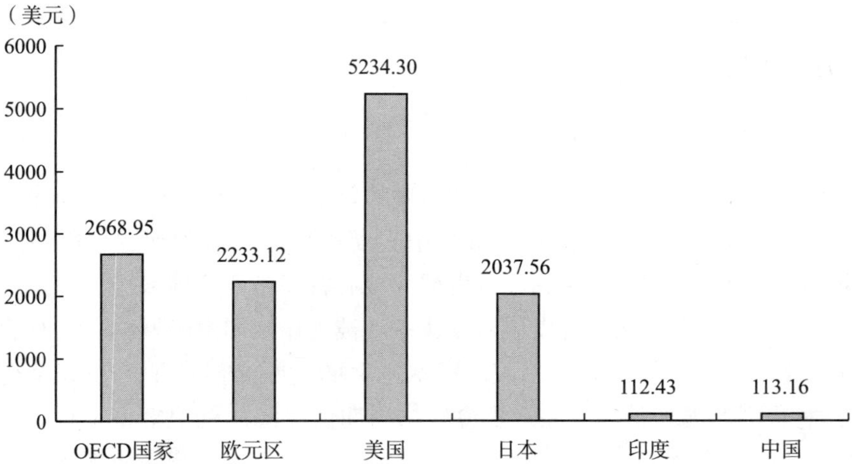

图6－1 1970年东西方主要国家与地区人均GDP比较

资料来源：世界银行。

其次，从生产关系发展的视角来看，资本主义生产关系取得并巩固统治地位，是这一时期西方国家生产关系发展的鲜明特征。随着工业革命的推进，新兴的工业资产阶级迅速壮大并逐步上升为经济与政治上的统治阶级。为驾驭空前发展的社会生产力，资本主义生产关系也不断进行着局部调整。自由竞争资本主义向私人垄断资本主义过渡，私人垄断资本主义又向国家垄断资本主义过渡。工业资本主义经济发展阶段中资本主义生产关系的局部调整，适应了社会生产力发展的需要，也在一定程度上缓和了资本主义社会的基本矛盾，成为不断推动西方国家工业化进程的制度基础。

最后，西方国家在工业资本主义阶段的经济发展是不平衡的经济发展，西方国家经济发展中的矛盾与问题也导致西方国家在这一阶段频繁出现周期性经济危机，造成了社会生产力的极大浪费。这一阶段资本主义发展的不平衡性，不仅表现为各个西方资本主义国家内部的发展不平衡性，还表现为各个西方资本主义国家之间的发展不平衡性。在各个西方资本主义国家内部，经济发展的多数成果被工业资产阶级所攫取，工人阶级贫困化的趋势愈演愈烈，生产与消费的鸿沟日益拉大；在各个西方资本主义国家之间，新兴的资本主义国家与老牌资本主义国家之间在争夺殖民地和国际市场方面的矛盾屡屡激化。自 1825 年英国首次出现普遍生产过剩的经济危机以来，此后大约每隔 10 年就会出现一次经济危机，并且经济危机的破坏性越来越强，周期性经济危机成为西方国家在工业资本主义阶段难以克服的痼疾。资本主义生产关系的局部调整无法根除西方资本主义社会的基本矛盾，资本主义生产关系对社会生产力发展的桎梏作用也随着工业资本主义的发展而愈发突出。

（三）金融资本主义阶段

金融资本主义经济发展阶段的时间跨度大体上为 20 世纪 70 年代至今。这一阶段是西方资本主义国家经济发展过程中长期积累的矛盾和问题集中爆发的阶段，这一时期西方资本主义国家经济发展的核心特征是西方国家经济发展停滞的常态化。在工业资本主义经济发展阶段，垄断被当作缓和由于资本主义社会基本矛盾所导致的生产无计划性的手段。资本主义的垄断必然产生停滞和腐朽的趋向[①]，这种停滞与腐朽的趋向在愈演愈烈的周期性经济危机中集中呈现。由于工业资本主义促进社会生产力发展的潜力尚未充分发掘，科技革命带来的社会生产力跨越式发展在一定程度上抵消了垄断资本主义固有的停滞与腐朽趋向，西方国家仍可以保持一定的经济发展速度。但自第二次世界大战结束以来，经济全球化的空前加速使社会化大生产超过国家的范围，发展成为全球性的生产协作。资本主义社会生产的无计划性也转化为全球性的生产无计划性，国家垄断资本主义越来越无力应对这一局面。金融资本在世界范围内驾驭全球性生产协作的社会生产力的现实需要，使他们不得不抛开资本主义国家政权这一越来越“碍手”的工具，转而利用金融资本自身的力量在全球范围内配置资源、组织生产，由此在 70 年代以后形成了以金融资本主导的金融资本主义。金融资本主义本质上是建立在更大范围、更深程度上的垄断资本主义，垄断因素的强化使垄断资本主义固有的停滞与腐朽趋向也更加凸显。攫取剩余价值、扩大市场份额的需要，促使金融资本通过更大规模的资本输出，积极调整全球生产协作的空间布局。西方资本主义国家的去工业化与发展中国家的工业化成为金融资本全球产业布局调整的结果和表现。由此，金融资本在全球范围内攫取更多财富的利益诉求与西方资本主

① 列宁．列宁专题文集·论资本主义［M］．北京：人民出版社，2009：185－186.

义国家政权维持统治稳定性的利益诉求，开始发生越来越严重的冲突。西方国家金融资本主义经济发展阶段的核心特征——经济发展停滞常态化。正是这一冲突的必然结果。作为西方国家经济发展停滞常态化的表现，西方国家经济增长也呈现出速度不断下降的趋势，而这一趋势无法由西方国家长期仰赖的国家干预手段加以逆转。

二、西方国家经济增长的趋势

为分析西方国家经济增长的趋势，引入两种类型经济增长的定义，即马尔萨斯式增长和索洛式增长。所谓马尔萨斯式增长，是指在人均收入基本保持不变条件下，主要由人口总量的增加引起的经济总量增长。在马尔萨斯式增长模式下，一旦经济增长停滞或倒退，就不得不被动地减少人口来维持人均收入水平的基本稳定。索洛式增长，也称为现代增长，是指人口总量增加的条件下也可实现人均收入的增加。在索洛式增长模式下，经济总量的增长速度快于人口增长速度，故人均收入水平持续提高。综观西方国家经济发展不同阶段，西方国家经济增长的趋势性特征也有所不同。

（一）商贸资本主义阶段经济增长特征

在15世纪初期至18世纪中叶的商贸资本主义经济发展阶段，西方国家经济增长的趋势性特征是由马尔萨斯式增长向索洛式增长过渡。农业生产技术水平低下是中世纪欧洲农业的典型特征①，这一状况直到16世纪早期仍未得到根本改观。尽管11~13世纪欧洲人口增加一度带来欧洲经济总量的增长，但由于农业技术进步缓慢，14世纪中期开始欧洲就陷入人口危机，饥荒、瘟疫等引起的人口锐减趋势一直持续到15世纪中期。到1520年时，英国每100个农业家庭仅能供养106个家庭②，地方性饥荒在16世纪的英国频繁发生，仅1596~1598年的饥荒就夺走了英国北部地区9%的人口③。可见，在商贸资本主义阶段的早期，主要西方国家的经济增长模式仍属于典型的马尔萨斯式增长。在技术进步缓慢的情况下，经济增长几乎被人口增长所抵消，而经济增长的放缓是以非正常死亡所导致的人口减少为代价。西方国家经济增长模式的转变，始于16世纪中期以后

---

① 刘景华．近代欧洲早期农业革命考察［J］．史学集刊，2006（2）：60-66.

② 成德宁．英国前工业化时期的农业革命及其在社会转型中的作用［J］．安徽史学，2002（3）：84-89.

③ 杨天虎．英国饥荒的终结［J］．社会科学家，2012（5）：137-140.

开始的农业革命。随着农业革命的爆发，欧洲国家农业技术革新的步伐加快，农业生产组织方式的变迁也提上日程，人口增长越来越由非农业人口的增长所主导。17 世纪后期开始，英国最易发生饥荒的地区也已经不再受饥荒的困扰，英国居民的肉奶使用量明显增加，人均热量摄入大幅提高。① 到 1801 年时英国每 100 个农业家庭可以供养 38 个家庭到非农业部门就业，英国纯农业人口比重由 1520 年的 76% 下降到 1801 年的 36.25%；英国总人口由 1520 年的 240 万人增加到 1801 年的 866 万人。② 这一显著变化表明，西方国家经历农业革命之后，实现了经济增长模式由马尔萨斯式增长向索洛式增长的过渡。经过商贸资本主义阶段的经济转型，西方国家在全世界范围内率先实现了具有统计显著性和持续性的人均收入增长。15 世纪早期至 18 世纪中期西方国家在商贸资本主义阶段经济增长的趋势性特征表明，新兴的资本主义生产方式在这一阶段已经展现出其相对于封建生产方式的历史进步性。商贸资本主义阶段西方国家经济增长速度的逐步提升，反映出对资本主义生产方式的肯定方面构成了这一时期资本主义生产方式矛盾运动的主要方面。

（二）工业资本主义阶段经济增长特征

在 18 世纪中后期到 20 世纪 70 年代初的工业资本主义经济发展阶段，西方国家经济增长的趋势性特征是工业化推动下的典型索洛式增长。

首先，尽管经济增长的速度存在波动，但西方国家在这一阶段实现了由工业化推动的长期经济增长，物质产品产量空前增长。1850～1870 年，英国采煤量由 5000 万吨增加到 1.12 亿吨，生铁产量由 200 万吨增加到 600 万吨，棉花消费量由 26 万吨增加到 48 万吨，铁路里程由 1 万多公里增加到 2 万多公里。随着工业革命由英国向其他欧美国家拓展，西方国家相继出现了工业快速发展、工业产品产量激增的经济增长态势。以美国为例，1860～1913 年，美国生铁产量由 84 万吨增至 3146 万吨，煤开采量由 1818 万吨增至 5 亿多吨，钢产量由 1.2 万吨增至 3180 万吨。③

其次，西方国家在工业资本主义阶段的经济增长呈现出明显的周期性。这一时期西方国家尽管保持了统计意义上显著大于零的长期平均经济增长率，但西方

---

① 郭爱民．农业革命前后英国普通民众生活水平之比较［J］．北方论丛，2006（4）：97－100.

② 成德宁．英国前工业化时期的农业革命及其在社会转型中的作用［J］．安徽史学，2002（3）：84－89.

③ 刘仁毅．1860～1914 年美国工业化发展模式：农业—轻工业—重工业［J］．世界经济研究，1982（2）：24－27.

国家的经济增长率存在周期性波动的态势。18 世纪中后叶至 19 世纪中叶的第一次工业革命开启了以机械化为标志的工业化浪潮，西方国家在这一轮工业化浪潮中经济增长速度明显加快。但在 19 世纪 50 ~60 年代工业革命基本完成之后，以英国为典型代表的西方国家也出现了经济增长速度的回落。直到 1870 年以后第二次工业革命掀起以电气化为标志的新一轮工业化浪潮，重化工业的崛起带动西方国家进入新一轮经济快速增长的浪潮。但从 1870 年至第二次世界大战前，西方国家也频繁爆发经济危机，经济增长速度波动巨大。1929 年大萧条的爆发让西方国家经历了长期的经济衰退和增长停滞，主要经济指标直到第二次世界大战爆发后才恢复到 1929 年之前的水平。第二次世界大战结束后第三次科技革命带来了以自动化为标志的工业化浪潮，西方资本主义国家在 20 世纪 50 ~60 年代经历了经济高速增长的“黄金时代”。

最后，西方国家在工业资本主义阶段还出现过经济增长“重心”的转移。西方国家在这一阶段的经济增长表现出极大的空间不平衡性。在第一次工业革命时期，由于英国率先开启工业化进程，英国一度成为西方国家中经济增长最快的国家，英国在全球经济中的地位急剧上升。第二次工业革命爆发后，美国、德国等后起的西方资本主义国家抓住发展机遇，以重工业为基础进入了工业化高涨阶段，美国、德国等国经济增长速度超过英国，成为世界经济增长的新的“重心”。在第二次世界大战结束后西方资本主义的“黄金时代”，主要资本主义国家的经济增长速度也存在显著差异。日本和德国在这一时期的经济增长速度明显快于美国、英国等国，极大地改变了第二次世界大战结束后初期美国在西方国家中“一家独大”的局面。

（三）金融资本主义阶段经济增长特征

从 20 世纪 70 年代至今的金融资本主义经济发展阶段，西方国家经济增长的趋势性特征是经济增长偏离索洛式增长，经济增长速度趋缓，徘徊在重回马尔萨斯式增长的边缘。随着工业资本主义向金融资本主义的过渡，西方国家出现了以工业体系残缺化为特征的去工业化过程，物质财富生产能力迅速萎缩，从而导致了西方国家经济增长乏力。如图 6 -2 所示，1978 ~2011 年，美国服装纺织制造业增加值在制造业增加值中的比重由 6. 55% 降至 1. 38%，化学工业增加值在制造业增加值中的比重由 9. 53% 增加至 16. 34%，机械和运输设备工业增加值在制造业增加值中的比重由 24. 6% 增至 28. 3%，其他制造业增加值在制造业增加值中的比重由 48. 97% 下降至 38. 8%。美国轻重工业比例的失衡表明，美国工业体系残缺化不断加强。由于西方国家社会平均资本有机构成高于发展中国家，并且随着劳动生产率提高还有继续提高的趋势，使西方国家平均利润率长期低于发展中国家。受利润率信号引导的国际金融资本通过产业资本输出方式，将中低端制造业转移到参与全球产业链协作的发展中国家，仅在西方国家发展资本有机构成更高的高端生产资料制造业，加剧西方国家平均利润率下滑倾向。这导致西方国家以工业体系残缺化为特征的去工业化问题不断加重，即便推出以减税、补贴、贸易保护为手段的“再工业化”战略也无济于事。西方国家经济过度金融化在导致去工业化和无产阶级贫困化问题的同时，也使西方国家经济停滞常态化日益凸显。西方国家政府轮番采用的财政货币政策并未逆转西方国家经济停滞常态化问题的发生和发展。从图 6－3 可见，无论是美国、日本还是欧盟，20 世纪 60 年代以后都经历了 GDP 年均增长率持续放缓的过程。以美国为例，1961～1969 年 GDP 年均增长率为 4.7%，1970～1979 年下降到 3.5%，1980～1989 年降至 3.1%；1990～1999 年受冷战结束后经济全球化加速的影响 GDP 年均增长率仅略微上升至 3.2%；2000～2009 年先后爆发的科技股泡沫破灭和次贷危机导致美国 GDP 年均增长率降至 1.8%；2010～2016 年尽管实行了量化宽松货币政策，美国 GDP 年均增长率也仅有 2.1%，低于同期世界平均水平。

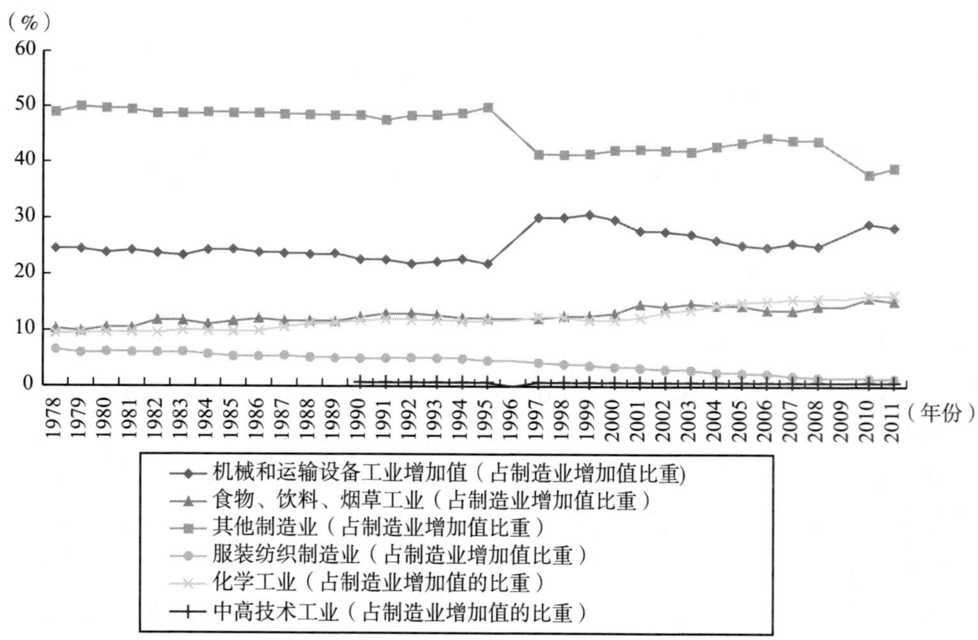

图 6－2　1978～2011 年美国制造业不同部门增加值占比变化

资料来源：世界银行。

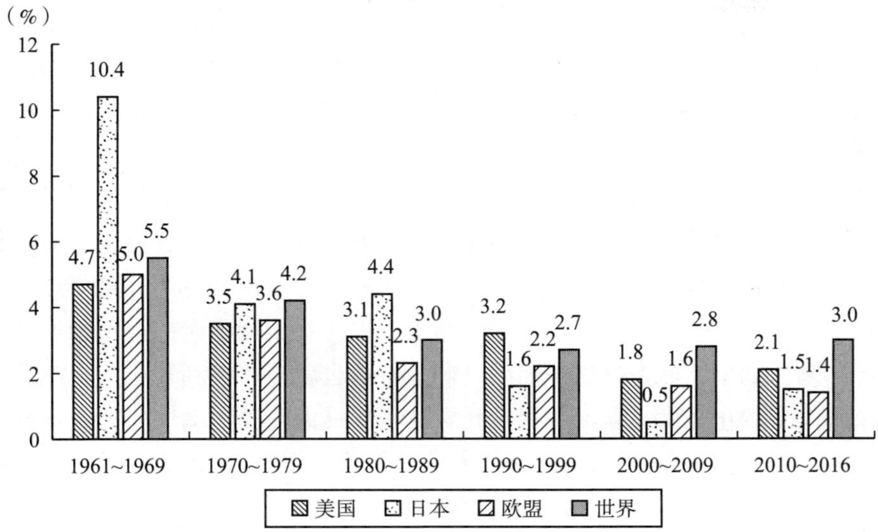

图 6－3　美国、日本、欧盟在不同时期的 GDP 年均增长率

资料来源：世界银行。

第二节　西方国家经济增长的影响因素

从对西方国家经济增长趋势的分析可以看出，西方资本主义国家经历过经济增长速度逐步上升复又趋于下降的过程。为解释 20 世纪 70 年代以来西方国家经济经历的经济增长速度持续下降趋势，就必须先厘清在过去更长的历史跨度中西方国家是如何实现经济增长的。

一、西方国家经济增长的供给侧影响因素

经济增长是以物质资料生产能力的增加为前提，这就决定了讨论资本主义性质的经济增长首先需要讨论经济增长的供给侧影响因素。西方资本主义国家经济增长的供给侧影响因素主要有以下两个方面：

（一）剩余价值资本化的不同强度

资本主义再生产的本质，是“生产和再生产资本关系本身”①。这就决定了

① 马克思，恩格斯．马克思恩格斯文集（第 5 卷）［M］. 北京：人民出版社，2009：666－667.

资本主义性质的经济增长，必然以资本关系的扩大再生产为前提和结果。作为资本主义性质的经济增长必要条件的资本积累，也只能来源于剩余价值转化为资本的强度。在任一时点，资本家留给自己消费的剩余价值越少，则蓄积起来可以转化为资本的剩余价值就越多，从而资本积累的规模和速度也就越快，资本主义生产关系的扩大再生产也就越快。进而，对剩余价值资本化的强度如何影响西方资本主义国家经济增长的讨论，也就转化为对西方资本主义国家剩余价值资本化的强度受何种因素影响和制约的讨论。对于扩大化的资本主义生产和再生产，其核心问题不在于怎么把资本家扩大地再生产出来，而在于能不能扩大地把雇佣工人再生产出来。如果不能解决这一问题，剩余价值也就不能顺利转化为资本，合意的剩余价值资本化强度也就无法保证，资本积累继而资本主义性质的经济增长也就无从谈起。具体来说，西方国家剩余价值资本化的强度受以下两个方面因素影响：

一方面，劳动力商品化的程度。资本主义生产关系赖以生存的前提，是将自己劳动力作为商品出卖的雇佣工人阶级的存在。一旦这一阶级消失，资本主义生产关系也就难以为继。资本主义扩大再生产，即资本主义性质的经济增长，也必须以出卖自身劳动力维生的雇佣工人阶级的产生和扩大为前提。故西方国家经济增长的历史，也可以视作是靠出卖自身劳动力为生的雇佣工人阶级的产生和壮大的历史。在商贸资本主义阶段，也即资本原始积累时期，中世纪里被封建生产关系牢牢束缚于土地之上的农民“被解放”，成为西方国家经济增长的重要原因。劳动力商品化程度提高对剩余价值资本化的极端重要性，可以解释资本原始积累时期的资本家甚至赞同用皮鞭和枷锁将“游民”逼入手工工场做工的史实。工业资本主义的兴起，则是通过使小生产者阶级、没落的地主阶级成员、部分淘汰的资产阶级分子纷纷被逼入雇佣工人阶级，使靠劳动力为生的雇佣工人阶级的壮大与西方国家的经济增长相伴随。工业资本主义越是发展，社会中的成员就越是划分为靠资本收益过活的资产阶级和靠出卖劳动力为生的无产阶级，从而一个规模越来越大、发育越来越“成熟”的劳动力市场日益形成和壮大，劳动力商品化的程度愈发提高。

另一方面，产业后备军的状况。资本主义积累的性质，决定了剩余价值资本化进而资本积累绝对不会允许劳动价格提升到严重威胁资本主义扩大再生产的程度。① 资本主义积累最强有力的杠杆——社会劳动生产率的提高，在避免劳动价格上升威胁剩余价值资本化的同时，也会造就一个越来越庞大的产业后备军队

① 马克思，恩格斯．马克思恩格斯文集（第5卷）［M］．北京：人民出版社，2009：666－667.

伍。产业后备军的存在使无论繁荣还是萧条都可以使劳动价格处于对剩余价值资本化的目的来说相对适宜的水平。但产业后备军在抑制现役劳动军要求方面的“尽职”程度，反过来也会对剩余价值资本化进而资本主义性质的经济增长产生影响。产业后备军的构成，可以分为流动形式、潜在形式和停滞形式三类。[①] 不同形式的产业后备军能够补充到现役劳动军中的速度是不同的。流动形式的产业后备军总是能极快地补充到现役劳动军中来，潜在形式的产业后备军则补充进来的速度稍慢，而停滞形式的产业后备军则需要相对较长的时间以适应劳动力市场需求的变化。不同历史时期产业后备军的构成状况，决定了产业后备军能够以怎样的速率抑制劳动价格的上升。如果产业后备军中停滞形式的成员比重过高，则高涨的劳动价格仍可以在一定时期内使剩余价值资本化过程中断，从而使资本主义经济增长瞬间“失速”。

（二）不同剩余价值生产方法的侧重程度

资本主义生产的目的，是使支配和控制生产过程的资本家能够无偿占有尽可能多的剩余价值。根据工作日长度与无酬劳动之间的关系，剩余价值生产方法可以分为绝对剩余价值生产和相对剩余价值生产。从使资本家无偿占有更多剩余价值（即提高剩余价值率）的目标来看，资本家在剩余价值生产过程中无论是更多地采用绝对剩余价值生产方法，还是更多地采用相对剩余价值生产方法，都能达到资本家所追求的目标。但剩余价值生产中所采用的不同剩余价值生产方法的比例关系，却会对宏观经济层面上的经济增长态势产生不同的影响。

首先，绝对剩余价值生产受到自然日长度和劳动力投入量的制约，故在推动经济增长方面的潜力较弱。由于工作日的长度是以自然日长度为限，人类生理极限和社会道德伦理等方面的因素都决定了工作日长度不可能无限延长。工作日长度的极限决定了如果单纯依靠绝对剩余价值生产方法来增加剩余价值总量和商品价值总量，必定存在财富增长的极限。在工作日长度无法进一步延长的条件下，如果资本家只采取绝对剩余价值生产方法，那么就只能依靠劳动力投入量的增加来实现剩余价值总量和商品价值总量的增加。但在工人家庭可以提供的劳动力总量有限的条件下，劳动力投入量的增加会导致劳动力价格的上升，进而使剩余价值率有下降的压力，故当劳动力投入量增加到一定程度后会出现商品价值总量继续增长但剩余价值总量趋于下降的情形。这种情形于资本家而言是万万不可接受的。故一旦此种情形出现，资本家依靠绝对剩余价值生产方法推动经济增长的激

---

① 马克思，恩格斯．马克思恩格斯文集（第5卷）[M]．北京：人民出版社，2009：666－667.

励耗尽，绝对剩余价值生产就不再能够继续推动经济增长。

其次，相对剩余价值生产主要受劳动生产率水平的制约，故在推动经济增长方面的长期潜力较强。由于相对剩余价值生产方法可以在不延长工作日长度的情况下，通过缩短有酬劳动时间在工作日中的比重，达到提高剩余价值率的目的，故即便工作日长度不延长且劳动力投入量不增加，资本家也可以通过引进劳动生产率更高的新技术来实现剩余价值总量的增加。在全社会劳动力投入量不变的情况下，各行业资本家若只采用相对剩余价值生产方法，虽不会使商品价值总量增加，但却会因劳动生产率的提高而引起全社会商品使用价值总量增加，即实现统计意义上的经济增长。从长期来看，劳动生产率的提高并不存在上限，这就决定了资本家只采用相对剩余价值生产方法时可以实现剩余价值总量和社会物质财富总量均持续增长的情形。在此种情形下，资本家依靠相对剩余价值生产方法推动经济增长并不会遭遇剩余价值率下降的尴尬，故资本家始终具有引进提高劳动生产率的技术进步来推动经济增长的激励，相对剩余价值生产能够持续推动经济增长。

需注意的是，在生产过程中，资本家并不会只依靠绝对剩余价值生产或只依靠相对剩余价值生产；而是根据不同时期最大限度无偿占有剩余价值的需要，灵活地组合两种剩余价值生产方法。若工作日长度还可以延长、劳动力投入量的增加也不至于引起劳动力价格的上涨，资本家就不急于引进新的更能节约劳动时间的生产技术，而是会更多地运用绝对剩余价值生产方法去提升剩余价值率和剩余价值总量。反之，若绝对剩余价值生产暂时触及社会可接受的上限，则资本家就更倾向于引入新的生产技术，通过相对剩余价值生产在缩短工作日长度和减少劳动力投入量的情况下继续提升剩余价值率和剩余价值总量，并允许工人家庭进行暂时的“休养生息”，以便提高劳动力供给量，从而为压低劳动力价格和再度采用绝对剩余价值生产创造条件。资本家在不同时期对不同剩余价值生产方法侧重程度的差异，决定了西方资本主义国家技术进步速率的波动也是服从于资本家最大限度占有剩余价值的需要。两种剩余价值生产方法转换中的非平稳性，也必然导致经济增长率、工资率、利润率和通货膨胀率等宏观经济指标的波动，从而使西方资本主义国家的经济增长呈现出非稳定性特征。

二、西方国家经济增长的需求侧影响因素

资本主义性质的经济增长，其实质是扩大再生产出来的商品由私人劳动转化为社会劳动的过程。这就决定了资本主义性质的经济增长不仅受供给侧影响因素

的制约，还要受到需求侧影响因素的制约。西方资本主义国家经济增长的需求侧影响因素主要有以下两个方面。

（一）收入分配状况

资本主义性质的经济增长要想实现，就必须保证扩大再生产出来的商品总量都能完成价值实现的“惊人一跃”。但资本主义生产关系决定了资本主义生产的扩大总是使生产资料的增长超过消费品的增长①，从而资本主义经济增长中存在生产无限制扩大与消费的有限增长之间的矛盾。这一矛盾也决定了资本主义性质的经济增长常因为生产与消费之间的脱节而中断。导致这一中断的，恰恰是资本主义特有的社会结构，以及由这种社会结构所决定的收入分配状况。西方资本主义国家的收入分配状况可以细分为初次分配状况和再分配状况，初次分配状况与再分配状况均会对西方国家的经济增长产生影响：

首先，资本主义生产方式决定了西方资本主义国家的初次分配状况不利于维持稳定的经济增长态势。在资本主义生产方式下，资本积累以及随之而来的生产规模扩大既是资本主义生产方式的条件，也是资本主义生产方式发展的结果。②由于资本积累不能在劳动价格上升到严重危及资本关系再生产的境地，这就促使资本家会积极引入提高劳动生产率的新技术，从而使资本有机构成会因资本积累而有不断提升的趋势。资本有机构成的提高必然导致可变资本在总预付资本中的比例下降，从而引起占人口绝大多数的工人阶级相对收入的减少。资本主义性质的经济增长，必然以无产阶级的日益贫困化为结果。无产阶级贫困化的初次分配状况，决定了占人口绝大多数的工人阶级的收入及其消费存在上限，从而全社会消费能力的增长总是跟不上生产能力的增长。为使剩余价值资本化顺利完成，资本家就要不断扩大生产规模，提高劳动生产率，进而因资本有机构成的提高而使消费与生产的脱节加剧；消费与生产脱节状况的加剧，反过来又迫使资本家在争夺剩余价值实现机会的竞争中进一步扩大生产规模，提高劳动生产率。资本主义扩大再生产中的价值实现问题，会随着剩余价值资本化即资本积累的推进而愈加突出，西方资本主义国家的经济增长必然有停滞的趋势。资本主义生产资料私有制是西方国家经济制度的核心和不可触动的部分。资本主义生产资料私有制也决定了西方资本主义国家初次分配状况会因经济增长而日益呈现出不利于工人阶级、不利于生产与消费协调的倾向。这一问题是西方资本主义国家无法克服的问

① 列宁．列宁专题文集·论资本主义［M］．北京：人民出版社，2009：21－25.

② 马克思，恩格斯．马克思恩格斯文集（第5卷）［M］．北京：人民出版社，2009：720－724.

题，也是西方资本主义国家经济增长需求侧影响因素中最消极的因素。

其次，西方资本主义国家的再分配状况能在一定程度上缓解但不能根治西方国家经济增长的非稳定性问题。随着资本主义生产方式的发展，资本积累所引起的生产与消费脱节问题越来越威胁到西方资本主义国家的经济增长前景，也威胁到西方国家资产阶级的经济利益和统治地位。这就使作为资产阶级共同事务委员会的西方国家政府①，不得不从幕后走向前台，以财政、货币、法律等国家干预手段，试图在再分配缓解中调整收入分配状况，缓和西方资本主义国家所谓的"消费不足"问题。须客观承认的是，西方资本主义国家政府的国家干预手段，在一定程度上有助于缓和西方资本主义国家的收入分配状况，也在一定范围内可以缩小由资本积累引起的生产与消费的脱节，从而使西方资本主义国家的经济波动有所缓和，经济增长的稳定性和持续性有所增强。但必须认识到的是，西方资本主义国家用以干预经济的全部力量，均来自资产阶级为维护统治地位而做出的让渡。这就决定了资产阶级即便允许由国家来干预经济，缓和生产与消费之间的矛盾，也不可能允许将由各个资本家无偿占有的剩余价值全部让渡并转化为国家干预经济的物质力量。只要资本家还要继续占有大部分剩余价值，还要继续将剩余价值资本化，那么西方国家干预的手段和能力就不足以完全抵消由资本积累所引起的生产与消费脱节问题，从而资本主义经济增长中的价值实现问题也不可能得到根本解决。

（二）对外经贸状况

在开放经济的条件下，一国实现经济增长的总需求不仅可以来自国内市场，也可以来自国际市场。资本主义生产方式的发展，各个国家和民族靠本国产品来满足的需要，已经在越来越大的范围内被新的、靠遥远国家和地区的需要取代。②分工与协作已经不再是某个国家或地区的内部事务，分工与协作的全球性既是资本主义生产方式发展的结果，也是资本主义生产方式取得进一步发展的条件。在分析西方资本主义国家经济增长的需求侧影响因素时，仅分析收入分配状况对西方国家内需的影响已经不足以全面概括问题，必须对对外经贸状况也加以分析。对西方资本主义国家对外经贸关系的考察，主要从以下几个维度展开：

一是西方资本主义国家在全球性分工与协作中的地位。在新航路开辟以前，世界各国之间经济贸易往来的基本特征是互通有无。各国卷入国际贸易的程度有

① 马克思，恩格斯．马克思恩格斯文集（第2卷）[M]．北京：人民出版社，2009：33.

② 马克思，恩格斯．马克思恩格斯文集（第2卷）[M]．北京：人民出版社，2009：35.

限，参与国际经济贸易往来的各国在地位上基本是平等的，各国之间的分工关系以基于比较优势原则的水平分工为主。新航路开辟以后，随着西方资本主义国家日渐在国际经济贸易往来中占据支配地位，各国参与国际贸易的深度与广度增强的同时，各国在国际贸易中的地位逐渐失衡，并逐步形成了以西方资本主义国家为中心、广大亚非拉国家为外围的全球性分工协作体系。在资本主义世界经济体系中，西方资本主义国家占据各个产业链中的高端产业，广大亚非拉国家则逐步沦为西方国家的原料产地、销售市场和资本输出目的地。对西方国家有利的国际经贸地位和国际经济规则，是促进西方国家经济增长的积极因素。但与此同时，西方资本主义国家经济增长对于国际市场的依赖也逐渐增加，国际市场的开拓成为影响西方资本主义国家经济增长的重要因素。

二是西方资本主义国家资产阶级在对外经贸活动中扮演的角色。在资本主义生产方法下，私人占有生产资料的资产阶级参与社会生产的直接目的就是无偿占有更多的剩余价值。资产阶级并不会主动承担并积极解决由资本主义积累导致无产阶级贫困化和国内需求不振的后果。相反，只要不威胁资产阶级的经济利益及统治地位，即便他们手中不断累积的资本相对于民众的收入水平和消费能力来说已经过剩，资产阶级也不会把过剩的资本用于改善民众的生活水平。在开放经济条件下，西方国家的资产阶级宁愿将过剩的资本输出国外①，到资本有机构成更低、个别利润率更高的国家和地区去投资。西方国家资产阶级在对外经贸活动中扮演的这一角色，虽为西方国家攫取了大量的海外财富，但这些财富则是西方国家的民众无福消受的。西方国家的资本输出，一方面为本国扩大再生产的生产资料部门创造海外的价值实现机会，构成有利于西方国家经济增长的因素；另一方面则会因生产资料部门的优先增长和资本有机构成的进一步提高，加剧西方国家内部的生产与消费脱节问题，构成不利于西方国家经济增长的因素。在不同的历史时期，资本输出对西方国家经济增长究竟起到怎样的作用，这要在不同历史时期的具体条件下加以考察。

三是西方资本主义国家无产阶级在对外经贸活动中受到的影响。西方资本主义国家对外经贸状况不仅会对资产阶级的经济利益产生影响，也会对西方国家无产阶级的就业机会和薪酬待遇产生影响，从而通过影响西方国家民众消费能力这一渠道，对西方国家生产与消费的比例关系，进而对西方国家经济增长产生影响。西方国家对外经贸活动的主导性力量是西方国家的资产阶级，但西方国家对外经贸活动对西方国家无产阶级的影响也须辩证看待。一方面，由于西方国家在

---

① 列宁．列宁专题文集・论资本主义［M］．北京：人民出版社，2009：151.

全球性生产分工协作中的有利地位，使西方国家可以利用广大亚非拉国家的廉价生产要素，从而降低西方国家进口商品的价格。这就有利于控制西方国家的物价水平，提高西方国家无产阶级的生活水平，从而有利于扩大内需和提振经济增长速度。另一方面，西方国家资产阶级主导的资本输出，使西方国家的工人阶级不得不与广大亚非拉国家的工人阶级竞争就业机会。由于广大亚非拉国家相对较低廉的工资水平，使被迫卷入全球劳动力市场竞争的西方国家工人阶级提高劳动力价格的要求被抑制，进而使西方国家工人阶级的收入水平和消费能力受到限制，不利于西方国家扩大内需和推动经济增长。西方国家对外经贸活动究竟会对无产阶级的状况进而对经济增长产生何种影响，还要视具体历史时期的具体情况而定。

第三节　西方国家经济增长速度不断下降的成因

本节在前面论述的基础上，重点分析自20世纪70年代西方国家开始从工业资本主义向金融资本主义过渡以来，经济增长速度不断下降的原因。本节的分析计划从西方国家经济增长速度下降的供给侧因素和需求侧因素分别切入，对西方国家经济增长速度下降的成因展开综合分析。

一、西方国家经济增长速度不断下降的供给侧因素

如前面所述，资本主义的经济增长，即资本主义生产方式的扩大再生产，取决于两大因素：可供资本所用的劳动力的增长和劳动力利用效率的提升。一旦剩余价值资本化的空间不足，且剩余价值生产方法的侧重不能满足提高剩余价值总量的需要，资本主义生产方式的扩大再生产就将失去动力，由此资本主义经济增长也就失去供给侧因素的支撑。进入金融资本主义阶段以后，西方国家经济增长速度不断下降的供给侧因素主要体现在以下几个方面。

（一）剩余价值资本化的空间不足

在封闭经济条件下，剩余价值资本化要进行得下去，就要求可供资本雇用的劳动者数量扩张的同时，劳动力价格不会上扬到使资本家占有无酬劳动的分配格局受到严重威胁的地步。故剩余价值资本化的进行，一方面要求劳动力商品化可以源源不断地扩充劳动力总量；另一方面也必须保持足够规模且对劳动力价格反应敏捷的产业后备军。进入金融资本主义阶段以后，西方资本主义国家在这两方

面都出现了问题，以至于西方国家因剩余价值资本化空间不足导致资本积累趋于停滞。

第一，劳动力商品化潜力殆尽。西方国家在商贸资本主义发展阶段，资本主义生产方式的扩大再生产主要是通过将越来越多的劳动者从封建生产关系的束缚中解放出来，使之成为能够自由出卖劳动力的雇佣劳动者。劳动力商品化程度的提高为剩余价值资本化进而资本主义生产关系的发展创造了日渐拓展的空间。随着西方国家进入工业资本主义阶段，工业化进程一方面加速扫除残留的封建生产关系，加速使农民转化为雇佣工人，另一方面也通过与工业化相伴随的城镇化进程使雇佣工人由分散的农村地区向城镇地区集中。雇佣工人由农村向城镇的转移，彻底割裂了他们与农村、农业的联系，彻底与能够维持其生存的农业生产资料相分离。城镇雇佣工人如果不向工业资本家出卖自身劳动力，就连维持自身及家庭生存的生活资料都无法获得。由此劳动力商品化程度在工业资本主义阶段得到空前提高，加速了剩余价值资本化和资本主义性质的经济增长。西方资本主义国家经历工业资本主义阶段 200 多年的发展，在进入金融资本主义阶段时却面临着劳动力商品化潜力殆尽的问题。由图 6－4 可见，自 1960 年以来，主要西方资本主义国家的城镇化均呈现出高水平、低增长的态势。在 1970 年时，美国等 5 个主要资本主义国家的城镇化率均超过 70% 水平，此后城镇化率就处于极其缓慢

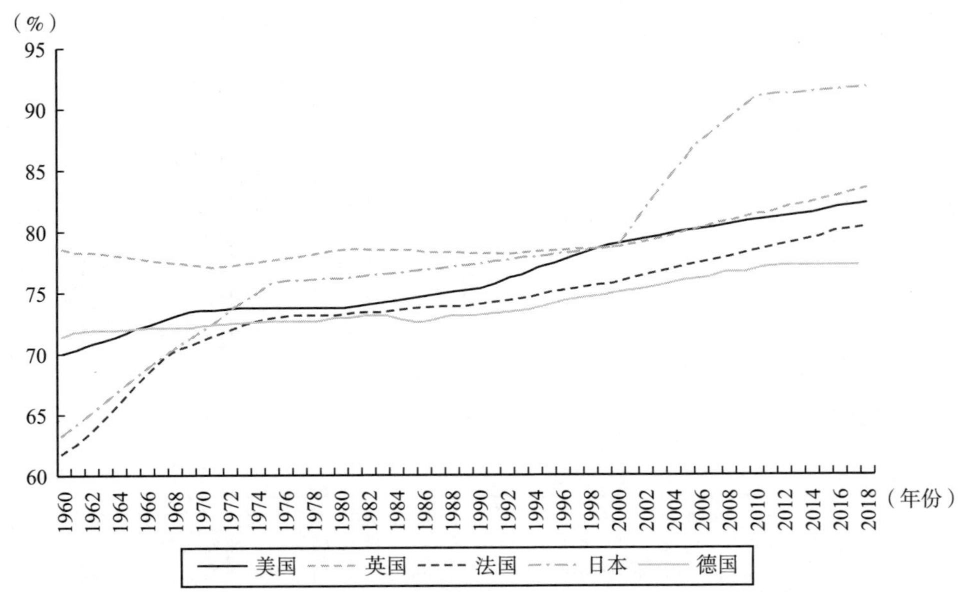

图 6－4　1960～2018 年主要西方资本主义国家城镇化率变化趋势

资料来源：世界银行。

上升的态势。在2018年时，日本城镇化率已经高达91.62%，5国中城镇化率最低的德国也已达到77.3%。这就意味着如果不能大量从国外引入移民，西方资本主义国家通过进一步城镇化增加雇佣工人的总量已经潜力有限。劳动力商品化潜力逐渐耗尽，限制了西方资本主义国家剩余价值资本化的发展空间，从而降低了西方资本主义国家资本积累的动力，使西方资本主义国家的经济增长速度持续下降。

第二，产业后备军去技能化严重。在工业资本主义阶段，产业后备军的存在使剩余价值资本化过程中的劳动力价格波动始终处于受资产阶级控制、不严重威胁资本主义扩大再生产的范围内。在经济繁荣阶段，产业后备军可以迅速补充到现役劳动军中，从而抑制工资的上涨和避免对利润造成侵蚀；在经济萧条阶段，相对过剩人口的蓄积给现役劳动军造成压力，在促使工资下降的同时还为资本家提高剥削程度创造有利条件。在向金融资本主义过渡的过程中，西方资本主义国家普遍出现了以工业体系残缺化为特征的去工业化过程，众多中低端制造业向国外转移，本国在仅保留少部分高端制造业的同时大力发展服务业。这一产业结构的变迁对西方国家的就业结构产生了深刻影响。一方面，服务业虽提供了大量就业岗位，但对劳动者技能的要求却相对较低；另一方面，少数高端制造业虽对解决就业问题作用较小，但对劳动者技能的要求却不断提高。这就使西方国家大多数劳动者出现去技能化趋向，与高端制造业发展密切相关的高技能人才均未大幅增加。以日本和德国这两个高端制造业发展相对较好的西方国家来看（见图6－5），

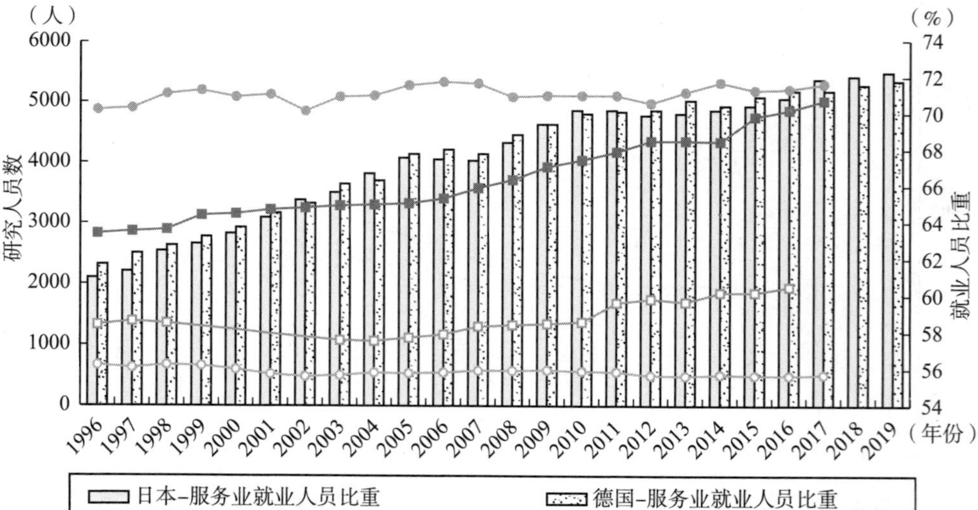

图6－5　1998～2017年日本、德国服务业就业情况和研发部门就业情况

资料来源：世界银行。

无论是在日本还是德国，每百万人研发部门研究人员数和工程师数均未出现显著增加的趋势。从德国不同受教育程度劳动者失业率比较来看（见表6－1），教育程度越低，则劳动者面临的失业率也越高。这表明西方国家的产业后备军去技能化倾向日益强化，即便西方国家剩余价值资本化突然加速，产业后备军也难以迅速补充到现役劳动军中，从而工资的飞涨会中断剩余价值资本化，降低资本积累速度，使西方国家难以维持较高速度的经济增长。

表6－1　　1998～2018年德国不同受教育程度劳动者失业率　　单位：%

年份	受高等教育劳动者失业率	受中等教育劳动者失业率	受基础教育劳动者失业率	年份	受高等教育劳动者失业率	受中等教育劳动者失业率	受基础教育劳动者失业率
1998	5.50	9.95	14.93	2009	3.39	7.60	15.62
1999	5.03	8.65	13.89	2010	3.02	6.83	14.69
2000	4.26	7.89	12.53	2011	2.37	5.70	12.94
2001	4.13	8.04	11.55	2012	2.31	5.23	12.19
2002	4.26	8.66	13.34	2013	2.35	5.09	11.79
2003	4.97	10.02	15.73	2014	2.47	4.63	11.71
2004	5.40	11.15	17.62	2015	2.32	4.24	11.15
2005	5.51	11.13	19.12	2016	2.19	3.69	10.06
2006	4.79	9.90	18.63	2017	1.98	3.29	9.44
2007	3.82	8.25	16.98	2018	1.87	2.88	8.79
2008	3.31	7.22	15.30				

资料来源：世界银行。

（二）相对剩余价值生产方法的过度依赖

资本主义积累的一般规律决定了资本积累进行到一定程度必须以劳动生产率的提高作为加速积累的杠杆。[①] 故资本主义生产方式越是发展，资本积累越是推进，要使剩余价值顺利转化为资本，资本家就会在剩余价值生产方法中增加对相对剩余价值生产方法的倚重。资本主义社会中无产阶级为反抗工业资产阶级的压迫和剥削所展开的斗争，也在某种程度上刺激了资本家加重对相对剩余价值生产

① 马克思，恩格斯．马克思恩格斯文集（第5卷）[M]．北京：人民出版社，2009：717.

方法的依赖。无产阶级的斗争迫使资本家不得不接受工作日长度的缩短，从而使资本家在使用绝对剩余价值生产方法时遇到了约束条件不断加强。为维持剩余价值率不至于因工作日长度的缩短而下降，资本家只会更加积极地引进节约劳动的新技术，从而使劳动生产率加速提高的同时让资本有机构成也加速提高。但社会平均资本有机构成水平的提高，最终却会因生产价格规律的作用而使社会平均利润率趋于下降。在封闭经济条件下，当社会平均利润率下降到一定程度时，资本家也就失去了进一步积累和扩大生产的动力，从而剩余价值资本化进程也随之中断。在开放经济条件下，由于各个国家和地区因劳动生产率差异而存在社会平均资本有机构成的差异，故不同国家和地区的社会平均利润率也有所差异。这就会促使资本家将只在社会平均利润率较高的国家和地区增加投资、扩大生产，甚至将社会平均利润率较低的国家和地区的产业资本存量也转移到更加有利可图的地方去。作为社会平均资本有机构成较高、社会平均利润率较低的地区，西方资本主义国家无论选择开放还是封闭，都无法有效地激励资本家在本国增加投资、扩大积累，剩余价值资本化在这些国家遭遇到极大困难，资本主义扩大再生产即经济增长也就难以持续下去。

20 世纪 70 年代西方资本主义国家进入金融资本主义发展阶段之后，尽管出现了越来越明显的去工业化趋势，但在西方主要资本主义国家体系残缺的制造业部门中，对相对剩余价值生产方法的倚重和依赖仍在不断增强。从图 6 - 6 可见，1991 年美国劳均国内生产总值为 76464. 97 美元（注：2011 年不变价格，下同）、英国为 57545. 54 美元、法国为 73913. 74 美元、日本为 60881. 17 美元、德国为 69297 美元；至 2019 年，美国劳均国内生产总值增加到 117226. 84 美元、英国增至 82216. 83 美元、法国增至 97407. 5 美元、日本增至 77383. 9 美元、德国增至 92717. 68 美元；1991 ~ 2019 年，美国劳均国内生产总值增幅 53. 3%、英国为 42. 87%、法国为 31. 78%、日本为 27. 1%、德国为 33. 8%。西方主要资本主义国家工业部门对劳动力的排斥也在不断增强。从图 6 - 7 可见，1991 ~ 2019 年，美国工业就业人员比重由 25. 48% 降至 19. 18%，英国由 30. 06% 降至 17. 97%，法国由 29. 13% 降至 20. 15%，日本由 34. 59% 降至 24. 38%，德国由 36. 15% 降至 26. 88%。西方资本主义国家的资本家对相对剩余价值生产方法的过度依赖，不仅使资本家主导下的科技进步成为加强对无产阶级剥削的有利工具，还反过来加剧了社会平均利润率的下降，从而使资本家也失去资本积累和扩大生产的动力，对西方国家的经济增长产生显著的负面效应。

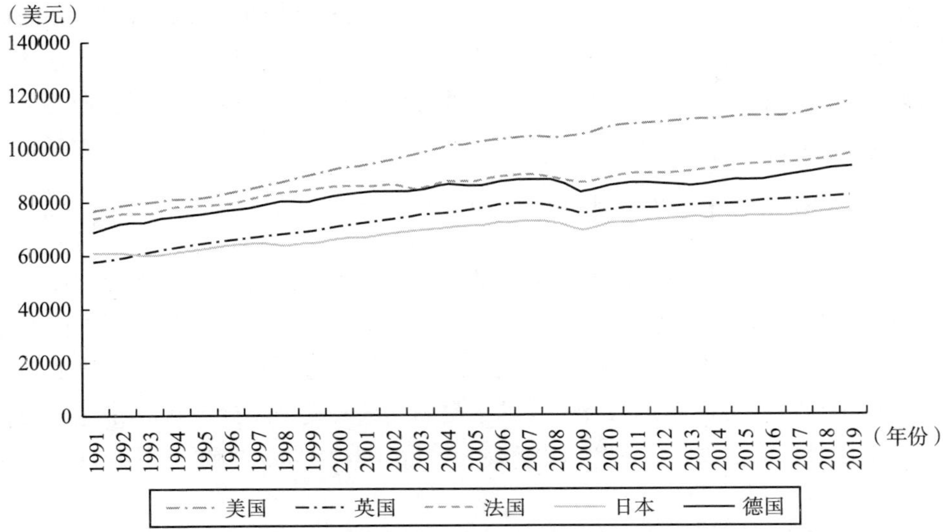

图 6－6　1991～2019 年主要西方资本主义国家劳均国内生产总值

资料来源：世界银行。

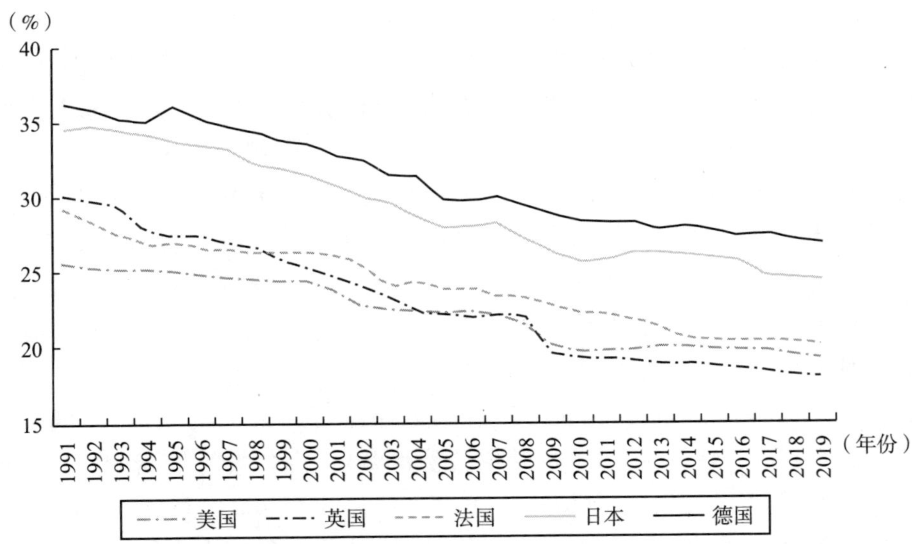

图 6－7　1991～2019 年主要西方资本主义国家工业就业人员比重

资料来源：世界银行。

二、西方国家经济增长速度不断下降的需求侧因素

西方资本主义国家经济增长不仅受到供给侧因素的影响，还受到需求侧因素

的影响。在前面的分析中，已经分析了西方国家经济增长的供给侧因素是如何助推西方国家经济增长速度不断下降的趋势的。本阶段的分析则主要聚焦西方国家经济增长的需求侧因素，考察这些因素在西方国家经济增长速度不断下降的过程中发挥怎样的作用。

（一）收入分配不均积重难返

自20世纪70年代以来西方资本主义国家经济增长速度的不断下降，在需求侧常表现为国内有效需求的不足。而西方资本主义国家长期存在的所谓国内有效需求不足，则是由西方国家的收入分配状况决定。西方国家收入分配不均的态势积重难返，导致西方国家国内有效需求不足的问题长期得不到解决，是拖累西方国家经济增长的重要原因。西方国家收入分配不均问题，主要表现在以下两个方面：

一方面，资本主义生产资料私有制决定了西方国家的初次分配必然表现为“强资本、弱劳工”的分配状况，初次分配环节收入差距拉大有深刻制度根源。自20世纪70年代以来，主要西方资本主义国家纷纷由工业资本主义阶段向金融资本主义阶段过渡。但这一资本主义发展阶段的过渡，并没有改变西方国家收入分配制度是以资本主义生产资料私有制为前提和基础这一事实。资本主义生产资料私有制决定了资本家可凭借对生产资料的私人占有，达到无偿占有工人创造的剩余价值的目的。这一分配制度决定了西方资本主义国家的工人不可能拿回自己生产的全部产品，必定要在剩余劳动时间里为资本家创造剩余价值。随着社会劳动生产率的提高，工人工作日中必要劳动时间相对减少的同时，剩余劳动时间却在相对延长。这就决定了在新创造的社会财富中，工人所拿走的份额相对减少，资本家拿走的份额则相对增加。西方资本主义国家初次分配的制度安排已经决定了西方国家初次分配的基本格局是“强资本、弱劳工”，必然存在收入差距不断拉大的倾向。以美国为例（见表6－2），1979年时美国基尼系数为34.6%，收入最高20%者的收入份额为41.2%，收入最低20%者的收入份额为6.4%；到2016年时，美国基尼系数上升至41.5%，收入最高20%者的收入份额上升到46.9%，收入最低20%者的收入份额下降到5%。由此可见，进入金融资本主义阶段以后美国收入分配的基本特征是：少数资本家及其附庸者财富的快速积累与大多数劳动民众收入的相对减少并存。

表 6－2　1979～2016 年美国基尼系数及不同收入阶层收入份额变化趋势　单位：%

项目	1979 年	1986 年	1991 年	1994 年	1997 年	2000 年	2004 年	2007 年	2010 年	2013 年	2016 年
基尼系数	34.6	37.5	38.2	40.2	40.8	40.4	40.5	41.1	40.4	41	41.5
收入最高 20%者的收入份额	41.2	43.2	43.9	45.7	46.3	46	46	46.5	45.7	46.4	46.9
收入次高 20%者的收入份额	12	11.2	11	10.6	10.5	10.6	10.7	10.5	10.5	10.3	10.2
收入中间 20%者的收入份额	16.9	16.5	16.3	15.7	15.5	15.6	15.7	15.5	15.7	15.4	15.3
收入次低 20%者的收入份额	23.4	23.6	23.3	22.7	22.4	22.3	22.5	22.5	22.9	22.7	22.6
收入最低 20%者的收入份额	6.4	5.5	5.5	5.3	5.3	5.4	5.2	5.1	5.1	5.1	5

资料来源：世界银行。

另一方面，西方国家政权的资本主义性质决定了西方国家政府干预手段无法解决收入分配中的根本矛盾，再分配环节对收入差距拉大的纠正作用有限。在工业资本主义发展阶段，随着资本主义经济危机破坏力的增强，资本主义国家也经历了由自由竞争资本主义到私人垄断资本主义再到国家垄断资本主义的演进。西方国家试图通过加强国家干预来克服资本主义经济危机对本国经济发展的影响。西方国家政府在越来越积极干预经济的过程中，也通过所得税、转移支付等工具试图在再分配环节缩小收入差距。但西方国家的政府干预并不改变一个基本事实，即西方国家政权的本质是资产阶级的“共同事务委员会”。[①] 因此，一是在西方国家的经济与政治领域居于统治地位的资产阶级并不会允许西方国家政府干预手段威胁到资本主义生产资料私有制本身，这就决定了导致西方国家收入分配不断拉大的制度根源无法被废除。二是资产阶级允许西方国家政府去行使的干预经济的权力，始终依赖于资产阶级愿意为这一国家职能提供的财力支持。一旦资产阶级发觉由政府行使更大权力不利于其自身利益的最大化，难以获得足够财力支持的西方国家政府也只能举债度日，西方国家政府在再分配环节中调节收入分配格局的能力也就羸弱到不足以逆转收入差距拉大趋势的程度。从表 6－3 可见，

① 马克思，恩格斯．马克思恩格斯文集（第 5 卷）[J]．中共中央马克思恩格斯列宁斯大林著作编译局，译．北京：人民出版社，2009：33.

英国、美国和日本这3个具有代表性的西方资本主义国家，自1989年以来均呈现出中央政府债务迅速增加的趋势。1990年时，英国中央政府债务占国内生产总值比重仅30.2%，美国为40.82%，日本为52.77%；到2015年时，英国中央政府债务占国内生产总值比重上升到106.72%，美国上升到97.37%，日本则上升到197.95%。债台高筑的西方国家政府无力逆转收入差距不断拉大的倾向，也就无力解决本国国内有效需求不足的问题，生产与消费的鸿沟越拉越大，给西方国家经济增长带来的负面影响也越来越深。

表6-3 1989~2016年英国、美国和日本中央政府债务占GDP比重变化趋势 单位：%

年份	英国	美国	日本	年份	英国	美国	日本
1989	—	39.02	—	2003	39.21	55.99	125.94
1990	30.20	40.82	52.77	2004	42.57	56.40	131.46
1991	29.19	43.95	38.92	2005	44.31	56.30	131.57
1992	30.40	45.92	39.74	2006	43.83	55.31	131.62
1993	35.31	48.10	42.78	2007	44.92	55.65	134.82
1994	40.48	47.21	56.17	2008	55.36	64.04	139.80
1995	44.13	47.06	62.78	2009	69.58	76.34	158.42
1996	43.83	46.59	66.62	2010	83.01	85.62	161.60
1997	44.82	43.96	74.58	2011	96.77	90.20	177.49
1998	46.32	41.01	82.19	2012	100.91	94.41	185.12
1999	43.27	37.61	93.24	2013	96.79	96.61	187.42
2000	42.78	33.16	102.39	2014	107.74	97.09	193.43
2001	38.62	15.11	106.45	2015	106.72	97.37	197.95
2002	39.14	53.63	115.95	2016	—	99.45	—

资料来源：世界银行。

（二）资本输出趋势不断强化

如本章第二节所述，资本输出在不同的历史阶段对西方资本主义国家经济增长的影响有所不同。在工业资本主义发展阶段，资本输出是主要资本主义国家解决本国市场有效需求不足的重要举措，不断开拓的国际市场不仅有助于解决本国资本相对过剩，还能随着本国产业资本的输出为本国优先增长的生产资料部门找到市场，进而促进本国以重工业化为特征的产业升级和以工业化为动力的经济增长。但随着 20 世纪 70 年代以后西方国家工业资本主义的衰弱，西方资本主义国家的对外资本输出也出现了性质转变。西方资本主义国家较高的社会平均资本有机构成和较低的社会平均利润率在使金融资本不再有动力在国内进行资本积累的同时，金融资本集团也倾向于将本国的生产线随着产业资本输出成批成套地转移到发展中国家去。如果说工业资本主义阶段产业资本的输出为西方国家生产资料部门的优先增长创造条件，那么在金融资本主义阶段西方国家的去工业化浪潮中，产业资本输出则是将西方国家上百年工业化进程培育起来的生产资料部门彻底废弃掉。因此，在金融资本主义阶段，资本输出由曾经促进西方国家产业升级和经济增长的积极因素，转变为不利于西方国家产业体系健康和保持经济增长的消极因素。金融资本主义阶段西方国家的产业资本输出规模越大、速度越快，则西方国家的产业结构就越是朝着去工业化和经济金融化的方向发展，西方国家物质财富创造能力也越是随之衰减，西方国家劳动者对金融资本的经济依附性就越是增加，西方国家的收入分配状况也就越是朝着对金融资本有利而对劳动者不利的方向发展。如是种种倾向不被遏制地肆意膨胀，必然使西方国家越来越难以维持长期稳定的经济增长速度，经济增长速度的持续下降不可避免。从表 6 – 4 可见，自 1970 年以来，主要西方资本主义国家 FDI 净流出额呈现快速增长态势。1970 年美国 FDI 净流出额为 64.9 亿美元、英国为 16.78 亿美元、法国为 3.65 亿美元、日本为 3.55 亿美元、德国为 10.7 亿美元；2017 年美国 FDI 净流出额达到 3845.72 亿美元、英国达到 1280.4 亿美元、法国达到 514.59 亿美元、日本达到 1738.39 亿美元、德国达到 1373.95 亿美元。持续近半个世纪的产业资本输出，已经使西方资本主义国家去工业化和经济金融化达到极深的程度，曾经在全球工业化进程中一马当先的西方国家均已失去完整的工业体系和强大的工业能力，物质财富生产能力的丧失使西方国家只能依赖对国际货币发行权等国际经济规则制定权的垄断，通过金融业等服务产业在全球范围内寄生性地攫取他国创造的财富，极力维持低速且不稳定的经济增长。

表 6 – 4　　1970 ~ 2017 年主要西方资本主义国家 FDI 净流出额　　单位：亿美元

年份	美国	英国	法国	日本	德国
1970	64.90	16.78	3.65	3.55	10.70
1975	137.30	30.01	13.38	17.63	21.81
1980	190.40	112.29	30.95	23.85	41.61
1985	36.80	106.06	22.43	64.40	54.96

续表

年份	美国	英国	法国	日本	德国
1990	599.40	279.83	348.23	507.75	240.37
1995	1100.60	565.09	158.21	226.30	398.20
2000	1863.70	2920.47	1735.66	450.27	981.70
2005	525.91	1599.10	1188.59	516.65	889.83
2008	3435.83	3566.96	1359.54	1136.44	979.90
2011	4366.16	808.34	644.60	1168.35	1078.30
2014	3875.29	-1139.15	530.83	1379.24	1075.89
2017	3845.72	1380.40	514.59	1738.39	1373.95

资料来源：世界银行。

第四节　西方国家改善经济增长努力失败的必然性

自20世纪70年代主要西方资本主义国家进入金融资本主义阶段以来，西方国家在应对经济增长速度持续下降的问题中，也采取过种种努力。但西方国家所采取的这些努力基本以失败告终。本节讨论的重点是为什么西方国家改善经济增长的努力必然失败。对这一问题的讨论，仍要回到资本主义生产方式的矛盾运动中去，从工业资本主义向金融资本主义过渡过程中资本主义生产方式发生的局部质变切入，展开对西方国家改善经济增长努力失败必然性的分析。笔者以为，70年代以来，国家垄断资本主义的失败和国际垄断资本主义的兴起，是西方国家经济增长提振无望的制度根源。

一、国家垄断资本主义失败与西方国家经济增长停滞常态化

第二次世界大战结束后西方国家的政府干预是国家垄断资本主义下西方国家稳定经济增长的主要渠道，政府干预能力的强弱关系到西方国家经济增长的态势。在20世纪70年代西方国家开始步入金融资本主义阶段以来，国家垄断资本主义在缓和资本主义社会根本矛盾上日渐力不从心。国家垄断资本主义的失败削弱了西方国家政府的干预能力，进而使西方国家政府不再能够推进西方国家的经济增长。

（一）资本主义社会基本矛盾与国家垄断资本主义的失败

生产力与生产关系之间的矛盾运动，是人类社会的基本矛盾，也是推动人类社会经济形态由低级向高级发展的根本动力。在资本主义社会经济形态中，生产社会化与生产资料私人占有之间的矛盾则构成资本主义社会基本矛盾。资本主义社会基本矛盾的运动发展，推动着资本主义生产方式不断发生量变与局部质变。在商贸资本主义发展阶段，由简单协作到工场手工业的发展，使生产社会化水平较资本主义生产出现之前有了显著提高。资本主义生产资料私有制由于将个人的有限生产资料转化为一批人共同使用的生产资料，从而适应了社会化生产发展的需要。一旦商品生产和交换成为社会分工的基本形式，商品的价值实现问题也随之浮出水面。社会化生产与资本主义私人占有之间的矛盾外化为生产的无计划性和商品价值的实现困难。作为解决生产无计划性的办法，资本家只有通过资本积累扩大手中支配的生产资料，从而让更大规模的、有组织的生产处于资本家的支配之下。资本主义积累的一般规律迫使资本家不断扩大生产、改进技术，最终启动了资本主义工业化进程。

进入工业资本主义发展阶段后，在社会化生产的水平大幅提高的同时，生产的无计划性和商品价值实现问题却非但未得到解决，反倒以更猛烈的形式表现出来。工厂中的有组织性和社会生产的无计划性之间的对立①导致资本主义经济危机频频发生。为克服由社会化生产与资本主义私人占有之间矛盾所导致的社会生产的无计划性，大资本一方面通过资本积累和资本集中的手段扩大自身实力；另一方面也在自由竞争中不断吞并中小资本，垄断组织的形成使垄断资本控制下的有组织的生产进一步扩大，自由竞争资本主义开始向私人垄断资本主义过渡。但私人垄断资本主义对社会化大生产的驾驭也是有限度的。一旦社会化生产取得进一步发展，垄断组织内部的有组织生产和社会范围内的生产无计划性的对立，还是会导致商品价值实现问题以破坏力更强的经济危机的形式表现出来。为了维护垄断资本的利益，也为了缓和社会生产无计划性的矛盾，垄断资本家们不得不将手中掌握的部分社会权力让渡给国家，以政府干预的手段试图解决社会生产无计划性导致的剩余价值实现难题，国家垄断资本主义应运而生。须承认的是，在第二次世界大战结束后至20世纪70年代前的一段时期内，国家垄断资本主义一度有效地驾驭了社会化生产所释放的强大生产力，西方国家也经历了长时期的高速经济增长。但随着第二次世界大战结束后社会化生产的进一步发展，经济全球化

① 马克思，恩格斯．马克思恩格斯文集（第3卷）［M］．北京：人民出版社，2009：554.

加速使生产协作不再是某个国家的事情。各个国家范围内有组织的生产与全球范围内生产无计划性之间的对立，资本主义社会基本矛盾找到了最新的表现形式。国家垄断资本主义由于无法在经济全球化条件下驾驭更高水平的社会化生产，商品价值实现问题又以全球性经济危机的形式表现出来。可见，资本主义社会基本矛盾的运动发展，决定了作为缓和这一基本矛盾而出现的国家垄断资本主义，最终也将随着基本矛盾的运动发展而走向失败。

（二）资本利益与政府干预冲突下的西方政府干预能力必然衰弱

与工业资本主义发展阶段早期的自由竞争资本主义截然不同，国家垄断资本主义的形成直观表现为西方资本主义国家政府干预能力的空前增强。在自由竞争资本主义时期，资本家支配下的有组织的工厂协作，与当时社会化生产的水平相适应，也符合资本家无偿占有剩余价值的目的。国家政权对经济活动的干预，对资本家无偿占有剩余价值这一目标来说并无明显的裨益，故作为“守夜人”的政府只要能够提供资产阶级统治所需要的法律与制度环境，就能够满足资产阶级的整体利益需要。在这样的历史条件下，经济自由主义的盛行也就理所当然。但是随着资本主义社会基本矛盾在自由竞争资本主义时期的运动发展，有组织的工厂协作与无组织的社会生产之间的对立日渐突出，商品相对过剩的经济危机周期性出现，剩余价值的实现问题越来越成为困扰整个资产阶级的重大利益问题。剩余价值实现问题的激化在使资本主义经济危机更加频繁更加具有破坏力的同时，也促使垄断资本家不得不将其攫取来的部分剩余价值以税收或国债等方式让渡给西方国家的政府。西方国家通过政府购买或转移支付等形式的政府干预，试图缓和由社会生产无计划性所导致的剩余价值实现问题，确保资产阶级的整体利益能够最大限度地实现。可见，国家垄断资本主义时期西方国家政府空前加强的政府干预能力，其实质是维护资产阶级利益的需要。

西方国家政府干预的实质，也决定了西方国家的政府干预能力必然具有有限性和脆弱性。之所以在国家垄断资本主义形成之初西方国家政府干预能力能够得到空前增强，完全是由于西方国家政府干预能力的增强有助于垄断资产阶级暂时缓和剩余价值实现问题，并能够有助于巩固垄断资产阶级在经济与政治上的统治地位。西方国家政府干预能力增强的前提条件，是政府干预能够使垄断资本的利益最大化，而非使全社会利益的最大化。但随着国家垄断资本主义的发展和西方国家政府干预的深入，资本利益与政府干预之间的冲突也会趋于明朗。由于资本主义生产资料私有制并不会因政府干预能力的增强而被取消，因此西方国家收入分配拉大的制度根源也依旧存在。故导致西方国家有效需求不足的制度根源也一直存在。在西方国家政府干预下实现的剩余价值最终绝大部分还要被垄断资本家转化为新的资本，从而生产能力的无限扩大与消费能力的相对萎缩并存的局面只会得到强化。西方国家为解决这一矛盾，必然需要动用越来越多的资源加强政府干预。为此，西方国家政府就必然要求垄断资本家让渡更多剩余价值，这就会导致垄断资本家最终占有的剩余价值相对减少。而垄断资本家一旦觉得向政府让渡更多资本权力是一出“不划算的买卖”，垄断资本利益最大化与政府干预效果最优化之间的冲突也就公开化了。当增强西方国家政府干预能力的前提条件被打破，西方国家政府干预能力的增长就将跟不上全社会对政府干预的需要的增长，由此导致西方国家政府干预能力的相对衰弱和西方国家政府干预效果的弱化。

（三）政府干预能力衰弱与西方国家经济增长的停滞

我们已经知道，资本主义经济增长的本质是资本主义生产方式的扩大再生产。进入到国家垄断资本主义时期以后，资本主义扩大再生产的进行已经使占人口极少数的垄断资产阶级与占人口大多数的劳动者阶级甚至中小资产阶级相对立。占有大量社会财富的垄断资产阶级由于不愿意将手中的财富让渡出来，就必然使担负维持社会总供求平衡职能的西方资本主义国家政府，不再有充足的、可调动的经济资源用以保持与所承担职责相匹配的政府干预能力。西方国家政府干预能力的衰弱，使西方国家社会总供求失衡的问题再次突出，严重威胁到资本主义扩大再生产本身。西方国家内资本主义扩大再生产的停滞，则必然使与资本主义扩大再生产相关联的剩余价值资本化过程趋于停滞，从而在工业资本主义发展阶段推动工业化进程的资本积累也随之减速，西方国家在工业资本主义阶段所取得的发展成就也成为历史。

自 20 世纪 70 年代以来，尽管面临严重的经济滞胀问题，为求私利的垄断资产阶级却全然不顾西方国家严重的经济与社会问题，反而极力鼓吹新自由主义，以效率优先的名义主张削弱甚至废除西方国家在第二次世界大战结束后建立起来的政府干预制度体系，不断弱化西方国家政府干预能力。近 40 年来的实践已经证明，新自由主义所鼓吹的市场机制效率至上论和政府干预效率损失论，并没有为西方资本主义国家找到一条实现可持续经济增长的发展道路。相反，西方国家政府在新自由主义的“指导”下，不断弱化政府干预经济的能力，不仅使资本主义经济危机频频爆发，还使西方国家经济增长趋于停滞。以美国为例，1961～1969 年 GDP 年均增长率为 4.7%，1970～1979 年下降到 3.5%，1980～1989 年降至 3.1%；1990～1999 年受冷战结束后经济全球化加速的影响 GDP 年均增长率仅略微上升至3.2%；2000～2009年先后爆发的科技股泡沫破灭和次贷危机导致美国GDP年均增长率降至1.8%；2010～2016年尽管实行了量化宽松货币政策，美国GDP年均增长率也仅有2.1%。随着量化宽松货币政策效果的逐渐消散，当前美国所谓的"强劲"经济增长也已经是强弩之末。而日本、欧盟等西方经济体自20世纪90年代以来长期处于低增长、高失业的停滞之中，2008年世界金融危机的爆发更是使这些国家陷入主权债务深渊而无法自拔。当前在美国努力维持经济增长的同时，日本、英国、德国等西方国家或是处于经济衰退的边缘，或是已经深陷衰退。国家垄断资本主义的失败和西方国家政府干预能力的衰弱，使这些国家提振经济增长速度的努力成为一种奢望，西方国家已经失去改善经济增长的能力。

二、国际垄断资本主义形成与西方国家经济增长停滞常态化

资本主义生产方式的运动发展并没有随着国家垄断资本主义在西方国家的失败而停止。相反，20世纪70年代西方国家开始进入金融资本主义阶段以后，资本主义生产方式再次发生局部变化，国家垄断资本主义被国际垄断资本主义所取代。国际垄断资本主义的形成预示着资本主义世界体系发生重大变革，而这一变革也对西方国家经济增长停滞带来了深刻影响，西方国家重振经济增长速度的努力变得更加渺茫。

（一）经济全球化与国际垄断资本主义的形成

生产协作的规模越大、水平越高，则社会化生产所释放的社会生产力也越高。占有更多剩余价值的需要，迫使资本不断扩大其支配的生产协作的范围，从而使发展起来的协作生产力表现为资本的生产力。整个资本主义生产方式的历史，也可以被视为是资本支配下的生产协作不断扩大、资本生产力不断增强的历史。第二次世界大战结束以后，社会化生产的最新发展动向，是以生产、贸易和投资的全球化为特征和内容的经济全球化。经济全球化的加速发展，使生产协作超过一国或一地区的范围，成为全世界范围内多个国家和地区共同参与的生产协作。但战后不断加速的经济全球化，本质上是资本的全球化。资本主义生产关系决定了私人占有生产资料的垄断资本家不会允许全球性的生产协作离开他们的控制。经济全球化进程中形成的全球生产网络，必须置于垄断资本的支配和操纵之下，才能取得垄断资本家的配合和支持。因此，第二次世界大战结束后的经济全球化，其实也是资本主义生产方式在地理空间上的扩大再生产，其直接结果就是

资本主义世界体系的空前扩张。由于生产协作的规模更大了、水平更高了，垄断资本家要对全球生产网络加以有效支配和控制，国家政权的力量不仅在很多时候是力不从心的，而且在一定程度上阻碍了资本的跨国流动和全球扩张。打破国家和地区的界限，赋予资本在社会生产组织上的更大自由，就成为垄断资本家最直接的利益诉求。

20 世纪 70 年代以后，西方国家经济滞胀问题的出现为垄断资产阶级提供了绝佳的机会和理由。垄断资产阶级通过鼓吹新自由主义，主张市场在资源配置中发挥更大作用。在这一舆论背景下，西方国家大幅度削弱和废除政府干预和资本管制，允许资本跨国流动和全球配置。搭上全球化快车的西方国家垄断资产阶级，由此顺利地将西方国家政权抛开一边，升级为国际金融资本集团。新兴的国际金融资本集团凭借其在资金、技术、市场等方面的垄断优势，以全球金融市场为依托，在全球范围内大肆扩张，廉价收购各国资源，控制各国经济命脉，迅速形成和壮大支配在国际金融资本集团手中的全球生产网络。国际垄断资本主义也随着垄断资本在全球范围内的空前扩张而迅速形成。经济全球化与国际垄断资本主义的并行发展，是资本主义社会基本矛盾在金融资本主义阶段的具体表现形式。经济全球化是金融资本主义阶段社会化生产发展水平的标志，而国际垄断资本主义则是金融资本主义阶段生产资料私人占有的实现方式。由此可见，在金融资本主义阶段，资本主义社会基本矛盾并未改变，仍是社会化生产与生产资料私人占有的对立，只是这种对立具体表现为经济全球化与国际垄断资本主义的对立。这也就决定了资本主义社会基本矛盾在金融资本主义阶段仍会集中爆发。西方国家经济增长的停滞，正是资本主义社会基本矛盾在金融资本主义阶段集中爆发的具体表现。

（二）国际金融资本集团的全球逐利与西方国家全球经济地位的必然衰弱

在金融资本主义阶段，国际金融资本集团借助经济全球化浪潮助推国际垄断资本主义全球扩张的直接目的，是赚取更多的剩余价值。一个国家或地区的工业化进程与经济持续增长，并不是国际金融资本所需要关心的事情。国际金融资本集团只关心如何在全球范围内配置产业资本和搭建国际分工协作格局，能够为他们创造尽可能多的剩余价值。如果一个国家或地区因国际金融资本集团的“垂青”而实现工业化进程的加速和经济总量的持续增长，也仅是国际金融资本集团在追逐和攫取剩余价值过程中产生的某些“正外部性”而已。国际金融资本集团全球逐利的需要，决定了国际金融资本集团支配下的产业资本全球布局必然遵循比较优势的原则。国际金融资本集团对所有的国家和地区都是一视同仁的，只要在某个国家或地区布局产业资本有利于创造更多的剩余价值，那么这个国家或地区也就具有了比较优势。在预付资本量既定情况下赚取更多剩余价值和在剩余价值量既定情况下预付更少资本，是国际金融资本集团支配下产业资本全球布局的基本原则。具有所谓比较优势的国家与地区，要么是由于资源的廉价从而预付的不变资本较少，要么是由于劳动力廉价从而预付的可变资本较少，总之能够帮助国际金融资本集团节约资本预付量，从而成为绝佳的投资场所。

国际金融资本集团的全球逐利必然导致西方国家全球经济地位的衰弱，特别是在物质财富创造能力方面的全球地位下降。在工业资本主义阶段，西方国家由于在工业化进程上远远领先于亚非拉地区，因此具有了那个时代最为强大的物质财富创造能力。但也由于工业资本主义阶段上百年的资本积累，西方国家在金融资本主义阶段不再是国际金融资本集团青睐的产业资本聚集目的地。一方面由于西方国家工人阶级长期坚持不懈的斗争，西方国家工人阶级的收入水平和生活水平比发展中国家更高。这就意味着国际金融资本集团如要继续在西方国家投资，那么在剩余价值量既定情况下须预付的可变资本量较高。另一方面，由于西方国家经济与社会的发展，西方国家民众对于工业生产带来的资源消耗和环境污染问题更为敏感。为补偿资源消耗和环境污染带来的社会成本，国际金融资本集团继续在西方国家进行生产所需预付的可变资本量也比发展中国家更高。这就决定了国际金融资本集团如果继续在西方国家配置产业资本进行工业生产，其利润远不如将产业资本转移到发展中国家那么丰厚。对于国际金融资本集团而言，西方国家已经不再是在工业生产方面具有比较优势的国家和地区，将工业生产转移到发展中国家是有利可图的。西方国家唯有比较优势的产业，只剩下为垄断资本家全球攫取财富提供便利的生产性服务业和为垄断资本家提供各种享受的生活性服务业。因此，在国际金融资本集团主导下的产业资本全球布局中，西方国家在财富生产能力方面的全球地位必然衰弱。

（三）全球经济地位衰弱与西方国家经济增长的停滞

自20世纪70年代西方国家进入金融资本主义阶段以来，越来越严重的去工业化和经济金融化已经使西方国家财富生产能力急剧衰弱，西方国家在全球制造业中的地位持续下降。西方国家物质财富创造能力的下降和全球经济地位的衰弱，通过供给侧因素和需求侧因素的共同作用，加速了西方国家经济增长停滞常态化局面的出现。

一方面，从经济增长的供给侧因素来看，西方国家不仅失去了剩余价值资本化的动力，还失去了加强相对剩余价值生产的能力。由于西方国家在国际金融资本集团支配下的全球生产体系中的地位下降，国际金融资本集团已经不再倾向于将产业资本布局在西方国家，这就使西方国家的剩余价值资本化趋于停滞。这一停滞的后果是西方国家的劳动力商品化程度难以进一步提高，产业后备军队伍也面临越来越严重的去技能化问题。投资不振成为西方国家经济生活中的常态，工业生产能力的萎缩和衰弱成为难以逆转的事实。与此同时，由于工业生产能力的萎缩和衰弱，纵然在高科技领域尚有一定的历史积淀和竞争优势，但西方国家难以在本国为这些先进科学技术找到转化为现实生产力的机会和平台。以在物联网领域运用前景极为广泛的5G移动通信技术为例，西方国家在5G技术的研发方面投入颇多，但西方国家工业生产能力的衰弱却使西方国家难以为5G技术产业化提供足够多的运用场景，从而使西方国家在5G技术产业化领域上开始落后于中国。可见，随着西方国家全球经济地位的衰弱，西方国家越来越难以找到经济增长的新动能。

另一方面，从经济增长的需求侧因素来看，西方国家的收入分配状况和对外经贸状况决定了西方国家有效需求不振的局面难以逆转。首先，进入金融资本主义阶段以后，西方国家的收入分配格局朝着越来越有利于国际金融资本集团和越来越不利于劳动者阶层的方向发展。国际金融资本集团在利用西方国家成熟的金融市场进行全球扩张和财富攫取的同时，劳动者阶层却因产业资本的全球转移而面临越来越少的就业机会和越来越低的相对收入。占人口大多数的劳动者阶层因收入相对下降而消费能力有限，成为制约西方国家有效需求增加的重要原因。其次，进入金融资本主义阶段以后，国际金融资本集团主导下的产业资本输出，使西方国家的对外经贸状况持续恶化。西方国家自20世纪70年代以来的去工业化和经济金融化过程，不仅使西方国家物质财富生产能力趋于萎缩，还使西方国家长期积累形成的财富存量被国际金融资本集团用于全球逐利。这就使西方国家连国民生活所需的基本消费品都严重依赖于外国进口，西方国家长期出现资本项目与经常项目的双重赤字。长期的对外经贸双重赤字使西方国家本就有限的国内市场需求被转移到国外，加剧了本国有效需求不足的局面。因此，西方国家很难以消费支撑起国民经济的增长。

综合来看，国家垄断资本主义的失败使西方国家逐步失去政府干预经济、加快经济增长的能力，国际垄断资本主义的兴起则使其失去了经济增长的各种动能，西方国家在经济增长问题上面临着市场与政府双重失灵的局面。这一尴尬局面决定了西方国家改善经济增长的努力必然以失败告终，西方国家必将陷入经济增长停滞常态化的局面。

第七章

去工业化、资本积累模式变化与就业

随着发达资本主义国家经济发展步入去工业化和金融化轨道，资本积累模式从工业资本积累主导的模式转向金融资本积累主导的模式，相应地，对就业产生重要影响，深入研究工业资本积累模式向金融资本积累模式转变的内在必然性，揭示资本积累模式转变的就业效应，对准确把握当代资本主义的新变化和新发展具有十分重要的意义。

第一节　工业资本积累模式与就业

一、资本积累模式与就业

随着资本主义生产关系的发展，资本积累模式也处于变化发展之中。但无论资本积累模式如何变化，资本积累的本质都是资本主义生产过程的规模扩大，从而使商品生产所有权规律转化为资本主义占有规律，对劳动者的就业状况产生深刻影响。

从社会再生产的视角来考察，资本主义生产过程实质是“资本关系”[①] 的再生产过程。资本积累过程同时也是“资本关系”扩大再生产的过程。不同历史时期资本主义扩大再生产的性质和特征，也就决定了这一历史时期资本积累模式的性质和特征，进而也决定了对社会就业所施加影响的性质和方向。从资本主义生产关系的发展阶段来看，资本主义生产关系经历了商贸资本主义、工业资本主义

① 马克思，恩格斯．马克思恩格斯文集（第5卷）[M]．北京：人民出版社，2009：666－667.

和金融资本主义三个阶段。资本主义生产关系发展的三个阶段分别对应着资本积累的三种模式——资本原始积累模式、工业资本积累模式和金融资本积累模式。我们暂时先抛开不同资本积累模式对就业的具体影响，着重先讨论“资本关系”再生产影响资本积累模式，进而影响社会就业的一般性规律。资本积累模式对就业产生的影响，主要通过两个渠道来实现：

一是劳动者与生产资料相分离的形式。资本主义生产关系与前资本主义生产关系的重要区别，在于资本主义生产是以商品生产者握有较大量的资本和劳动力为前提。[①] 这就意味着与前资本主义生产关系不同，资本主义扩大再生产和资本积累过程的顺利进行，必须以劳动者与生产资料相分离为前提。在前资本主义社会，与小生产相对应的私有制是以自己劳动为基础的私有制。[②] 前资本主义社会中的小生产和私有制，决定了前资本主义社会中的生产是分散的，生产资料的积聚是受到排斥的。由于劳动者直接以自己劳动为基础实现劳动与劳动条件的结合，劳动者并不需要将自己的劳动力作为商品加以出售，“就业”这一概念在前资本主义社会中并无实际意义。只有在资本主义社会中，随着资本主义扩大再生产和资本积累过程的进行，以自己劳动为基础的私有制就不断趋于解体，劳动者与生产资料之间牢固的结合被打破，劳动者丧失了对自己劳动所需要的生产资料的支配权和使用权。为使劳动与劳动条件结合，劳动者不得不将蕴藏于其身体内的劳动力作为一种商品，出售给拥有生产资料所有权和支配权的资本家，从而“就业”这一概念才在资本主义社会里具有了现实意义。考察不同历史时期资本积累模式对就业的影响，就必须考察这一时期资本积累模式对劳动者与生产资料相分离的形式产生的具体影响。具体的资本积累模式如果导致劳动者与生产资料相分离的范围和程度趋于扩大，则这种资本积累模式就必然导致劳动者“就业”需求的扩大，进而劳动力商品市场也将规模扩大，劳动力供给不断增加。

二是劳动者与生产资料再结合的形式。一旦劳动者与生产资料相分离，劳动者在经济上就不得不依附于生产资料所有者。亚当·斯密在《国富论》中就曾指出：“雇主需要劳动者的程度或许和劳动者需要雇主的程度相同，但雇主的需要却不像劳动者那样迫切。”[③] 劳动者一旦与生产资料相分离，劳动者就丧失了使其劳动直接与劳动条件结合的可能，从而劳动者的生存就将面临威胁。劳动者也只有向生产资料所有者出卖自己的劳动力，实现劳动与资本的结合，才能使劳动

① 马克思，恩格斯．马克思恩格斯文集（第5卷）［M］．北京：人民出版社，2009：820.

② 马克思，恩格斯．马克思恩格斯文集（第5卷）［M］．北京：人民出版社，2009：872.

③ 亚当·斯密．国富论［M］．孙善春，李春长，译．北京：中国华侨出版社，2011：28.

力再生产能够顺利进行下去。劳动与资本的结合，不仅使资本得以产生①，还使劳动力的再生产受到剩余价值规律和资本主义占有规律的支配，社会再生产的性质和特征由此决定劳动力再生产的性质和特征。由于资本主义不同发展阶段的社会生产力是不同的，这就意味着每个历史时期劳动与资本结合的劳动生产力条件不同，从而不同资本积累模式下资本有机构成的变化速率也有不同，对就业产生的影响也明显不同。不同资本积累模式下，资本广化和资本深化的交替出现决定了资本积累模式对劳动力需求即“就业”供给将产生深刻影响。既定资本积累模式下若资本广化居于主导，则资本家对劳动力的需求就将增加；反之，资本深化若居于主导，资本有机构成的提高将使劳动力需求相对减少。

因此，本章在考察资本主义社会就业状况变化时，也必须从既定资本积累模式下劳动者与生产资料相分离、劳动者与生产资料再结合两个环节去切入和展开。我们首先需要分析工业资本积累模式的特征以及其对就业的影响，并以此为基础分析西方资本主义国家去工业化过程中金融资本积累模式的形成对就业产生的影响。

二、工业资本的积累模式

工业资本主义是资本主义生产关系发展史上的重要阶段。与工业资本主义相对应的，是工业资本积累模式。

资本运动的总公式可以概括为 G—W…P…W′—G′的循环运动过程。为保证资本循环顺利进行下去，货币资本、生产资本和商品资本必须满足在时间上继起、在空间上并存的前提条件。工业资本的积累只能在资本循环运动中不断实现，这就决定了资本循环得以进行的前提条件同时也是工业资本积累的前提条件。如果资本循环被迫中断，则工业资本积累也将随之中断。资本积累进而扩大的资本主义社会再生产，是以剩余价值的资本化为起点，工业资本积累亦是如此。从资本循环运动的视角来看，工业资本积累的实现就是要将剩余价值源源不断地转化为新的资本，投入资本循环运动并创造更多的剩余价值。假定剩余价值全部用于积累，生产资本循环公式②就可以表示为 P…W′—G′—W′…P′。在这个公式中，由于没有剩余价值被用于资本家的生活资料，全部资本化的剩余价值都经历了货币资本到商品资本再到生产资本的循环运动过程，成为支配和推动规模

① 马克思，恩格斯．马克思恩格斯文集（第5卷）［M］．北京：人民出版社，2009：198.

② 马克思，恩格斯．马克思恩格斯文集（第6卷）［M］．北京：人民出版社，2009：92.

扩大的剩余价值生产过程的资本垫付。如果允许资本家将一部分剩余价值用于他们的生活资料，那么余下的剩余价值用于积累的部分，仍必须经过货币资本到商品资本再到生产资本的循环运动过程，才能成功实现剩余价值的资本化。由此可见，工业资本积累的一个重要特征，就是工业资本积累的实现必须以资本化的剩余价值完整地经历资本循环中三种资本形态变化为前提（见图 7－1）。

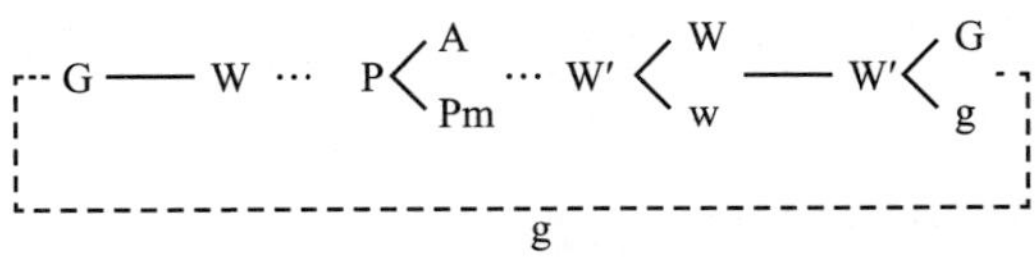

图 7－1　资本循环视角下工业资本积累示意

工业资本积累必须以资本化的剩余价值经历完整资本循环中三种资本形态变化为前提，有两重含义。一方面，工业资本积累倾向于扩大资本主义性质分工与协作的规模。分工与协作的资本主义性质，是通过资本家预付资本而支配和控制一定量的生活资料和生产资料来实现的。通过预付资本，资本家取得了对生产组织内部分工与协作的支配、控制和管理权限，生产组织的一切活动也必须服务于资本家赚取剩余价值的需要。工业资本积累中资本化的剩余价值源源不断地经历由货币资本到商品资本再到生产资本的形态变化，意味着单个资本家用于支配生产组织内部分工与协作的预付资本量不断增加，资本主义性质的分工与协作规模也随之扩大。另一方面，工业资本积累的目的是不断扩大剩余价值的生产。赚取更多剩余价值，是资本家支配和控制资本主义性质分工与协作的直接目的。工业资本积累中，资本家要赚取更多剩余价值，就必须不断扩大资本主义性质分工与协作的规模，让更多的资本投入到剩余价值生产中去。从资本运动总公式可以看出，资本家扩大剩余价值生产的来源，是将已经赚取的剩余价值加以资本化，是指成为追加的预付资本，用于扩大资本主义性质分工与协作的规模。与商贸资本主义时期的资本原始积累模式不同，工业资本积累模式建立在资本主义生产关系支配和控制商品生产领域的基础上。工业资本积累过程可以视作是资本化的剩余价值被不断地用于扩大剩余价值生产的过程。

三、工业资本积累模式的悖论

工业资本主义条件下工业资本积累模式的形成和发展，必然导致一个悖论：资本只有和劳动结合在一起，资本主义生产方式才得以运行，同时，资本主义生产方式的生存与发展又迫使资本与劳动相分离。工业资本积累模式下劳资关系悖论的产生和发展，是由工业资本积累模式下劳动者与生产资料相分离、劳动者与生产资料再结合的具体形式决定的。

首先，工业资本积累模式下劳动者与生产资料相分离的具体形式是劳动力商品化，从而资本与劳动的结合只能通过雇佣劳动制度来实现。工业资本积累模式下的社会生产，表现为以机器大生产为标志的社会生产力条件下的资本主义性质的分工与协作。分工与协作的资本主义性质，意味着劳动者并不拥有他所使用的生产资料，生产资料所有权归资本家所有。在工业资本积累模式下的社会生产中，如果资本家不将手中的生产资料与劳动者的劳动结合起来，资本家将无法赚取剩余价值；劳动者如果不能将自己的劳动对象化到资本家手中的生产资料上，劳动者就不能生产出任何物质产品，从而劳动者的基本生存就会受到威胁。这就决定了劳动者不得不将自己的劳动力作为商品加以出售，资本家为赚取剩余价值而必然具有购买劳动力商品的需求，雇佣劳动制度成为资本与劳动结合的具体实现形式。由于工业资本积累过程本质上就是资本主义生产关系的扩大再生产过程，因此工业资本的积累必须以劳动力商品化的范围扩大和程度加深为前提。只有使越来越多的劳动者不能再直接与生产资料结合，被迫将自己的劳动力作为商品加以售卖来谋生，从而使整个社会范围内劳动力商品化的范围扩大、程度加深。从工业资本主义发展的历史来看，工业资本积累模式下劳动力商品化仅有的一点历史进步意义就是，随着劳动力商品化的范围扩大和程度加深，残留的封建生产关系残余被更加彻底的消除，劳动者越来越彻底地失去与生产资料直接结合进而自由发展的机会，越来越被迫地将出卖自身劳动力作为谋生的唯一手段。因而，随着工业资本积累模式的发展，小生产者作为一个社会阶层被彻底消灭，以资本主义生产资料所有制为基础的雇佣劳动制度不断得到巩固和加强。资本家居于主导和统治地位的劳动与资本结合方式，使资本主义生产方式在规模不断扩大的状态下运行下去。

其次，工业资本积累模式下劳动者与生产资料再结合的具体形式以节约劳动的机器大生产为社会生产力条件，工业资本积累只有在迫使劳动与资本相分离的条件下才能进行下去。工业资本主义的扩大再生产一方面不断扩大和巩固雇佣劳动制度，另一方面又为了无偿占有剩余价值的目的而在雇佣劳动制度下积极将劳动从资本主义生产中排斥出去。劳动力既然作为一种商品在市场上售卖，就必然受到价值规律的约束。在劳动生产率不变的条件下，工业资本积累将增加对劳动力商品的需求，从而使劳动力商品的价格上升，降低剩余价值率。如果工业资本积累加快导致劳动力商品价格上升过快，那么资本家面对的剩余价值率就会迅速下降，从而威胁到资本主义生产方式的生存与发展。为了资本主义生产方式的生存与发展，资本家就不得不通过改进机器来节约劳动，不断提高劳动生产率。随着工业资本积累的不断加快，资本家改进机器以提高劳动生产率的激烈就越强烈，从而资本有机构成提高得就越快，生产单位价值量商品中所包含的不变资本比重逐渐提升，可变资本比重逐渐下降。在劳动力商品的价值量基本不变的条件下，生产单位价值量商品所需要的劳动力也明显减少，资本主义生产不断加速地将劳动排斥出去。因此，在工业资本积累模式下，也只有迫使劳动与资本在越来越大的范围内相分离，工业资本主义生产方式才能生存和发展，资本主义扩大再生产和工业资本积累才能运行下去。工业资本积累表现为生产资料的积累，但工业资本积累模式下生产资料的加速积累并不会自行消灭工业资本主义条件下劳动者与生产资料相分离的具体形式——劳动力商品化。相反，只有继续加快劳动力商品化，才能为资本家手中支配的迅速扩张的生产能力找到销路，才能将资本家无偿占有的剩余价值实现出来。工业资本积累模式下以劳动与资本相分离为条件的劳动者与生产资料再结合具体形式并不与雇佣劳动制度相冲突，只是迫使劳动者为获得出售劳动力商品的机会而展开更加激烈的竞争，从而使资本家无偿占有剩余价值的“既得利益”得到保障。

四、工业资本积累模式对西方资本主义国家就业的影响

由于工业资本主义存在和发展中必然出现的劳资关系悖论，工业资本积累模式对西方资本主义国家就业市场产生深刻影响。

首先，工业资本积累模式使西方资本主义国家就业市场的供求失衡趋于常态化。一方面，工业资本积累的加快使劳动力商品化的范围扩大、程度加深，使劳动力供给趋于刚性增长。劳动力商品化不仅表现为越来越多的劳动者失去与生产资料直接结合的机会，从而转化为出卖自身劳动力的自由劳动者，还表现在劳动者家庭内部的劳动力再生产过程也越来越商品化。不仅劳动力再生产所需的生活资料在越来越大程度上直接来自商品市场，而且劳动力再生产所需的家内劳动也越来越多地被劳务市场上的服务商品所取代。劳动力商品化范围扩大和程度加深，使劳动者家庭倾向于将尽可能多的劳动力作为商品售卖，劳动力供给存在刚性增长趋势。另一方面，工业资本积累的加快使劳动和资本相分离的速度加快、程度加深，劳动力需求趋于相对萎缩。如前面所述，工业资本积累要进行下去，资本家就必须不断改进机器，提高劳动生产率，从而使资本有机构成提高，生产单位价值量商品所需的可变资本量减少，生产单位价值量所需的劳动力不断减

少，资本主义生产对劳动力需求相对萎缩。资本主义生产的无计划性又时常使生产能力的扩张超过市场扩张的速度，从而在生产能力不能得到充分利用的极端条件下，对劳动力的需求还可能出现绝对萎缩。工业资本积累加快导致的劳动力供给刚性增长和劳动力需求相对萎缩的共同作用下，西方资本主义国家就业市场的供求失衡趋于常态化，劳动者时常遭受失业的苦痛。

其次，工业资本积累模式导致西方资本主义国家就业市场供求失衡常态化的同时，并不排斥西方资本主义国家就业市场供求失衡问题的暂时缓解。由于劳动生产率提高的速率并不稳定，在工业资本的动态积累过程中表现出资本广化和资本深化的交替出现。在资本积累率不变的情况下，劳动生产率加速会提高资本有机构成从而导致资本深化出现；反之，劳动生产率减速时资本深化的倾向会暂时减弱，资本广化随之取代资本深化而出现。资本主义商品生产实际上是分散在一个个资本家支配和控制的企业和行业中进行的，资本主义生产的无计划性使工业资本积累中资本广化和资本深化可以并存，部分企业和行业的资本广化与另一部分企业和行业的资本深化并存，从而全社会范围内资本广化和资本深化交替占据主导地位。当资本深化居于主导时，工业资本积累倾向于加快劳动力商品化和提高资本有机构成，从而使劳动力供给加速刚性增长和劳动力需求加速相对萎缩并存，就业市场上的供求失衡问题被激化，劳动者承受较大的失业压力。当资本广化居于主导时，工业资本积累暂时不会引起资本有机构成的提高，劳动力需求相对萎缩暂缓，就业市场上的供求失衡问题得到缓解，劳动者承受的失业压力趋缓。在极端情况下，暂缓的劳动力商品化与居于主导的资本广化共同作用，还会使就业市场出现供不应求的状况，就业市场供求失衡常态化趋势由此暂时得到掩盖。

第二节　工业资本主义的就业状况回顾

一、第一次工业革命与就业（18 世纪 60 年代到 19 世纪 60 年代）

以哈格里夫斯发明珍妮纺纱机为开始标志的第一次工业革命，在 18 世纪中叶至 19 世纪上半叶极大地改变了全世界特别是西欧和北美地区的经济面貌。第一次工业革命的爆发标志着资本主义进入工业资本主义发展阶段，随之形成和发展起来的工业资本积累模式也对西方资本主义国家的就业状况产生了深远影响。

第一次工业革命对西方资本主义国家就业的影响，主要体现在以下三个方面：

首先，第一次工业革命引发的产业结构变迁对就业结构产生了深刻影响，工人阶级正式形成。在第一次工业革命中，蒸汽机等新技术的运用从棉纺织业开始，迅速扩散到金属冶炼业、机器加工业和交通运输业等经济部门，迂回生产链条空前延长，产业结构出现变迁。与农业在社会总产值中比重的持续下降相伴随的，是工业产值比重的迅速上升。以第一次工业革命的策源地——英国为例（见表 7 - 1），1801 年英国农业产值比重为 34%，工业产值比重为 28%；到 1821 年，英国农业产值比重下降到 30%，工业产值比重上升到 34%，工业对社会总产值的贡献超过农业；到 1841 年英国工业革命接近完成时，英国农业产值比重下降到 24%，工业产值比重上升到 39%；到 1861 年时，英国农业产值比重下降到 19%，工业产值比重达到 41%。产业结构的变迁带来了就业结构的深刻变化。1801 年英国农业就业比重为 35.9%，工业就业比重为 29.7%；1821 年时英国工业就业比重上升到 38.4%，已经远远超过农业就业比重；1841 年英国工业革命接近完成时，工业就业比重已经达到 40.5%，成为当时英国吸纳就业最多的产业部门；1861 年时，英国农业就业比重下降到 18.7%，不足 20%，工业就业比重却上升到 43.6%。在第一次工业革命中，工业部门产值比重和就业比重的上升是与自耕农和小手工业者的破产相伴随的。随着小生产者阶层的迅速瓦解，英国的阶级结构也发生了深刻转变，工业资产阶级和工人阶级迅速壮大。居于统治地位的工业资产阶级与居于被统治地位的工人阶级之间的阶级对立，成为那一时期英国社会的显著特征之一。

表 7 - 1　英国 1801 ~ 1860 年工农业产值结构与就业结构　单位：%

比重 \ 产业 \ 年份		1801	1811	1821	1831	1841	1851	1861
产值比重	农业	34	37	30	28	24	21	19
	工业	28	27	34	37	39	40	41
就业比重	农业	35.9	33	28.4	24.6	22.7	21.7	18.7
	工业	29.7	30.2	38.4	40.8	40.5	42.9	43.6

资料来源：许冰．工业革命影响就业结构的历史考察与例证［J］．未来与发展，2018（3）：19 - 22.

其次，第一次工业革命在重塑社会阶级关系的同时，还使工人阶级的工资水平受到显著而持久的影响。囿于第一次工业革命之初社会生产力水平，新兴的工业资产阶级对工人阶级的剥削和压迫是极其残酷的，在第一次工业革命过程中工人阶级的实际工资甚至出现了下降（见表 7－2）。以 1851 年英国工人实际工资指数为 100，1755 年英国工人实际工资指数为 42.74，但英国工业革命开始之初的 1781 年英国工人实际工资指数下降到 39.24，降幅达 8.19%；一直到 1810 年，英国工人实际工资指数仅为 39.41，低于 1755 年水平。英国工人实际工资指数从 19 世纪 10 年代以后才开始逐渐上升，但 19 世纪 30 年代以前英国工人实际工资指数的上升非常缓慢，直到 19 世纪 30 年代以后英国工业革命接近完成时，英国工人实际工资水平才开始加速上升。值得肯定的是，在英国完成第一次工业革命之后，工人阶级的生活水平还是得到了明显的改善（见表 7－3）。1851 年英国所有工人的平均名义工资较 1755 年增长了 159%，平均实际工资较 1755 年增长了 134%。其中，白领阶层的名义工资和实际工资增长最多，农业工人、熟练工人和蓝领工人的名义工资和实际工资虽有增长但却相对速度较慢。这与第一次工业革命中机器大生产的推广降低了对进行复杂劳动的熟练工人的需求有密切关系。需要注意的是，英国工人的工资水平和生活状况虽在第一次工业革命完成后有所改善，但相对于积累了巨额财富的资产阶级来说，英国工人的收入水平却是相对下降的。有统计表明，英国社会的基尼系数由 1759 年的 0.509 上升到了 1867 年的 0.577[①]，第一次工业革命使社会财富分配更加有利于资方而不利于劳方，从而工人阶级的相对收入份额有下降的趋势。

表 7－2　　1755～1851 年英国工人实际工资变化趋势（1851 年＝100）

年份	指数	增幅（%）	年份	指数	增幅（%）
1755	42.74		1815	46.71	17.7
1781	39.24	－8.19	1819	46.13	－1.2
1797	42.48	8.26	1827	58.99	27.9
1805	40.64	－4.38	1835	78.69	33.4
1810	39.41	－3.03	1851	100	27.1

资料来源：钱家先．英国工业革命中工人生活水平的经济透视［J］．曲靖师范学院学报，2003（1）：60－63.

① 徐滨．工业革命时期英国工人的实际工资［J］．世界历史，2011（6）：16－26，157－158.

表7－3　　1755～1851年英国工人实际工资变化趋势（1851年＝100）

人员分类	名义工资			实际工资		
	1755年	1851年	增幅（%）	1755年	1851年	增幅（%）
农业工人	59.16	100	69	65.46	100	52.8
非熟练工人	42.95	100	132.8	47.54	100	110.3
熟练工人	50.86	100	99.6	56.29	100	77.7
蓝领工人	51.05	100	95.5	56.5	100	77
白领阶层	21.62	100	362.5	23.93	100	178
所有工人	38.62	100	159	42.74	100	134

资料来源：钱家先．英国工业革命中工人生活水平的经济透视［J］．曲靖师范学院学报，2003（1）：60－63.

最后，第一次工业革命加剧资本主义基本矛盾，失业问题、妇女儿童权益问题以及城市病问题等社会经济问题纷至沓来。第一次工业革命在极大地推动了西方资本主义国家社会生产力发展的同时，也因激烈的经济转型导致了一系列社会经济问题。随着雇佣劳动制度的成熟和工业资本积累的加快，西方资本主义国家的就业不足问题逐渐凸显，生活无着的工人们要么积极参加各种形式的工人激进运动，要么消极反抗偷抢为生。以英国的英格兰和威尔士地区为例，刑事犯罪的数量（见图7－2）在1805年为4605起，1815年增加到7898起，1825年又激增到14437起，1835年达到20731起，1842年增加到31309起。第一次工业革命过程中英国工人实际工资的下降使雇用女工和童工的现象非常普遍，妇女和儿童权益问题较为突出。统计表明18世纪80年代至19世纪40年代妇女和儿童的工资占工厂工人家庭总收入的25%～35%；英国纺织工业14岁以下工人人数由1850年的9956人上升到1862年的13178人，工厂童工的工作时间普遍达到15～16小时。[①] 妇女儿童权益遭受侵害的状况也引起了一定的社会反响，1835年英国发生了1500名梳棉女工罢工事件[②]，开启了独立妇女运动的先河。此外，由于英国城市管理当局的基础设施建设和城市管理水平远远跟不上英国城镇居民增长的速度，大量贫困工人家庭涌入城镇还导致了英国城镇出现了住房困难、环境污染、交通拥堵等城市病问题。第一次工业革命期间西方资本主义国家出现的一系列社会经济问题，为西方资本主义国家的就业状况带来了显著消极影响。

---

① 王文丰．英国工业革命时期的议会立法与童工问题［J］．东北师范大学学报（哲学社会科学版），2016（6）：159－164.

② 潘迎华，管佩韦．略论英国工业革命时期的城市妇女［J］．杭州大学学报，1994（4）：35－40.

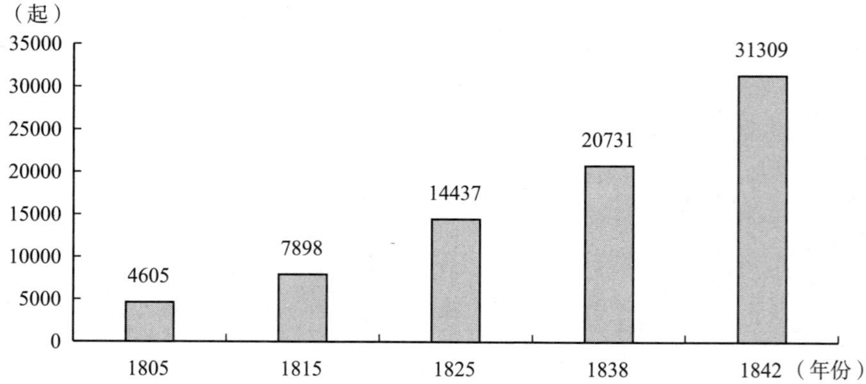

图 7－2　英国英格兰和威尔士地区刑事犯罪数量

资料来源：褚怡敏．试论英国工业革命时期的失业问题［J］．前沿，2013（23）：104－109.

二、第二次工业革命与就业（19 世纪 60 年代到第二次世界大战前）

1870 年以后，一系列新技术和新发明的集中出现极大地推动了西方资本主义国家的技术进步，从而引发了第二次工业革命。与此同时，以 1873 年经济危机为标志，资本主义发展出现重大转折。自由竞争资本主义在 1873 年危机爆发前达到巅峰，危机爆发之后的数十年里西方资本主义国家出现了生产集中和资本集中不断加快、垄断组织迅速壮大的态势，西方资本主义国家逐渐进入私人垄断资本主义阶段。进入私人垄断资本主义之后，工业资本主义在取得长足发展的同时，也对西方资本主义国家的就业状况产生了深刻影响。具体体现在两个方面：

一方面，第二次工业革命使无产阶级队伍空前壮大。与第一次工业革命不同的是，第二次工业革命几乎同时在多个欧美国家爆发。美国、德国等新兴资本主义国家在第二次工业革命中迅速崛起并实现了本国工业化，诸如英国和法国等老牌资本主义国家反倒逐渐落后了。从产业结构来看，美国等新兴资本主义工业化国家也经历了英国工业革命期间发生的产业结构变化。以美国为例（见表 7－4），农业在国民收入中的比重由 1849 年美国工业革命之初的 41.9% 下降到 1900 年的 29%，到 1940 年进一步下降到 12%；工业在国民收入中的比重则由 1849 年的 17.8% 上升到 1900 年的 25.4%，1940 年进一步上升到 39%；与英国工业革命形成鲜明对比的是，美国工业革命期间服务业在国民收入中的比重保持较高水平，1849 年时美国服务业在国民收入中的比重为 40%，到 1879 年达到 50%，随后虽有波动但基本保持在较高水平，这反映出第二次工业革命使社会分工更加精细化，服务业逐渐从物质资料生产中独立出来。第二次工业革命中西方资本主义国家产业结构的变迁也对这些国家的就业结构产生了显著影响。以美国和德国为例（见表 7－5 和表 7－6），美国第一产业就业比重由 1849 年的 61.7% 下降到 1870 年的 52.2%，1900 年又下降到 40.6%，1950 年更是下降到 13.3%；美国第二产业就业比重则从 1849 年的 15.5%，上升到 1870 年的 23.5%，后又上升到 1900 年的 28%，1950 年则达到 35.7%；美国第三产业就业比重由 1849 年的 22.7% 上升到 1870 年的 24.3%，1900 年上升到 31.3%，1950 年达到 50.8%。无独有偶，德国在 1861～1871 年第一产业就业比重高达 50.9%，也在 1910～1913 年下降到 35.1%；与之相对应的是第二产业和第三产业就业比重的稳步提升。值得注意的是，第二次工业革命期间在无产阶级力量迅速壮大的同时，无产阶级内部也出现了结构分化，出现了被称为“工人贵族”的新阶层。

表 7－4　　1849～1950 年美国产业结构变化　　单位：%

行业	1849 年	1859 年	1869 年	1879 年	1889 年	1900 年	1920 年	1930 年	1940 年	1950 年
农业	41.9	40.8	33.9	29.7	23.7	29	21	14	12	10
工业	17.8	16.2	21.8	20.1	28.3	25.4	32	31	35	39
服务业	40	43	43.5	50	48	45.6	47	55	54	50

资料来源：许冰．工业革命与产业结构演变——基于历史与逻辑的视角［J］．信息系统工程，2017（12）：135－136.

表 7－5　　1849～1950 年美国就业结构　　单位：%

产业类别	1849 年	1859 年	1870 年	1880 年	1890 年	1900 年	1910 年	1920 年	1930 年	1940 年	1950 年
第一产业	61.7	57	52.2	52.3	45.1	40.6	34.9	30.6	24.9	20.5	13.3
第二产业	15.5	18	23.5	23.2	26.3	28	29.2	31.7	29.5	30.9	35.7
第三产业	22.7	24.9	24.3	24.3	28.4	31.3	35.9	37.7	45.4	48.6	50.8

资料来源：许冰．工业革命与产业结构演变——基于历史与逻辑的视角［J］．信息系统工程，2017（12）：135－136.

表 7－6　　1861～1913 年德国就业结构　　单位：%

产业类别	1861～1971	1878～1979	1880～1984	1885～1989	1890～1994	1895～1999	1900～1904	1905～1909	1910～1913
第一产业	50.9	49.1	48.2	45.5	42.6	40	38	35.8	35.1
第二产业	27.6	29.1	29.8	32.3	34.2	35.7	36.8	37.7	37.9
第三产业	21.5	21.8	22	22.2	23.2	24.3	25.2	26.5	27

资料来源：许冰．工业革命与产业结构演变——基于历史与逻辑的视角［J］．信息系统工程，2017（12）：135－136.

另一方面，第二次工业革命的爆发和私人垄断资本主义的形成使资本主义基本矛盾空前激化，经济危机更加频繁，西方资本主义国家的失业问题空前凸显。早在英国工业革命之初，作为资本主义社会痼疾的周期性经济危机就已经初露狰狞，使当时英国工人长期处于失业阴霾的笼罩之下。第二次工业革命的爆发和私人垄断资本主义的形成并没有使周期性经济危机销声匿迹，相反周期性经济危机的影响范围越来越大，危机的破坏性也越来越强。1873 年危机是 19 世纪西方资本主义国家遭受的最严重的一次经济危机。在这次经济危机中，美国生铁产量由 1873 年的 260 万吨下降到 1876 年的 190 万吨，船舶产量和机车产量分别下降了 60% 和 70%，德国生铁产量也由危机爆发前的 224 万吨下降到 1876 年的 185 万吨，克虏伯等大工厂解雇了 1/4 ~ 1/3 的工人。英国、法国等其他资本主义国家也出现了工厂停工和工人失业的现象。以重工业部门为先导的生产集中与资本集中在此次危机之后不断加快，大财团迅速崛起，私人垄断资本主义逐渐形成。1873 年危机后到 1929 年大萧条之前，经济危机的频率由在此之前的平均每 10 ~ 11 年爆发一次加快到平均每 7 ~ 8 年爆发一次。在 1882 ~ 1883 年、1890 ~ 1893 年、1900 ~ 1903 年、1907 ~ 1908 年、1920 ~ 1921 年西方资本主义国家先后爆发了多次经济危机，每次经济危机都不同程度出现了物价暴跌、工厂停工、工人失业等问题。在经过了 20 世纪 20 年代的虚假繁荣之后，1929 ~ 1933 年的大萧条是私人垄断资本主义时期经济矛盾的一次总爆发。这一次严重的经济危机是西方资本主义国家陷入空前的危机，股市崩盘、银行挤兑、工厂关门、工人失业成为危机中各国的普遍现象。仅在美国，1932 年统计报告显示有 3400 万美国成年人和儿童（统计数据还不包括 1100 万户农村人口）完全没有收入，占当时美国人口总数的 28%①；遍及全国的大饥荒和普遍的营养不良导致非正常死亡人口一度达到 700 万人，约占当时美国总人口的 7%。

三、黄金时期的就业（第二次世界大战结束后到 70 年代初）

第二次世界大战结束后，以原子能、计算机为代表的科学技术成就迅速带来了第三次科技革命的爆发。在第二次世界大战结束后到 20 世纪 70 年代前的数十年里，西方资本主义国家进入了一个经济增长较为平稳、人民生活改善较快的时期，这一时期被称为资本主义的“黄金时期”。在资本主义黄金时期，资本主义的基本矛盾暂时得到缓解，西方资本主义国家的就业状况也有所改善。但随着资

① 佚名. 那时的美国人“像畜牲一样生活”[N]. 广州日报, 2008-11-12 (A14).

本主义基本矛盾的不断累积，资本主义黄金时期在20世纪70年代终结，西方资本主义国家的就业状况也迅速恶化。资本主义黄金时期西方资本主义国家就业状况，主要体现在两个方面：

一方面，第二次世界大战结束后黄金时期西方资本主义国家经济发展的加快，一度使西方资本主义国家就业状况好转，无产阶级的生活水平快速提高。第二次世界大战结束后，主要资本主义国家经济增长速度空前提高，资本主义国家工业生产增速比第二次工业革命期间还要快（见表7-7）。主要资本主义国家经济增长速度的加快，使这些国家的劳动力需求增速一度快于劳动力供给增速，西方资本主义国家在黄金时期实现了“高增长、低失业、低通胀”的良好宏观经济态势（见表7-8和表7-9）。在1950～1960年，美国、英国、法国等主要资本主义国家基本实现了“充分就业”，失业率处于相对温和的水平；进入20世纪60年代以后，就连在50年代失业率水平较高的意大利也出现了失业率显著下降的态势。与此同时，50～60年代主要资本主义国家的通货膨胀率也处于温和水平，工人阶级的实际工资水平趋于上升。黄金时期西方资本主义国家就业状况好转是由多方面因素共同导致的。首先，第二次世界大战结束后第三次科技革命的爆发使西方资本主义国家经历了一次劳动生产率的跨越式发展，新技术、新发明的广泛运用带动了全社会投资热潮的兴起，工业资本积累明显加快，资本主义扩大再生产平稳推进。其次，在吸收1929年大萧条教训的基础上，西方资本主义国家政府普遍采取不同形式的经济干预政策，纷纷进入国家垄断资本主义阶段。国家垄断资本主义的形成和发展，在一定程度上缓解了资本主义国家经济中的生产无计划性，使第三次科技革命的成果能够较好地惠及各国人民。再次，在第二次世界大战中主要资本主义国家都遭受了不同程度的固定资产的损失，一定程度上缓和了主要资本主义国家在第二次世界大战前出现的生产能力过剩问题，并在战后刺激了主要资本主义国家的基础设施和固定资产重建，提升了对劳动力的需求。

表7-7　1871～1973年主要资本主义国家工业生产年平均增长率　单位：%

国别	1871～1913年	1914～1949年	1950～1973年
日本	9.2	4.8	14.1
西德	3.9	2.1	7.6
意大利	2.2	1.8	6.7
法国	2.2	0.4	6.1

续表

国别	1871～1913 年	1914～1949 年	1950～1973 年
美国	5.0	3.3	4.3
英国	1.5	1.5	3.1

资料来源：张鸿钧．战后资本主义高速经济增长的原因——兼论理解无产阶级贫困化的方法［J］．辽宁师范大学学报（社会科学版），1987（3）：33－37.

表 7－8　　1950～1978 年主要资本主义国家年均失业率　　单位：%

国别	1950～1960 年	1961～1973 年	1974～1978 年
美国	4.5	4.9	7.0
加拿大	4.4	5.2	7.2
法国	1.3	2.2	4.5
西德	4.1	0.6	3.2
英国	2.5	3.6	5.0
意大利	7.9	3.6	3.3
日本	—	1.3	1.9

资料来源：于泰厚．战后资本主义“黄金时代”已不复存在［J］．辽宁师院学报，1981（4）：52－57.

表 7－9　　1955～1978 年主要资本主义国家消费品物价年均增长率　　单位：%

国别	1955～1970 年	1970～1973 年	1973～1978 年
加拿大	2.5	5.1	9.3
法国	4.6	6.2	10.7
西德	2.4	5.9	4.8
意大利	3.2	7.1	16.7
日本	4.5	7.6	11.2
英国	3.6	8.5	16.0
美国	2.5	4.6	6.4

资料来源：于泰厚．战后资本主义“黄金时代”已不复存在［J］．辽宁师院学报，1981（4）：52－57.

另一方面，国家垄断资本主义的形成与发展并没有解决资本主义基本矛盾，这就使西方资本主义国家在黄金时期出现的经济增长和就业改善并不可持续。国家垄断资本主义国家并没有改变西方资本主义国家所实施的资本主义经济制度，也没有改变西方资本主义国家无产阶级所处的被剥削和被统治地位。随着第三次科技革命的不断推进，劳动生产率的飞速发展为资本家利用相对剩余价值生产方法提升剩余价值率创造了物质基础和技术条件。在资本主义黄金时期，无产阶级的被剥削程度非但没有下降，反倒有不断上升的趋势。如表 7 – 10 所示，美国制造业工人平均年工资由 1947 年的 2500 美元上升到 1972 年的 7800 美元，增加了 3. 12 倍；制造业工人数也由 1190 万人增加到 1350 万人；但同期美国制造业增加值由 740 亿美元增加到 3540 亿美元，增长了约 4. 78 倍。劳动生产率提高条件下相对剩余价值生产方法的运用，使美国制造业剩余价值率则从 1947 年的 149% 上升到 1972 年的 235. 8% 。可见，在第二次世界大战结束后到 20 世纪 70 年代的资本主义黄金时期，工业资本积累模式下无产阶级被剥削的地位没有任何改变，随着工业资本积累的加快，劳动者被剥削程度还在不断上升。资本主义黄金时期相对高速的经济增长和相对温和的就业状况的表象之下，是工业资本积累模式内在矛盾的不断累积，无产阶级贫困化的趋势也随工业资本积累的加快不断加深，资本主义生产无计划性并没有因国家垄断资本主义的形成和发展得到根除。到 20 世纪 70 年代初，工业资本主义的劳资关系悖论再次显现，资本主义黄金时期也迎来了历史的终结。

表 7 – 10　第二次世界大战结束后美国制造业工人工资及剩余价值率

年份	制造业增加值（亿美元）	制造业工人数（万人）	每个工人创造的制造业增加值（美元）	每 1 美元工资新增加制造业增加值（美元）	每个工人平均年工资（美元）	剩余价值率（%）
1947	740	1190	6200	2. 47	2500	149
1954	1170	1240	9500	2. 60	3600	163. 8
1958	1420	1170	12100	2. 84	4300	181. 3
1963	1920	1220	15700	2. 90	5100	207. 8
1967	2620	1400	18800	3. 23	5800	224. 1
1972	3540	1350	26200	3. 34	7800	235. 8

注：剩余价值率估算方法：剩余价值率 = 制造业增加值/（制造业工人数 × 每个工人平均年工资）

资料来源：方成族 . 战后发达资本主义国家工人实际工资的提高和相对剩余价值生产［J］. 厦门大学学报（哲学社会版），1988（3）：24 – 30.

第三节　去工业化与金融资本积累模式

一、去工业化与金融资本积累模式的形成

以中东石油危机为导火索，20 世纪 70 年代西方资本主义国家爆发严重经济危机。此次经济危机后，西方资本主义国家长期陷入经济停滞与通货膨胀并存的“滞胀”状况，西方资本主义国家的经济滞胀问题直到 80 年代末 90 年代初才有所好转。在经济滞胀时期，在西方资本主义国家经济中占据重要地位的工业部门开始走向衰弱；随着 80 年代以后经济全球化进程的加速，西方资本主义国家工业资本积累减慢，工业资本外流不断加剧，工业部门在国民经济中的地位逐步下降。以法国为例（见图 7－3），去工业化自 70 年代初就已经开始，并在此后的近 50 年里不断加快。法国工业增加值比重从 1971 年的 29.5% 下降到 1981 年的 27.067%，工业增加值比重虽有下降但不明显；进入 80 年代以后法国的去工业化明显加快，工业增加值比重在 1991 年下降到 24.3%，2001 年又下降到 20.94%，到 2017 年法国工业增加值比重仅为 17.36%。去工业化并非法国特有的现象，而是西方资本主义国家普遍出现的经济现象（见图 7－4）。90 年代以后，去工业化已经在西方资本主义国家中蔓延开来，即便是在第二次世界大战结束后长期以制造立国、保持高速增长的日本和德国，也在 90 年代以后出现了显著的去工业化趋势；美国、英国和法国等金融服务业发达的欧美国家去工业化的程度则要比日本和德国更深，工业增加值比重下降的速度更快、幅度更大。至 2017 年，主要资本主义国家（美国、日本、德国、英国、法国和意大利）工业增加值比重均已下降到 30% 以下，其中美国、英国和法国的工业增加值比重已经不足 20%。与去工业化现象相伴随的，则是西方资本主义国家普遍出现的服务化和金融化趋势，金融服务业逐渐成为西方资本主义国家利润最丰厚、薪酬最可观的行业，导致西方资本主义国家均出现了资本和劳动力向金融服务业转移的趋势。以法国为例，1970 年时法国服务业增加值比重为 52.6%，到 1980 年上升到 57.83%，1990 年上升到 62%，2000 年达到 66.31%，2017 年达到 70.23%。西方资本主义国家自 70 年代以后普遍出现的去工业化和金融化现象表明，自工业革命以来形成的工业资本主义已经在西方资本主义国家走向衰弱，工业资本积累模式已经难以持续，取而代之的是金融资本积累模式的形成。

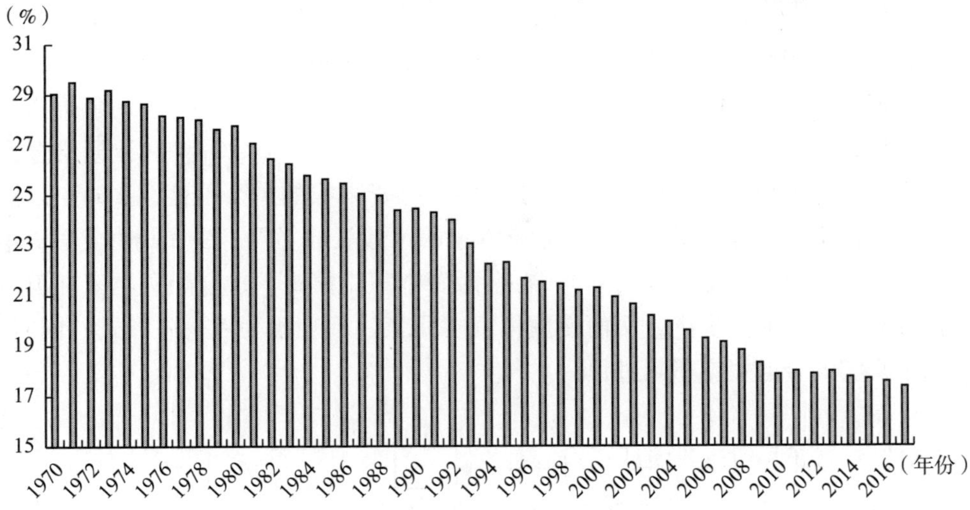

图7－3　1970～2017年法国工业增加值在GDP中的比重变化

资料来源：世界银行WDI数据库。

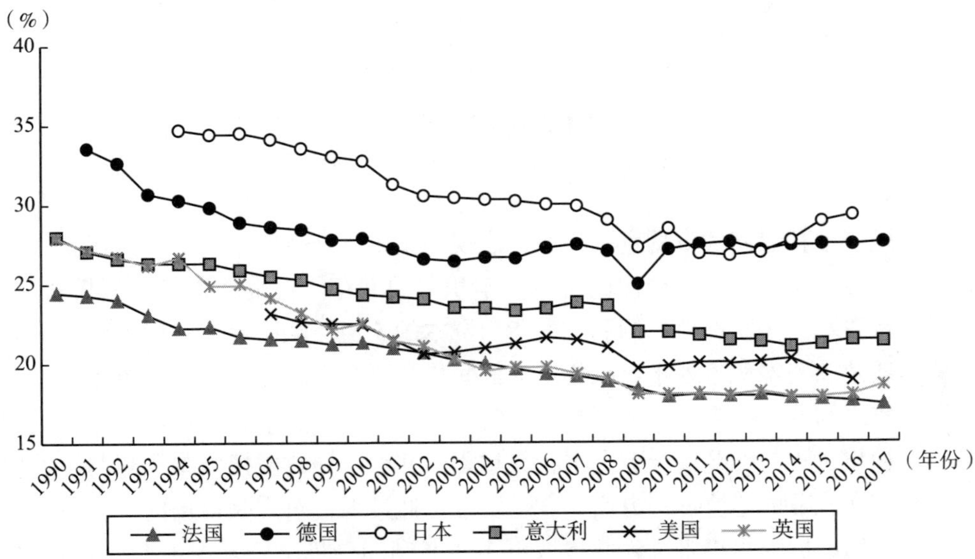

图7－4　1990～2017年主要资本主义国家工业增加值在GDP中的比重变化

资料来源：世界银行WDI数据库。

以虚拟资本为主要资本形态的金融资本取得对资本增殖和积累运动过程的控制，是金融资本积累模式的重要特征。金融资本凭借在金融市场中所处的垄断地位，控制了工业资本增殖运动所需的货币资本来源，从而参与到剩余价值的分配中来。如图7－5所示，在金融资本积累模式下，工业资本家要进行剩余价值生产就必须先利用股权或债券交易从金融资本家那里获得货币，即使金融资本家掌控的虚拟资本（V）转化为工业资本家可使用的货币资本（G）。当剩余价值生产完成后，剩余价值（ΔG）被分割为工业资本家的利润（ΔG_1）和让渡给金融资本家的剩余价值（ΔG_2），其中让渡给在金融资本家的剩余价值（ΔG_2）以股票分红、借贷利息等形式转化为金融资本家的“投资收益”（ΔV），使金融资本家取得实现增殖的虚拟资本（V′）。在金融资本积累模式下，金融资本家并没有直接参与剩余价值的生产，从而使虚拟资本积累过程表现为V—V′形式的同时，隐藏了真实的金融资本积累过程。

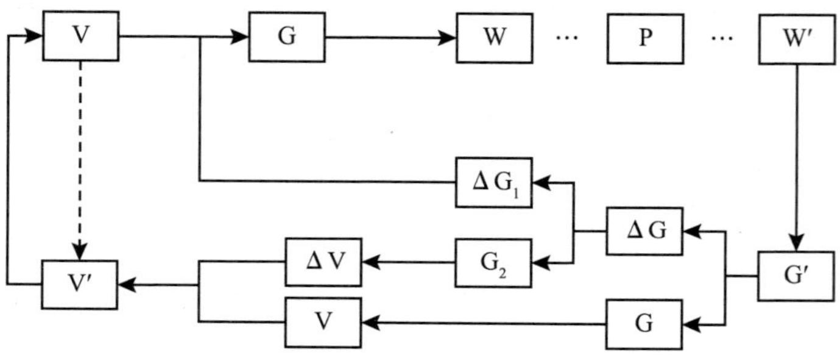

图7－5　金融资本积累模式的资本增殖与资本积累

注：虚线箭头表示表象的虚拟资本积累过程，实线箭头表示隐藏的金融资本积累过程。

金融资本积累模式下的资本积累，表现为集中于金融资本家手中的虚拟资本积累与分散在工业资本家之间的工业资本积累的并存。在金融资本积累模式中，由于金融资本家垄断性地控制和支配货币资本的流通，从而使金融资本积累模式下资本增殖和资本积累处于金融资本家的间接控制和支配之下，工业资本家与金融资本家之间的关系表现为依附与被依附的关系。金融资本积累模式下表象的虚拟资本积累过程与隐藏的金融资本积累过程的并存，导致虚拟资本积累与工业资本积累存在脱节的趋势。一方面，金融资本家通过强化对金融市场的垄断不断加快V—V′的虚拟资本积累过程并攫取更多垄断利润（即ΔV/V有上升趋势），从而虚拟资本积累的速度不断加快。另一方面，处于依附地位的工业资本家只有不断增加对金融资本家的剩余价值让渡（即$\Delta G_2/\Delta G$必须提高），才能获得剩余价值生产过程所需的货币资本，工业资本家在组织工业生产过程中获得的利润更加微薄（$\Delta G_1/\Delta G$），工业资本家扩大工业生产的意愿也随之削弱，工业资本积累的速度趋于减慢。可见，金融资本积累模式的形成和扩张，是导致西方资本主义国家去工业化范围不断扩大、速度不断加快、程度不断加深的制度根源。一旦金融资本积累模式形成，工业资本积累就将趋于减缓，虚拟资本积累与工业资本积累的矛盾就越严重，工业资本主义也就必然逐渐被金融资本主义所取代，金融资本积累模式也将随之对西方资本主义国家的就业状况产生深刻影响。

二、金融资本积累模式对就业的影响

自20世纪70年代以来，金融资本积累模式的形成对西方资本主义国家就业状况产生了深刻影响，主要体现在以下方面：

一是西方资本主义国家就业结构发生深刻变化，工业部门就业吸纳能力持续下降。工业资本主义的衰弱与金融资本主义的形成，并不会使工业资本积累模式下形成的劳资关系悖论消失，相反却使这一悖论以更激烈的形式表现出来。一方面，金融资本积累模式是以工业资本积累模式为基础的，金融资本家攫取的垄断利润仍来自剩余价值生产过程。这就决定了工业资本积累模式赖以生存的雇佣劳动制度不会因金融资本积累模式的形成而消失，资本与劳动的结合仍是金融资本主义形成与扩张的基础，劳动力商品化趋势在金融资本主义下得到巩固和加强。另一方面，金融资本积累模式是建立在金融资本家对剩余价值生产过程的垄断性支配以及工业资本家对金融资本家的剩余价值让渡基础之上的。金融资本家与工业资本家为分割剩余价值而展开的竞争，要求工业资本家不断改进生产技术和提高劳动生产率，通过扩大相对剩余价值生产，提升剩余价值率，从而使资本与劳动相分离成为金融资本主义进一步扩张的必要条件，工业部门就业吸纳能力随之持续下降。从图7-6可见，自20世纪90年代以来，随着西方资本主义国家去工业化的加快，西方主要资本主义国家工业部门就业比重均持续下降，并且工业部门就业比重持续下降的趋势几乎不受经济周期因素的影响。1991年时德国工业部门就业比重为40.87%，日本为34.58%，意大利为34.99%，英国为31.3%，法国为29.14%，美国为24.65%；到2001年美国科技股泡沫危机时德国工业部门就业比重降至32.78%，日本降至30.7%，意大利降至31.73%，英国降至24.64%，法国降至26.03%，美国降至22.61%；在2008年世界金融危机爆发时，德国工业部门就业比重继续下降到29.34%，日本降至27.26%，意大利降至29.8%，英国降至22%，法国降至23.25%，美国降至20.3%，主要资本主义国家工业部门就业比重均不足30%；到2018年，德国工业部门就业比重为27.02%，日本为25.3%，意大利为26.13%，英国为18.23%，法国为20.26%，美国为18.82%。工业生产能力和工业就业吸纳能力的持续退化，是20世纪90年代以来西方资本主义国家经济危机频繁爆发的重要原因；经济危机的频繁爆发反过来又加剧了金融资本积累模式下虚拟资本积累与工业资本积累的矛盾，使去工业化不断加深，工业生产能力和工业就业吸纳能力进一步退化。

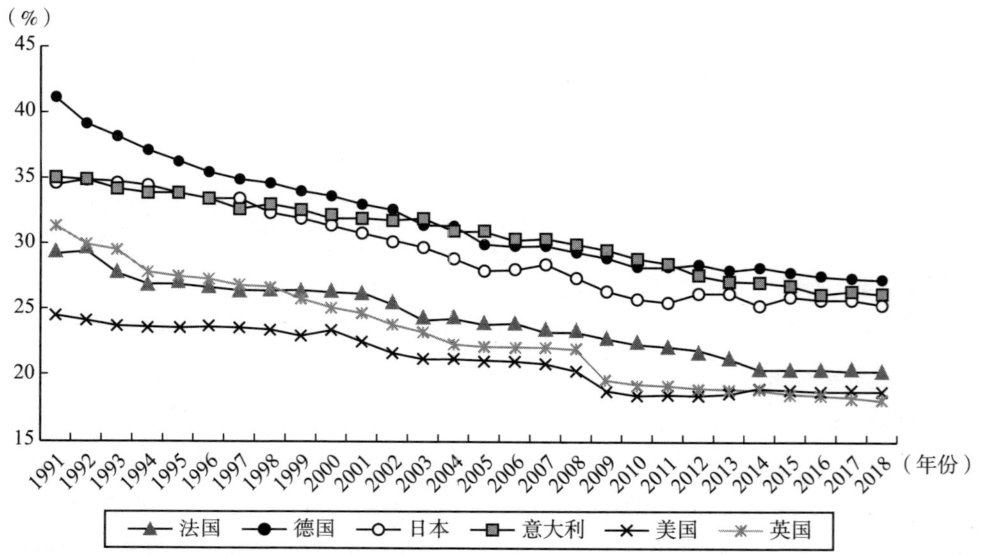

图 7 - 6　1991 ~ 2018 年主要资本主义国家工业部门就业比重

资料来源：世界银行 WDI 数据库。

二是西方资本主义国家就业需求存在刚性增长趋势，劳动力供求矛盾降低就业稳定性。随着西方资本主义国家工业就业吸纳能力的退化和服务业就业比重的持续上升，西方资本主义国家就业结构发生深刻变化。西方资本主义国家就业需求刚性增长趋势和就业结构变化使西方资本主义国家就业市场上劳动力供求矛盾更加突出。一方面，西方资本主义国家就业需求刚性增长趋势在金融资本积累模式下得到巩固和加强。在金融资本积累模式下，雇佣劳动制度的巩固和加强使劳动者仍不得不靠出卖自身劳动力为生，特别是随着工业就业吸纳能力的下降和劳动者家庭收入增长的停滞，劳动者家庭不得不努力降低家庭抚养率，提高劳动力商品化程度。此外，西方资本主义国家为缓解阶级矛盾建立起来的社会福利制度，吸引众多发展中国家人口向西方资本主义国家移民，也增加了西方资本主义国家的就业需求。如表 7 - 11 所示，自 1990 年以来，主要资本主义国家国际移民占总人口比重均呈现出上升趋势。国际移民的涌入和家庭抚养率的下降，使西方资本主义国家就业需求刚性增长趋势得到巩固。自 1990 年以来，主要资本主义国家 15 ~ 64 岁人口劳动参与率均明显提高。另一方面，西方资本主义国家以服务业就业比重上升为主要特征的就业结构变化使劳动者就业稳定性明显下降。由于金融资本积累模式下劳动与资本的结合仍以雇佣劳动制度为基础，被工业部门排斥出来的劳动力并不可能脱离资本关系的束缚，劳动者与生产资料的直接再结合仍受到资本关系的阻碍。在美国、法国、日本和意大利等主要资本主义国家中（见表 7－12），自我雇佣工作比重都明显下降，被工业部门排斥出来的劳动力并没有转化为自我雇佣工作的劳动者，这些劳动力只能向服务业部门转移。在西方资本主义国家就业结构的转变过程中，向服务业转移的劳动者面临的是更低收入且更不稳定的就业岗位。从表 7－12 可见，对比 1983 年和 2017 年，法国非全日工作比重由 21.06% 上升到 39.51%，德国由 19.66% 上升到 40.79%，英国由 35.86% 上升到 41.38%。在资本主义黄金时期，劳动力的相对紧缺使雇主们倾向于给劳动者提供长期雇佣或终生雇佣职位。主要资本主义国家自 20 世纪 80 年代以来出现的非全日工作比重上升趋势所反映出的就业稳定性下降倾向，是劳动力供求矛盾日渐突出的必然结果。

表 7－11　　主要资本主义国家劳动参与率和国际移民人口比重　　单位：%

国家	劳动参与率和国际移民人口比重	1990 年	1995 年	2000 年	2005 年	2010 年	2015 年	2018 年
法国	国际移民占总人口比重	10.36	10.46	10.57	11.00	11.43	12.09	—
	15～64 岁人口劳动参与率	67.00	67.43	68.75	69.87	70.34	71.35	71.65
德国	国际移民占总人口比重	7.52	9.15	10.98	12.68	14.43	14.88	—
	15～64 岁人口劳动参与率	70.15	70.81	71.55	74.03	76.72	77.69	78.23
日本	国际移民占总人口比重	0.88	1.11	1.34	1.59	1.68	1.61	—
	15～64 岁人口劳动参与率	70.08	71.67	72.57	72.69	74.17	76.14	77.25
意大利	国际移民占总人口比重	2.51	3.11	3.71	6.74	9.71	9.68	—
	15～64 岁人口劳动参与率	60.46	57.93	59.84	62.50	61.99	63.95	64.74
美国	国际移民占总人口比重	9.20	10.68	12.31	13.26	14.26	14.49	—
	15～64 岁人口劳动参与率	75.76	76.14	76.44	74.26	72.56	71.56	71.75
英国	国际移民占总人口比重	6.39	7.18	8.04	9.84	12.13	13.20	—
	15～64 岁人口劳动参与率	76.39	74.50	75.16	75.22	75.24	76.78	77.38

资料来源：世界银行 WDI 数据库。

表 7-12　　主要资本主义国家非全日工作和自我雇佣工作的比重　　单位：%

国家	工作比重	1983年	1991年	2000年	2008年	2013年	2014年	2015年	2016年	2017年	2018年
法国	非全日工作比重	21.06	25.28	29.25	39.52	40.95	41.30	41.50	39.14	39.51	—
	自我雇佣工作比重	—	15.34	11.49	10.65	11.37	11.70	11.69	11.91	11.82	11.76
德国	非全日工作比重	19.66	20.65	26.16	36.57	40.86	40.50	40.45	39.74	40.79	—
	自我雇佣工作比重	—	9.71	10.91	11.69	11.24	10.99	10.79	10.45	10.44	10.37
日本	非全日工作比重	—	—	—	—	31.74	33.10	32.69	—	31.52	—
	自我雇佣工作比重	—	22.98	18.45	14.91	11.62	11.52	11.14	10.64	11.01	10.69
意大利	非全日工作比重	14.59	17.08	20.37	31.21	34.88	35.55	35.45	34.37	34.80	—
	自我雇佣工作比重	—	28.42	28.20	25.50	24.88	24.74	24.44	24.00	23.82	23.68
美国	非全日工作比重	—	—	21.79	22.97	23.52	23.87	24.32	22.90	22.90	—
	自我雇佣工作比重	—	13.15	11.30	10.43	10.09	9.94	9.94	9.86	9.81	9.75
英国	非全日工作比重	35.86	39.15	42.16	42.40	41.92	41.55	42.33	41.48	41.38	—
	自我雇佣工作比重	—	13.79	12.32	13.42	14.70	15.32	15.06	15.50	15.42	15.38

资料来源：世界银行 WDI 数据库。

三是西方资本主义国家失业问题愈演愈烈，人口相对过剩与产业后备军扩张趋势明显。金融资本积累模式的形成和扩张，通过加剧金融资本家与工业资本家在分割剩余价值过程中的竞争关系，迫使工业资本家不断扩大相对剩余价值生产方法的使用，使金融资本积累模式下逐渐减慢的工业资本积累与不断加快的资本有机构成提高并存。金融资本积累模式下并未改变资本主义积累和扩大再生产过程中的生产资料优先增长规律。金融资本积累模式下生产资料优先增长不仅表现为生产资料生产规模的扩大和在工业生产中比重的增加，还表现在生产资料质量和技术含量的迅速提高。因此，金融资本积累模式的形成和扩张，不仅会表现为生产资料部门以及整个工业部门加速排斥劳动力，还表现在以使用自动化和智能化程度不断提高的生产资料为基础的服务业部门也出现加速排斥劳动力（特别是简单劳动力）的趋势，从而西方资本主义国家以服务业就业比重上升为特征的就业结构变化可以与人口相对过剩和产业后备军加速扩张并存，西方资本主义国家的失业问题由此更加突出。如表 7-13 和表 7-14 所示，自 20 世纪 70 年代初以来，主要资本主义国家不仅出现了社会平均失业率上升的趋势，还出现了以从事简单劳动为主的青年劳动者和中低学历劳动者失业率明显高于社会平均失业率的情况。以意大利为例，1978 年时平均失业率为 5.9%，15～24 岁青年失业率则高达 12.7%；2017 年时平均失业率上升到 11.21%，青年失业率则上升到 34.74%，受中等教育劳动者和受初等教育劳动者的失业率分别比受高等教育劳动者高 1.64 倍和 2.37 倍。金融资本积累模式下愈演愈烈的人口相对过剩与产业后备军扩张，使工业资本积累模式下无产阶级中的一部分人的无事可做与另一部分人的过度劳动并存状况①得到延续，劳动者为获得就业机会而不得不展开更加激烈的竞争，无产阶级对资产阶级的隐性经济依附关系随之加强。

表 7－13　1971～2017 年主要资本主义国家社会平均失业率和青年失业率　单位：%

年份	法国		德国		日本		意大利		美国		英国	
	平均失业率	15～24岁青年失业率	平均失业率	15～24岁青年失业率	平均失业率	15～24岁青年失业率	平均失业率	15～24岁青年失业率	平均失业率	15～24岁青年失业率	平均失业率	15～24岁青年失业率
1971	2.67	—	—	—	1.20	2.00	5.44	—	5.90	12.70	3.30	—
1978	5.27	—	—	—	2.20	3.80	7.24	24.81	6.10	12.30	5.70	—
1983	7.92	19.81	6.45	10.62	2.60	4.50	8.57	28.90	9.60	17.20	—	20.22
1989	9.62	19.54	5.71	5.53	2.30	4.60	10.99	31.78	5.30	10.90	—	10.34
1999	11.98	26.32	—	8.88	4.70	9.10	11.69	32.95	4.22	9.90	—	12.42
2009	8.74	22.95	7.74	11.22	5.10	9.10	7.75	25.34	9.25	17.60	7.54	19.12
2014	10.29	24.22	4.98	7.75	3.60	6.30	12.68	42.68	6.17	13.40	6.11	16.96
2015	10.36	24.67	4.62	7.23	3.40	5.50	11.90	40.32	5.28	11.62	5.30	14.63
2016	10.06	24.62	4.12	7.05	3.10	5.10	11.69	37.77	4.87	10.43	4.81	12.99
2017	9.40	22.29	3.75	6.76	2.80	4.60	11.21	34.74	4.36	9.24	4.33	12.08

资料来源：世界银行 WDI 数据库。

表 7－14　1994～2017 年主要资本主义国家不同教育程度劳动者失业率　单位：%

国家	劳动者失业率	1994年	1998年	2002年	2009年	2010年	2013年	2015年	2017年
法国	受高等教育劳动者失业率	—	8.3	5.4	5.3	5.3	5.9	6.1	5.4
	受中等教育劳动者失业率	—	14.2	9.8	9.3	9.3	10.5	11.1	10.6
	受初等教育劳动者失业率	—	18.1	13.8	12.9	14.2	16.0	15.9	16.1

① 马克思，恩格斯．马克思恩格斯文集（第5卷）[M]．北京：人民出版社，2009：733.

续表

国家	劳动者失业率	1994年	1998年	2002年	2009年	2010年	2013年	2015年	2017年
德国	受高等教育劳动者失业率	—	6.6	4.8	3.7	3.2	2.6	2.5	2.0
	受中等教育劳动者失业率	—	10.5	8.2	7.0	6.2	4.7	3.8	2.9
	受初等教育劳动者失业率	—	14.0	11.6	13.8	12.8	10.1	9.5	7.9
日本	受高等教育劳动者失业率	—	—	4.8	4.0	3.9	3.3	2.6	—
	受中等教育劳动者失业率	—	—	—	5.4	5.1	4.1	3.5	—
	受初等教育劳动者失业率	—	—	—	—	—	—	—	—
意大利	受高等教育劳动者失业率	—	9.9	7.6	6.7	6.8	8.6	8.5	7.5
	受中等教育劳动者失业率	—	16.3	11.6	8.6	9.2	12.9	12.6	12.3
	受初等教育劳动者失业率	—	18.7	15.6	12.1	12.3	17.2	16.8	17.8
美国	受高等教育劳动者失业率	3.2	2.3	3.2	5.0	5.3	4.4	3.1	2.8
	受中等教育劳动者失业率	6.9	5.5	6.8	10.1	11.0	9.2	7.0	5.7
	受初等教育劳动者失业率	14.4	11.3	12.1	15.2	15.8	13.1	9.0	8.0
英国	受高等教育劳动者失业率	—	3.5	2.1	3.4	3.7	3.7	2.9	2.9
	受中等教育劳动者失业率	—	5.2	4.1	6.7	7.6	8.0	6.0	4.6
	受初等教育劳动者失业率	—	25.3	6.3	10.8	11.7	13.1	9.0	6.9

资料来源：世界银行 WDI 数据库。

三、再工业化的不可能性与就业矛盾的激化

2008 年世界金融危机爆发之后，西方资本主义国家的政府及有识之士普遍认识到自 20 世纪 70 年代以来的渐进去工业化是导致这些国家遭受金融危机重创的重要原因，“再工业化”的呼声由此逐渐高涨。金融危机后主要资本主义国家纷纷制定了再工业化的国家战略及政策，试图通过政府补贴、财政减税、汇率调整等手段，刺激和鼓励本国工业投资。在一系列政策刺激下，西方资本主义国家去工业化问题有所缓解。2008 年以后，西方资本主义国家工业增加值与 GDP 比重和工业部门就业人数与总就业人数比重这两项指标均出现下降趋势减缓态势，德国和日本甚至出现了工业增加值与 GDP 比重微弱回升的现象。但西方资本主义国家去工业化趋势并未得到根本逆转，再工业化战略的实施效果并不理想。金融资本主义的形成与发展决定了西方资本主义国家再工业化具有不可能性。

根据前面分析可知，工业资本积累模式的形成和发展是资本主义工业化的根

本动力，金融资本积累模式的形成则是西方资本主义国家去工业化的根本原因。只要证明工业资本积累模式向金融资本积累模式的转变是不可逆的过程，也就可以证明再工业化的不可能性。工业资本主义的劳资关系悖论表明，以资本与劳动结合为前提的工业资本主义必须以资本与劳动相分离作为发展的条件。这就决定了工业资本积累只有在劳动生产率和资本有机构成持续提高的条件下才能进行下去。工业资本积累模式下资本有机构成的持续提高和工业生产规模的持续扩大，意味着工业资本家取得剩余价值生产过程支配控制权的预付资本门槛越来越高。预付资本门槛的迅速提高使工业资本家除了依靠自身资本积聚以外，还必须利用信用手段加快资本集中，才能确保工业资本家对剩余价值生产过程的支配控制权不旁落他人。专司货币交易的金融资本家由于垄断货币流通，因而在生产集中和资本集中的过程中取得了对剩余价值生产过程的支配控制权。工业资本家能不能维持并扩大工业生产，主要取决于金融资本家是否愿意向工业资本家提供信用支持；作为回报，工业资本家必须将工业生产中新创造的一部分剩余价值让渡给金融资本家，金融资本借此加速积累，金融资本积累模式由此形成。在金融资本积累模式下，只要为在分割剩余价值过程的竞争中争取有利地位的工业资本家扩大相对剩余价值生产方法的使用，更智能化、更节约劳动的先进生产资料就将加速生产集中和资本集中，从而使控制货币与信用供给的金融资本家的垄断地位不断加强，金融资本积累加快且工业资本积累减缓，就业供给相对减少。

从 2008 年以来西方资本主义国家实施的再工业化战略内容来看，西方资本主义国家政府无一例外地将再工业化的焦点投向了高科技制造业领域。奥巴马政府执政期间，美国于 2010 年 8 月 11 日通过《美国制造业振兴法案》，并将先进制造技术、智能制造、新能源、生物技术、信息技术等高科技制造业作为奥巴马政府再工业化战略的实施重点。特朗普政府上台后，更是综合利用减税、汇率、贸易战等手段，试图引导制造业回流美国；从美国政府在 5G 技术领域对华为等中国企业的围追堵截来看，争夺高科技制造业领域的话语权仍是美国再工业化战略的核心。无独有偶，德国政府也在 2013 年 4 月正式推出“工业 4.0 战略”，旨在利用物联信息系统将生产中的供应，制造，销售信息数据化、智慧化，最后达到快速、有效、个人化的产品供应。德国“工业 4.0 战略”所追求的智能工厂、智能生产和智能物流三大主题表明，德国“工业 4.0 战略”本质上是德国为增强在高科技制造业领域方面标准制定权的战略努力。可见，西方资本主义国家实施的再工业化战略，并不违背金融资本积累模式下生产资料优先增长规律，也不会改变金融资本积累模式下工业资本积累越来越依赖于相对剩余价值生产方法的倾向，西方资本主义国家再工业化具有不可能性。

虽然西方资本主义国家的再工业化具有不可能性，但西方资本主义国家的再工业化战略却会激化西方资本主义国家业已存在和相当严峻的就业矛盾。一方面，西方资本主义国家的再工业化战略聚焦于高科技制造业领域，只会导致就业供给的相对不足。高科技制造业资本有机构成高于社会平均水平的特征决定了高科技制造业本身并不能吸纳太多就业，特别是无法解决中低学历劳动者的就业问题。高科技制造业的优先发展是金融资本积累模式下生产资料优先增长规律的具体表现形式，高科技制造业源源不断地生产出的更智能化和更节约劳动的生产资料，在使全社会平均劳动生产率水平上升的同时，也将使全社会平均资本有机构成水平上升，从而相对过剩人口和产业后备军的积累速度将加快，无产阶级贫困化与失业问题将更加凸显。另一方面，西方资本主义国家的再工业化战略聚焦于高科技制造业领域，只会加剧西方资本主义国家工业体系的残缺化，致使西方资本主义国家加快工业资本输出并导致就业机会的流失。高科技制造业属于生产资料生产部门，西方资本主义国家以高科技制造业为重点的再工业化战略由于加速了本国生产资料优先增长，从而使生产资料部门与消费资料部门之间的比例关系受到破坏。优先增长的生产资料部门要实现剩余价值，就不得不依靠更大规模的工业资本输出，从而使西方资本主义国家不再具有发展劳动密集型消费资料部门的条件，众多劳动密集型产业的就业机会流向社会平均资本有机构成更低的发展中国家。从表 7－13 可见，在经济形势向好的 2017 年，主要资本主义国家的失业率水平虽有所下降，但仍明显高于 20 世纪 70 年代初去工业化发生前的水平。2008 年以后主要资本主义国家工业就业比重下降趋势虽有减缓但并未扭转，表明主要资本主义国家失业率水平的下降并不是由于再工业化战略刺激工业吸纳更多就业所致，而在更大程度上应当归功于长期实施的极度宽松的财政政策和货币政策。近年来西方资本主义国家青年失业率和中低学历劳动者失业率依旧明显高于社会平均水平的证据（见表 7－13 和表 7－14）也表明，金融资本积累模式下生产资料优先增长规律对就业状况施加影响的作用机制依旧存在。一旦西方资本主义国家不再有能力继续实施极度宽松的财政政策和货币政策，再工业化的不可能性对就业矛盾的激化作用就会逐渐显现出来。

第八章

去工业化与西方国家的收入分配

随着去工业化和金融化进程的加快，发达资本主义国家经济增速持续低迷，社会财富占有的两极分化不断加剧，一方面少数私人垄断资本拥有的财富不断膨胀；另一方面广大劳动者的收入水平却不断下降，收入分配差距和不平等不断加剧，既反映了资本主义内在矛盾不断激化，也体现了资本主义经济停滞常态化。

第一节　关于收入分配的一般理论

一、收入分配的含义

所谓收入分配，是指特定历史时期内全社会不同阶级阶层在社会总产品分配中形成的人与人之间的关系。不同国家和地区，乃至统一国家或地区的不同历史发展阶段，其收入分配的状况、性质和构成会随着历史发展而发展运动。理解收入分配的含义，应从以下几方面切入：

第一，收入分配的状况直接表现为社会总产品在不同阶级阶层之间进行分割的份额比例关系。衡量一个社会的收入分配状况首先必须区分绝对收入和相对收入的概念。绝对收入是指社会中的某个社会成员或某个阶级阶层所分配到的社会总产品绝对数量。相对收入则是指社会中的某个社会成员或某个阶级阶层所分配到的社会总产品相对比重。分析一个社会的收入分配状况，虽然也要考察社会中社会成员或阶级阶层绝对收入的总量和增速，但更重要的是要考察社会中社会成员或阶级阶层的相对收入变化趋势。在特定的历史时期内，既可能出现某个社会成员或某个阶级阶层绝对收入和相对收入都提高的状况，也可能出现某个社会成员或某个阶级阶层绝对收入提高但相对收入下降的状况，甚至还可能出现某个社会成员或某个阶级阶层绝对收入下降但相对收入提高的状况。在考察一个社会特定历史时期的收入分配状况时，绝不能仅仅考察某个社会成员或某个阶级阶层的绝对收入和相对收入状况，而应该考察所有社会成员和所有阶级阶层之间在分割社会总产品时形成的份额比例关系，即不同社会成员或不同阶级阶层相对收入的变化趋势。即便某一特定历史时期内所有社会成员和阶级阶层的绝对收入都提高了，也不能就此断言收入分配状况得到改善。在所有社会成员和阶级阶层绝对收入提高的过程中，有的社会成员或阶级阶层的绝对收入可能提高得更快一些，从而使不同社会成员或阶级阶层的相对收入发生变化。当相对收入的变化对一些阶级阶层极其不利时，所有阶级阶层绝对收入的提高也可以与全社会收入分配状况的恶化并存。

第二，收入分配的性质由隐藏在不同阶级阶层分割社会总产品的份额比例关系之后的分配关系间接体现。不同阶级阶层相对收入的变化表象上看是不同阶级阶层分割社会总产品的份额比例关系发生了变化，但隐藏在这一表象之后的是分配关系的改变。在收入分配中，某些阶级阶层相对收入的提高必然意味着其他阶级阶层相对收入的下降。由此反映出相对收入提高的阶级阶层在分配关系中占据了相对有利地位；反之，相对收入下降的阶级阶层在收入分配中则处于相对不利的地位。研究收入分配状况不能停留于描述收入分配状况的事实本身，还应该探究导致这种收入分配状况的原因，即收入分配状况所间接体现的分配关系。分配关系的核心，是要明确不同社会成员和阶级阶层是以什么为依据参与社会总产品的分配，并占有一定份额的社会总产品。社会成员和阶级阶层参与社会总产品分配的依据，即分配关系，决定了收入分配的性质。如果社会成员和阶级阶层是以其在社会总产品生产中贡献的劳动为依据参与分配，那么收入分配的性质就是按劳分配的。如果不同社会成员和阶级阶层是以其在社会总产品生产中提供的生产要素为依据参与分配，那么收入分配的性质就是按生产要素分配的。在存在私有财产制度的社会中，资本家、地主等阶级可以凭借其在社会总产品生产中提供的归他们私人所有的资本、土地等生产要素参与分配，这就决定了存在私有财产制度的社会中收入分配的性质必然是按生产要素分配的。只有在消灭了私有财产制度的社会主义社会和共产主义社会中，所有社会成员只能凭借个人在社会总产品生产中贡献的劳动参与分配，按劳分配性质的收入分配才有得以施行的土壤。

第三，收入分配的构成按照不同分配环节在收入分配中的先后顺序分，可以分为初次分配和再分配。所谓初次分配是指所有社会成员和阶级阶层按照基础性的分配关系在社会总产品生产出来后进行的初次收入分配。初次分配所依据的分配关系是收入分配中基础性的分配关系，直接反映收入分配的性质。再分配，也成为社会转移分配，是指在初次分配完成之后不同社会成员和阶级阶层依托一定的制度安排和渠道载体，以货币转移或实物转移为形式实现社会总产品在不同社会成员和阶级阶层之间的再次分配。再分配的目的主要是调节初次分配中出现的问题，缓和基础性分配关系中的固有矛盾，促进和谐分配关系的形成，更好体现社会公平正义原则。在收入分配中，再分配往往发挥补充性作用，再分配可以部分改变初次分配形成的分配格局，但并不会改变一个社会收入分配的性质。在现代经济中，初次分配和再分配都是社会分配的重要组成部分，两者共同构成了一个社会的收入分配制度。

二、西方经济学收入分配理论

所有收入分配理论都是基于一定的立场、观点和方法，对社会中存在的收入分配状况、性质和构成的合理性做出判断并加以分析的理论。这就决定了所有收入分配理论必然包含价值判断，属于规范经济学范畴。西方经济学的收入分配理论，具有以下几方面特征：

首先，西方经济学的收入分配理论是体现资产阶级立场的收入分配理论，其理论的实质目的是为资本主义社会分配制度提供辩护。早期资产阶级经济学家从劳动价值论出发，能够在一定程度上正确认识资本主义分配制度的弊端和矛盾。比如，大卫·李嘉图就曾指出在资本主义社会中工资、利润和地租之间存在此消彼长的关系。但即便是早期资产阶级经济学家也将资本主义社会的分配制度认为是一种自然而然的事情。比如，亚当·斯密在《国富论》中指出：“一到有了土地私有和资本累积，劳动者独享全部劳动生产物的原始状态就终结了。”① 萨伊在斯密的“三种收入价值论”基础上提出了“三位一体公式”，试图通过割裂生产与分配之间的关系，论证资本家获得利润、地主获得地租的合理性，否认资本主义社会分配制度存在剥削性质。在边际革命之后，西方经济学在继承萨伊分配理论基本思想的基础上，吸收了克拉克提出的边际生产力理论，基本形成了现代西方经济学关于初次分配的理论。西方经济学收入分配理论认为，工资、利润和地租是劳动、资本和土地等生产要素的价格，由这些生产要素的市场供求关系决定：在供给方面，不同要素所有者的偏好起决定作用；在需求方面，不同要素在生产中的“贡献”即边际生产力起决定作用。可见，西方经济学的收入分配理论

① 亚当·斯密．国富论［M］．孙善春，李春长，译．北京：中国华侨出版社，2011：27.

并不否认资本主义社会收入分配的性质是按要素分配，但始终强调资本主义社会按要素分配的分配关系是不存在剥削的、所有要素所有者自愿的分配关系。

其次，西方经济学的收入分配理论是贯彻历史唯心主义的收入分配理论，其理论的分析方法是唯心主义和形而上学的理论产物。一方面，唯心主义是西方经济学收入分配理论分析方法的哲学基础。在要素的供给方面，现代西方经济学强调所有要素所有者均是基于效用最大化原则决定自身的要素供给量和供给价格。比如，劳动者是通过在收入和闲暇之间进行效用最大化的理性选择，确定意愿的劳动要素供给量和供给价格，不存在劳动者非自愿劳动的情况。亚当·斯密曾指出："就长时期来说，雇主需要劳动者的程度或许和劳动者需要雇主的程度相同，但雇主的需要却不像劳动者那样迫切。"[①] 作为早期资产阶级经济学家，亚当·斯密正确认识到劳动者在和资本家之间的工资博弈中处于不利地位。但现代西方经济学仅从唯心主义的"效用"概念出发强调劳动者在进入劳动力市场时的"自由选择"，全然忽视资本主义制度下自由进入劳动力市场出卖劳动力的劳动者"自由得一无所有"[②] 这一客观事实。另一方面，形而上学是西方经济学收入分配理论分析方法的典型特征。在要素需求方面，西方经济学形式上强调所有要素需求由要素在生产中的"贡献"即边际生产力决定。要素边际生产力反映的是每增加一单位要素投入与新增加产品产出之间的数量关系，因此边际生产力理论实质上讨论的是劳动要素与其他非劳动要素之间的投入比例关系，而非生产和分配中不同要素所有者之间的社会关系。将生产关系与分配关系之间的内在联系简化为投入与产出的比例关系，是典型的形而上学分析方法。

最后，西方经济学的收入分配理论虽为完善资本主义分配制度提供了一些合理建议，但不主张彻底变革资本主义分配制度。随着资本主义社会收入分配矛盾的日渐激化，西方经济学收入分配理论也为完善资本主义分配制度、缓和资本主义社会收入分配矛盾提供了一些合理建议。以庇古为代表的福利经济学通过"国民收入分配越是均等化，社会经济福利就越大"的福利命题，提出收入分配均等化问题。庇古认为高收入者货币边际效用小于低收入者，通过向高收入者征税并转移支付给低收入者可以提高社会经济福利。庇古的福利经济学理论构成了现代资本主义国家以政府主导的再分配制度的理论基础。但是，庇古的福利经济学并不主张在初次分配中废除按要素分配的分配依据，这就决定了庇古的福利经济学仅仅是在资本主义分配制度上进行"小修小补"。即便庇古的福利经济学并不主

① 亚当·斯密．国富论［M］．孙善春，李春长，译．北京：中国华侨出版社，2011：28.

② 马克思，恩格斯．马克思恩格斯文集（第5卷）［M］．北京：人民出版社，2009：197.

张革除资本主义分配制度，仍受到了以卡尔多、希克斯等人为代表的新福利经济学的责难。新福利经济学通过建立以序数效用论为基础的帕累托最优标准，制造效率与公平对立的命题，并强调效率优先于公平的原则。西方经济学收入分配理论中关于“效率”与“公平”的争论，深刻反映出西方经济学收入分配理论的阶级局限性。

三、马克思主义的收入分配理论

马克思主义的收入分配理论是在批判吸收英法古典政治经济学的基础上建立起来的，马克思主义收入分配理论在立场、观点和方法上与西方经济学收入分配理论有本质区别。马克思主义收入分配理论的特点，主要表现在以下三个方面：

第一，马克思主义收入分配理论基于实现全人类解放的立场，既对资本主义社会分配制度进行辩证分析，也对未来共产主义社会分配制度进行科学预测。如前面所述，西方经济学收入分配理论的主要任务和实质目的是从资产阶级的立场出发，为资本主义社会分配制度的合理性提供辩护。与西方经济学收入分配理论大相径庭的是，马克思主义收入分配理论并不是为了维护资产阶级的利益而构建的。这一根本立场的区别，使马克思主义收入分配理论可以站在客观科学的角度，对资本主义社会分配制度进行辩证分析。一方面，马克思主义收入分配理论肯定了资本主义私有制和分配制度的历史进步意义。如马克思在《资本论》中指出的，“从资本主义生产方式产生的资本主义占有方式，从而资本主义的私有制，是对个人的、以自己劳动为基础的私有制的第一个否定”①，这一“否定”有利于“社会生产力的自由发展”②。另一方面，马克思主义收入分配理论也指出了资本主义私有制和分配制度的历史局限性，即“资本主义生产由于自然过程的必然性，造成了对自身的否定”③。对资本主义私有制和分配制度的否定之否定，则是人类实现自我解放和自由发展的重要基础。正是在对资本主义私有制和分配制度的辩证分析基础上，马克思主义收入分配理论正确地指出在共产主义社会第一阶段即社会主义社会只是实行按劳分配的分配制度，只有在共产主义社会高级阶段才能实行按需分配的分配制度。可见，马克思主义收入分配理论表明马克思主义将共产主义运动视作实现人类解放的历史必然过程。

第二，马克思主义收入分配理论在承认理论本身的阶级性的基础上，对资本

①③　马克思，恩格斯．马克思恩格斯文集（第5卷）［M］．北京：人民出版社，2009：874.

②　马克思，恩格斯．马克思恩格斯文集（第5卷）［M］．北京：人民出版社，2009：872.

主义社会收入分配的性质、状况和构成进行深刻分析，阐明了资本主义社会分配制度的不合理性。与西方资产阶级收入分配理论刻意标榜的超阶级性不同，马克思主义收入分配理论是建立在阶级分析法的基础之上。首先，马克思在批判吸收早期资产阶级经济学家提出的劳动价值论的基础上，创立了剩余价值理论，揭示了资本主义生产方式下资本家无偿占有工人剩余劳动的隐蔽事实，阐明了资本主义社会分配制度具有剥削性和压迫性，说明了资本主义生产关系和分配关系下资本家与工人在经济地位上的不平等性。其次，在提出剩余价值概念的基础上，马克思在《资本论》中对剩余价值的生产和占有以及剩余价值的具体表现形式进行详细分析论述。马克思不仅分析了绝对剩余价值生产和相对剩余价值生产的区别与联系，还探讨了工资收入的性质和表现形式，并在提出生产价格理论的基础上，详尽地分析了剩余价值如何转化为利润、地租等收入的条件和过程。再次，马克思通过分析商品生产所有权规律向资本主义占有规律的转变，对资本主义积累的一般规律进行了详细分析，指出资本积累必然导致相对过剩人口和无产阶级贫困化。由此揭示资本主义私有制和分配制度的不合理性，做出资本主义社会分配制度必然跟随资本主义私有制一道走向灭亡的预测。最后，列宁根据资本主义进入帝国主义阶段的新形势，敏锐地分析了帝国主义形成对资本主义社会收入分配的影响。列宁敏锐地认识到垄断的形成阻碍技术经济发展和造成经济停滞，帝国主义的寄生性不断加强，并导致了工人阶级的内部分化和国际工人运动形势的变化。

第三，马克思主义收入分配理论建立在辩证唯物主义和历史唯物主义的科学分析方法之上，对西方经济学收入分配理论的分析方法提出批判。从分析方法上看，马克思主义收入分配理论与西方经济学收入分配理论也存在根本分歧。前面已经指出西方经济学收入分配理论的分析方法是基于唯心主义和形而上学的方法论，在此不再复述。马克思主义收入分配理论则体现出历史唯物主义和辩证唯物主义的高度统一。一方面，马克思主义收入分配理论从来不将分配关系和分配制度视作是静止的、永恒不变的抽象范畴，分配关系和分配制度的运动发展受到历史发展客观规律的制约。马克思主义收入分配理论坚持生产力与生产关系、经济基础与上层建筑对立统一的分析范式，认为一切分配关系和分配制度都是具体的、历史的、运动的，分配关系的运动发展与生产关系的运动发展有着内在联系，生产方式的变革必然带来分配关系和分配制度的变革。另一方面，马克思主义收入分配理论并不抽象地讨论任何一种分配关系和分配制度的合理性，而是从历史发展的角度辩证地看待每种分配关系和分配制度。如前面已经提及，马克思主义收入分配理论对于资本主义社会分配制度不合理性的分析并不是出于“为了反对而反对”的目的。相反，马克思主义收入分配理论既承认资本主义私有制和分配制度取代封建主义私有制和分配制度的必然性和进步性，也坦率指出资本主义私有制和分配制度被取代的历史必然性。马克思主义收入分配理论的分析方法与西方经济学收入分配理论的抽象、孤立、静止的分析方法形成了鲜明对比。

四、研究收入分配问题的正确方法

通过对西方经济学收入分配理论和马克思主义收入分配理论的比较，可以发现从不同的立场、观点和方法切入研究收入分配问题会得到不同的研究结论，也会对收入分配问题的解决产生不同的反馈效应。在收入分配问题研究中，应当注意研究方法的科学性和合理性问题。具体来说，应当注意以下两个方面问题：

一方面，研究收入分配问题，研究者应当端正研究立场和研究态度，坚持从全人类共同利益的视角去分析问题。人文社会科学具有科学性和意识形态性的双重属性，这就决定了与自然科学基于科学实验的研究结论不同，研究者的立场和态度往往会对人文社会科学的研究结论产生影响。由于人类社会长期处于阶级社会，不同阶级必然形成体现本阶级意志的意识形态，研究者如果在人文社会科学中先验性地带入个人所持有的意识形态，就会在人文社会科学研究中造成科学性与意识形态性的冲突，甚至因意识形态因素导致人文社会科学研究因丧失科学性而走向庸俗化。要在人文社会科学研究中消除科学性与意识形态性的冲突，使人文社会学科的科学性得到充分体现，研究者就必须摒弃个人意识形态的干扰，坚持将人类这一整体作为研究对象，从全人类的共同利益视角去展开分析。在西方经济学的收入分配问题研究中，就有过因意识形态干扰研究的众多教训。比如，英国经济学家西尼尔站在资产阶级立场上，为了对当时英国工人运动中提出的“10 小时工作制”主张进行反驳，提出了贻笑大方的“最后 1 小时”理论，声称英国资本家的利润会因为实行 10 小时工作制而消失。“最后 1 小时”理论对于缓解英国在工业革命时期的收入分配问题未能起到任何积极进步的作用，相反却成为阻碍社会进步的消极保守因素。马克思主义收入分配理论之所以能够得出众多极富远见的深刻结论，正是由于马克思主义并非仅仅站在被压迫被剥削阶级的角度自怨自艾，而是站在全人类共同利益的视角分析论证了被压迫被剥削阶级的联合与斗争对推动人类社会进步的重要作用。可见，在研究收入分配问题时，正确的研究立场和研究态度是取得科学研究成果的基础和前提。

另一方面，研究收入分配问题，研究者应当正确认识收入分配问题的现实属性，坚持实事求是的原则去分析问题。收入分配问题并非某种虚无缥缈的“玄学”，而是真切发生在我们身边的现实经济问题。这就决定了研究者绝不能走“书斋经济学”的路子，躲在书斋中去冥思苦想收入分配问题的前因后果。收入分配问题的现实属性决定了研究者只能从现实经济生活入手，从具体的、历史的分配关系和分配状况入手，考察特定社会特定时期收入分配的性质、状况和构成，探寻隐藏在现实经济现象背后的客观经济规律。收入分配问题的研究不能回避现实的收入分配问题，试图从某个抽象的理论概念出发，构建一套抽象永恒的收入分配准则。西方经济学收入分配理论正是从虚空的“效用”范畴出发，试图以效用最大化的逻辑建立一套收入分配的准则。按照西方经济学的劳动供求理论，工资仅是劳动供求均衡的结果，劳动供给决定于劳动要素的边际生产力，劳动需求决定于劳动者的效用最大化选择，因此并不会存在非自愿性失业问题。但是，现实经济生活中普遍存在的非自愿性失业现象让西方经济学的劳动供求理论遭到“打脸”，西方经济学收入分配理论也由此失去说服力。凯恩斯为解决西方经济学收入分配理论不能解释非自愿性失业问题存在的尴尬，只能试图从心理因素切入建立有效需求理论，但凯恩斯的有效需求理论却选择性地忽视了对收入分配问题原因的讨论，无法从根本上解决西方经济学收入分配理论的逻辑自洽性矛盾。西方经济学收入分配理论所遭遇的尴尬能提供给我们的启示就是，研究收入分配问题的研究者必须坚持实事求是的原则去分析问题，避免在研究中陷入先验性假设的逻辑陷阱。

第二节　资本主义收入分配制度的历史演变

迄今为止，西方资本主义可以大致划分为三个发展阶段，分别是商贸资本主义、工业资本主义和金融资本主义，与之相对应，资本主义国家收入分配制度也经历了三个阶段。

一、商贸资本主义时期资本主义国家收入分配制度

商贸资本主义时期的时间跨度是从地中海沿岸出现资本主义萌芽到工业革命前夕，这一时期是工场手工业逐渐兴起并达到巅峰的时期，也是资本原始积累逐渐完成和封建制度趋于瓦解的时期。这一时期收入分配制度的基本演变特征是资本主义国家收入分配制度的形成和确立。

首先，资本主义收入分配方式对封建主义收入分配方式的制度竞争和逐渐取

代是这一时期资本主义国家收入分配制度演变的主旋律。在商贸资本主义早期，新兴的资本主义收入分配方式仅局限在西欧较发达地区的工商业部门，封建主义收入分配方式依旧在西欧广大农村地区占据统治地位。在 12 ~13 世纪的拓殖运动时期，西欧封建农奴制就已经逐渐瓦解，[①] 16 世纪初在英格兰地区佃农的封建人身依附关系基本消失，[②] 但资本主义租佃制经济尚未建立。16 ~17 世纪达到高潮的圈地运动使与土地相分离的农民转化为自由劳动力，[③] 为工场手工业的发展创造了条件，使资本主义生产关系和收入分配方式在农业和手工业部门逐渐得到扩展。英国资产阶级革命的爆发和成功，则标志着具有历史进步性的资本主义收入分配方式在对封建主义收入分配方式的竞争中取得重要胜利。在法国等欧洲大陆国家，尽管封建王权统治一直延续到 18 世纪晚期，但在封建王权统治之下资本主义收入分配方式也随着资本主义生产关系的壮大发展而逐渐发展。

其次，商贸资本主义时期资本主义国家收入分配制度发展的结果是资本主义收入分配方式在西方国家取得并巩固统治地位。资本主义发展最快的英国首先爆发资产阶级革命，光荣革命的成功不仅使资产阶级和新贵族成为统治阶级，还使资本主义生产关系和收入分配方式在英国得以确立。18 世纪后期和 19 世纪初期，法国等欧洲国家陆续爆发资产阶级革命或改革，资本主义生产关系和收入分配方式也在这些国家逐渐取得统治地位。商贸资本主义时期资本主义收入分配方式逐渐取得统治地位，是资本主义生产方式发展的必然结果。随着资本主义收入分配方式取得并巩固统治地位，资本主义国家收入分配制度也得到初步确立和巩固。但须指出的是，即便在商贸资本主义晚期资本主义国家收入分配方式已经取得统治地位，这一时期资本主义国家收入分配制度中存在大量封建残余。由于资本主义生产关系的内在矛盾尚未充分暴露和各国资产阶级普遍尚未掌握国家政权，资本主义收入分配方式的扩展主要是集中在初次分配环节。尚未独立登上国家政治舞台的早期工人阶级虽然承受着来自资产阶级的剥削与压迫，但在资产阶级革命中实际上支持资产阶级“自由民主博爱”的政治主张。早期工人阶级对资本主义收入分配方式的零星反抗，尚未成为这一阶段资本主义国家收入分配制度下的主要利益冲突。

二、工业资本主义时期资本主义国家收入分配制度

工业资本主义时期的时间跨度是从工业革命爆发至 20 世纪 70 年代西方资本

① 刘琼．中世纪西欧农奴制解体原因探析［J］．大庆师范学院学报，2007（3）：138 -141.

② 侯建新．圈地运动前英国封建保有地的蜕变［J］．世界历史，2018（1）：4 -19，155.

③ 禹继杰．英国圈地运动中的三种转变对工业革命的影响［J］．学理论，2010（33）：132 -134.

主义国家发生经济滞胀和去工业化现象。工业资本主义时期可以细分为自由竞争资本主义、私人垄断资本主义和国家垄断资本主义三个阶段。工业资本主义时期资本主义国家收入分配制度演变的主要特征是劳资冲突与制度改良并存。

首先，在自由竞争资本主义阶段（18 世纪后半叶至 19 世纪上半叶），工业革命的加速推进激化了主要资本主义国家的劳资冲突，资本主义国家收入分配制度面临严峻挑战。由于这一时期资本主义国家收入分配制度偏重于在初次分配中强调按生产要素贡献分配，再分配中政府缺位问题严重，致使工业资产阶级积累大量财富的同时，占人口大多数的工人阶级却陷入贫困，导致了严重的劳资冲突。以英国为例，1761～1780 年发生劳资冲突 113 起，1781～1800 年发生 153 起，1800～1825 年劳资冲突呈现出暴力对抗特征，1825～1985 年工会运动使劳资冲突呈现有组织合法斗争特征。① 这一阶段雇主结社行为加剧了劳资对抗局面，提高了劳资冲突的烈度。② 在英国，劳资纠纷化解机制在 18 世纪后半叶开始形成但效果有限③，直到 19 世纪上半叶政府对劳资关系的调节仍以摆脱责任为主。④

其次，在私人垄断资本主义阶段（19 世纪 70 年代以后至第二次世界大战前），主要资本主义国家工业化相继完成的同时，资本主义国家收入分配制度也不断完善，劳资冲突的烈度有所下降。随着第一次工业革命的完成和第二次工业革命的爆发，主要资本主义国家社会财富生产能力显著增加，工人阶级生活状况也得到明显改善。工业革命时期激烈劳资冲突的历史教训也促使主要资本主义国家的政府在调节收入分配、缓和劳资冲突方面发挥着更大的作用。在英国，19 世纪上半叶兴起的劳资争议仲裁制存在的局限性⑤，致使 19 世纪 70 年代以后逐渐被集体谈判制取代，集体谈判制的兴起也促进了英国劳资关系由对抗转向合作。⑥ 1908 年《养老金法》颁布后英国开始建立养老金制度⑦，日渐完善的社会保障也对缓和劳资冲突起到了促进作用。须指出的是，这一阶段资本主义国家收

---

① 柴彬．英国工业化时期的工资问题、劳资冲突与工资政策［J］．兰州大学学报（社会科学版），2013，41（2）：71－78.

② 尹建龙．英国工业化时期的雇主结社行为与劳资冲突［J］．世界历史，2014（3）：52－62，159－160.

③ 初庆东．18 世纪英国劳资纠纷化解机制的嬗变［J］．四川师范大学学报（社会科学版），2017，44（5）：161－167.

④ 金燕．英国工业革命时期政府对劳资关系的调节［J］．湖南科技大学学报（社会科学版），2015，18（1）：119－123.

⑤ 刘金源．近代英国劳资争议仲裁制的兴起［J］．世界历史，2016（2）：62－73，158.

⑥ 刘金源．19 世纪英国集体谈判制兴起原因述论［J］．安徽史学，2017（4）：17－25.

⑦ 唐军．20 世纪英国养老金制度的变迁［J］．经济社会史评论，2014（00）：148－157.

入分配制度的完善虽然有助于缓和劳资冲突，但未从根本上解决资本主义国家收入差距加剧和无产阶级贫困化痼疾。1929～1933 年经济危机使资本主义面临空前危机，资本主义国家收入分配制度的改革也迫在眉睫。

最后，在国家垄断资本主义阶段（第二次世界大战结束后至 20 世纪 70 年代初），空前加强的国家干预加速了资本主义国家收入分配制度的改革，但改革并未从根本上解决资本主义国家收入分配制度的矛盾。随着战后第三次工业革命和国家垄断资本主义的到来，主要资本主义国家在 20 世纪五六十年代普遍经历了经济快速增长的"黄金时期"，为资本主义国家收入分配制度的改革创造了有利条件。一方面，主要资本主义国家通过员工持股计划、经理股票期权计划等分享制措施①，在加大对劳动者经济激励的同时也在初次分配中起到缓解劳资冲突的作用。另一方面，主要资本主义国家纷纷通过"福利国家"建设加强政府在国民收入再分配中的作用，形成了以瑞典为代表的社会民主主义福利国家模式、以德国为代表的合作主义福利国家模式、以美国为代表的自由资本主义的福利国家模式和以日本为代表的互惠式再分配模式②。但是这一阶段资本主义国家收入分配制度改革并未从根本上触动资本主义私有制和分配关系，反倒因福利支出的激增加大了政府财政负担。20 世纪 70 年代初经济滞胀问题出现后，主要资本主义国家纷纷陷入政府财政危机，以高福利为特征的收入分配制度难以为继。

三、金融资本主义时期资本主义国家收入分配制度

自 20 世纪 70 年代末以来，工业资本主义在西方国家日渐衰颓，取而代之的是金融资本主义的崛起。金融资本主义的崛起在给西方国家产业结构带来深刻变化的同时，还对西方资本主义国家的劳资关系和收入分配制度产生了重大影响。迄今为止，金融资本主义时期资本主义国家收入分配制度演变的主要特征是新自由主义取向的改革。改革具体体现在以下两个方面：

一方面，资本主义国家新自由主义取向的收入分配制度改革本质上是"强资本弱劳工"的改革，初次分配环节中存在向资方倾斜的趋势。首先，资本主义国家收入分配制度的改革与主要资本主义国家产业结构的调整相辅相成，制造业向外转移和服务业比重上升的同时，劳资双方力量对比发生深刻变化。劳资关系的

---

① 孙祖芳．现代西方收入分配制度的变迁——理论、实践与思考［J］．社会科学，2002（11）：26－30.

② 郭佩世．各国收入分配制度与模式［J］．决策与信息，2010（8）：48.

变化使诸如终身雇佣制、年功序列制等①有利于劳方利益的制度逐渐瓦解，工人工会参与率下降导致工会组织在集体谈判中话语权减弱。其次，资本主义国家在初次分配中过分强调“效率优先”，通过绩效工资等方式和手段延长了劳动者劳动时间和提高了劳动者劳动强度。20 世纪 80 年代以来西方国家收入分配改革中普遍强调生产要素的市场化配置和按生产要素贡献分配，主张用拉大收入差距来对劳动者实行所谓的经济激励。通过新自由主义取向的收入分配制度改革，劳动者的职位稳定性大幅下降，劳动者对资本家的经济依附性大幅上升，“强资本弱劳工”的劳资关系格局和初次分配格局在主要资本主义国家不断强化。

另一方面，资本主义国家新自由主义取向的收入分配制度改革要求强化市场配置、弱化政府干预，再分配环节中存在政府退出的趋势。新自由主义将主要资本主义国家在 20 世纪 70 年代经历的经济滞胀归咎于资本主义国家的政府干预，主张强化市场配置、弱化政府干预来改进经济激励效果和提升经济活动效率。在新自由主义的指导下，主要资本主义国家纷纷实行私有化战略，削减政府福利开支，甚至在一些公共物品领域也实行政府退出的战略。以美国为例，自 20 世纪 70 年代末以来美国政府通过公共服务外包形式大力推进各项社会事业民营化，甚至连监狱都实行私有化。② 主要资本主义国家国民收入再分配环节中的政府退出战略，在短期一度促使这些国家的财政状况出现好转。但从长期来看，政府在再分配环节中调节收入差距的能力受到限制，加剧了劳资冲突和贫富分化问题。

第三节　当代资本主义国家收入分配差距和不平等扩大的表现及成因

一、皮凯蒂对资本主义国家收入分配的分析

法国学者托马斯·皮凯蒂对资本主义国家收入分配问题进行了长期跟踪

① 杨洪晓．日本劳动关系的新自由主义调整及其影响［J］．山东工会论坛，2017，23（6）：14－20．

② 张鲁萍．美国公共服务外包的演进轨迹及其启示［J］．河南财经政法大学学报，2017，32（4）：94－101．

研究，并出版了迅速引起广泛讨论的《21 世纪的资本论》一书。本节将在介绍皮凯蒂对资本主义国家收入分配的主要结论的基础上，对皮凯蒂的分析做出评述。

（一）皮凯蒂对资本主义国家收入分配的主要结论

首先，皮凯蒂研究发现，收入不平等的加剧是20 世纪 70 年代末以来资本主义国家收入分配的重要特征，高收入者积累的私人财富正在快速增长。皮凯蒂研究表明，从 19 世纪后半叶到 20 世纪初，主要资本主义国家收入不平等现象较为严重，经过 20 世纪上半叶两次世界大战的打击，到 20 世纪中叶时主要资本主义国家收入不平等状况大为缓解。但从 20 世纪 70 年代末 80 年代初开始，主要资本主义国家收入不平等状况再度加剧，甚至已经与 20 世纪初的收入不平等状况相当。美国收入前 10% 人群的收入占美国国民收入的比重从 1910 ~ 1920 年的 45% ~50% 下降到 20 世纪 50 年代的不足 35%，之后该比重从 20 世纪 70 年代的不足 35% 上升到 2000 ~2010 年的 45% ~50%（见图 8 –1）。在欧洲，1910 年欧洲私人总财富的价值大约是 6 ~7 年的国民收入，在 1950 年私人总财富价值约为 2 ~3 年的国民收入，在 2010 年价值为 4 ~6 年的国民收入。美国和欧洲的收入分配状况都表明，收入分配加剧是进入金融资本主义时期以后主要资本主义国家收入分配的重要特征（见图 8 –2）。

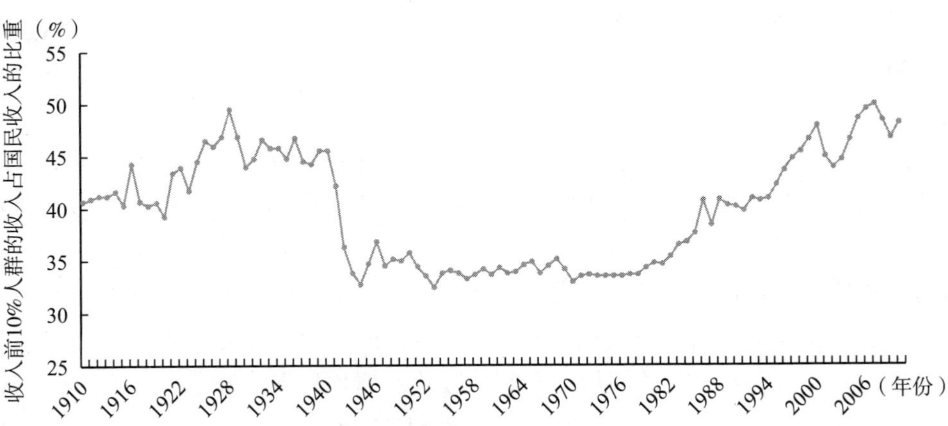

图 8 –1　1910 ~2006 年美国收入不平等

资料来源：皮凯蒂《21 世纪的资本论》的数据公开网站，http：//piketty. pse. ens. fr/en/capital21c2。

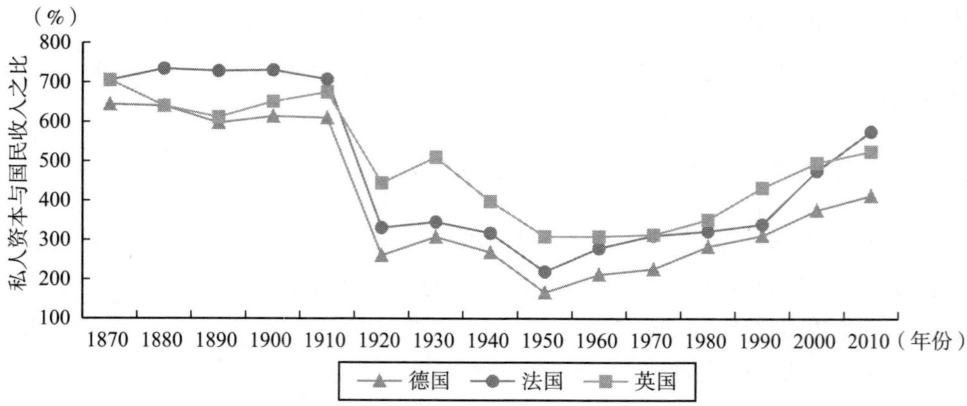

图 8-2　1870~2010 年欧洲资本/收入比

资料来源：皮凯蒂《21 世纪的资本论》的数据公开网站，http：//piketty. pse. ens. fr/en/capital21c2。

其次，皮凯蒂对资本主义国家收入分配差距拉大的原因和机制进行了分析。皮凯蒂在《21 世纪的资本论》一书中提出了“资本主义第一定律”和“资本主义第二定律”[①]，即存在 $\alpha = r \times \beta$[②] 和 $\beta = s/g$[③] 两个等式。由这两个等式可以得出 $\alpha = \frac{r}{g} \times s$，即当储蓄率 s 既定时，要保持国民收入中资本收入比重 α 不变，就必须使资本收益率 r 与产出增长率 g 相等。一旦出现资本收益率高于产出增长率的情形，即 $r > g$，国民收入中资本收入比重就将上升，并且资本/收入比也将上升，由此导致财富分配不平等。皮凯蒂得出结论认为：“如果放任自流，基于私人产权的市场经济包含强有力的趋同力量，但是它也包含强大的分化力量，这将潜在地威胁各民主社会以及作为其基础的社会正义价值。”[④]

最后，皮凯蒂提出了解决资本主义国家收入分配差距拉大的个人方案。皮凯蒂认为只要能够使资本收益率下降到与产出增长率一致的水平。战争特别是世界大战确实可以起到使资本收益下降的效果，但这一办法显然是不人道的。皮凯蒂认为能够使资本收益下降到与产出增长率一致的正确解决办法是征收年度累进资本税，从而在保护对新兴原始积累的竞争和激励的同时避免无休止螺旋式的不平等。皮凯蒂认为高水平的国际协作和趋于政治一体化是累进资本税方案得以施行的重要保证，只有区域政治一体化可以实现对 21 世纪全球承袭制资本主义的有

① 托马斯·皮凯蒂 . 21 世纪的资本论［M］. 巴曙松，等译 . 北京：中信出版社，2014：52，168.

② 其中 α 为国民收入中资本收入比重，r 为资本收益率，β 为资本/收入比。

③ 其中 s 为储蓄率，g 为产出增长率。

④ 托马斯·皮凯蒂 . 21 世纪的资本论［M］. 巴曙松，等，译 . 北京：中信出版社，2014：589.

效管理。

（二）对皮凯蒂资本主义国家收入分配分析的评价

对于皮凯蒂资本主义国家收入分配分析的评价主要体现在两个方面：

一方面，皮凯蒂通过详细的长期经济统计数据，客观地描述了资本主义国家收入分配状况的长期动态变化。皮凯蒂所提出的“资本主义第一定律”和“资本主义第二定律”两个等式，为分析资本主义国家收入分配状况提供了有效的统计工具。皮凯蒂对资本主义国家分配状况的统计分析科学地描述了自19世纪70年代以来资本主义国家收入分配的长期波动，特别是客观地反映了20世纪80年代以来资本主义国家进入金融资本主义时期之后收入分配状况的动态变化。从对资本主义国家收入分配制度的历史分析也可以看出，第二次世界大战结束后国家垄断资本主义条件下收入分配制度的完善，对资本主义国家收入分配状况的改善有促进作用，但20世纪70年代末金融资本主义的形成则形成了“强资本弱劳工”的劳资关系格局和收入分配格局，对收入差距扩大起到助推作用。皮凯蒂对资本主义国家收入分配的统计分析，印证了对资本主义国家收入分配制度历史分析的结论。此外，皮凯蒂的资本主义国家收入分配统计分析还在一定程度上印证了马克思提出的一般利润率下降规律。

另一方面，皮凯蒂资本主义国家收入分配分析仍未命中资本主义收入分配问题的“要害”，对资本主义收入差距拉大原因的分析不够深入。皮凯蒂的分析始终围绕资本收益率和产出增长率之间的平衡关系来展开，其讨论却始终未涉及隐藏在资本收益率之后的资本主义生产关系和分配关系。对资本主义国家收入分配制度的历史分析表明，资本主义国家收入分配制度的形成、发展、改革和困顿，归根结底是资本主义生产方式内在矛盾运动的结果。皮凯蒂对资本主义收入分配状况的分析偏重讨论资本收入在国民收入中的比重变化，却始终无法深入分析是什么原因导致了资本收益率大于产出增长率的现象发生。皮凯蒂资本主义国家收入分配分析的局限性所带来的启示是，对资本主义国家收入分配状况的分析不能仅从数量统计分析入手，还必须从历史唯物主义高度出发，深入分析资本主义不同历史发展时期内资本主义生产方式内在矛盾的运动规律。

二、当代资本主义国家收入分配差距和不平等扩大的表现

（一）“中心”与“外围”的极化：发达国家与发展中国家的收入差距扩大化

经济全球化收入极化效应首先表现在处于全球产业链“中心”的发达国家对

“外围”的广大发展中国家进行剥削和压榨。国际垄断资本组织下的全球协作生产是按比较优势原则展开的：发达国家由于工业革命以来的长期积淀，拥有较强的技术与资本优势，成为国际垄断资本全球产业链的“中心”；广大发展中国家要参与全球协作生产，只能以廉价的资源和劳动力作为吸引 FDI 投资的筹码，沦为国际垄断资本全球产业链的“外围”。“中心—外围”结构决定了赚取垄断利润的国际垄断资本必然要对广大发展中国家的普通职能资本家和劳动者进行剥削与压榨。不平等的国际经济秩序一方面不断增强发达国家的技术与资本优势，另一方面也使广大发展中国家难以在经济全球化进程中改善本国贸易地位。从表 8-1 可见，2001~2014 年，高收入国家与中低收入国家在互联网普及率、固定宽带网络普及率、安全网络服务器普及率方面的差距仍在拉大。广大发展中国家在互联网核心技术、互联网基础设施等方面与发达国家的巨大差距，决定了发展中国家缺乏挤入全球产业链“中心”的筹码，无法摆脱在全球协作生产中被发达国家剥削与压迫的地位。

表 8-1　　不同收入组国家间的网络技术普及率比较

网络普及率 \ 国家类别 \ 年份		2001	2006	2010	2014
互联网普及率（%）	世界平均	8.10	17.62	29.20	40.69
	高收入国家	38.07	63.23	73.62	83.85
	中等收入国家	2.13	8.85	21.51	34.05
	低收入国家	0.15	1.21	3.29	6.29
固定宽带网络普及率（%）	世界平均	0.84	4.70	8.19	9.60
	高收入国家	3.49	19.31	27.39	31.68
	中等收入国家	0.03	1.63	4.47	4.31
	低收入国家	—	—	0.05	0.23
安全网络服务器普及率（台/每百万人）	世界平均	21.71	73.22	155.18	190.37
	高收入国家	115.85	439.25	952.98	1171.50
	中等收入国家	0.78	2.58	7.46	13.84
	低收入国家	—	0.15	0.54	1.17

资料来源：世界银行 WDI 数据库，http://data.worldbank.org/。

不平等的国际经济秩序，使发达国家与发展中国家的收入差距不断扩大。从

图 8－3 可以看出，在 1990～2015 年，高收入国家的人均 GDP 迅速增长，远远高于世界平均水平，但中等收入国家人均 GDP 虽有明显增长，但仍低于世界平均水平，低收入国家人均 GDP 的增长则几乎可以忽略不计。1990 年时，高收入国家人均 GDP 为 18841.57 美元，中等收入国家为 901.15 美元，低收入国家为 299.21 美元；中等收入国家人均 GDP 比高收入国家少 17940.41 美元，低收入国家比高收入国家少 18542.35 美元。到 2015 年时，高收入国家人均 GDP 增至 39944.76 美元，中等收入国家增至 4800.12 美元，低收入国家增至 617.7 美元；但中等收入国家人均 GDP 比高收入国家少 35144.64 美元，低收入国家比高收入国家少 39327.05 美元。尽管中低收入国家人均 GDP 的绝对量增长了，但与高收入国家的绝对收入差距却扩大了。

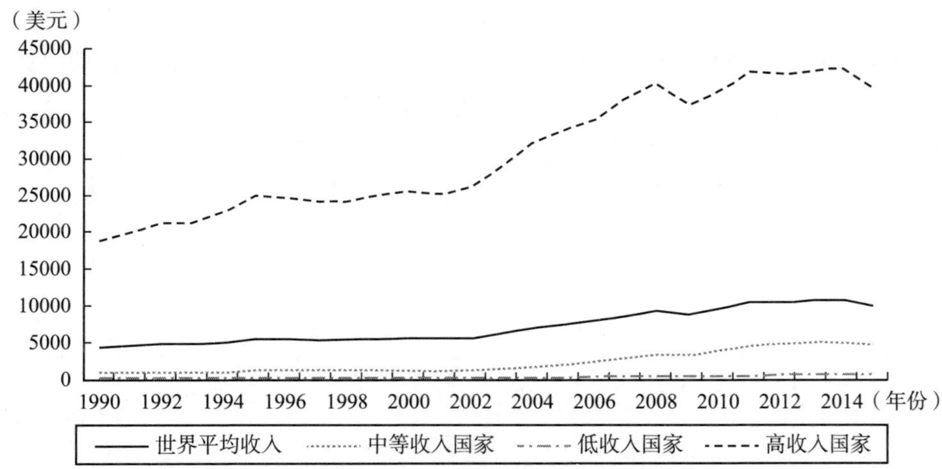

图 8－3　1990～2015 年不同收入组国家间的人均 GDP 比较

资料来源：世界银行 WDI 数据库，http：//data. worldbank. org/。

（二）"中心"内部的极化：发达国家与发达国家的收入差距扩大化

互联网资本主义下经济全球化收入极化效应还表现在处于全球产业链"中心"的发达国家之间为扩大垄断而展开更加激烈的竞争。国际垄断资本不仅在发达国家与发展中国家之间进行全球产业布局的调整，还要在发达国家之间进行全球产业布局的调整。互联网资本主义世界体系"中心—外围"结构的强化和国际垄断资本支配下的全球产业链扩张，是与全球产业链的"中心"在范围上趋于缩小的过程相伴随的。这也就意味着原本处于全球产业链"中心"的各个发达国家，如果不能在核心技术、品牌商誉、企业管理等方面的竞争中取得优势进而扩大垄断地位，就会随着全球产业链“中心”的范围缩小而逐渐被边缘化，被排斥到全球产业链的“外围”。全球产业链“中心”的极化，在加剧发达国家之间产业竞争的同时，也将市场垄断推到了前所未有的高度。表8－2列出的2017年上半年全球互联网企业二十强排名中，美国独占12席并以绝对优势包揽前四强，日本仅占有1席且位居末位，欧洲国家则无一企业入榜。可见在互联网资本主义加速发展的近30年里，美国与日本、欧洲在全球产业链竞争中的差距已经拉大，日本与欧洲均面临在全球产业链布局中被边缘化的局面。

由于互联网资本主义世界体系“中心”的竞争使部分发达国家被边缘化，发达国家与发达国家的收入差距也不断扩大。由图8－4可见，在20世纪90年代初，美国与其他四国在人均国民收入方面的差距并不明显。1992年美国人均GNI为25780美元，同年日本人均GNI是美国的117.1%，德国人均GNI是美国的100.31%，法国人均GNI是美国的93.13%，英国人均GNI是美国的81.88%。2015年美国人均GNI达到55980美元，同年日本人均GNI仅为美国的69.38%，德国人均GNI是美国的81.79%，法国人均GNI是美国的72.72%，英国人均GNI是美国的78.06%。相对于美国，日、德、法、英四国人均GNI增长速度更为缓慢，与美国的收入差距正不断拉大。这与近30年来日本和西欧互联网经济的发展缓慢，在全球产业链布局中的日渐边缘化，有密切关联。

表8－2　2017年上半年全球互联网企业二十强排名

排名	公司	国家	当前市值（十亿美元）	排名	公司	国家	当前市值（十亿美元）
1	Apple	美国	801	11	Saleforce	美国	65
2	Google－Alphabet	美国	680	12	Paypal	美国	61
3	Amazon	美国	476	13	蚂蚁金服	中国	60
4	Facebook	美国	441	14	京东商城	中国	58
5	腾讯	中国	335	15	滴滴快的	中国	50
6	阿里巴巴	中国	314	16	雅虎	美国	49
7	Priceline	美国	92	17	小米	中国	46
8	Uber	美国	70	18	eBay	美国	38
9	Netflix	美国	70	19	Airbnb	美国	31
10	百度	中国	66	20	雅虎日本	日本	26

注：企业当前市值数据截止时点为2017年5月26日。

资料来源：玛丽·米克尔，2017年互联网趋势报告 www.kpcb.com/InternetTrends。

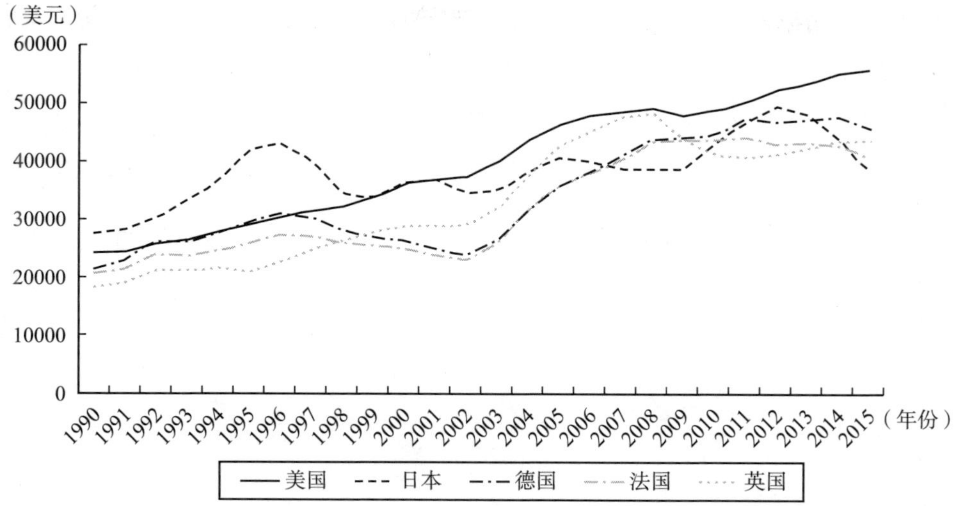

图 8－4 1990～2015 年西方五国人均国民总收入（GNI）的比较

资料来源：世界银行 WDI 数据库，http：//data. worldbank. org/。

（三）阶级之间的极化：资本与劳动的收入差距扩大化

互联网资本主义下经济全球化收入极化效应不可避免地表现为国际垄断资本与全球劳动者之间的经济利益对立突出。由于地理大发现以来的经济全球化本质上是资本关系的全球化，资产阶级与无产阶级的经济利益对立也在经济全球化进程中不断发展。20 世纪 90 年代以来，互联网资本主义与国际垄断资本主义的“共振”加速了资本关系的全球化，国际垄断资本在全球劳动力市场上处于有利地位，世界各国的劳动者不得不面临竞争更加激烈的就业市场环境。一方面，国际垄断资本主导下的资本跨国流动和全球产业链优化导致西方国家出现去工业化和产业空心化，工作岗位的流失和社会失业率的上升阻碍了西方国家劳动者工资报酬的上升。另一方面，产业资本向发展中国家的转移是以发展中国家较低的工资报酬水平、较差的劳工权益保障为条件的，互联网资本主义下互联网寡头与普通职能资本家达成“统一战线”，在发展中国家极力压低工资待遇和损害劳工权益。

互联网资本主义与国际垄断资本主义“共振”下的阶级力量对比失衡，使资本与劳动的收入差距不断扩大。图 8－5 显示了 1970～2010 年欧美四国资本收入比变化趋势：1970～1982 年美英德法四国资本收入比重呈下降趋势，1982 年时四国平均资本收入比重为 18%；随着西方国家去工业化的加速，自 1983 年起欧美四国资本收入比重开始回升；20 世纪 90 年代互联网资本主义形成以后，欧美四国资本收入比重上升速度也逐渐加快，到2010年时美英德法四国平均资本收入比重达到28%，远高于1970年23%的水平。

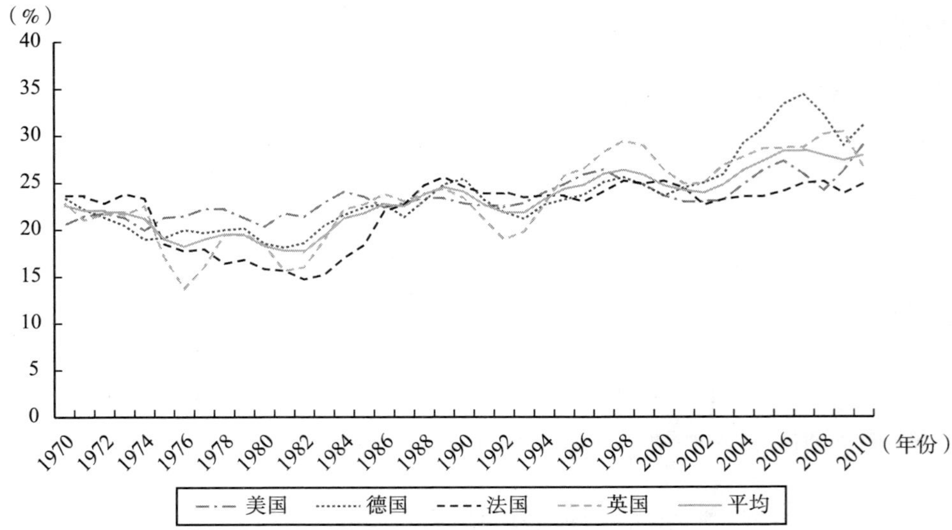

图8－5　1970～2010年欧美四国资本收入比重变化

资料来源：皮凯蒂《21世纪的资本论》的数据公开网站，http：//piketty. pse. ens. fr/en/capital21c2。

资本收入比重的快速上升使西方国家贫富分化问题不断累积。以美国为例（见表8－3），1991～2013年的20余年中收入最高20%人口的收入份额持续上升，剩余80%人口的收入份额则持续下降，这就导致美国基尼系数由1991年的38.36%上升到2007年的41.75%，2008年美国次贷危机并未扭转美国社会贫富分化的趋势，2013年美国基尼系数仍达到41.06%。

表8－3　1991～2013年美国基尼系数变化情况　　单位：%

年份	基尼系数	收入最高20%人口的收入份额	收入中上20%人口的收入份额	收入中等20%人口的收入份额	收入中低20%人口的收入份额	收入最低20%人口的收入份额
1991	38.36	43.91	11.02	16.34	23.33	5.40
1994	40.35	45.80	10.60	15.73	22.66	5.21
1997	40.86	46.39	10.49	15.50	22.38	5.25
2000	40.46	46.09	10.64	15.59	22.31	5.37
2004	40.62	46.01	10.66	15.68	22.52	5.15

续表

年份	基尼系数	收入最高20%人口的收入份额	收入中上20%人口的收入份额	收入中等20%人口的收入份额	收入中低20%人口的收入份额	收入最低20%人口的收入份额
2007	41.75	46.73	10.48	15.56	22.55	4.67
2010	40.46	45.75	10.49	15.70	22.96	5.09
2013	41.06	46.44	10.29	15.44	22.71	5.10

资料来源：世界银行 WDI 数据库，http：//data. worldbank. org/。

三、当代资本主义国家收入差距扩大的成因

前面分析已经表明，西方资本主义国家收入差距持续拉大的收入分配格局逐渐形成，与西方国家的去工业化和金融化进程高度相关。去工业化和金融化通过以下渠道和机制不断加速西方资本主义国际收入分配格局的形成：

第一，去工业化导致西方资本主义国家工业体系残缺化，物质财富创造能力的持续萎缩激化了劳资双方在收入分配中的矛盾。去工业化通常定义为工业部门产值与就业比重持续下降的过程，并会在向消费型经济转型中引起经济停滞。工业体系残缺化是去工业化的本质特征，也是“生产资料优先增长”规律在国际垄断资本主义时代的体现。资本主义全球产业链协作因提高了分工专业化程度而使西方国家劳动生产率提高，西方国家社会平均资本有机构成的提高使劳动者消费能力萎缩。国际金融资本应对西方国家消费萎缩的办法，是将消费资料制造业转移到劳动力价格更低廉的发展中国家，导致西方国家出现以工业体系残缺化为特征的去工业化过程。西方国家经济过度金融化的本质特征，决定了西方国家去工业化问题积重难返，西方资本主义国家的“再工业化”战略不可能逆转这一趋势。赚取超额利润是国际金融资本组织资本主义全球产业链协作的直接目的，国际金融资本进行跨国流动的参考信号是利润率。西方资本主义国家社会平均资本有机构成高于发展中国家，使西方资本主义国家平均利润率长期低于发展中国家。为此国际金融资本将中低端制造业转移到发展中国家，仅在西方资本主义国家发展能够赚取垄断利润的高端生产资料制造业，加剧了平均利润率下滑倾向。这导致西方国家以工业体系残缺化为特征的去工业化不断加重，即便以减税、补贴、贸易保护为手段的“再工业化”战略也无法逆转。

从表 8－4 可见，美国、英国、法国、德国和日本这 5 个主要资本主义国家自 1970 年以来，机械和运输设备制造业、化学品制造业占制造业增加值的比重

都保持平稳上升态势，而纺织品与服装行业制造业以及其他制造业占制造业增加值比重则出现了明显的下滑。这表明在主要资本主义国家的去工业化过程中，满足民众生活消费需求和就业吸纳能力较强的轻工业迅速衰弱的同时，以高科技制造业为代表的生产资料工业则越来越成为主要资本主义国家制造业的支柱产业。随着工业体系残缺化的加剧，西方资本主义国家的物质财富创造能力迅速衰弱。高科技制造业的产品出口和资本输出虽然可以为这些国家的资本家带来丰厚的利润，但工业体系残缺化却使广大劳动者陷入工资收入相对下降、失业风险不断上升的境地，在收入分配格局中的弱势地位不断加强。

表 8－4　　主要资本主义国家不同制造业在制造业增加值中的比重　　单位：%

行业	国家 \ 年份	1970	1980	1989	1998	2008	2016
化学品制造业	日本	10.55	8.68	9.90	9.98	10.21	10.95
	德国	—	—	—	10.22	10.94	10.38
	法国	7.72	7.94	9.39	11.98	13.15	12.93
	英国	9.92	9.61	11.80	9.52	11.45	8.68
	美国	10.37	9.67	11.36	12.30	15.66	16.32
食品、饮料和烟草制造业	日本	7.86	9.16	9.09	11.08	11.38	12.38
	德国	—	—	—	7.65	7.53	7.49
	法国	12.47	13.02	12.86	13.12	14.81	17.79
	英国	12.62	13.42	12.83	12.93	15.32	17.95
	美国	11.62	10.58	11.58	12.51	14.23	15.51
机械和运输设备制造业	日本	21.73	21.16	23.61	33.39	39.24	39.58
	德国	—	—	—	35.22	36.94	44.13
	法国	18.57	21.13	20.91	25.90	24.35	33.53
	英国	22.60	23.71	22.99	26.46	25.33	34.02
	美国	21.62	23.90	23.68	30.10	24.96	28.94
纺织品与服装行业制造业	日本	8.12	6.57	4.90	3.60	1.90	1.59
	德国	—	—	—	2.51	1.52	1.26
	法国	10.01	8.11	6.28	4.88	3.30	2.93
	英国	8.90	6.39	5.41	4.90	2.07	2.13
	美国	7.98	6.18	5.01	3.91	1.58	1.29

续表

行业	国家＼年份	1970	1980	1989	1998	2008	2016
其他制造业	日本	51.74	54.43	52.50	41.95	37.26	35.50
	德国	—	—	—	44.41	43.07	36.73
	法国	51.23	49.80	50.56	44.12	44.40	32.83
	英国	45.95	46.87	46.98	46.19	45.84	37.22
	美国	48.41	49.66	48.36	41.18	43.57	37.95

资料来源：世界银行。

第二，金融化导致西方资本主义国家虚拟经济极度膨胀，金融资本垄断势力的空前强化增强了资方在收入分配中的话语权。伴随着去工业化，西方资本主义国家还因经济金融化而出现虚拟经济极度膨胀的状况。

如表 8－5 所示，自 1975 年以来，主要资本主义国家无论是上市公司市场资本总额占 GDP 比重，还是股票交易总额占 GDP 比重都出现了明显的上扬。以美国和日本最为典型，在 2018 年时这两个国家的上市公司市场资本总额占 GDP 比重和股票交易总额占 GDP 比重都超过了 100%，表明这两个国家虚拟经济的规模已经远大于本国实体经济的规模，虚拟经济极度膨胀的状况不断加剧。虚拟经济的膨胀意味着资本市场越来越成为社会财富，特别是剩余价值分配的主要场所。虽然如一些西方学者所宣称的那样，通过员工持股计划等途径，劳动者也可以参与到资本市场上的社会财富分配中来，享受到个人财富的保值增值。但实际上资本市场的规则和波动向来是由具有垄断势力的金融资本所决定。资本市场上的分配仍是以资本量的多寡决定，大资本通过各种金融衍生品工具的操作，在瞬息之间实现对中小资本的财富彻底剥夺。由金融化导致的虚拟经济极度膨胀，事实上增强了金融资本在收入分配中的话语权，使占人口极少数的金融资本家迅速集聚了大量财富，加剧了收入分配差距的扩大趋势。随着虚拟经济的极度膨胀，不仅广大劳动者的多年积蓄被金融资本收割掠夺，就连中小资本家所攫取的利润也被金融资本夺取。金融资本的极高超额利润率，是以产业资本利润率的加速下滑为代价的，这反过来又加剧了资本主义国家的去工业化和物质财富创造能力萎缩，导致西方资本主义国家在收入分配中的矛盾更加激化。

表 8－5　　　　主要资本主义国家经济金融化程度　　　　单位：%

行业	国家＼年份	1975	1980	1985	1990	1995	2000	2005	2010	2015	2018
上市公司的市场资本总额占 GDP 的比重	日本	27.19	34.31	67.79	93.48	65.06	64.60	96.16	67.15	111.51	106.56
	德国	10.52	7.58	24.43	20.13	22.28	65.14	42.01	41.84	50.74	43.91
	法国	9.78	7.79	14.30	24.56	31.23	106.19	80.07	72.33	85.65	85.18
	英国	35.49	6.37	72.24	77.74	99.56	156.35	121.12	129.04	—	—
	美国	41.67	47.59	53.03	51.88	91.00	147.36	130.41	115.28	137.59	148.51
股票交易总额占 GDP 的比重	日本	11.55	16.30	32.53	49.18	21.00	50.76	91.22	74.92	126.93	126.82
	德国	2.15	1.49	11.73	30.74	22.39	93.71	45.02	43.74	42.72	40.44
	法国	1.56	1.34	3.15	9.62	13.19	79.30	57.90	51.09	—	—
	英国	14.64	6.34	15.61	27.83	37.56	111.23	68.51	131.62	—	—
	美国	8.13	14.32	33.85	34.08	67.79	290.49	197.84	240.30	227.22	161.15

资料来源：世界银行。

第三，去工业化、金融化和全球化的叠加迫使西方资本主义国家劳动者面临更加激烈的国际竞争，削弱了劳方在收入分配中的话语权。自 20 世纪 70 年代以来，与去工业化和金融化相伴随的，是日益加快的以资本为主导的经济全球化进程。国际金融资本为追求更高的利润率，不断通过资本输出将西方资本主义国家过剩的资本转移到发展中国家。

从图 8－6 可见，在 1970～2018 年的近 50 年时间里，主要资本主义国家对外直接投资净流出占 GDP 比重一直在缓慢地上升，加之这些国家 GDP 总量的持续增长，意味着这些国家资本输出的增长速度要比本国经济增长的速度更快。西方资本主义国家的资本输出虽然对于加快发展中国家的经济增长有一定的积极意义，但长期持续的大规模资本输出也加剧了西方资本主义国家的去工业化和金融化过程。对于金融资本集团而言，与去工业化和金融化相伴随的大规模资本输出是绝对有利无害的。首先，发展中国家相对较低的社会平均资本有机构成水平使金融资本的每笔对外投资都可以获得更为丰厚的利润回报，加速了金融资本的价值增殖过程。其次，发展中国家广阔的市场也为金融资本输出生产资料部门的过剩产能创造了有利条件，促进了金融资本控制之下的资本主义国家高科技制造业的发展。再次，将众多劳动力密集型产业转移到工会势力相对较弱的发展中国家，可以增强金融资本在与西方资本主义国家工会的工资谈判中的议价能力，打压西方资本主义国家的工人运动，进一步削弱西方资本主义国家劳动者在工资议价过程中的谈判力量，从而提高金融资本的剩余价值率。但是，与去工业化和金融化相伴随的大规模资本输出对于西方资本主义国家的劳动者群体来说确实非常不利的。除了极少数有机会供职于高科技制造业以及相关的服务产业的劳动者以外，绝大多数劳动者不得不面临更加激烈的国际竞争，工作岗位的减少、工资议价能力的丧失，使西方资本主义国家的劳动者实际工资水平难以提高。这就加剧了西方资本主义国家收入分配差距的持续拉大。

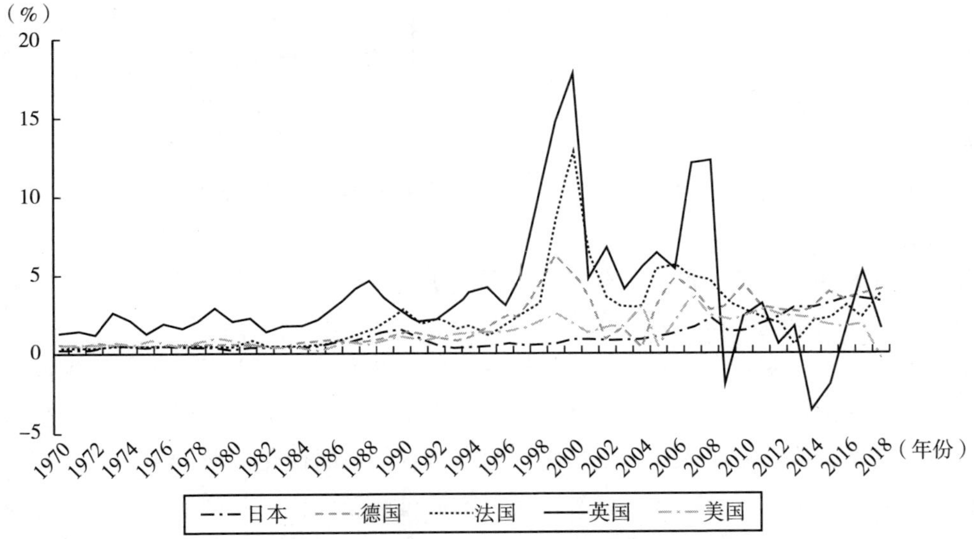

图 8－6　1970～2018 年主要资本主义国家对外直接投资净流出占 GDP 比重

资料来源：世界银行。

综上可见，由国际金融资本主导的、西方资本主义国家持续进行的去工业化和金融化，是导致西方资本主义国家收入分配格局呈现出“资方强、劳方弱”态势的重要原因。只要导致西方资本主义国家去工业化和金融化的制度根源不消除，西方资本主义国家收入分配持续拉大的分配格局就不可能得到根本改变。

四、当代资本主义国家收入分配差距和不平等扩大的影响

20 世纪 70 年代以来去工业化和金融化条件下西方资本主义国家逐渐形成和不断巩固的“资本强、劳工弱”的收入分配格局，已经对西方资本主义国家乃至全世界的经济与社会发展带来了深刻影响。主要体现在以下几个方面：

第一，生产与消费的鸿沟不断加深，西方资本主义国家频繁成为全球性生产相对过剩经济危机的策源地。金融资本支配之下的全球性扩大再生产，造成一种结果，即“对过去无酬劳动的所有权，成为现今以日益扩大的规模占有活的无酬劳动的唯一条件”，使劳动者与生产资料的分离越是成为一种普遍的社会现象，从而生产与需求的同一关系就会在越来越大的范围内转化为生产与需求的对立关系。而生产与需求对立关系的解决，即将商品资本转化为货币资本，完成“惊险的一跃”，实现商品价值和剩余价值，是资本主义再生产顺利进行的条件。资本主义全球产业链协作提高了分工专业化程度，使西方国家劳动生产率提高，而同一过程中，西方国家社会平均资本有机构成的提高，却导致劳动者与劳动资料结合方式发生不可逆的改变，即“在积累进程中形成的追加资本，同它自己的量比较起来，会越来越少地吸收工人……周期地按新的构成再生产出来的旧资本，会越来越多地排斥它以前所雇佣的工人”，这种排斥导致人口相对过剩进一步加剧，降低了劳动者的谈判能力与工资收入，使劳动者消费能力进一步萎缩，加剧了生产与需求之间的对立关系。当这种生产和消费的这种对立积累到一定程度，就会有越来越大部分的商品价值和剩余价值无法实现，导致资本主义扩大再生产过程的突然中断，出现生产相对过剩危机。

第二，国家垄断资本主义的经济干预手段日渐失效，西方资本主义国家面临日益严重的主权债务危机。金融垄断资本主义支配下的社会生产促进了社会生产力的大发展，但是由于内生于资本主义生产过程的不断极化的分配关系，决定了生产与消费矛盾的日益激化。这种矛盾只能通过压缩生产或刺激消费需求得以缓解。但是资本不会满足于由削减生产造成的剩余价值量的绝对下降，因此只能依靠刺激消费需求的方式来解决矛盾。因此，由于占人口绝大多数的劳动者不能分享经济增长的成果，只能依靠“透支消费”来维持基本生活，同时要商品价值和剩余价值得以实现，推动资本扩大再生产，也需要“透支”无收入支撑的即时需求和未来需求。劳动者和资本的共同“透支”需要，促使家庭债务攀升和国家财政透支，使西方国家的经济危机中出现“货币信用过剩的特征”。表 8－6 数据显示，20 世纪 80 年代以来债务对 GDP 的比重不断升高，尤其是家庭债务和金融企业债务，分别从 1980 年的 52% 和 22% 上升至 100% 和 116%，总债务从 167% 上升至 346%，非金融企业和政府债务分别从 56% 和 41% 上升至 77% 和 53%。20 世纪 70 年代以来，美国货币当局频繁使用各种货币政策工具向市场投放货币，致使美国广义货币占 GDP 比重持续升高，1979 年美国广义货币占 GDP 比重为 68.2%，2016 年则上升到 90.3%。美国货币当局的货币投放旨在通过向市场提供货币以压低利率，刺激投资和消费进而带动经济增长，暂时舒缓经济停滞。但是，由国家财政和中央银行支撑的消费透支经济并没有消除生产与消费的对立，反而使这种对立进一步深化，社会生产的无序性最终以经济危机的方式呈现出来，而不断高企的家庭债务和政府主权债务正是2008年国际金融危机和欧债危机的直接导火索。

表8-6　国内债务和GDP（亿万美元）及债务占GDP的比重　单位：%

年份	GDP	总债务	部门债务			
			家庭	金融企业	非金融企业	政府
1970	1.0	1.5 （150%）	0.5 （50%）	0.1 （10%）	0.5 （50%）	0.4 （40%）
1980	2.7	4.5 （167%）	1.4 （52%）	0.6 （22%）	1.5 （56%）	1.1 （41%）
1990	5.8	13.5 （233%）	3.6 （62%）	2.6 （45%）	3.7 （64%）	3.5 （60%）
2000	9.8	26.3 （268%）	7.0 （71%）	8.1 （83%）	6.6 （67%）	4.6 （47%）
2007	13.8	47.7 （346%）	13.8 （100%）	16.0 （116%）	10.6 （77%）	7.3 （53%）

资料来源①：Foster，John Bellamy，and Fred Magdoff. Financial Implosion and Stagnation［M］. Monthly Review. 2008，60（7）：8，Table 1.

第三，西方资本主义国家对国际协调机制的干扰和破坏，导致全球政治、经济、科技、文化的全方位冲突。资本主义主导了全球分工体系的建立，扩展了资本增殖可利用的空间范围，使剩余价值的生产和实现都得到了恢复。但是，在资本主义主导的国际分工体系下，局部工人越来越片面化，世界无产阶级整体与资本的谈判能力不断被削弱。面对发展中国家大量可利用的廉价劳动力，发达资本主义国家的资本因势利导，将本国产业转移到发展中国家，使本国工人失去了就业机会，收入两极分化的趋势不断加强，国内矛盾不断深化。为了转移矛盾，发达资本主义国家将矛头指向由其建立的国际治理体系和在全球分工体系中承担了大量生产作业的发展中国家，引发全球范围内的经贸冲突。作为西方发达资本主

① 原始资料来源：Flow of Funds Accounts of the United States，Table L. 1 Credit Market Debt Outstanding，Federal Reserve and Table B-1，Gross Domestic Product，1959-2007，Economic Report of the President，2008.

义国家的代表，在收入两极分化情况下，特朗普政府为转移国内矛盾，用大卫·科茨所称的“极权右翼国家主义”煽动和支配选民，把矛头指向种族、移民问题，并肤浅地将国内失业问题归咎于现行的国际经济组织规则，认为已签订的多边贸易协定对美国不公平，让美国承担了更多的国际责任，最终使美国失去了制造业产业及就业岗位。为此，美国退出了多个国际组织和协定，包括 TPP、巴黎气候协定、联合国教科文组织、伊朗核协议等，严重打击和破坏了全球治理体系。

第九章

去工业化与西方国家主权债务危机

进入21世纪以来，主权债务危机的阴影前所未有地笼罩在多数发达国家的头上，资本主义的分配关系使资本主义产业不断空心化、政府财政收入不断减少，同时资本主义政府却又不得不为资本的生产和较高的利润而承担越来越多的社会成本的矛盾性，折射出资本主义经济停滞常态化的本质。

第一节　资本主义主权债务危机的含义和实质

一、主权债务危机的含义

主权债务危机是指政府对国家借贷的债务或者发行的债券不履行偿还义务，从而导致一系列的经济和金融问题。

但主权债务违约并不等同于主权债务危机，麦克法登（1985）与哈吉瓦西利奥（1989，1994）提出了主权债务危机的三元素，认为如果一国在1年内遭遇了以下三个事件，则应该看成是爆发了主权债务危机：（1）一国发生了债权人对该国债务进行重新安排的事件，即债务重组事件。（2）IMF关于救助一国债务危机的协议正在批复，或正在磋商中。（3）一国累计未支付的利息或拖欠的本金总额超过某一限额。卡里和内布鲁（2006）认为，如果某国在某一段时间内发生以下金融异常事件，则被称为债务危机：持续的债务拖欠；获得巴黎俱乐部债权人的债务免除；接受国际货币基金组织的无优惠国际收支援助。丹尼尔·科恩和色塞勒·瓦拉迪尔（2014）根据卡里和内布鲁的定义，提出了更加具体的债务危机的定义，认为如果以下条件之一成立，则称一个国家在某年陷入了债务危机：（1）对所有债务人的长期债务余额所产生的利息和本金拖欠的应付款合计超过全部未偿还债务的5%；（2）该国从巴黎俱乐部获得了债务免除。这里排除诸如退出重债贫穷国（HIPC）减债计划等事件，因为这通常说明一个国家的表现有所改善；（3）某国以备用安排或者扩展基金设施的形式从国际货币基金组织获得大量的国际收支援助。

上述主权债务危机的定义虽然在一定程度上描述了主权债务的违约和政府面临的困境，但这并不能说明会导致该国的经济发生系统性的危机，因此也不能很好理解何谓债务危机。因此应该把具有严重经济冲击的国家负债和债务违约归类为主权债务危机。相对于过去40年中世界信贷冲击只占风险因素份额中的7%左右，2008年全球金融危机中世界信贷冲击对风险因素的影响作用相当于此前的危机中其他各种因素所产生影响的总和。这次危机在高负债负担（包括私人负债和银行负债转化为政府的或有负债）和恶化的融资条件两个因素的冲击下，使许多原来属于正常风险水平的国家都陷入了高风险的行列。

二、2009年主权债务危机的特点

2009年以来爆发的主权债务危机在各个方面均表现出与以往发生于拉美和亚洲等地方的发展中国家的债务危机不一样，不仅是发达国家第一次经历大规模的主权债务违约，对全球经济的冲击也是前所未有的。这次危机的主要特征有：

（1）此次危机主要在发达国家集中爆发。相对于20世纪80年代集中爆发的拉美主权债务危机，90年代的俄罗斯债务危机和2001年阿根廷债务危机，这次危机发生的国家大多是经济较为发达的国家，如希腊、西班牙、意大利、葡萄牙、爱尔兰、塞浦路斯等欧洲国家，还应该包括陷入经常性财政悬崖的美国和政府债务风险高企的日本；也包含了一些发展中国家，如自2001年以来第二次发生主权债务危机的阿根廷，2014年以来由于石油价格下跌导致主权债务危机爆发的委内瑞拉。

美国次贷危机及由此拉开序幕的全球性金融危机成为了发达国家债务问题爆发的加速器。在金融危机中政府为了促进经济增长和稳定金融体系，通过大规模的刺激计划来刺激需求、产出和就业，并对陷入困境的银行实施救助，同时对大量失业人员的救助又进一步加重了政府的财政负担，这些措施都加速了政府债务的积累，与此相对的是经济衰退导致的政府收入的大幅度下降，由此导致了发达国家政府债务违约风险的快速攀升，并引发国际资本市场对这些国家债务违约的担忧，政府不得不提高国债的利率以吸引投资者。但高企的违约风险使该国债券不能得到资本市场的认同，这些国家的政府不能通过借新债还旧债的方式来履行债务偿还的义务，由此就引发了席卷该国乃至通过各种渠道外溢到其他国家的主权债务危机。

根据国际货币基金组织（IMF）的数据，2018 年全球债务达到 188 万亿美元的顶峰，是当年全球 GDP 的 226%，其中政府公共债务贡献颇大。如图 9－1 和图 9－2 所示。在 2009 年全球政府主权债务危机集中爆发多年后，发达国家的主

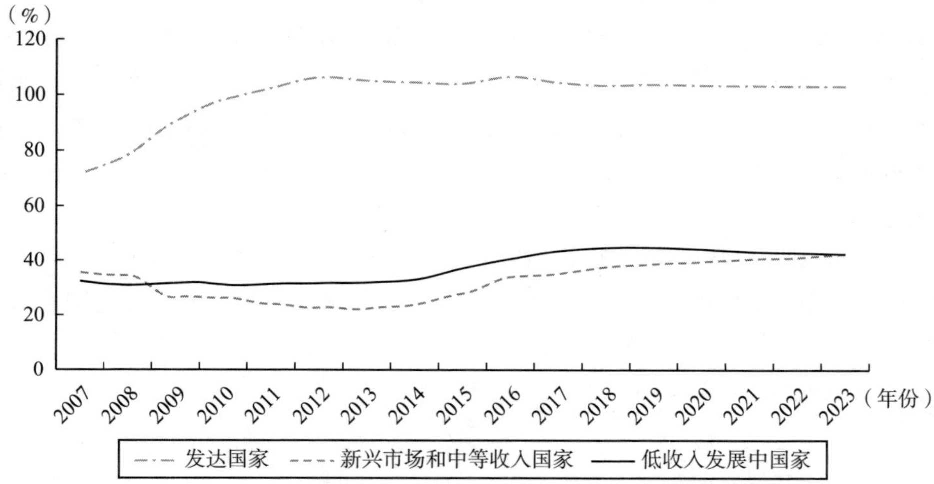

图 9－1 发达国家、新兴市场和中等收入国家及低收入国家总债务/GDP 之比

资料来源：IMF：Back To Work：How Fiscal Policy Can Help，2014. 10，http：//www. imf. org/external/pubs/ft/fm/2014/02/fmindex. htm.

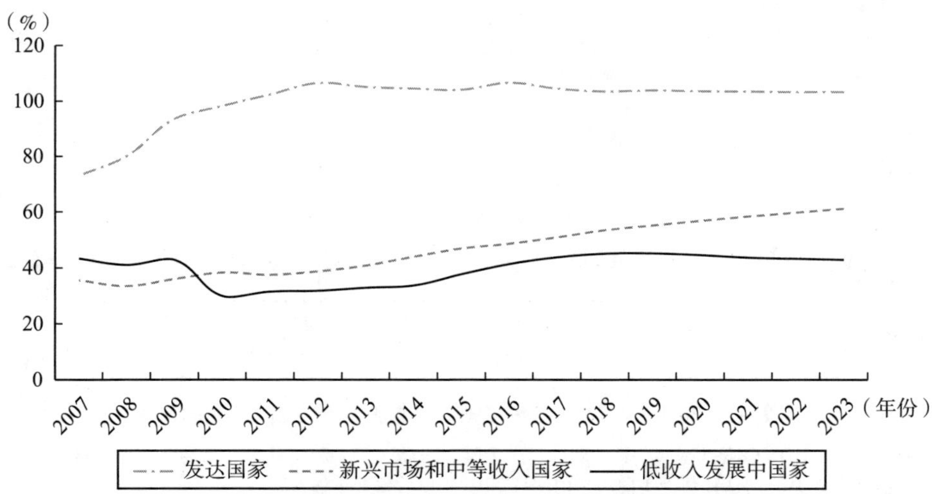

图 9－2 发达国家、新兴市场国家和中等收入国家、低收入国家公共债务占 GDP 的比重

资料来源：2014 年、2019 年 4 月 IMF 财政监测报告数据。

权债务情况都并没有得到很好的改善，主要发达国家如日本和美国等国家的政府公共债务反而呈现一定的增加；而新兴市场国家和不发达国家的主权债务虽然比较乐观，但政府公共债务的增幅却超过发达国家，同时2017年以来出现家庭和企业债务的快速增长趋势，总体债务风险也呈现不断上升的趋势，见图9－1、图9－2。

发达国家平均公共债务与GDP之比在2011年以后一直保持在100%以上，至2019年变得越加严重，主权债务违约风险还在不断累积。由此可见，自2006年以来，发达国家政府债务负担急剧上升，而新兴市场和中等收入水平国家则保持在一定的水平上，并且呈现稳定上升的趋势。但至少在未来的10年内，发达国家政府面临的债务压力和债务违约风险要远远高于新兴市场和中等收入国家及发展中国家。

（2）危机国家特别是大部分发达国家出现经常账户和财政的双赤字。经常账户赤字是国际上评价国家主权信用风险的主要指标之一，多年来，发达国家大多面临经常账户赤字的尴尬局面，这也就意味着这些发达国家的国内需求是由进口来满足的（见图9－3）。

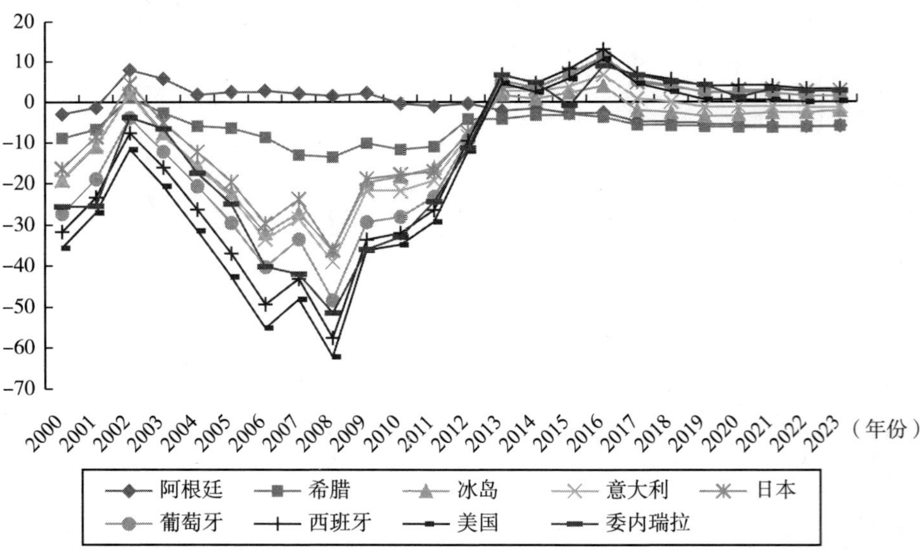

图9－3　2000～2023年各危机国家经常账户赤字占GDP的比重

资料来源：IMF WEO数据库，其中阿根廷、希腊、冰岛、意大利、日本、葡萄牙、西班牙等国2017年以后的数据是IMF的估计数，美国和委内瑞拉2016年以后数据是估计数。

如图9－3所示，就发生主权债务危机的发达国家而言，从2000年到主权债务危机爆发，其经常账户的盈余就呈现下降的趋势，而且大多国家一直处于经常账户赤字的状况，且在危机爆发的前几年经常账户赤字处于高位。2000 年希腊的经常账户赤字从占 GDP 的 5.92% 上升到 2008 年的 15.11%，西班牙也从 1999 年的 2.7% 上升到 2007 年的 10.0%；冰岛更是从 2000 年的 10.32% 上升至 2006 年的 23.29%；甚至连状况较好的爱尔兰也从 1999 年占 GDP 的 0.6% 盈余转变为至 2007 年经常账户赤字 6.5%。随着各国资本的大量流出，国际收支不平衡也越加严重，这就推动了这些国家主权债务的不断累积，并最终导致了危机的爆发。在从危机后的恢复而言，经常账户赤字占 GDP 比重较小或者较快摆脱经常账户赤字的国家，政府的财政状况恢复良好，经济也得以更快恢复；相反，经常账户处于赤字的国家，政府财政状况迟迟不能得到改善，偿债风险居高不下，如希腊。

与之相对的是，各主权债务国家的财政保持长期透支的状态，财政赤字逐年扩大（见图 9－4）。

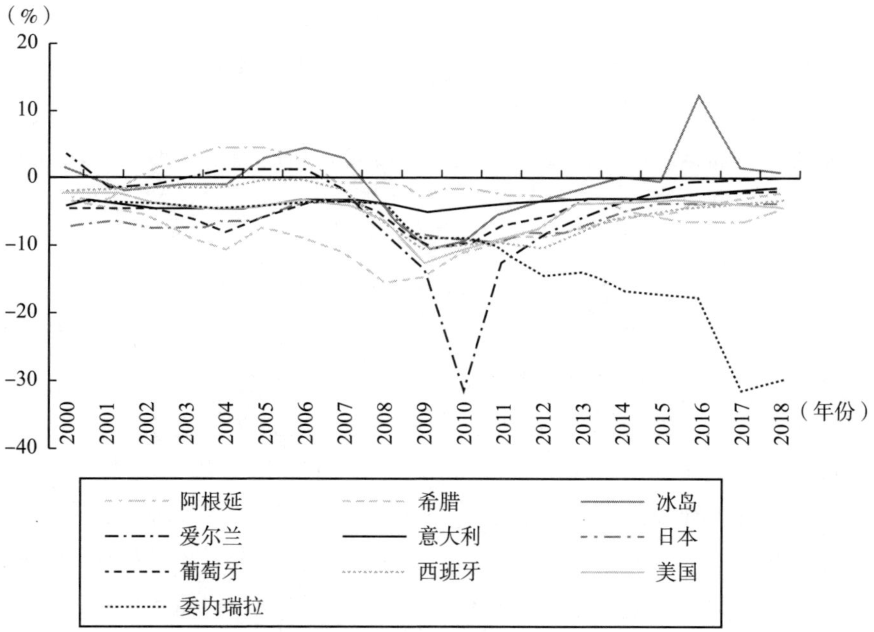

图 9－4　2000～2018 年各国财政赤字占 GDP 的比重

资料来源：IMF WEO 数据库和 IMF Fiscal Monitor，其中 2018 年数据为 IMF 预测数。

在 2009～2012 年，由于金融危机的持续和各国广泛实施的扩张性财政赤字，各国财政支出大幅增加，导致财政赤字急剧扩大，最为明显的是爱尔兰和西班牙，在 2007 年以前，这两个国家虽然有一定的财政赤字，但还能保持稳定，但在2007年以后，财政赤字突然扩大，并在2009年和2010年达到顶峰，接下来财政赤字占GDP的比重一直保持在10%以上，这要远远高于《马斯特里赫特条约》（以下简称《马约》）所约定的3%的财政赤字警戒线。2015年以后油价的急剧下跌对委内瑞拉的经济产生了重大的打击，财政恶化，2017年委内瑞拉的财政赤字占GDP的比重达到-30%以下，偿债风险处于高位运行的态势，违约已经成为事实。

（3）各主权债务危机国家均拥有较高的外债水平。从各国的债务负担来看，多数国家的外债水平比较高，特别是大多数欧洲国家的外债占GNI的比重自1999年以后逐渐升高，2008年以后逐渐升到最高点。而这些外债是被其他国家的银行所持有，当一国发生债务危机后，就很有可能引起其他国家一系列的银行危机，并进一步导致金融和经济危机的爆发，这也是欧洲主权债务危机在欧盟国家之间传导并导致区域性甚至全球性的经济和金融危机的原因。

（4）主权债务危机爆发越来越频繁，爆发危机的国家数量也在逐渐增加。随着资本主义生产方式的进一步深化和全球化进程的推进，国家之间的经济和金融联系逐渐紧密，资本主义基本矛盾在经济中的体现也愈加激烈，经济和金融危机爆发也愈加频繁，而为资本利益服务的政府也由于入不敷出而频繁爆发主权债务危机，并随着日渐紧密的国际经济金融联系传导到其他国家，形成区域性乃至世界性的主权债务危机。

不仅主权债务危机爆发的频率越来越快，每次债务危机所卷入的国家也越来越多，特别是经济较为发达，与其他国家的经济联系较为紧密的国家爆发危机时，会导致一系列国家主权债务违约风险的快速提升。如20世纪80年代的拉美主权债务危机，在墨西哥宣布不能按期清偿到期的800亿美元外债后，一系列的拉美国家先后宣布无力清偿所欠外债，因此引发了世界性的债务危机，包括美国在内的发达资本主义国家纷纷被卷入危机之中。而2009年以来的主权债务危机，主权债务违约首先涉及的是西方的发达经济体，并通过经济和金融渠道扩散到其他国家，由此引发了世界性的衰退，西方经济学者把这次债务危机所引起的经济下滑称之为“大衰退”（The great recession），意指这次主权债务危机所引起的经济衰退足以与20世纪30年代的“大萧条”比拟。

（5）主权债务危机大多与银行危机或者货币危机相关或者同时发生，在现代更多由经济或者金融危机引发。导致主权债务危机的原因有很多，但大多是由银行危机或者货币危机引起，甚至可能是三重危机并存。丹尼尔·科恩和色塞勒·瓦拉迪尔利用莱文和瓦伦西亚的文献定义了1970~2007年的128起债务危机，认定了36起主权债务危机和货币危机并存的双重危机，19起主权债务危机和银行危机并存的双重危机，40 起货币危机与银行危机并存的双重危机和 10 起三重危机。如果扩展观测区间，则在这些危机中认定了 49 起主权债务危机与货币危机并存的双重危机，24 起主权债务危机与银行危机并存的双重危机，54 起货币危机与银行危机并存的双重危机，三重危机的数目上升至 17 起。

回顾 20 世纪 80 年代以来的主权债务危机，发现这些危机的爆发大多是由金融危机和经济危机引起。20 世纪 80 年代的拉美主权债务危机是在发达国家爆发第二次石油危机以后发生的，而有些因素甚至早在西方国家第一次石油危机爆发后就已经出现；20 世纪 90 年代爆发的一系列的主权债务危机也是由于亚洲金融危机所引起；这一次主权债务危机是由 2007 年美国次贷危机及其随后的全球性金融危机所引发的。虽然导致这些国家债务危机的因素与金融危机和经济危机略有不同，但不可否认的是主权债务危机的爆发与经济和金融危机越来越相关。

三、主权债务危机的实质

资本主义国家的任何制度的设计，必然带有非常强烈的政治色彩。西方国家的经济体系是建立在私有制基础之上的资本主义制度，资本主义的统治作为“制度的制度”，规定了其他各种制度，而资本主义的财产所有制——私有制是决定这一切的根本。基于社会初始禀赋巨大差异和私有制基础上的资本主义市场经济本身就是反对公平的，直接导致经济权力的不断集中和收入的不平等。在过去的两个世纪中，西方国家经济的不平等程度呈现不断扩大的趋势，西方发达国家的主权债务危机从根本上而言是资本主义制度矛盾性的体现，是资本主义制度在经济、政治、意识形态等多方面存在的内在矛盾不可调和的产物。

从经济上而言，资本主义生产关系的发展必然带来产业的空心化和收入的不平等程度的不断扩大，由此导致西方国家有效需求不足，收入的两极分化也导致西方国家需求结构两极化，即富人更多消费奢侈品，而穷人更多消费基本生活用品，消费结构的空心化也导致了市场投资机会的减少和资本的相对过剩，因此自 20 世纪 70 年代以后西方国家陷入了长期的经济停滞，并出现了大规模的资本产业转移和国际转移，这又进一步削弱了西方国家的经济恢复能力。同时，经济的长期停滞也导致了西方国家过剩资本的产业转移，这种转移虽然在一定程度上能够促进东道国的经济发展，但对东道国特别是发展中国家的掠夺也使这些国家先后陷入经济金融危机和债务危机当中，从而导致这些国家长期的衰落。

在实体产业不能获得投资机会的情况下，产业资本进入了金融市场，极大促进了西方国家金融市场的繁荣，进而导致经济的高度金融化和产业的空心化。这种调整使西方国家的就业状况越来越糟糕，进一步导致了收入的不平等和贫困人口的不断增加，导致社会需求的进一步萎缩，更加不利于实体经济的发展。

西方国家的资本转移和产业的空心化，导致西方国家财政收入来源的不断萎缩和在社会救济和保障方面支出的不断增加，财政的失衡也在不断加剧。为了促进消费和获得贷款的收益，西方国家金融资本大量发放消费信贷，导致了这些国家私人贷款规模的不断扩大，而房地产信贷也是消费信贷的一种。银行不仅发放这种信贷，还将这种信贷进一步标准化并用作金融衍生品的投机，从中获取大量的利润。但由金融衍生品鼓吹起来的金融泡沫破灭后，爆发了金融危机，并进而导致经济危机。贷款机构的危机在很多时候变成了一个“大而不倒”的难题，政府不得不对这些金融机构进行救援，如美国次贷危机以后美国政府不得不接手房利美和房地美这两家全美最大的房地产抵押贷款公司，并对在次贷危机中损失惨重的美国国际集团（AIG）进行救援。在西方的资本主义政治和经济制度下，个人信用的扩张和庞大的个人消费贷款就变成了政府的负债和财政的支出，从这个角度来看，个人信贷在一定的条件下是政府的或有负债，因此社会信贷规模的不断扩张最终必然转化为政府的负债。

资本主义为了自身的发展也必然在意识上和政治上寻求自身的合法性和合理性，因此也导致了新自由主义在全球的泛滥，以及西方民选政治中代议制政府政策的局限性。在新自由主义思想的指导下，政府必须从各种产业中退出，不能与资本争夺利润，同时还得为它们造成的社会成本和混乱买单，做一个合格的“守夜人”，即使政府违约风险已经非常之高，但西方资本主义的市场经济发展出来的“大市场微政府”导致西方各国政府并不能从经济中获得更多的财政收入，却要弥补资本主义经济方式带来的市场失灵，承担资本主义私人行动所带来的巨大的社会成本，政府承担过多的政治、经济和社会职能，表现为财权与事权之间的失衡，最后不得不严重依赖于国内金融机构和外国资金的供给，以维持政府的正常运行和西方资本主义生产方式和社会秩序的延续。同时在西方国家，政党之间的竞争无疑是激烈的，反对党在任何时候都会抓住执政党的缺陷进行攻击，从而为自己争取到更多的政治支持。因此，为了获得竞选的胜利，对民众福利增加的许诺也就被这些国家的从政者们轻易做出，同时为了连任的成功又不得不使自己的许诺至少实现一部分，这又进一步加重了政府的财政负担，使不堪重负的政府财政不得不继续扩张其债务以满足这种因为政治上的需要而带来的许诺，在没有足够的财源满足这种无限制的政治竞选“许诺竞赛”的情况下，扩张政府的债务就成为其唯一的出路，特别是在债务的错期偿还机制下，也不会有任何一届政府会因为这种无限扩张的政府债务感到任何的内疚和担忧。

第二节　西方国家主权债务危机的历史

一、1929 ~1933 年大萧条与西方国家的主权债务违约

18 世纪 60 年代开始，工业革命大大推动了资本主义经济的发展和世界整体化的进程，机器大工业逐渐取代工场手工业，极大促进了社会生产力的提高，同时也使处于自由阶段的资本主义日渐成熟。在第二次工业革命的推动下，资本主义经济在 19 世纪末 20 世纪初取得了迅猛发展。伴随着资本主义生产规模的不断扩大和生产方式的不断成熟，资本主义必然从自由放任的自由竞争阶段走向垄断和集中，因此在 19 世纪末 20 世纪初，欧美国家资本主义也从自由竞争资本主义阶段走向了垄断阶段。与此同时，资本主义自身的矛盾也必然导致一系列经济和社会问题的产生，对此，马克思在《共产党宣言》中就做出了精辟的论断："资产阶级的生产关系和交换关系，资产阶级的所有制关系，这个曾经仿佛用法术创造了如此庞大的生产资料和交换手段的现代资产阶级社会，现在像一个魔法师一样不能再支配自己用法术呼唤出来的魔鬼了。"资本主义经济的迅速发展，工业产品的增长超过了世界市场的需求，资本主义经济危机不断发生，从 1873 ~1907 年，共发生了 5 次世界性经济危机，18 世纪同 70 年代以前相比，这些危机的破坏性更强，其间隔时间在缩短。

资本追逐利润的本能要求资本是不断运动的，而大鱼吃小鱼的增长模式则使资本主义必然走向金融化的道路，因此自由资本主义必然走向垄断资本主义，进而走向金融帝国主义的形式。因为通过庞大的金融帝国，用大鱼吃小鱼的模式更能够使资本获得更高的利润，也就要求资本的自由流动和庞大的资本市场，乃至比实体产业更庞大无数倍的虚拟金融产业，这也是西方国家从 19 世纪以来的发展路径。金融产业发展的后期，就会把几乎所有能进行投机的资产和机会均用各种不同的形式囊括进金融市场和投机交易中，并以滚雪球的方式增长，其中也包括债务。不论是私人债务还是公共债务，在金融市场发展到一定程度时，不仅这些负债的债务人能从金融市场中获得资金，这些债务本身也会成为金融市场中进行交易的产品。

当投机交易的泡沫破裂时，首先出现问题的必然是金融市场，进而影响其他市场和实体经济。金融市场的危机迅速波及借贷市场，导致了 1932 年、1933 年多个欧洲国家的主权债务违约，甚至通过国际贸易等途径波及了拉丁美洲的许多国家。据统计，在 20 世纪 30 年代的中期，至少有 32 个国家发生了主权债务违

约，且大多都是针对国际债务违约。当时负债最多的德国，在这一波违约浪潮中经济受到了严重的冲击。这种冲击通过全球化的国际金融体系，进而使美国也陷入了长期的经济衰退。

1933 年以后，虽然西方各国经济基本都有一定的恢复，但其经济状况并没有得到根本的好转。1937 年初春，自 1929 年后一直苟延残喘的美国的重工业巨头杜森伯格和奥本破产，这一事件迅速在美国国内的众多行业里引起恐慌，逐步演变为新一轮企业破产的高潮，并迅速蔓延到所有的发达资本主义国家和罗马尼亚、保加利亚这两个亚发达国家。这也引发了部分欧洲国家、亚洲的日本甚至拉丁美洲的巴西、萨尔瓦多等国家的主权债务违约。

二、第二次世界大战结束后资本的全球掠夺与主权债务危机

（一）冰岛主权债务危机：欧洲主权债务危机的前奏

长久以来，渔业一直是冰岛的支柱产业，产值占其国内生产总值的 12.4%，渔业产品出口是其主要外汇来源。自 2000 年以来，冰岛放宽对银行业的管制，极大促进了冰岛金融业的高速发展，银行的爆炸式增长使一个人口只有 30 万的国家，除了地热和渔业之外毫无天然资源的国家，突然发展出一个庞大的银行业，其资产是整个经济体的 12 倍之多。但冒进式的发展也给冰岛的经济发展埋下了巨大隐患。冰岛金融业的过度扩张，导致其虚拟经济规模超过了实体经济，经济结构呈现倒金字塔形。官方数据表明，冰岛 2007 年的国内生产总值仅为 193.7 亿美元，而其几大主要银行的资产规模却高达 1280 亿美元，所欠外债超过 1000 亿欧元，冰岛中央银行所能动用的流动国外资产仅有 40 亿欧元。此外，冰岛银行业构成了该国股票交易市场的主要部分，其中 80% 的股份由外国投资者持有。简而言之，冰岛选择的经济发展模式就是利用高利率和低管制的开放金融环境吸引海外资本，然后投入高收益的金融项目，进而在全球资本流动增值链中获利。这种依托国际信贷市场的杠杆式发展，收益高但风险也大。一旦全球金融危机导致金融市场信贷紧缩，货币市场融资停滞，其生命力自然会衰退。

过度膨胀的银行业在一周内土崩瓦解，冰岛克朗兑欧元汇率狂跌 40%，通胀率和利率跃升至 18%，民众生活水平急剧下降，失业率从接近零涨至近 10%。货币的崩溃使曾经非常富裕的冰岛人“一夜致贫”，持有大量的外币债务的冰岛人发现他们的资产已经远远不能偿还他们所欠的债务了。2008 年 11 月 6 日，冰岛总理宣布，国家可能将要破产，这是自 2007 年美国次贷危机引起全球金融风

暴后首个宣布可能破产的主权国家。

2008 年爆发主权债务危机以来，冰岛的 GDP 增长速度急剧下降，甚至在 2009 年和 2010 年两年中出现倒退，与此同时失业率、公共债务和财政赤字占比快速上升。在 2008 年之前，冰岛的财政是有盈余的，但政府接管银行后，由于要承担银行庞大的债务，不得不大量增加政府支出，使其在 2007 年的大约占 GDP 的 0.2% 的财政盈余变成最高达 32.4% 的财政赤字。与此同时，冰岛的公共债务快速扩张，从 2007 年占 GDP 的 24.0% 快速增加到 2013 年的 123.3%。而冰岛的最终债务占了其国内生产总值的 850%，这远远高于其他陷入危机的国家。因此，虽然 2014 年冰岛的经济增长达到了 2.7%，但所付出的代价是政府支出的大量增加，特别是公共债务的大量累积，如何化解庞大的公共债务也在未来的几年甚至更久的时间内成为冰岛政府需要面对的问题。

冰岛债务危机虽然影响范围并不是很广，对国际的冲击并不是很重，但这是由于国际金融冲击和国内银行危机所引起的，随后发生的欧债危机和美债危机等一系列的主权债务危机也说明这并不是一个单一的事件，可以把冰岛主权债务危机看成是欧债危机乃至全球性主权债务危机的前奏。

（二）欧洲主权债务危机

2007 年美国次贷危机所引起的国际性金融危机严重打击了各国金融部门，并严重冲击了实体经济，为尽快渡过危机，恢复经济增长，各国中央银行和财政部门纷纷采用了宽松的货币政策和积极的财政政策，利用大规模的政府支出刺激经济的政策，大大提高了各国的财政赤字和政府债务水平，在 2008 年以后大部分发达国家的公共债务的显著增加，也埋下了欧洲主权债务危机的祸根。

2009 年 10 月希腊政府宣布其财政赤字占 GDP 的比例升至 127%，公共债务占 GDP 的比例升至 113%，这两项标准远超欧盟《马斯特里赫特条约》（也称《稳定与增长公约》）规定的 3% 和 60% 的上限，这引发了市场对希腊公共财政状况和偿债能力的担忧，希腊国债 CDS 价格急剧上升，投资者大量抛售希腊的国债，希腊政府融资成本迅速上升。鉴于希腊政府财政状况的恶化，惠誉、标普和穆迪三大国际主权评级机构先后将希腊主权信用评级下调为垃圾级，希腊主权债务危机正式拉开帷幕，标志着欧债危机的全面爆发。

随着信用评级机构下调希腊的主权信用，各国股市应声而跌。希腊最大银行希腊国家银行股价大跌 10%，收于每股 18.20 欧元，第三大银行阿尔法银行也重挫 7.8%，收于每股 8.02 欧元，第四大银行比雷埃夫斯银行大跌 8.1%，收于每股 9 欧元。欧洲 17 个股市的国家基准指数也全部下跌。英国 FTSE 100 指数下跌 1.7%，德国 DAX 30 指数下跌 1.7%，法国 CAC 40 指数下跌 1.4%。欧洲政府债务问题逐步扩散。2010 年 4 月，评级机构再次下调希腊主权信用评级，在随后的不到半年的时间内，评级机构先后下调西班牙、爱尔兰、葡萄牙、意大利等国家的主权信用评级，引起了全球市场对经济的担忧，恐慌情绪不断传导，并逐渐波及实体经济。

为避免危机恶化和灾难性的后果，2010 年 5 月 10 日，欧洲紧急出台总额达 7500 亿欧元的救助机制，这是欧洲有史以来最大规模救援行动。其中 4400 亿欧元是欧元区政府承诺提供的贷款，600 亿欧元将由欧盟委员会依照《里斯本条约》从金融市场筹集；IMF 也将提供 2500 亿欧元。为避免国债价格下跌，到 2010 年 5 月 28 日，欧洲央行已购买近 400 亿欧元的欧元区债券，包括希腊、西班牙、葡萄牙、爱尔兰的政府债券，其中 250 亿元为希腊主权债务。欧洲央行平均每个交易日购入约 30 亿欧元的债券，其中 20 亿欧元来自希腊。但希腊短期内并无好转的迹象，欧洲央行几乎是希腊主权债券的唯一买家。

除购买问题国债外，欧洲央行在公开市场操作通过各种措施，如降低欧洲央行贷款的抵押标准，增加向货币市场的流动性注入。美国联邦储备局则宣布将重开与其他央行的换汇额度，以确保其他央行能获得充足的美元。

就在全球以为欧债危机已经化险为夷时，2011 年 6 月三大评级机构再次将希腊的主权债务评级调整至最低级的 CCC 级，甚至还不如一些贫瘠和战乱的非洲国家。7 月，穆迪相继把葡萄牙和爱尔兰的主权信用评级调整至垃圾级，又将塞浦路斯的主权信用评级连降两级至 Baa1 级，距离垃圾级仅两步之遥，西班牙和意大利的主权信用评级也存在被进一步下调的危险。这又进一步引起了全球对欧洲经济的担忧，希腊、爱尔兰和葡萄牙的国债收益率进一步提高到历史最高水平。这对正处于主权债务危机的欧洲五国而言，债务融资成本将会进一步提高，使其已不堪重负的财政状况更加恶化，主权债务违约的可能性变得更高（见图 9-5）。

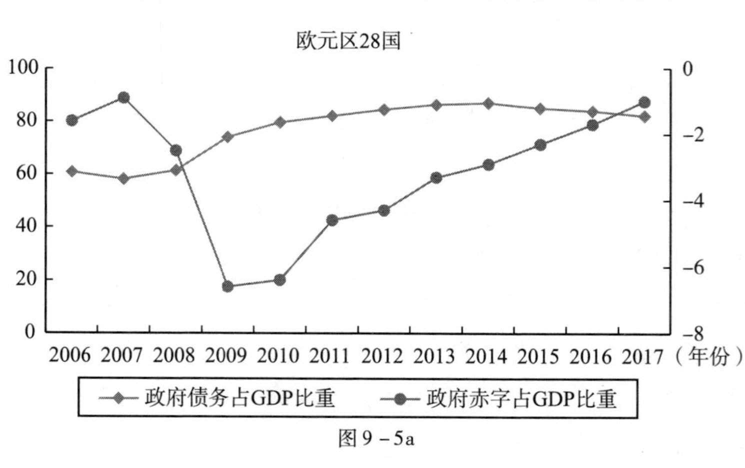

图 9-5a

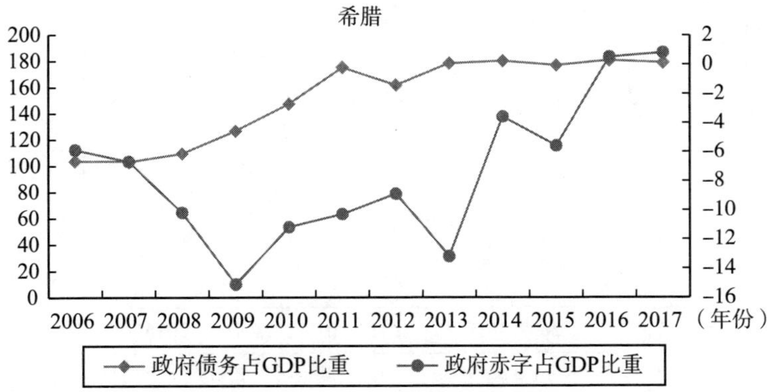

图 9-5b

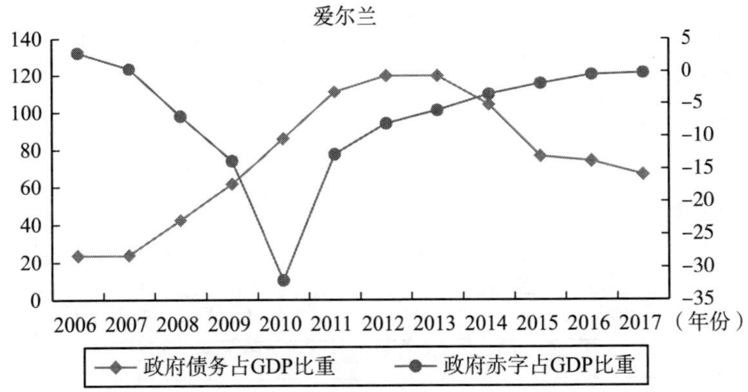

图 9-5c

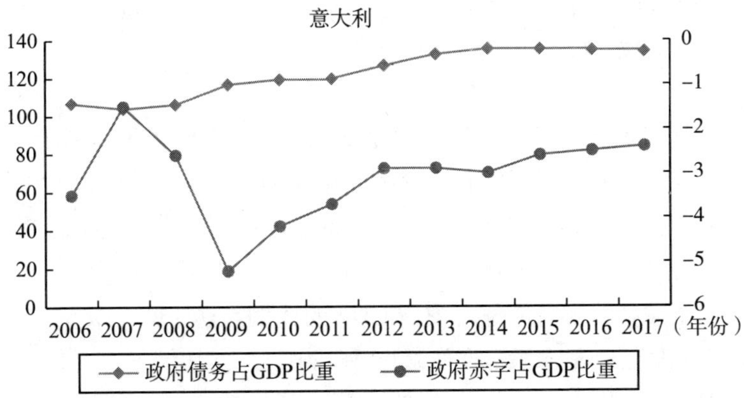

图 9-5d

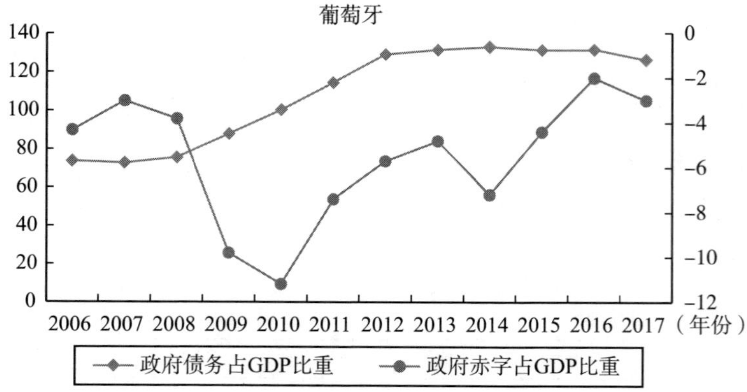

图 9－5e

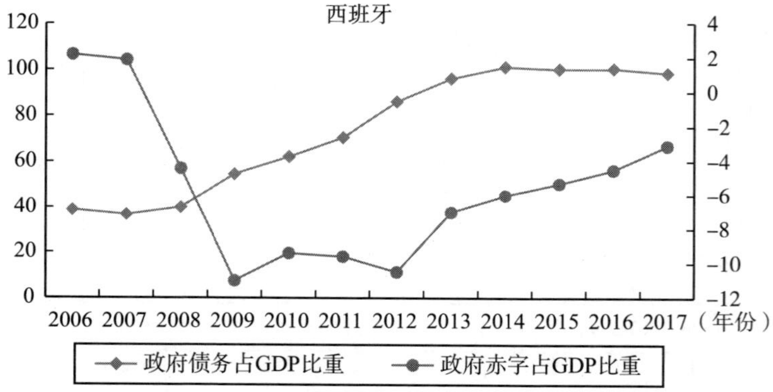

图 9－5f

图 9－5　欧洲 28 国及其欧债五国政府赤字和政府债务占 GDP 的比重（%）

资料来源：欧盟数据库，Eurostat。

2008 年以来，欧洲 5 国政府债务不停地在增长，不仅远远高于《马约》所规定的 60% 的债务上限，在 2011 年以后 5 个国家均超过 GDP 的 100% 以上。同时，5 国的财政赤字在 2008 年以后均有不同程度的增加，除了意大利比较乐观外，其他各国的财政赤字占 GDP 的比重也均远超《马约》所规定的 3% 的上限。

2013 年，意大利的政府债务规模占 GDP 的比例高达 132.53%，在未来几年内政府财政状况并没有出现显著的改善，2014～2017 年，其债务水平保持在 131%～132%，至 2018 年底则上升至 141.39%；葡萄牙的政府债务水平与之相差无几，2014 年达到了 130.6%，财政赤字仍未能够减低至 3% 的水平，2018 年 12 月底更是达到了 137.19% 的高度；西班牙也同样在债务的泥潭中苦苦挣扎。问题最为严重的希腊政府债务水平 2014 年达到 178.9% 的高点，并且在之后的 3 年里一直保持在 176% 以上的政府债务率，2018 年 12 月底更是达到了 188.94%，政府债务一直没有得到缓解，反而陷入更加严重的债务困境。

2018 年 6 月，欧元区 19 个成员国就希腊债务危机救助计划最后阶段实施方案达成一致，欧元集团债权方认可希腊 8 年来遵照债权方要求“履行承诺”、落实一系列改革和财政紧缩政策，同意发放最后一笔 150 亿欧元贷款，同时将希腊还贷期限延长 10 年，并就此宣布希腊债务危机的结束。但高企的政府债务，日渐薄弱的财政体系，以及庞大的政府支出，希腊再一次发生主权债务危机的风险依然居高不下。

（三）美国财政悬崖与政府停摆

2007 年爆发的美国次贷危机不可避免对美国金融市场和经济发展产生了严重的冲击，首先导致了庞大的美国房地产次级抵押贷款市场的崩溃，接着引发了大量投资于次级贷的美国投资机构和银行的危机，并引起对金融严重依赖的房地产市场的崩溃。

次贷危机导致了全球性的银行危机，这又进一步缩减了市场流动性，信贷紧缩。再加上政府大规模的注资和救市计划，政府支出迅速扩大，各国面临日益增大的财政压力。市场资金的紧缺和违约风险的不断加大，再加上实体经济也受到了次贷危机的影响，使国债收益率不断升高，政府融资成本不断提高。与此同时，财政收入的大幅减少，致使美国政府不得不利用财政赤字和国债融资，以满足日渐扩大的财政支出。次贷危机所引起的金融危机使美国国债突破了 10 万亿美元的大关，并很快达到了当年 14.29 亿美元债务上限（见图 9 -6）。

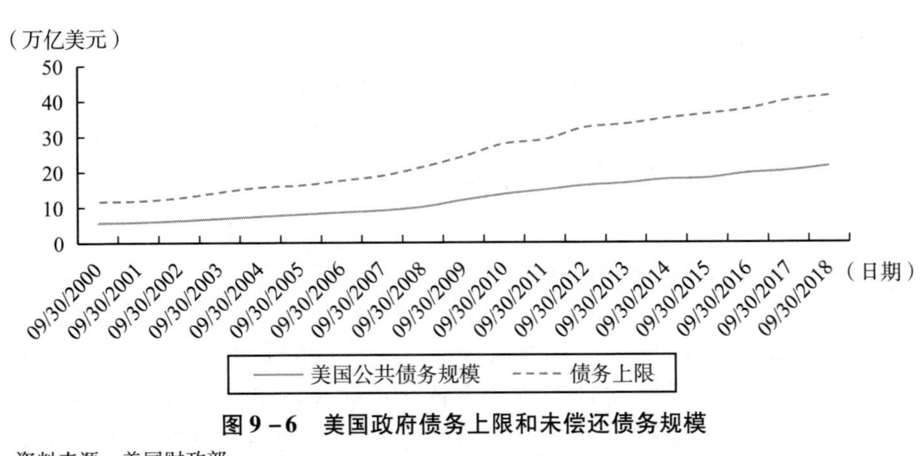

图 9 -6　美国政府债务上限和未偿还债务规模

资料来源：美国财政部。

2008 年以后，美国政府债务呈现快速增长的趋势，2014 年的增幅要远远大于预期，政府债务总规模已经达到了 18 万亿美元，占 GDP 的比重已经由 2008 年的 51.89% 上升到 103%。这说明美国政府在 2014 年以来对其债务的乐观判断是相悖的，美国主权债务积重难返，在未来出现债务危机的可能性在逐渐加大。

2018 年 12 月 22 日，因美墨边境墙拨款问题谈判未果，美国联邦政府部分部门不得不在停摆中度过当年的圣诞节。这是 2018 年以来特朗普政府的第 3 次停摆，也是 40 年来美国政府首次一年内停摆 3 次。这是自 2017 年特朗普政府提高政府上限以来政府再次因为财政问题与美国国会闹翻。2018 年以来，美国国债超过了 21 万亿美元，相当于其 GDP 的 108%，超过了全世界其他国家国债的总和。这也意味着每个美国公民至少承担了 65000 美元的债务，庞大的债务导致美国在 2018 年付出 1700 亿美元的利息，每秒产生的利息为 5300 美元。如果政府与众议院不能就不断提高政府债务上限达成协议，不仅造成了美国政府的"停摆"，多个公共部门被迫关闭；同时也会导致美国直接面临着政府债务违约的风险。而这距离 2018 年 2 月特朗普签署停止暂停债务上限的协议仅仅 10 个月，美国就增加了 1.5 万亿美元的债务，这种花钱速度也是前所未有的。在 2017 年 8 月，标准普尔首次将美国主权信用评级由原来的 AAA 级下调至 AA 级，再加上 12 月特朗普签署的规模达到 2 万亿美元的减税计划，引发了全球对美国债务规模和偿债能力的再次担忧。2018 年 1 月，中国大公评级下调美国主权债权评级从 A - 至 B + +，评级展望为负面，因为 2017 年的政府可变现资产对总债务的覆盖率仅为 7.3%。虽然美国政府并没有宣布主权债务违约，但由于作为全球第一大经济体的美国面临的居高不下的主权信用风险给国际经济带来了严重的冲击，在实际上已经严重影响了全球经济的复苏，因此美国不断重复的"财政悬崖"完全可以看成是美国式的主权债务危机。从长远来看，如果美国经济不能走向可持续增长之路，大规模的财政赤字问题长期存在，那么美国"特色"的主权债务危机将不会平息，并将会成为全球金融体系乃至全球经济的扰乱因素。在更遥远的未来，美国国债市场的"积弊日久"将很有可能引发类似欧洲的主权债务危机。

（四）日本主权债务违约风险

自 20 世纪 80 年代以来，日本经济陷入了长期的衰退和低迷。90 年代以来，随着经济泡沫的破灭，日本经济一直在不断膨胀的主权债务下运行，特别是日本政府为了刺激经济发展而长期采用扩张性的财政政策，使其主权债务规模累积到了一个非常高的程度，成为全球政府债务占 GDP 比重最高的国家（见图 9 - 7）。

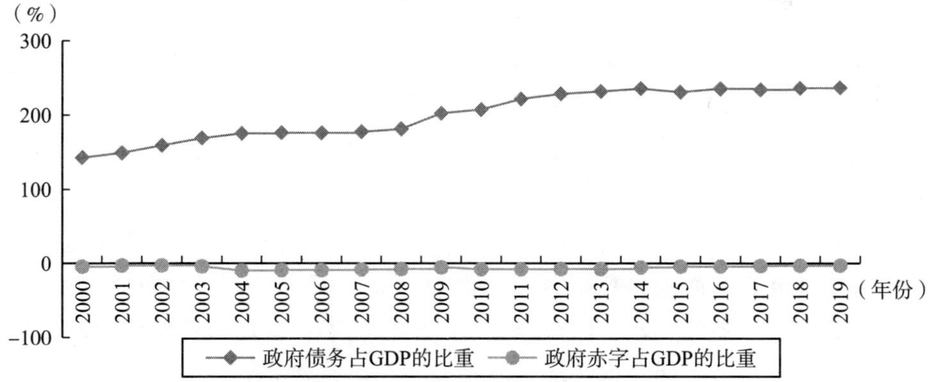

图9－7　2006～2019年日本政府债务和财政赤字占GDP的比重

资料来源：IMF 2019 Fiscal Monitor 以及日本银行，Japanese public finance fact sheet，http：//www.stat.go.jp/english/data/chouki/index.htm，其中2019年为预测数据。

自90年代开始，日本的政府债务占GDP的比重一直在100%以上，截至2018年12月31日，政府债务占GDP的比重已经达到237.1%，要远远高于其他经合组织成员国；政府债务扩张的速度在全球也是首屈一指，2012年的政府债务已经超过了1992年的3倍。20世纪90年代，日本股市的崩溃和房地产泡沫的破灭使日本经济长期陷入低迷，特别是1997年亚洲金融危机使日本的经济再次受到了严重的打击，稍微好转的经济又再次陷入了长期的停滞。为了促进经济的增长，日本政府连续利用扩张性的财政政策刺激经济，导致政府赤字的不断扩大和债务规模的快速扩张。日本的财政赤字在2008年之前一直在3%左右徘徊，但自2009年开始，财政赤字占GDP的比重直线上升，在过去的5年中一直维持在8%以上，日本财政状况的逐渐恶化必然导致其主权债务风险的不断恶化。

尽管日本政府债券的主要持有者是日本银行和法人机构，且融资成本很低。这似乎已经成为解释为什么日本虽然拥有着远超世界其他国家的政府负债比率，但为什么还没有发生主权债务违约的理由。但与此相对的，是日本长期低迷的经济增长，政府债务规模的不断扩大，必然会引起对日本国债使用效率和政府偿债能力的关注和质疑。

日本政府债务规模的不断扩大和经济增长的长期低迷，以及2013年日本核危机对经济的负面影响，显然已经引起了国际市场对日本债务风险的担忧。2011年开始，各国际评级机构就不断下调日本主权信用评级。2011年8月，标普把日本主权信用评级从最高级的AAA级下调至AA级，紧接着穆迪也由Aa2级下调至Aa3级，同时穆迪还下调了三菱东京日联银行、三井住友银行等银行的信用评级，几乎所有的日本银行都被平均下降一级；而日本12个地方政府的评级也遭到下调。这使日本政府发行的国债利率应声上涨。

2014 年，安倍晋三在日本实施所谓的“安倍经济学”，试图利用“三支箭”推动日本经济的复苏。但在短暂刺激经济增长后，安倍开出的药方似乎已经失效。在把消费税由原来的 5% 上调至 8% 以后，由于担忧安倍政府重整日本财政的能力，2014 年 12 月，穆迪和惠誉两大评级机构再次下调日本的主权信用评级。

日本政府也认识到了政府必须有效减少预算赤字和债务负担，才能够使日本的经济得到复苏，从而走出长期低迷的泥潭。而 2015 年消费税的全面上调，正是日本政府减债计划的开始。但在经济低迷的情况下，增加消费税使消费需求受到严重的抑制，是否会使日本经济更加难以恢复。在增加消费税的接下来两个季度里，日本经济连续两个季度负增长，可见日本经济已经不堪重负。再加上日本制造业的逐渐衰落，政府财政收入受到严重的影响，必须依靠不停借债才能够维持日本政府的正常运转。但是财源的枯竭、人口老龄化以及沉重的债务积累负担，以及深陷泥潭的经济，日本的主权债务违约风险正在不断加大。

第三节　西方国家主权债务危机的成因

一、经济制度的原因：生产关系

西方国家主权债务危机的爆发，从表面上看似乎是一国财政收支失衡导致国家债务无法偿还的危机，其实是资本主义生产方式矛盾运动必然结果。

资本主义生产关系建立在生产资料的私人占有和雇佣劳动的基础上，劳动与资本之间的关系天然是对立的，资本主义的分配关系体现资本主义生产关系的性质和要求，决定了劳动和资本之间分配的不平等，不平等的程度会随着资本的加速积累和扩张，在广度和深度上呈现出不断扩大的趋势。

生产、分配、交换和消费是一体的，分配是连接生产和消费的中间环节，分配的不平等必然带来消费和生产的失衡。随着资本主义生产关系的不断深化，生产和消费之间的冲突愈加明显。由于资本取得的收入不断用于再生产而不是消费，从而导致消费的严重不足，这又进一步抑制了生产的扩张。因此，资本主义必然要求不断地扩张来满足日益扩张的生产，以实现包含在产品中的利润。当整个世界都被资本主义包围后，资本和劳动收入的对立和不平等也就由资本主义国家扩大到世界的范围，收入和财富越来越向少数国家的少数人集中，从而导致世界范围内的收入不平等。

第二次世界大战结束后资本主义国家在收入政策上做了一些调整，如实行工资集体谈判制度；建立社会保障制度；实行最低工资制度等，在一定程度上缓和了劳资之间在收入分配上的对立，但这种变化并没有改变资本主义分配关系中劳动和资本的对立状态。资本和劳动的收入差距依然巨大，富裕家庭和贫困家庭之间的收入差距不断扩大。1993 年富裕家庭的资产净值是最贫困家庭净资产的 28 倍。社会收入分配关系的改善也并不是源自资本的善心，而是资本在占有大量财富的情况下，将收入不平等的责任推给政府，政府不得不通过大量负债以改善由资本带来的收入的不平等。在短短的几十年内，西方政府的债务规模已经达到其 GDP 的几十倍甚至几百倍，政府不堪重负的结果就是连续发生的主权债务危机。

二、政治制度的原因：选举政治与政治家许诺

现代西方民主政治制度的核心是普选制、代议制和“三权分立”的政治制度，制度在形式上意图建立人民广泛参与的民主政治，完善社会自治和权力监督机制，构建高效廉洁的政府机构，但是实质上却是少数私人资本意志和利益的体现，是为少数垄断资本的利益服务。资产阶级通过控制政治制度维护和体现自己的意志和利益要求，以法定程序把自己的意志变成国家法律，使其上升为国家意志和要求，从而强制性地贯彻到社会生活各个方面。建立在私有制和资产阶级统治之下的国家政治模式，仅仅是“承认原则的正确性，但是从来不在实践中实现这种原则”。事实上，西方的民主在大部分时间里都是失败的。熊彼特承认：“再没有比罗列一份给人印象深刻的民主方法的失败事例的清单更容易的事了”，哈耶克更是罗列了民主政治的四大罪状：“腐败、无法律、软弱和不民主。”

在西方政治制度中，无论是政府对社会和经济中存在问题的了解，还是政策的提出及其批准和实施，均受到资本的影响。政府对经济问题的了解、信息的收集、整理和分析不仅受到了被资本所掌控的媒体的影响，还受到大量利益集团的游说的影响，因此游说也成为代议制政府了解问题和收集信息的重要来源；同样，政策建议的提出也会受到大量利益集团的影响，资本不仅可以利用其控制的议员向议会直接提案，利用立法的方式来实施对其有利的政策，还能通过代表其利益的政府官员提出政策建议。代议制民主政治的一大特点就是许多政策都需要经过议会进行讨论和批准，这就给资本以广大的操作空间，每个利益集团都力图说服议会通过对其有利的政策，因此西方的议会也就成为党争和资本争夺的重心所在，本来代表大众利益和民主政治的代议制度，也就变成了一个赤裸裸的名

利场。

在西方的政治制度中，政治权力分散于利益集团和选民，不同的利益主体都对政府提出了相应的利益诉求，并试图利用自己的政治力量影响政府的决策和财政的再分配，提出自己的诉求，这使公共财政不再是服务公众利益的手段，而是变成收买人心谋求政治私利的工具，成为资产阶级政党无限索取的财源。为了兑现向公众作出的种种承诺，政府不得不利用不断累积的政府债务来满足这些不断增长的利益诉求，这必然导致西方国家信用的不断扩张和政府债务的不断累积，当经济出现波动的时候，政府的债务就变得不可持续了，最终必然导致政府债务的违约和国家信用的崩溃。可见，西方选举政治导致的政治许诺给政府带来巨大的财务负担，是引发债务危机的重要原因。

三、意识形态原因：新自由主义

20 世纪 70 年代中期西方国家陷入“滞胀”，凯恩斯主义由于对失业和通货膨胀并行的经济现象缺乏解释力和解决的方法而逐渐丧失其市场，包括伦敦学派、现代货币学派、理性预期学派、供给学派、弗莱堡学派等新自由主义派别逐渐兴起。新自由主义重新强调个人的自由，认为这种自由就是从国家的强制和束缚中解放出来的状态，实现一种个人“消极的自由”，强调自由的本质是“免于干涉和独立”。新自由主义鼓吹“私有化神话”，反对公有制，他们认为私有制自身具有内在稳定性，在保障个人自由和产权的基础上能够极大激发个人的积极性，并在“看不见的手”的指挥下能够实现经济的均衡和稳定。弗里德曼更是将自由市场和政治自由密切联系起来，认为把经济与政治领域分割开来思考市场问题是错误的，这会让人们误解经济自由与政治自由之间内在的基本联系，从而低估市场在维护和促进个人自由、限制政府行为方面的巨大潜力；同时自由市场还具有一种强大的非人格化力量，把恶劣的歧视和偏见阻挡在经济领域之外，政治自由和公民自由都极度依赖于自由市场。此外，新自由主义还将自己奉行的原则当成是一种普世价值，主张在全球实现自由化，将市场原教旨主义推广到全世界范围内，热衷于向不发达国家推销其经济理论和政策，要求这些国家不顾本国经济发展水平、国际贸易和国际金融等方面的国内外条件是否成熟，尽快实行完全的利率自由浮动、外汇自由交易等金融自由化，尽快取消关税和对外资的产业限制政策等以推行贸易自由化政策，并美其名曰是在帮助不发达国家融入世界经济体系，帮助他们实现经济的发展。而对于不奉行他们的自由化经济政策的国家，则打上“非市场经济国家”的帽子，并利用美国主导的世界贸易规则对这些国家进行打压。

新自由主义政策要求政府不断退出经济领域，并重申其“守夜人”角色，将好不容易恢复的经济放由“市场”进行“自动稳定”，由政府担负维持经济稳定的责任，并承担由自由市场“失败”带来的各种负面成本，如失业和社会保障，由此也导致20世纪80年代以后西方国家政府不得不花费大量的财政支出来实施扩张性的财政政策以实现经济的稳定增长；同时政府还不得不不断扩大财政的社会保障和福利支出，以缓解由于财富的不平等程度带来的失业人口和困难人群。但另一方面，随着大量国有企业的不断退出和减税政策的不断推行，以及大量金融资本高明的避税手段等因素，西方国家的财政收入逐渐减少，只能依靠财政赤字、征收货币税乃至不断增加国家负债等方式来弥补不断扩大财政收支缺口，政府的公共债务不断扩大。

四、经济发展原因：去工业化

伴随着新自由主义思潮的兴起和政府对金融监管的不断放松，从20世纪70年代开始，西方国家就已经开始了去工业化的进程，到20世纪80年代新自由主义政策的驱动下，西方国家更是兴起经济金融化的浪潮，大量资本流向金融行业，去工业化进程加快，产业空心化日渐严重，西方的经济整体陷入了去工业化和经济虚拟化的进程之中，由于缺乏实体经济的支撑，不仅导致了经济陷入越来越短的周期性波动中，政府应对经济危机的手段也越来越匮乏，危机的波及面和对经济的冲击也越来越严重。在此次金融危机和债务危机中，政府的政策篮子中的货币政策完全失去了作用，除了支撑危机后一波又一波的股票指数上涨之外，对经济的刺激作用并不明显，世界经济特别是发达经济体陷入长期的经济衰退。

伴随着去工业化进程的不断深化，实体经济的萎缩导致政府财政收支结构发生了重大的变化，即使发达国家经历了税制结构的大幅度调整以保证其财政收入，但由此带来的挤出效应反而进一步加剧经济的波动和财富的不平等。发达工业化国家在经历了第二次世界大战后的经济增长“黄金时期”后，实体经济普遍处于停滞以及与去工业化进程相伴随的萎缩状态，从而丧失了支撑经济运行和增长的基础。国家或政府作为财政收支的主体，也因此丧失了价值或财富分配的主要来源，即支撑其运行的物质基础，进而导致贫富差距不断扩大、国际收支结构逆转、债务经济深化，由此导致了西方发达资本主义国家面临着越来越庞大的债务风险，最终导致了2008年以来在欧洲的集中爆发和美国不断出现的财政悬崖和政府关门事件，西方发达资本主义国家想要从主权债务危机对经济的巨大冲击中恢复经济的难度也越来越大。

去工业化导致了西方发达国家商业税源的萎缩，财政收入受到了较为严重的影响，迫使西方发达国家不得不依赖于开辟新的基于收入或者财产的直接税来实现政府财政收入的稳定；但如果从占社会产出增加值较少的劳动者手中进行征税，从而使占总产出增加值不到50%的劳动者承担了80%甚至是90%以上的税负，这又必然进一步加剧本来就存在不公平的社会分配。无论是为了稳定其经济还是适应民选政治的需要，抚慰在社会经济中处于不平等地位的民众，西方各国政府不得不增加社会保障支出，并将这种行为美其名曰构建“福利社会”。同时，在刺激经济的名义下，无论是实施减税政策、扩大政府购买规模等刺激经济的宽松财政政策还是实施更加宽松的货币政策，都会进一步导致政府收入的不断减少和支出规模的不断扩大。这也进一步导致了政府财政收支的失衡，当赤字不能无限扩大的情况下，通过能够创造货币的金融行业进行债务的融资，似乎也就成为了西方发达国家的唯一选择，由此也导致了西方各发达国家大多背上了沉重的债务负担，而且这种情况愈演愈烈，主权债务危机的风险从来没有被降低过，这也对世界经济的稳定造成了一直存在并且越来越严重的风险隐患。

第四节　西方国家主权债务危机的影响与危害

2008年以来，主权债务危机的不断升级和深化，已经成为持续影响全球经济复苏的又一拦路虎。虽然在2017年以来世界经济有一定的复苏，但许多国家为抵御经济萧条而导致财政支出的大幅增加和财政赤字的急剧增长。这样一种反应被视为“借钱求出路”，其结果必然使经济更加萧条。主权债务危机是政府过度借债所导致的危机，这次危机在世界范围内的不断爆发标志着依靠政府举债“买来”的经济繁荣的经济发展模式是不可持续的。危机的爆发已经不仅仅是一个简单的财政问题，其影响和危害非常之深远。而危机的解决也已经不是仅仅通过增加税收或者增加货币发行能解决的，降低主权债务危机的危害，彻底解决主权债务危机对经济和金融的冲击，需要重新认识这种危机对经济、政治、社会乃至国际秩序的影响和危害。

一、主权债务危机对本国经济的影响与危害

债务危机和金融危机在很多时候是相互影响和互为因果的。这次主权债务危

机始于私人债务链条的断裂以及由此而引起的银行危机和货币危机，并逐渐传导至实体经济。同时，主权债务危机又反过来导致银行危机和货币危机的持续，进而导致经济危机的产生和经济复苏的延缓。因此，主权债务危机并不仅仅会对金融市场产生负面冲击，货币税会导致通货膨胀的发生，直接影响到市场需求和投资，并最终影响到整个经济体系。

第一，主权债务危机提高了主权债务融资风险。各国主权债务的高企和债务危机的爆发的现象完全颠覆了人们通常认为的国家发行的债券很难出现违约的，因此将其作为避险的投资产品的观念。政府发行的债券也很有可能违约，特别是在外部经济环境恶化和主权债务不断累积的情况下。

主权债务危机的爆发所诱发的金融危机和通货膨胀会直接增大金融市场的风险，增加人们对系统性风险的担忧，这不仅直接使政府债券的风险报酬系数上升，同时也使市场平均风险资产的收益率提高，这在很大程度上提高了政府债券投资者所要求的预期报酬，直接推高各国的再融资成本。在 2008 年主权债务危机爆发以后，各危机国家的债券收益率都有明显的升高，再次加重各国政府的债务负担，严重的甚至可能引发又一轮的债务违约和危机。爱德华多・博赖因什泰因和乌戈・帕尼扎两人对 31 个新兴市场经济体在 1997 ~ 2004 年的研究发现，主权债务违约后的两年内，危机国的平均融资成本要增加 250 ~ 400 个基点，3 年后也还有明显的负面影响。[①]

主权债务危机还意味着政府还债压力的增大和财政支出的进一步扩大，这又进一步增加了政府的借款需求，加快国家债务的累积，加大政府债务的偿还风险，从而提高政府债务的收益率。政府不断增加的债务累积，加大了其债务负担，特别是在融资成本进一步增加以后。如果国家经济不能迅速得到恢复，政府的债务就会累积到一个可怕的程度；而如果经济进一步恶化，政府的或有负债也会进一步成为其负担，这样政府就不可避免地会卷入又一轮的债务危机当中，而且这个危机的持续时间会非常之长。

第二，主权债务危机会推高市场利率，拖累实体经济的发展。主权债务危机的爆发，直接打击金融市场，并影响整体经济的发展。根据凯恩斯的理论，政府采用扩张性的财政政策刺激经济的增长，支出大量的资金维持金融市场的稳定，因为失业率的不断升高而不断扩大社会救济支出，花费大量的外汇来维持币值的稳定等。但政府的财政收入是有限的，在新自由主义盛行的国家，不断的减税和

---

① Borensztein E, Panizza U. The Costs of Sovereign Default [J]. IMF Staff Papers, 2008, 56 (4): 683 - 741.

私有化，迫使政府需要借债才能勉强维持日常的政府运行，对经济的刺激所需的庞大资金只能通过不断扩大政府负债才能满足。政府的巨额借债会对金融市场产生巨大的资金流出，资金需求的增加直接推动市场利率的提高，并导致私人部门融资成本的提高，从而影响经济的发展，并进一步减少了政府的收入，政府财政收支缺口的扩大又增加了政府融资的需求，推动市场利率的螺旋式上升。相对安全的政府债务的大量发售和市场利率的不断上升，对私人借款具有非常大的“挤出效应”，极大影响了私人和公司法人的借款，增加了融资的成本，致使实体经济的发展受到严重的影响，放大整个宏观经济的波动。从这个意义上来说，债务危机具有了“金融加速器”的效应。

第三，主权债务危机引起资产价格的变化与财富的重新分配。债务危机的爆发直接冲击金融市场，导致金融资产价格的迅速下跌，金融资产迅速缩水，家庭资产的减少会直接减少其消费和投资；企业资产负债表状况迅速的恶化也会减少其投资行为，而其资产的下降也会导致企业所能获得贷款的减少，造成企业财务状况的紧张，从而影响企业的生产扩大。而这种资产的变化，会引起社会总需求和总投资的减少，并引起经济的紧缩。

政府债务的快速增长和累积，给政府带来不断增加的利息支出和偿还压力，对财政造成巨大的负担。要偿还如此庞大的政府债务，仅仅靠税收明显是不够的，特别是有些国家的税收所带来的日常财政收入，维持政府正常运转尚有困难，更别说偿还债务了。因此具有自主货币发行的主权国家就必然通过增发货币，征收铸币税的方式来获得资金。但货币的增发直接导致了通货膨胀的发生。

通货膨胀会产生收入财富再分配效应，导致收入和财富的重新分配。由于工资黏性的存在，工资的上升幅度小于物价的上升幅度，通货膨胀的出现会导致家庭收入的下降，从而减少社会总需求，最终的结果必然会伤害到经济的发展。同时，通货膨胀所导致的物价飞涨会迫使陷入困境的家庭和企业以较低的价格出售他们的资产，而拥有大量本币资产的人则会以较为便宜的价格收购这些资产，从而导致改变总体社会的财富占有和分配。

第四，主权债务危机引起金融市场的动荡，并波及实体经济。健康的金融市场能充分调动社会资金的流动，及时满足实体经济的资金需求。政府债券市场作为金融市场的一部分，危机的发生会使政府债务价格出现波动和震荡，波及股市和货币市场，进而影响实体经济的发展。

金融市场是一个对信息非常敏感的市场，预期和信心对市场具有非常强的作用。主权债务危机的爆发，使债券市场出现明显的下跌，也给市场投资者传递了一个信号：该国经济在未来将出现不确定性。由此导致其他金融市场的下跌，大量资金流出金融市场，从而导致企业融资和再融资的难度加大。

银行等持有巨额金融资产的机构更容易受到冲击，从而出现流动性的不足。主权债务危机造成金融资产价格的崩溃和其他资产价格的下跌导致银行出现大量的呆账和坏账，银行的经营状况会变差，导致存款人对其存款的担心从而引发银行挤兑，更为严重的是导致银行的大范围倒闭。所有这些都会导致银行提供资金的减少，社会信贷规模紧缩，直接影响实体经济的正常发展，延长经济恢复的时间。

第五，主权债务危机引起失业率的上升。主权债务危机的爆发所导致的通货膨胀和金融动荡在很大程度上会波及实体经济，导致经济的回落，企业订单大量减少。特别是在国际经济和金融环境不好的情况下，国内和国际需求的大幅度减少必然导致企业经营的困难，从而出现失业率上升。失业率的上升不仅导致政府失业救济支出的大幅度增加，加大政府财政的负担，还有可能引起社会的动荡和政治的不稳定。

从图 9 - 8 中可以看出，主权债务危机爆发后 3 ~ 4 年之内，欧洲各主权债务危机发生国家的失业率均高于正常年份。2008 年欧债危机全面爆发以来，这些国家的失业率均保持在 5% 以上，其中欧洲五国的失业率自 2008 年以来呈现快速上升的趋势，最为严重的是希腊，其失业率从 2008 年的 7.65% 上升至 2013 年的 27.25%，2015 年虽然有所好转，但也达到 25.8% 的高失业率。这也就意味着希腊有超过 1/4 的劳动力处于失业状态，这还不包括自然失业率。由此可以看出，主权债务危机影响实体经济的增长，并推高失业率。

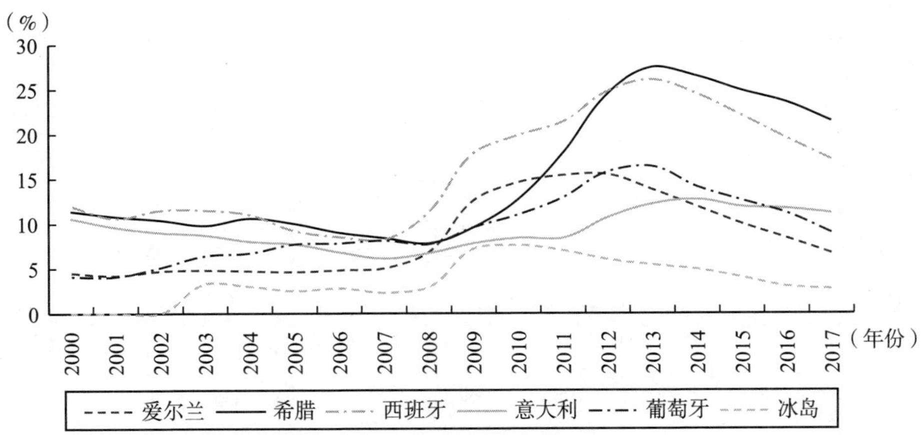

图 9 - 8　2000 ~ 2017 年欧洲各主权债务危机国家失业率（针对活跃人口）

资料来源：欧盟数据库，Eurostat。

第六，主权债务危机极大地导致本国出口减少，进而增加本国经常账户赤字。危机对国际贸易的影响作用并不确定。从积极的方面看，危机导致本国货币的贬值有利于出口，不利于进口。而从消极的方面看，信贷的缩减不利于本国企业的生产扩大和出口；由于违约带来的国家声誉的损害也不利于本国商品的出口；国际公约框架内的债务重组也对本国的出口具有重要的约束和负面的影响；国际经济形势的恶化和紧缩也不利于出口。

从表 9 - 1 中的数据可以看到，在债务危机爆发的当年，这些国家的商品和服务出口或多或少都会有减少；其中以 2009 年为最，因为在 2009 年是金融危机以来经济紧缩最为严重的一年。但也有例外，阿根廷在 2014 年比索贬值了 50%，但其出口增长幅度非常小。爱德华多·博赖因什泰因和乌戈·帕尼扎认为债务危机会对该国的出口行业产生负面影响，影响的幅度大约为每年 8%，但影响的时间大约为 2 ~ 3 年。

表 9 - 1　　1998 ~ 2017 年各债务危机国家商品和服务出口年增长率　　单位：%

年份	希腊	爱尔兰	意大利	葡萄牙	西班牙	美国	俄罗斯	阿根廷
1998	5.252	23.072	12.582	14.78	8.018	2.338	1.242	12.701
1999	18.14	15.525	1.374	1.057	7.479	2.641	-4.337	-2.142
2000	14.10	20.068	5.287	-2.282	10.244	8.567	7.663	1.866
2001	-0.013	9.225	2.514	3.682	4.187	-5.843	3.337	6.126
2002	-8.393	4.87	-1.069	7.998	1.956	-1.722	8.876	0.249
2003	2.919	0.695	11.639	12.834	3.666	1.76	12.828	5.009
2004	17.312	7.543	2.771	8.054	4.184	9.755	11.958	-0.018
2005	2.503	4.613	-3.012	-3.465	2.537	6.249	8.488	11.201
2006	4.314	5.223	-1.243	9.372	6.695	9.038	8.112	4.512
2007	7.118	8.828	6.254	12.097	6.721	9.268	6.952	5.958
2008	1.662	-0.899	-2.828	2.42	-1.02	5.732	3	-0.855
2009	-19.42	-3.99	-17.51	-11.84	-10.01	-8.79	-12.75	-10.69
2010	5.187	6.171	11.357	0.645	11.704	11.896	5.649	13.932
2011	0.328	5.484	6.228	8.648	7.613	6.852	6.907	3.445
2012	-0.026	4.69	2.138	-3.247	2.107	3.256	4.673	-6.594
2013	2.534	1.128	0.127	10.922	4.884	3.046	3.893	3.5

续表

年份	希腊	爱尔兰	意大利	葡萄牙	西班牙	美国	俄罗斯	阿根廷
2014	7.75	3.02	2.718	4.265	4.29	4.27	-1.88	0.345
2015	3.09	14.38	4.424	4.68	4.19	0.41	-0.48	-7.79
2016	-1.82	38.44	2.408	6.15	4.75	-0.33	1.53	-1.63
2017	6.77	4.68	5.44	4.33	5.03	3.36	9.11	6.76
2018	4.79	6.83	5.649	7.28	4.73	3.41	3.44	-0.45

注：其中 2018 年数据为预测值，深色标注的表示是该国爆发主权债务危机的年份。

资料来源：IMF 2018 Fiscal Monitor：Back To Work：How Fiscal Policy Can Help，http：//www.imf.org/external/pubs/ft/fm/2018/02/fmindex.htm。

二、主权债务危机对国际经济的影响与危害

主权债务危机不仅影响国内的经济和政治，还能通过预期、货币和汇市等金融市场和国际贸易等渠道传导到其他国家，影响其他国家的经济发展。更严重的情况下，会引起全球范围内的经济和金融危机，从而对整个国际经济的发展产生极大的影响。

第一，主权债务危机影响国际贸易，进而影响国际经济的发展。债务危机发生后，各国会相应实施财政紧缩政策，这会直接减少国内的消费和投资需求，进而影响双边贸易的开展。债务国需求的萎缩导致的其他国家对债务国出口贸易萎缩，会在不同程度上影响该国的经济增长，影响的幅度取决于该国的经济结构以及与债务危机国家贸易往来的规模。2009 年欧洲债务危机的爆发，直接拖累全球经济的增长，2009 年全球经济增长仅为 1%。2011 年美国财政悬崖的爆发，更是拖累全球经济的增长，全球经济增长仅为 3%，远低于年初预计的 4.7%；而发达经济体经济增长更是仅为 1.6%，要远远低于新兴市场国家和低收入国家。而债务危机发生国家的经济规模的大小决定着其影响国际经济增长的幅度。

第二，主权债务危机影响国际金融稳定。20 世纪 80 年代以来，全球金融发展达到了一个新的高度，金融市场 1 年的交易量是实体经济 GDP 的几百上千倍。虚拟经济发展不仅极大扩大了金融市场的规模，“他们把金融商品包装成一种天然资源”，将所有能进行交易的东西都囊括进了全球投机交易中，债务证券化和金融化正是这种扩张的成果之一。金融资本把债务通过各种包装后，发展出不同的产品，供狂热的金融市场进行投机炒作，不停吹大金融市场的泡沫，据 IMF 估计，全球信用衍生市场的规模从 2001 年的 1 万亿美元暴增至 2006 年的 26 万亿

美元；而债务抵押债券发放量也从 2004 年的 1574 亿美元增至 2006 年的 5493 亿美元。次贷泡沫的破灭直接重创了美国的房地产市场，导致多家国际性大银行倒闭，并波及全球金融市场，导致全球经济的重挫。

债务证券化把国家所有的债务囊括进金融市场交易，主权债务危机的爆发自然就直接引起了金融市场的动荡。所谓的自由市场经济原则在西方国家的军事和经济大棒下在全世界推行，使资本在全球的流动越来越容易，成本也越来越低，但也使全球金融市场更加容易受到某一国金融市场波动的影响。2008 年希腊一宣布财政赤字和公共债务占 GDP 的比重远超《马约》所规定的 3% 和 60% 的上限后，欧洲金融市场就出现大幅度的下跌；而在 2010 年 2 月，葡萄牙政府宣布可能削弱缩减赤字的力度，同时西班牙也披露未来 3 年预算赤字将高于预测，更是导致市场焦虑急剧上升，欧元遭到大肆抛售，欧洲股市暴跌。到 2018 年，欧洲各国大多都没有达到《马约》对政府赤字和公共债务比重的要求，反而比危机以前更高了。

第三，主权债务危机影响国家间的经济合作。经济全球化趋势下，各国经济联系日渐紧密，经济合作的形式也呈现多样化的趋势。但国际经济合作是建立在平等互利的基础上的，在合作中国家的声誉就显得比较重要了。

国家对其借入债务的违约会明显降低国家的信誉，这不仅极大提高了国家债务融资的成本，还会使危机国在国际经济合作中出现不利的局面。首先，政府信誉的降低会直接影响外国资本在本国的直接投资；其次，在国际经济合作中由于担心政府的违约行为再次发生，会提出更多更加苛刻的要求，甚至会使合作终止；最后，由于债务危机所带来的政局变动和社会动荡会给国际经济合作带来更多的不确定性。

在全球化背景下，经济和金融危机的发生和影响越来越国际化，这更加需要国家之间进行合作，加强各国在财政、货币、汇率等各种宏观经济政策的协调才能缓解国际性的经济和金融危机对经济带来的冲击。债务危机的发生使各国面临的问题更多且更加复杂，国际经济合作的协同就显得更为困难，很多时候危机国家会陷入一种囚徒困境的境地。而国家间宏观经济政策的协同有的时候需要危机国做出一定的牺牲，这却会在一定程度上加重危机国的经济负担。

第十章

对外直接投资与去工业化

对外直接投资活动是西方资本主义国家私人垄断资本在全球范围剥削和占有高额剩余价值的行为，在推动私人垄断资本财富规模不断膨胀，富可敌国的同时，推动制造业和技术对外转移，加速母国去工业化进程，深刻认识对外直接投资的双重效应对理解和把握资本主导的全球化的性质和特点具有重要意义。

第一节　垄断资本国际直接投资的理论

一、马克思、列宁关于资本输出的理论

（一）马克思的资本输出理论

马克思关于资本输出的理论，是马克思主义经济学的重要组成部分，对于正确认识国际直接投资的性质和影响具有十分重要的理论意义和现实意义。

（1）“资本过剩”是资本输出的前提条件。马克思在《资本论》第三卷中指出“所谓的资本过剩，实质上总是指利润率的下降不能用利润量的增加来抵消的那种资本——新形成的资本嫩芽总是这样的过剩，或者是指那种自己不能独立行动而以信用形式交给大经营部门的指挥者去支配的资本的过剩”。① 根据马克思的理论，随着资本主义生产方式的发展，劳动力生产水平不断提升，投入的可变资本较于不变资本相对减少，社会平均资本有机构成会不断提高，一般利润率会

① 马克思，恩格斯．马克思恩格斯文集（第7卷）［M］．北京：人民出版社，2009：279.

逐渐下降。但是利润率的下降与利润量的增加可以并行不悖，这是因为资本主义生产和积累要求企业追加的预付资本日益增加，因此所使用的活劳动的绝对量，从而它所生产的剩余价值量和利润的绝对量，仍然可以增加，从而资本主义可以创造出越来越多的剩余价值或利润，当这些新形成的资本不能被利润率的下降抵销时，就会处于一种闲置的状态，成为过剩资本。过剩资本的存在是资本主义国家进行资本输出的前提条件。

（2）追求高额利润率是资本输出的根本原因。马克思指出："如果资本输往国外，那么，这种情况之所以发生，是因为它在国外能够按更高的利润率来使用。"① 不发达国家之所以能够提供比较高的利润率，原因有两点：一方面，不同国家所处的发展阶段不同，因而资本有机构成也不同，在比较不发达的国家里，发展程度较低，劳动生产率水平较低，生产同一产品所要投入的可变资本比在发达国家内进行生产需要的可变资本更多，从而由劳动推动的剩余价值进而转化的利润会更多，利润率会更高；另一方面，在不发达的国家或地区，特别是殖民地地区，劳动剥削程度更高，由于使用奴隶和苦力等，劳动强度更大或工作日长度更长，从而生产的剩余价值进而转化的利润会更多，导致更高的利润率。资本主义生产的根本目的在于追求剩余价值或利润，当在国内找不到有利的投资场所时，必然促使资本家将资本输出到利润率更高的国外，对高额利润率和高额利润的追求是资本输出的根本原因。

（3）资本输出促进了世界市场的发展，使资本输入国依附于资本输出国。马克思和恩格斯在《共产党宣言》中指出，资产阶级开拓了世界市场，打破了各民族闭关自守的状态，将所有民族都卷入到文明之中，促进了民族历史向世界历史的转变，同时资本主义生产关系在客观上瓦解了不发达国家的落后生产关系。但是，资本主义的商品输出和资本输出却加剧了不同发展水平国家之间不平等的国际关系，它使"未开化和半开化国家从属于文明的国家，使农民的民族从属于资产阶级和民族，使东方从属于西方"。② 马克思对于资本输出的认识是两重的，他既看到了资产阶级对于发展生产力和推动世界市场发展的进步作用，也认识到资本输出对落后国家造成的不平等和依附关系。

（二）列宁的资本输出理论

列宁关于资本输出的理论建立在19世纪末20世纪初自由竞争资本主义向垄

① 马克思，恩格斯．马克思恩格斯文集（第7卷）［M］．北京：人民出版社，2009：285.

② 马克思，恩格斯．马克思恩格斯文集（第2卷）［M］．北京：人民出版社，2009：36.

断资本主义转变的历史条件下，他继承和发展了马克思关于资本输出的基本理论，解释了帝国主义背景下资本输出的深刻内涵。

（1）资本输出是帝国主义的重要特征。19 世纪末 20 世纪初是资本主义发展史上的重要转折点，在这一时期资本主义转化为帝国主义，生产集中引起资本集中，资本集中导致垄断形成，垄断组织成为经济生活的基础之一，同时金融资本占据了重要的统治地位，少数拥有金融实力的国家处于一种特殊地位，垄断资本具有更为强烈的进行对外扩张的冲动，资本输出具有了特别重要的意义。列宁在《帝国主义是资本主义的最高阶段》中指出，资本输出是垄断资本主义的五大重要特征之一，是垄断资本向外扩张的必然结果。他总结道“对自由竞争占完全统治地位的旧资本来说，典型的是商品输出。对垄断占统治地位的最新资本主义来说，典型的则是资本输出”。[①]

（2）列宁认为资本输出是在 20 世纪初期才迅速发展起来的，追求更高的利润是资本输出到国外、输出到落后国家的根本目的，他指出：“在这些落后国家里，利润通常都是很高的，因为那里资本少、地价比较贱，工资低，原料也便宜。”[②] 列宁考察了垄断资本进行资本输出的必要性和可能性。从必要性来看，20 世纪初一些先进国家出现的大量“过剩资本”是资本输出的必要基础，对于当时少数资本主义已经十分成熟的国家来说，在国内有利可图的投资场所已经不多，而资本的本性却是最大限度地获得利润，因此对外扩张、输出资本就十分必要。从可能性来看，当时许多落后国家已经被卷入世界资本主义体系当中，一些第三世界国家已经具备了铁路运输、通信等基础设施，初步具备了发展工业的基础条件，为垄断资本投资设厂提供了可能性。

（3）资本输出对于输出国来说，作用有三方面：第一，以借贷资本形式输出的资本，可以使输出国获得巨额的利息收入，与此同时资本输出还成为鼓励商品输出的手段，发达国家的垄断组织利用不平等契约迫使资本输入国购买输出国的商品，“最常见的是，规定拿一部分贷款来购买债权国的产品，尤其是军用品、轮船，等等，作为贷款的条件”[③]；第二，以产业投资形式输出的资本，通过在资本输入国开矿建港、投资设厂获取了廉价的原料和广阔的市场，攫取了丰厚的利润，同时还可以获得输入国贸易条约上的让步、来自输入国的订单和丰厚的租让等；第三，过剩资本无益于提升输出国民众的生活水平和发展落后于工业的农业，输出资本会在一定程度上引起输出国发展上的某些停滞，但是这种不利影响

---

① 列宁．列宁系列文集·论资本主义［M］. 北京：人民出版社，2009：150.
② 列宁．列宁系列文集·论资本主义［M］. 北京：人民出版社，2009：151.
③ 列宁．列宁系列文集·论资本主义［M］. 北京：人民出版社，2009：153.

会得到补偿，扩大和加深的资本主义在全世界的进一步发展总是会使资本输出国获得一定的利益。资本输出对输入国来说，作用有两方面：第一，输入的资本客观上促进了第三世界国家自然经济的瓦解和资本主义经济的发展；第二，输入国要向债权国支付由借贷资本产生的巨额利息，经济上的依附性大大提升，使资本输入国沦为帝国主义国家的原料产地和商品市场，承受更加严重的剥削和控制。总体上看，资本输出导致了对世界的瓜分，“是帝国主义压迫和剥削世界上大多数民族和国家的坚实基础”，“是极少数最富有国家的资本主义寄生性的坚实基础”①。

二、西方关于国际直接投资的理论

西方关于国际直接投资的理论众多，主要包括垄断优势理论、内部化理论、产品生命周期理论、比较优势投资理论、国际生产折衷理论等等，它们集中于从生产力的角度对国际直接投资作出解释。

（一）垄断优势理论

垄断优势理论是最早研究国际直接投资的理论，由美国经济学家海默提出，经金德尔伯格补充、完善，因此该理论又被称为“海默—金德尔伯格传统”。垄断优势理论从市场结构的不完全性出发，认为企业具有的垄断优势是其进行对外直接投资的决定性因素。只有当企业具有的垄断优势可以抵消跨国经营的成本和风险，并能有所收益时，企业才会选择跨国经营。这些垄断优势具体包括：核心技术优势、组织管理优势、资本优势、市场销售优势、获取原料优势、规模经济优势等等。

垄断优势理论区分了国际直接投资和国际间接投资，突破了以往只关注不同国家利率差异的分析模式，强调跨国公司具有的垄断优势对其进行国际经营的重要作用，在国际直接投资和跨国公司理论研究中具有很深远的影响。然而垄断优势理论也存在局限，它采用静态分析的研究方法，只能解释跨国经营的初始行为，不能有效解释国际市场结构变迁和企业垄断优势变化下的国际直接投资行为。此外，该理论也无法解释通常不具有垄断优势的发展中国家日益增多的对外直接投资。

---

① 列宁．列宁系列文集·论资本主义［M］. 北京：人民出版社，2009：152.

（二）内部化理论

内部化理论是从市场不完善出发对跨国公司成因进行研究的理论，可以分为两大研究分支：一支从企业与企业的关系入手，强调跨国经营是对偏离完全竞争的寡占市场结构的内部化适应；另一支从企业与市场的关系入手，强调跨国经营是对交易市场不完善的内部化。①

英国学者巴克利和卡森是内部化理论的代表人物，他们以科斯的交易成本理论为基础，从企业性质的角度揭示国际直接投资的动因。该理论认为企业的经营是由多个中间产品（如原料、半成品、资本、技术、知识、管理经验等）连接而成的活动，但是外部市场的不完善导致中间产品的交易面临较高的交易成本，在这种情况下企业可以通过组织内部交易形成企业内部化市场来降低外部市场的交易成本，当内部化超出国界时就产生了跨国公司和国际直接投资。

内部化理论将研究重点放在中间产品的分析上，解释了企业跨国经营的动机，但是不能完全解释国际直接投资的方向和跨国公司建立的区位选择（见表10－1）。

表10－1　　内部化理论不同观点的比较

	海默	威廉姆森	巴克利与卡森	汉纳特
市场失效的形式	结构性失效	交易性失效	交易性失效	交易性失效
内部化的动机	寡占市场结构不利于技术产品的交易	资产专用性不利于市场交易	市场难以界定和保障信息产品的产权	市场对产出难以正确衡量和评价
研究侧重点	产品	资产	中间产品	中间产品
内部化的方向	水平一体化	垂直一体化	垂直一体化与水平一体化	垂直一体化与水平一体化

资料来源：赵春明．跨国公司与国际直接投资［M］．北京：机械工业出版社，2007：46.

（三）产品生命周期理论

产品生命周期理论由美国学者弗农提出，他将产品的生命周期分为三个阶段：创新期、成熟期、标准化期。在创新阶段，发达国家率先进行产品的开发与生产，该国拥有技术垄断并向国际市场出口产品，此时只有出口贸易而没有进行

① 赵春明．跨国公司与国际直接投资［M］．北京：机械工业出版社，2007：44.

对外直接投资；在成熟阶段，技术更为普及，另一些发达国家也能生产该种产品，发明国在这些后起的发达国家进行对外直接投资，以保证与东道国企业相比可以保持在生产销售上的竞争力，同时发明国在本国开始进行其他新产品的开发和生产；在标准化阶段，后起的发达国家与发展中国家先后成为该产品的主要供给者，发明国和其他发达国家为了保证竞争优势，在发展中国家进行直接投资和商品生产，发明国本土不再进行该商品的生产，最后发明国成为净进口国，发展中国家成为净出口国，至此完成产品的一个生命周期。

产品生命周期理论基于动态分析的方法，根据产品不同阶段占主导的生产要素的变迁，考察了企业跨国经营的动机和区位选择的变化，并首次对国际直接投资的流向加以解释。但该理论也存在一定的局限，一是局限在产品市场，对只涉及资源开发、技术开发的国家直接投资缺乏解释力度，二是无法解释发展中国家迅速增加的对外直接投资。

（四）比较优势投资理论

比较优势理论又被称为边际产业扩张理论，由日本经济学家小岛清提出。20世纪70年代，日本对外直接投资迅速发展，小岛清注意到日本企业与发达国家对外直接投资的差异：与美国式对外直接投资输出比较优势产业不同，日本式对外直接投资输出的是比较劣势产业。边际产业扩张理论认为国际直接投资从投资国已经或即将处于比较劣势的产业（边际产业）依次进行，这些产业同时也是东道国具有潜在比较优势的产业，通过承接投资国的边际产业直接投资，东道国可以将其具有潜在比较优势的产业发展起来，投资国则可以着力发展本国的比较优势产业以扩大出口。因此，小岛清认为日本式对外直接投资与贸易是相互促进的关系，而美国式对外直接投资与贸易却是相互竞争关系。

边际产业扩张理论建立了一个基于国际分工、融合国际直接投资与国际贸易的分析框架，它结合日本20世纪60～70年代的对外直接投资实践特征做出较有说服力的解释。但是该理论对于禀赋相似的发达国家之间的交叉投资却缺乏解释力度。

（五）国际生产折衷理论

国际生产折衷理论又被称为所有权优势的综合理论，是对国际直接投资理论的大综合，由英国经济学家邓宁提出。折衷理论认为企业对外直接投资基于所有权优势、内部化优势、区位优势三方面的综合。其中所有权优势是基础，是指跨国公司拥有的有形优势和无形优势，如技术、管理、规模等；内部化优势是手段，是指跨国公司通过内部化市场避开外部市场的不完全性，从而更好地发挥所有权优势；区位优势是必要条件，是指跨国公司利用东道国的禀赋条件可以获得更多的便利。

国际生产折衷理论对于解释不同的国际直接投资行为更具广泛性、兼容性和全面性，形成了一个综合的理论分析框架，成为被广泛接受的国际直接投资理论。但是该理论很难全面解释不具备三点优势的发展中国家的对外直接投资行为（见表 10－2）。

表 10－2　　企业的三种优势与国际化方式的选择

国际化方式	所有权优势	内部化优势	区位优势
FDI	√	√	√
出口贸易	√	√	×
许可证安排（技术转让）	√	×	×

资料来源：张为付．国际直接投资（FDI）比较研究［M］．北京：人民出版社，2008：56.

除上述理论外，还有一些适用于发展中国家对外投资的理论如小规模技术理论、技术地方化理论、投资周期理论、技术创新产业升级理论等。西方关于国际直接投资的理论研究众多，也都具有一定的解释力和科学性。但是总体来看，西方国际直接投资理论对跨国公司投资行为的动机分析较多，而对跨国公司对东道国的剥削和掠夺毫无涉及，对跨国公司对外直接投资对宗主国产业竞争力、技术创新、就业以及税收的影响也没有进行分析，体现了维护跨国公司私人垄断资本利益的立场。

第二节　国际直接投资和跨国公司及其发展

一、国际直接投资的含义和特点

（一）国际直接投资的含义

国际直接投资，又称为对外直接投资。按照国际货币基金组织的定义，国际直接投资是指“在投资人以外的国家或经济区域所经营的企业中拥有持续利益的一种投资，其目的在于对该企业的经营管理具有有效的发言权”。其中，“有效的发言权”强调了对企业经营的影响力和控制权。国际直接投资主要包括以下投资方式：绿地投资，即在东道国建立子公司或分支机构，创办独资企业或国际合资企业；股权控制，即通过购买外国企业的股票从而控制达到一定比例的股权；利润再投资，即投资者把通过国际直接投资在国外获得的部分或全部利润用于在国外追加投资。

跨国公司是国际直接投资的主体。跨国公司是指跨国界进行直接投资并获得控制权的企业，它具有以下三个要素：第一，公司必须是包括设在两个或两个以上国家的工商企业实体；第二，公司必须有共同的政策经营体系，能通过一个或几个决策中心采取一致对策和共同战略；第三，该实体通过股权或其他方式形成的联系，使其中一个或几个实体有可能对其他实体实施重大影响，特别是同其他实体实现知识资源的分享和责任的共担。①

（二）国际直接投资的特点

（1）跨国性。国际直接投资必须涉及两个或两个以上国家，是跨越国界的投资行为。

（2）实体性。国际直接投资要求投资主体必须在东道国拥有工商企业实体，直接从事企业各类经营活动。

（3）渗透性。国际直接投资通过在东道国直接投资，不仅使母国与东道国之间的经济渗透性大大加强，文化和社会方面也会相互渗透。

（4）控制性。控制性是直接投资区别于间接投资的根本所在，它要求投资主体在国外企业的经营管理当中具有控制权。

（5）剥削性。西方资本主义国家对发展中国家的国际直接投资往往带有一定程度的不平等性和剥削性。

二、西方国家国际直接投资的历史演进

国际直接投资是生产力发展和国际分工的结果。18 世纪中叶的工业革命极大地促进了资本主义的发展，生产技术得以不断变革，大机器工业为欧美国家的对外投资提供了必要的物质基础。19 世纪 60 年代开始，欧美国家陆续实现了向

① 参见联合国跨国公司中心．再论世界发展中的跨国公司［M］．商务印书馆，1982，附表 25、26．转引自赵春明．跨国公司与国际直接投资［M］．北京：机械工业出版社，2007：1－2.

工业国的转变，欧美各国的资本家为了谋求高额利润，在扩大商品输出的同时，开始对外直接投资。纵观西方国家国际直接投资的历史进程，可以将其大致划分为若干阶段，并总结出以下特点：第一，发达国家始终居于国际直接投资的主角地位；第二，美、日、欧是西方国家国际直接投资的“三足”鼎立；第三，国际直接投资的产业构成渐趋高级化；第四，跨国公司推动了国际直接投资蓬勃发展，但发展中伴随着波动。表 10 – 3 具体地展示了发达国家对外直接投资不同历史阶段的特征。

表 10 – 3　　发达国家对外直接投资不同历史阶段特征比较

历史时代	主要资本来源	投资目标	投资方式与产业
殖民地时代到第一次世界大战	欧洲殖民宗主国（英国、法国、荷兰等）	北美、东亚殖民地国家（美国、加拿大、中国、印度等）	间接投资占对外投资的主体，后期的直接投资主要投资于资源性开发和商业贸易等
第一次世界大战期间	美国	英国、法国等	以政府借贷式的间接投资为主。直接投资规模下降
两次世界大战之间	美国	欧洲、拉丁美洲	政府借贷间接投资，直接投资于石油化工、机器制造等行业
第二次世界大战期间	美国	英国、法国等	以政府的借贷间接投资为主，直接投资比重下降
1950 ~ 1960 年代	美国	欧洲、拉丁美洲	间接投资和直接投资规模上升，直接投资流向石油化工、机器制造、交通运输设备等行业
1970 ~ 1980 年代	美国、欧洲主要国家、日本	欧洲、美国、拉丁美洲、东亚发展中国家	美国与欧洲相互成为直接投资目标国，日本加入国际直接投资行列。投资于石油化工、机械制造、交通运输设备等行业
1990 年代后	美国、欧洲主要国家、日本、东亚新型国家	欧洲、美国、拉丁美洲、东亚发展中国家	美国与欧洲相互成为直接投资目标国，欧洲内部相互投资增加。投资于石油化工、机械制造、电子设备、金融保险、商业服务等行业

资料来源：张为付．国际直接投资（FDI）比较研究［M］．北京：人民出版社，2008：109.

（一）美国国际直接投资的历史演进

1. 初步发展阶段：第二次世界大战以前

在第一次世界大战爆发之前，美国对外直接投资累计额达到 26.32 亿美元，占世界对外直接投资累计总额的18.6%，是仅次于英国的第二大对外投资国，但此时的美国却是净债务国，外国对美投资要远远高于美国的对外投资。在第一次世界大战期间，美国充当世界“兵工厂”的角色，大发战争财，成为净债权国；第一次世界大战结束后，美国利用自身实力未损和欧洲经济恢复这一时机，加紧对外投资，在两次世界大战之间的近20年，美国对外直接投资得到了迅速的发展。到1938年第二次世界大战前夕，美国的对外直接投资累计额达到73亿美元，占世界对外直接投资总额的比重增加到27.7%。

第一次世界大战以前，美国对外直接投资主要集中在经济落后的地区，投资的主要产业部门是初级产品部门。在两次世界大战期间，美国对发达国家和地区的投资有所扩大，特别是对加拿大和欧洲的直接投资快速增加，但对外直接投资仍以周边邻近国家和经济落后国家为主；主要投资领域开始向制造业转移，初级产品部门和基础设施部门所占比重逐渐下降。

2. 黄金发展阶段：第二次世界大战到20世纪60年代末

第二次世界大战到20世纪60年代末是美国对外直接投资发展的“黄金时期”，原因在于第二次世界大战对各个参战国的经济造成了巨大的破坏，战后恢复与重建需要大量的资金，而美国则在战争期间积累了大量资本（见表10－4）。

表10－4　　1940年美国对外直接投资的地区分布和部门分布　　单位：亿美元

行业	总额	制造业	石油业	采矿业	农业	贸易业	公共工程	其他
总计	70.00	19.26	12.78	7.82	4.32	5.23	15.14	5.45
拉丁美洲	27.71	2.10	5.72	5.12	3.59	0.82	9.62	0.74
加拿大	21.03	9.44	1.20	1.87	0.10	1.12	4.07	3.23
欧洲	14.20	6.39	3.06	0.53	—	2.45	0.74	1.03
其他地区	7.06	1.33	2.80	0.30	0.63	0.84	0.71	0.45

资料来源：赵春明．跨国公司与国际直接投资［M］．北京：机械工业出版社，2012：207.

1947年美国通过“马歇尔计划”帮助欧洲重建，1948～1953年美国向欧洲提供了136亿美元。从1955～1960年代后期，美国对外直接投资增长迅速，到1970年占到世界对外直接投资累计额的50%左右。

美国的跨国公司数量在这一时期不断增加，原因是伴随着第三次科技革命，美国垄断企业的生产集中和资本集中程度大大提升，对原料和市场的需求日益旺盛，迫切需要开辟国际市场。1956年世界最大的100家跨国公司中，美国有79家；1965年世界最大的200家跨国公司中，美国有144家。美国通过跨国公司进行的对外直接投资占资本输出的比重由 1955 年的 30.3% 增加到 1970 年的 45.6%。

这一时期，美国对外直接投资对象发生了转变，由以发展中国家为主转向以发达国家为主，其投资中心逐渐向欧洲转移，到 1970 年欧洲成为美国第一大对外直接投资区域。制造业和石油业在这一时期是美国对外直接投资的主要部门，1970 年这两个部门占美国对外直接投资的 70% 左右。

3. 波动发展阶段：20 世纪 70 年代至 21 世纪初

20 世纪 70 年代资本主义世界面临"滞胀"危机，其后美国对外直接投资额占世界总额的比重呈现出下降的趋势，其对外直接投资最大国的地位一度被日本取代。这一时期美国对外直接投资结构中服务业比重不断提升，到 1985 年服务业比重超过了制造业。20 世纪 90 年代美国出现了"新经济现象"，其经济持续增长，对外直接投资规模迅速扩大，再度成为对外直接投资最大国。2000～2003 年，美国对外直接投资经历了短暂的低迷，2004 年存在小高涨，但是由于"2004 美国就业创造法案"大幅降低 2004 年和 2005 年国外子公司返回利润所得的税率，导致 2005 年美国国外子公司留存国外进行利润再投资的部分大幅度减少。

4. 增速放缓阶段：2008 年至今

2007 年美国发生次贷危机，2008 年引发全球金融危机，此后美国对外直接投资增速放缓，除 2011 年、2016 年、2017 年 3 年外，其他年份对外直接投资均为负增长。不过，尽管增速放缓，美国仍是世界头号对外直接投资国家，在世界对外直接投资总流量中的份额，一直保持在 1/4 左右（见图 10－1、表 10－5）。

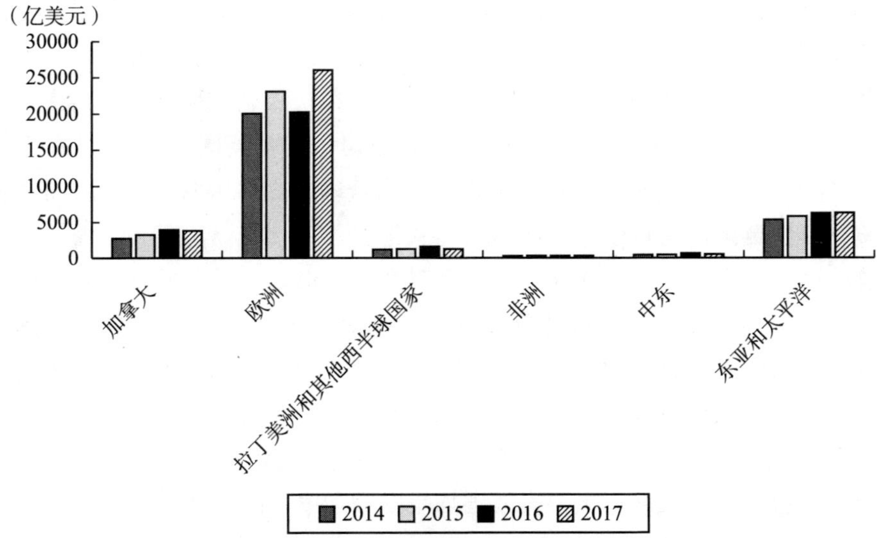

图 10－1　美国 2014～2017 年对外直接投资地区分布

资料来源：U. S. Bureau of Economic Analysis。

表 10－5　　美国 2014 年～2017 年对外直接投资行业分布　　单位：亿美元

年份	2014	2015	2016	2017
采矿业	2143	1804	1696	1595
制造业	6543	6938	7356	8701
批发业	2302	2252	2382	2536
信息业	1797	1987	2072	2266
存款机构（银行）	1356	1183	1193	1174
金融（存款机构除外）和保险	7707	7196	7388	8264
专业性、科学性和技术性服务	1170	1176	1243	1271
控股公司（非银行）	24759	26865	28644	29962
其他行业	3312	3489	3884	4364

资料来源：U. S. Bureau of Economic Analysis。

这一时期，欧洲仍然是美国对外直接投资的主要对象，美国对亚洲和太平洋的国际直接投资也呈现不断提升的趋势。金融业是美国对外直接投资的主要部门，制造业在对外直接投资数额上有所提高。

（二）欧洲国家国际直接投资历史演进

1. 萌芽阶段：第一次世界大战之前

工业革命促进了生产力和资本主义经济的迅猛发展，欧洲的资本家开始在世界范围内寻找其市场，为谋求高额利润、占据竞争地位，在扩大商品输出的同时，开始对外直接投资。早在 1868 年，英国就创立了“国外及殖民地政府信托机构”从事对外直接投资活动，法国紧随其后，在法属殖民地国家进行大量直接投资。到 1914 年，欧洲国家已有 97 家跨国公司，其中英国 60 家，法国 20 家，德国 14 家。[①] 第一次世界大战前夕欧洲国家占资本主义各国对外直接投资总额的 76.5%，其中英国位居首位，其次是法国和德国。

这一时期是欧洲对外直接投资的萌芽时期，从形式上看，间接投资仍是欧洲国家对外投资的主要形式，对外直接投资仅占对外投资比重的 29%；从地区上看，欧洲国家的对外直接投资主要流向它们的殖民地；从部门上看，对外直接投资主要集中在铁路建设和矿业开采。

2. 停滞阶段：两次世界大战之间

第一次世界大战大部分主要参战国均是欧洲国家，战争严重地破坏了它们的

① 赵春明．跨国公司与国际直接投资［M］．北京：机械工业出版社，2007：228.

经济，农业产量锐减、工业生产削减、原料缺乏、商品短缺、出口萎缩，无论是战胜国还是战败国，都在战争当中损失惨重，战后的恢复限制了它们的对外直接投资。1920 年与 1929 年两次经济危机加重了欧洲国家经济的脆弱性，欧洲国家的对外直接投资陷入了停滞阶段。第二次世界大战的爆发，使欧洲各国的经济再次饱受打击，英国的对外直接投资减少了一半，法国经济遭到全面破坏，德国工业水平严重衰退，第二次世界大战结束后的 10 年，欧洲国家将大量资金用于重建家园而无暇进行对外直接投资。

在这一时期，英、法两国因战争借款而削减对外直接投资，德国则因战争赔款、投资被没收等沦为债务国，此外，欧洲国家之前进行的投资或被拖欠偿付、或面临贬值，加上贸易保护等不利条件，使欧洲国家的国际直接投资主导地位逐渐被美国取代，欧洲在世界对外直接投资累计总额中的比重，由 1914 年的 98% 下降到 1960 年的 41.6%。

3. 迅猛发展阶段：第二次世界大战结束至 20 世纪 90 年代

第二次世界大战结束后，经由美国“马歇尔计划”的援助，欧洲国家得以恢复重建，并在发展的基础上加快了国际直接投资的步伐。20 世纪 50 年代末，欧洲国家中对外直接投资的国家仅有 6 个，到 20 世纪 60 年代末，已经发展到 15 个。[①] 欧洲国家的对外直接投资额及其增长速度均有显著提升，特别是巨型跨国公司得到了迅速发展。这一时期，欧洲国家对外直接投资发展迅速主要有三个刺激因素：第一，战后和平与发展成为世界的主题，各发达国家展开了对世界经济主导权的角逐，欧洲国家加紧步伐在世界各地建立生产服务网络；第二，重视科学技术的研发活动，欧洲国家在世界范围内进行直接投资以开发新产品，或将科研成果（如专利、生产工艺等）作为对外直接投资的资本加以利用；第三，欧洲国家普遍存在国内市场狭小的限制，开拓国际市场、进行对外直接投资是企业得以生存发展的必由之路。

4. 投资衰退阶段：2008 年至今

2008 年的金融危机对欧盟的对外直接投资产生了不良影响，许多欧洲国家对外直接投资流入量和流出量排名均有所下降。根据欧盟统计数据，2008 年欧盟对外直接投资为 3480 亿欧元，2009 年下降为 1990 亿欧元，同比下降 24%。[②] 欧洲国家对外直接投资流量在 2008 年尚且占到世界对外直接投资流量的半数，但 2009 年至今，欧洲国家在世界对外直接投资流量中的占比一直低于 50%。此

① 赵春明．跨国公司与国际直接投资［M］．北京：机械工业出版社，2007：231.

② 赵春明．跨国公司与国际直接投资［M］．北京：机械工业出版社，2007：237.

外，2010 年希腊发生的主权债务危机再次使阴霾笼罩欧洲国家，这也影响了欧洲国家的国际直接投资。

（三）日本国际直接投资历史演进

1. 起步时期：20 世纪 50 ~ 70 年代

第二次世界大战结束后，日本经济处于恢复和调整时期，生产活动主要以满足国内市场的需求为目标。尽管日本政府修订的《外汇管制法》规定从 1951 年开始，允许日本公司到海外进行直接投资。但是实际上，日本政府坚持“贸易立国”战略和出口导向的发展目标，对国际直接投资的限制较为严格。20 世纪 50 年代中后期，日本国内掀起了投资设备、发展重工业的狂热高潮，国内投资需求高涨，这使国内资本供不应求，实际上减缓了国际直接投资的发展。但是，由于这一时期日本的生产力和竞争力迅速提升，资源短缺和市场狭小的矛盾日益突出，为日后日本进行国际直接投资提供了重要推动力（见表 10 - 6）。

这一时期，日本企业以国内生产为主，出口迅速增长，但是总体上国际直接投资的规模很小，主要集中在亚洲、中南美洲，投资部门以资源开发性投资为主。

表 10 - 6　　1951 ~ 1990 年按部门分类的日本国际直接投资　　单位：十亿美元

年份	制造业	初级产业	金融	劳务	其他	总额
1951 ~ 1971	1.28	1.1	0.5	0.8	0.8	4.4
1972 ~ 1980	11.4	6.9	2.6	6.0	5.2	32.1
1981 ~ 1985	11.8	5.0	11.0	18.5	2.9	49.2
1986 ~ 1990	57.2	5.7	97.8	60.2	6.4	227.3

注：金融包括保险和不动产；初级产业包括农业、林业、渔业和采矿业；劳务包括商业运输和其他服务。

资料来源：日本大藏省，转引自赵春明．跨国公司与国际直接投资［M］．北京：机械工业出版社，2012：267.

2. 成长时期：20 世纪 70 年代初至 80 年代初

1973 年石油危机爆发，西方主要国家的经济都受到了冲击，日本由此进入到产业结构调整时期，“减量经营”方针使国内的过剩资本增加。60 年代以来日本多次采取措施促进资本和贸易自由化，特别是日本政府 1972 年首次明确宣布支持日本企业的国际化战略并出台了一系列促进国际直接投资的方案。20 世纪 70 年代初布雷顿森林体系瓦解，日本由固定汇率制改为浮动汇率制，日元由 1

美元兑 360 日元升值到 1973 年底的 1 美元兑 272 日元，日元大幅升值挫伤了日本的出口贸易，对外直接投资则能够缓解日元升值和国际贸易保护主义抬头的不利影响。此外，周边国家的外资引进战略也改善了日本企业的对外投资环境。

这一时期，日本对外直接投资的重点是亚洲，但是对发达国家的直接投资份额明显提升。投资部门在发展中国家主要是制造业和初级产业，而商业运输和服务业则更加侧重于发达国家，在东亚地区主要进行生产投资，在欧美主要进行营销投资，通过对外直接投资规避贸易壁垒、扩大出口。

3. 成熟时期：20 世纪 80 年代

日本在第二次世界大战结束后在较短时间内实现了跨越式发展，20 世纪 80 年代日、美、欧三方之间的竞争日益激烈，由于日本的对外贸易顺差日益增大，特别是对美国的贸易顺差从 1980 年的 64.5 亿美元增加到 1989 年的 520 亿美元，两国之间的贸易摩擦日益加剧。为改善美国国际收支不平衡的情况，1985 年美日签订“广场协议”，此后日元迅速升值，从 1985 年 9 月的 1 美元兑 236.91 美元上升到 1988 年 11 月的 1 美元兑 123.16 日元。[①] 日元的大幅升值使出口受挫，却增加了国内企业的海外购买力，降低了企业的海外投资成本。日本启动量化宽松的货币政策，以期缓解日元大幅升值的压力，这使国内资本过剩严重。

基于上述背景原因，日本在 20 世纪 80 年代大举开展对外直接投资，投资总额从 1980 年的 46.9 亿美元，扩大到 1989 年的 675.4 亿美元。这一时期，从投资地域看，日本的投资向欧美地区集中，对欧美地区投资的比重由 1980 年的 43.9% 上升至 1990 年的 71%。[②] 从产业结构看，日本对外投资的产业结构开始向非制造业领域倾斜，制造业、房地产和金融行业成为日本对外直接投资的三大支柱。从投资手段看，日本企业的跨国并购日益增多，特别是日元大幅升值情况激发了跨国并购行为，日本企业对美国跨国并购的规模由 1980 年的 5.2 亿美元猛增至 1989 年的 112 亿美元。[③]

4. 调整时期：20 世纪 90 年代至今

日本在 1980 年代后期到 90 年代初期出现了“泡沫经济”，经济活动依靠大量投机活动的支撑，随着 90 年代初泡沫破裂，日本经济出现大衰退，其对外直接投资也受到了打击，投资流量迅速减小，1990 年的对外投资流量为 508 亿美元，占世界的 20%，到 1993 年时衰减为 139 亿美元，仅占世界的 5.89%，1999 年这一比重更是低至 2.12%。尽管 2008 年的经济危机使日本对外直接投资的流量大幅下降，但其占世界的比重仍然高于 5%，这一比重在 2010 年后有所上升。

---

①②③　邬琼. 20 世纪 80 年代日本对外直接投资的特征与启示［J］. 发展研究，2017（12）：43 - 45.

这一时期，日本对亚洲的重视明显提升，1990～1995 年对亚洲的直接投资总额增长率为 75.2%，[①] 对发达国家的投资仍以技术密集型产业为主（见表 10－7、表 10－8）。

20 世纪 90 年代以后，经济全球化趋势日益加强，国际分工日益深化，这为跨国公司的全球经营创造了更有利的外部条件。在经济全球化的背景下，日本一些实力较强的大型跨国公司展开了全球经营战略，以世界市场为目标，在全球范围内设立若干总部，以便自由进行战略性运作。

表 10－7　　主要发达国家对外直接投资流量及占世界的比重

年份	美国		日本		欧洲国家	
	数额（亿美元）	比重（%）	数额（亿美元）	比重（%）	数额（亿美元）	比重（%）
1970	76	53.67	4	2.51	—	—
1971	76	52.78	4	2.49	—	—
1972	77	49.25	7	4.60	—	—
1973	114	43.78	19	7.34	—	—
1974	91	37.06	20	8.24	—	—
1975	142	50.00	18	6.19	—	—
1976	119	42.13	20	7.02	—	—
1977	114	39.74	16	5.73	—	—
1978	162	41.27	24	6.03	—	—
1979	265	42.22	29	4.62	—	—
1980	192	36.92	24	4.58	—	—
1981	132	25.36	49	9.38	—	—
1982	11	3.95	45	16.64	—	—
1983	95	25.26	36	9.58	—	—
1984	130	25.83	60	11.81	—	—
1985	134	21.56	64	10.37	—	—
1986	196	20.30	144	14.88	—	—
1987	302	21.23	201	14.15	724	51.00
1988	186	10.22	354	19.47	1025	56.33
1989	376	16.28	463	20.03	1222	52.90

① 赵春明．跨国公司与国际直接投资［M］．北京：机械工业出版社，2007：269.

续表

年份	美国		日本		欧洲国家	
	数额（亿美元）	比重（%）	数额（亿美元）	比重（%）	数额（亿美元）	比重（%）
1990	310	12.70	508	20.82	1410	57.80
1991	327	16.44	316	15.91	1154	58.01
1992	426	20.93	173	8.49	1125	55.22
1993	772	32.69	139	5.89	1044	44.17
1994	733	25.67	181	6.35	1340	46.98
1995	921	25.80	226	6.34	1735	48.62
1996	844	21.52	234	5.97	2055	52.39
1997	958	20.54	260	5.57	2523	54.11
1998	1310	19.28	242	3.55	4444	65.39
1999	2094	19.48	227	2.12	7696	71.58
2000	1426	12.26	316	2.71	8493	72.98
2001	1249	18.28	383	5.61	4165	60.95
2002	1349	27.12	323	6.49	2552	51.29
2003	1294	24.45	288	5.44	2897	54.75
2004	2949	32.55	310	3.42	4101	45.27
2005	154	1.84	458	5.49	6670	80.04
2006	2242	16.58	503	3.72	7934	58.67
2007	3935	18.14	735	3.39	13341	61.50
2008	3083	18.10	1280	7.51	8720	51.19
2009	2879	26.13	747	6.78	4359	39.56
2010	2778	20.22	563	4.10	6109	44.47
2011	3966	25.36	1076	6.88	6103	39.03
2012	3182	23.23	1225	8.95	4973	36.31
2013	3034	21.97	1357	9.83	4595	33.28
2014	2948	23.36	1308	10.37	3052	24.18
2015	2626	16.19	1342	8.28	7559	46.60
2016	2807	19.05	1452	9.86	5538	37.59
2017	3423	23.94	1604	11.22	4542	31.76

资料来源：UNCTAD 数据库。数额一栏为按现价计算的美元。“—”表示数据不详。

表 10－8　　主要发达国家对外直接投资存量及占世界的比重

年份	美国		日本		欧洲国家	
	数额（亿美元）	比重（%）	数额（亿美元）	比重（%）	数额（亿美元）	比重（%）
1970	—	—		—	—	—
1971	—	—	—	—	—	—
1972	—	—	—	—	—	—
1973	—	—	—	—	—	—
1974	—	—	—	—	—	—
1975	—	—	—	—	—	—
1976	1368	98. 18	—	—	—	—
1977	1460	97. 97	—	—	—	—
1978	1627	97. 77	—	—	—	—
1979	1879	97. 85	—	—	—	—
1980	2154	38. 53	196	3. 51	—	—
1981	2283	38. 43	245	4. 12	—	—
1982	2266	37. 64	290	4. 81	—	—
1983	2743	40. 20	322	4. 72	—	—
1984	2706	38. 53	379	5. 40	—	—
1985	3864	42. 84	440	4. 88	3372	37. 39
1986	5301	45. 89	581	5. 03	4215	36. 49
1987	5902	42. 99	770	5. 61	5348	38. 95
1988	6925	42. 96	1108	6. 87	5974	37. 06
1989	8325	43. 17	1544	8. 00	7024	36. 42
1990	7318	32. 45	2014	8. 93	10534	46. 72
1991	8275	32. 73	2318	9. 17	11797	46. 66
1992	7986	31. 44	2481	9. 76	11820	46. 53
1993	10613	36. 22	2598	8. 87	12548	42. 82
1994	11146	33. 83	2756	8. 36	14756	44. 79
1995	13638	34. 15	2385	5. 97	18895	47. 31
1996	16083	35. 32	2586	5. 68	21102	46. 34
1997	18793	35. 74	2719	5. 17	23465	44. 63
1998	22796	36. 49	2700	4. 32	29018	46. 45

续表

年份	美国		日本		欧洲国家	
	数额（亿美元）	比重（%）	数额（亿美元）	比重（%）	数额（亿美元）	比重（%）
1999	28396	39. 72	2488	3. 48	30847	43. 15
2000	26940	36. 36	2784	3. 76	31935	43. 10
2001	23149	31. 78	3001	4. 12	33823	46. 44
2002	20226	27. 56	3042	4. 15	37136	50. 61
2003	27291	29. 55	3355	3. 63	45930	49. 73
2004	33628	30. 99	3705	3. 42	51950	47. 88
2005	36380	30. 57	3866	3. 25	57408	48. 24
2006	44703	29. 78	4496	3. 00	73140	48. 73
2007	52750	28. 28	5426	2. 91	91297	48. 95
2008	31024	19. 33	6803	4. 24	90575	56. 44
2009	43221	22. 53	7409	3. 86	101799	53. 06
2010	48096	22. 92	8311	3. 96	107245	51. 11
2011	45143	21. 07	9559	4. 46	110562	51. 61
2012	52229	22. 92	10377	4. 55	109060	47. 86
2013	62542	25. 06	11180	4. 48	113367	45. 43
2014	62768	24. 98	11520	4. 58	107792	42. 90
2015	60078	23. 55	12288	4. 82	110005	43. 11
2016	63614	23. 71	13151	4. 90	112038	41. 77
2017	77990	25. 29	15200	4. 93	125045	40. 55

资料来源：UNCTAD 数据库。数额一栏为按现价计算的美元。“—”表示数据不详。

三、西方国家国际直接投资的动因

西方国家国际直接投资的动因是多方面的，不同的国家、不同的企业、不同的生产经营阶段，其投资动因都不尽相同。总的来说，国际直接投资可以基于单一动因，也可以基于多种动因，其中对高额利润的追求是最基本的动因。

（一）经济动因

1. 宏观层面

西方国家国际直接投资是科技革命推动、产业升级的结果。18 世纪下半叶开始的工业革命使资本主义的生产力得到空前的发展，马克思和恩格斯在《共产党宣言》中写道“资产阶级在它的不到100年的阶级统治中所创造的生产力，比过去一切世代创造的全部生产力还要多、还要大”，科技改进了生产工具和交通运输，为资本主义列强的殖民扩张活动创造了必要条件。这一时期的扩张活动主要是对原材料的攫取，西方国家的对外投资集中在采矿等基础部门。19 世纪 70 年代爆发的第二次工业革命再一次掀起了资本主义发展高潮，美国与德国在此次科技革命中崭露头角，1850 年德国西门子在英国设厂生产电缆；1865 年德国拜尔化学公司在美国纽约州的奥尔贝尼开设苯胺工厂；1877 年美国胜家缝纫机公司在英国的格拉斯哥建立缝纫机装配厂。这一时期制造业在国际直接投资当中的比重有所上升。20 世纪 40 ~ 50 年代开始的第三次科技革命，造成第一产业、第二产业在国民经济中比重下降，使第三产业的比重上升，这在西方国家国际直接投资上体现为投资到服务部门比重上升。技术革命为西方国家国际直接投资创造出巨大的物质基础，引起了国内的产业升级，在国际直接投资方面表现为投资规模扩大、投资增速提高、投资部门变动。

西方国家国际直接投资是生产高度社会化和资本高度社会化的具体体现。生产和资本的社会化引起了生产资本的国际运动，也即国际直接投资，这体现在两个层面：第一，生产社会化意味着生产的集中化、大型化，随着资本主义发展到垄断阶段，生产集中化和资本集中化程度大大提升，巨型垄断资本的发展受限于国内狭小的市场，迫切需要到国际上寻求出路，从而促进了国际直接投资的发展。第二，生产社会化也意味着生产之间的相互依存关系，随着生产社会化发展，生产的分工和协作的范围扩展到国际，跨国公司在不同的国家和地区分工生产，充分发挥其在资源、技术、人力和市场等方面的优势，于是以国际直接投资为表现形式的生产资本的国际运动迅速发展起来，成为国际资本运动的主要方式。生产社会化是资本主义生产方式发展的必然趋势，国际直接投资是生产、资本高度社会化的具体体现，也是国际资本运动的高级形式，它使资本的国际运动由流通领域进一步扩展到生产领域，资本增殖过程延伸到国界以外。

西方国家国际直接投资是追求世界经济领导权、维护国际地位的必然要求。从地理大发现开始，西方资本主义世界经济霸权几经更迭——意大利、葡萄牙和西班牙、荷兰、英国、美国。西方资本主义的发展历史伴随着对世界市场的激烈争夺，殖民地时代的早期竞争主要围绕原料掠夺和商品倾销，随着资本主义垄断性的加强，资本输出逐渐成为国际竞争的重要方面，西方国家加紧步伐对世界其他地区进行资本输出，通过在落后国家投资设厂等方式加强其控制，以此维护其在世界市场当中的地位。第二次世界大战结束后，美、日、欧展开了争夺世界市场的战争，各国为了维护其国际地位，加快了国际直接投资的速度。当今世界国际直接投资成为经济全球化的重要推动因素，各国经济联系加强、相互依赖程度日益提高，通过跨国公司在世界各地建立生产、销售、服务网络，利用全球优质生产要素，是西方国家扩大国际市场份额、追求世界经济领导权、维护国际地位的重要途径。

2. 微观层面

利润导向型动因。追求高额利润是资本的天然属性，也是对外直接投资最根本的决定性动机。国际直接投资产生和发展的根本动力，在于资本增殖的客观要求，当国外利润高于国内时，资本必然有动力流向国外。

资源导向型动因。为了追求稳定而廉价的资源而进行对外直接投资，这类投资分为两种情况：①寻求自然资源，如矿产、燃料等；②寻求人力资源，如廉价的劳动力。

市场导向型动因。这类投资可分为四种情况：①开辟新市场；②保护和扩大原有市场；③克服贸易限制或障碍；④跟随竞争者。

成本导向型动因。企业进行对外直接投资的目的在于降低生产和运营成本，提高生产率。

技术导向型动因。企业可通过对外直接投资来获取东道国的先进技术和管理经验，这种投资动机通常集中在发达国家和地区的资本、技术密集型产业，例如20世纪90年代以来美、日、欧盟之间的对外直接投资，动机之一就是获取对方的先进技术。

风险分散型动因。企业对外直接投资面临多种风险，政治风险（如政治动荡风险、国有化风险、政策变动风险等）、经济风险（如利率风险、汇率风险、通货膨胀等）。企业为了分散风险，可以尽量避免在政治风险大的国家进行投资，可以采用多样化投资，将投资分散到不同国家、不同产业，以增强投资安全性。

（二）政治动因

在西方国家进行国际直接投资的历程中，有时政治因素也是重要的动因之一。例如，为了维护国际地位，谋求国际话语权或东道国支持而进行的直接投资，等等。

1. 制度层面

制度为国际直接投资创造了一个宏观环境，具有良好制度环境的地区其开放度通常较高。制度越健全，企业的运营成本通常越低，投资收益的稳定性就越高。因此，国际直接投资通常更偏好制度环境稳定的地区。

2. 政策层面

国际直接投资受到母国政策和东道国政策的双重约束。随着经济全球化的发展，一方面，各国通过制定政策鼓励本国企业对外投资，另一方面，也注重吸引对外直接投资的流入。政府通常采取的鼓励政策有：税收优惠、融资便利、投资风险担保、技术和物质支持等。

（三）社会动因

环境污染一直是困扰人类生存发展的世界性问题，在国际直接投资中，转移环境污染也是重要的动机之一。特别是发达国家通过制造业的对外直接投资，将高污染、高能耗的行业向国外进行转移。

从西方国家国际直接投资的历史进程来看，投资动因可以细化为以上多个方面。在当代，驱使西方国家大公司大规模开展对外直接投资的动因主要集中在三点：一是通过转移已经标准化的技术，继续获利；二是为了避税，因为出口产品有时会遭遇高税收门槛，进行直接投资可以避免税收限制；三是逃税（见表10-9）。①

表10-9　西方国家国外直接投资动因

经济动因	宏观层面	科技革命、资本和生产关系国际化
	微观层面	利润导向、资源导向、市场导向、技术导向、分散风险
政治动因	制度层面：寻求健全的制度	
	政策层面：追求优惠政策	
社会动因	环境污染转移	

第三节　国际直接投资对国内经济的影响

一、对国内经济的积极影响

（1）有利于解决剩余资本问题，获得高额利润。资本的本性是不断地增殖，

① 何自力．去工业化、去周期化与经济停滞常态化——一个认识当代资本主义的新视角［J］．华南师范大学学报（社会科学版），2015（4）：33-38，191.

追求高额利润是国际直接投资的决定性因素，跨国公司在国外从事直接投资，将其生产经营活动延伸到全世界，为母国的剩余资本找到了回报率更高的投资出路，带来了丰厚的投资利润以及专利费、技术转让费等收入，同时也扩展了母国企业的发展空间。2005～2007 年，对外直接投资的平均收益率为 9.5%，2015～2017 年的对外直接投资收益率分别为 6.1%、5.8%、6.2%，[①] 尽管收益率总体有下降趋势，但与美国 10 年期国债平均收益率 2.1% 相比，国际直接投资的回报依旧十分丰厚。[②]

（2）有利于弥补禀赋缺陷，增强企业竞争力。一些国家（例如日本等）的企业在发展过程中面临资源短缺、原料不足、国内市场狭小等限制，跨国公司可以整合全球的生产要素和经营要素，利用全球资源从事生产，利用国际市场进行销售，从而弥补自身的禀赋缺陷，因此跨国公司往往具有较低的成本和较高的利润，它们的资本积累速度也较快，更容易形成庞大的规模，积累起雄厚的实力。跨国公司一般都具有较强的经济实力和技术实力，有畅通的信息传递通道和快速转移跨国资金的优势，在国际市场上具有较强的竞争力。

（3）有利于规避贸易摩擦，促进贸易的增长。国际直接投资与国际贸易联系密切，国际直接投资既有贸易替代作用，即海外子公司的生产满足了当地需求而减少了母国相似产品的出口，也有贸易创造作用，即海外子公司的建立需要从母国引进技术、机械设备等，从而带动母国相关部门的出口。这两种效应的作用强度会因投资阶段、投资国别、投资产业差别而不同，但往往同时存在。总体来看，国际直接投资可以有效规避贸易保护主义的障碍，带动母国国际贸易的发展，这主要体现在跨国公司直接进出口的增长和跨国公司的内部贸易。目前欧洲国家进出口总额的 50% 以上是由其跨国公司直接进行的，而欧洲国家跨国公司的内部贸易（母公司与子公司之间）约占欧洲国家对外贸易总额的 30%。

（4）有利于占领国际市场，提升国际影响力。西方国家对外直接投资的重要目标之一，就是占领更为广泛的国际市场，特别是在 20 世纪后期，美国、日本、欧盟在世界经济舞台上的竞争日益激烈，各国争相通过跨国公司将大量资本投向世界各地，以求抢占更多的市场空间。随着经济全球化的发展，当今的跨国公司从全球角度进行战略布局，在世界范围内设置更为合理的生产销售网络，更有助于满足国际市场的多样化需求，抢占市场空间，提升其国际影响力。

（5）有利于促进技术进步，推动产业结构升级。首先，跨国公司参与激烈的

---

① 联合国贸易和发展组织．世界投资报告 2018 投资及新产业政策［M］．天津：南开大学出版社，2018.

② 资料来源于《2018 年世界投资报告》第 20 页，表 1.6.

国际市场竞争，这一压力对跨国公司的技术水平提出了更高的要求，这就促使跨国公司持续保持研发能力和创新能力；其次，通过海外子公司获得的大量利润回流为母国企业的技术研发活动提供了必要的资金支持；再次，研发国际化成为当前国际直接投资的重要形式之一，海外子公司可以利用东道国的高新技术和专业人才从事研究和开发活动，从而降低研发成本、提高研发效率，此外，海外子公司在东道国获取的技术还可以通过逆向的技术转移返还到母国，有助于母国创新体系的完善；最后，将低技术含量、低附加值的产业向发展中国家和落后国家转移，从而使母国的资金、技术、人才等得以集中于高技术含量、高附加值的研究领域，有利于保持乃至增强母国企业的技术领先优势，推动母国产业结构的不断升级。

二、对国内经济的消极影响

（1）削弱母国的国内投资项目和生产部门的资金供给能力，加重失业和社会两极分化。资本主义的过剩资本并非绝对意义上的真正过剩，而是具有一种相对性，并且过剩资本始终建立在资本主义社会经济不平衡发展的基础之上。[①] 国际直接投资使大量资本外流，即使留在国内的资本也有相当大的比例流入金融部门，削弱了生产部门的资金供给能力。跨国公司从一开始就是垄断集团的代表，它的快速发展加强了垄断势力对资本主义国家经济的控制，加重了社会的两极分化：一方面是资本主义国家的财富越来越集中在以跨国垄断集团的股东、经理人为代表的少数富人手中，另一方面则是占社会绝大多数人口的劳动者阶层只拥有社会财富的一小部分。此外，自从20世纪80年代以来，失业问题一直困扰着欧美主要发达国家，而跨国公司的对外直接投资加剧了国内的产业空心化现象，使失业问题雪上加霜。例如，2011～2013年，美国的失业率分别为8.9%、8.1%、7.4%，英国的失业率为7.8%、7.9%、7.7%，法国的失业率分别为9.2%、9.8%、9.9%。[②]

（2）引起产业空心化、经济衰退和社会动荡。20世纪70年代以来，西方发达资本主义国家的一些主要产业开始出现空心化现象，例如美国的制造业产值在GDP中所占比重不断下降，1970年为23.55%，1980年为20.66%，1990年为

---

① 李雪阳．对西方两类资本输出观的批判性考察——兼析列宁资本输出理论的当代适用性［J］．经济纵横，2018（4）：31－40.

② 中华人民共和国国家统计局．国际统计年鉴2017［M］．北京：中国统计出版社，2018.

17.62%，2000 年为 15.27%，到 2015 年下降到只占 11.87%。[①] 造成产业空心化的原因是多方面的，国际直接投资的扩大与增长是重要的因素之一。首先，对外直接投资使母国资本大量外流，这可能会导致对国内某些产业（特别是制造业）的投资不足，进而影响国内的扩大再生产活动。其次，通过西方国家国际直接投资的历史进程可以看出，在相当长的时期内，国际直接投资的主体部门集中在制造业，在本土保留的通常是研究与开发部门，将制造业部门转移到其他国家，降低了物质生产部门的比重，加剧了资本输出国国内物质生产与非物质生产之间的比例失衡，促进产业的空心化。最后，由于国际贸易摩擦和贸易关系的不稳定性，东道国为了保护自身利益（如增加当地就业、带动当地相关产业发展等）可能会要求提高在本国生产的"当地化率"，限制跨国公司从母国进口原料、零部件等的行为，从此削弱了通过海外生产带动资本输出国相关产业发展和产品的出口，这也对资本输出国的制造业产生了不利影响。凡此种种，都加剧了资本输出国的产业空心化现象，产业供应链无法形成，资本循环难以实现，投资无法得到回报，投资乏力必然成为常态，容易引发经济衰退和社会动荡。

（3）导致财政收入大幅度降低。西方资本主义国家加工制造业的衰退，影响了政府财政收入的经济来源。政府为了维持福利制度，向资本家征税，反而迫使资本家借对外直接投资之名，将资本和相应的收入转移到他国，以达到避税目的，这使政府税源进一步减少。为了保障政府公共开支，西方国家被迫大量举债，甚至陷入债务危机。2009 年 10 月，希腊政府宣布其 2009 年的财政赤字占国内生产总值的比例达到 12.7%，公共债务占国内生产总值的比例达到 113%，远远超过欧元区所要求的 3% 和 60% 的上限。随着希腊债务危机的发展，欧元大幅下跌，欧洲股市暴挫，主权债务危机在欧元区蔓延，西班牙、意大利、葡萄牙和爱尔兰等国也相继陷入信用危机。日本政府的债务 1981 年度超过 100 万亿日元（约合 1 万亿美元），2008 年度达 500 万亿日元（约合 5.1 万亿美元），2013 年 8 月突破 1000 万亿日元（约 10.4 万亿美元）大关，占 GDP 的 240%。自 2008 年美国爆发次贷危机以来，联邦政府一直处于举新债还旧债的状态，这种拆东墙补西墙的手段在美国政府关门事件中得到突出表现。2013 年 10 月 16 日，美国国会达成协议，结束部分政府部门长达 16 天的关门危机，协议批准联邦政府借债 3280 亿美元。在这之前规定的上限是 16.7 万亿美元，致使美国债务首次突破 17 万亿美元，达到 17.075 万亿美元。[②] 巨额债务的累积，使债务危机随时可能爆发

① 资料来源于 UNCTAD 数据库。

② 何自力．去工业化、去周期化与经济停滞常态化——一个认识当代资本主义的新视角［J］．华南师范大学学报（社会科学版），2015（4）：33－38，191.

并压垮资本主义经济。

（4）培植竞争对手，甚至挤占母国产品的市场。如果母公司与海外子公司生产经营的是同类产品，那么就培植了自身的竞争对手，伴随着海外子公司生产规模的扩大，国际市场对母公司同类商品需求量可能会有所减少。以日本为例，1976 年日本向美国出口的彩色电视机达到 296 万台，占当年美国国内彩色电视机需求的 1/3 以上，但是到 1980 年，由于日本建立的电子工业跨国公司在美国生产的彩色电视机达到 360 万台，致使日本对美国出口的彩色电视机锐减至 57 万台，不足当年美国进口限额的 1/3。① 随着国际分工的深化，跨国公司经营战略向地区化、全球化发展，尽管跨国公司具有严密的组织性，但是当跨国公司的规模和范围在不断扩大时，可能会造成跨国公司内部的经营管理问题，客观上增加了海外子公司与母国企业发生矛盾和冲突的概率，这种矛盾甚至会影响母国企业的生产和发展。

（5）研发环节转移到国外，导致母国创新体系的优势弱化以及技术流失。随着跨国公司全球化经营战略的深入，继营销全球化和生产全球化之后，跨国公司研发全球化进一步发展。"这种新的全球化经营策略使其更倾向于从全球角度出发统一组织国内外研发活动，并将研发投资与公司的其他经营活动结合起来置于公司的全球化总体发展战略中。"② 越来越多的跨国企业将研发环节转移到国外，在东道国形成研发与产销结合的有机整体。尽管研发全球化，有利于利用各国研发资源，调整产品、工艺和原材料以适应国外市场，但却弱化了母国的创新体系优势，导致技术流失。

这一系列后果的影响是深远的，当今西方国家经济陷入停滞常态与其有直接关系。③ 针对国际直接投资对国内经济的消极影响，西方国家也采取了一些政策措施予以调节。美国特朗普政府上台后进行税制改革，希望此举能将美国跨国企业在海外的高利润产业吸引回美国，并以此支持美国本土的投资，将制造业重新带回美国。税制改革使美国的对外直接投资遭受紧缩。2018 年上半年，美国的对外直接投资净值为 -2476 亿美元，而 2017 年同期投资净值则为 147 亿美元。然而，虽然的确有大量的国外利润回流至美国，但它们并没有流入实业，而是转而流入了股市，反而引起了股市的涨跌波动。

---

① 赵春明．跨国公司与国际直接投资［M］．北京：机械工业出版社，2007.

② 陈健，徐康宁．跨国公司研发全球化：动因、地域分布及其影响因素分析［J］．经济学（季刊），2009，8（3）：871-890.

③ 何自力．去工业化、去周期化与经济停滞常态化——一个认识当代资本主义的新视角［J］．华南师范大学学报（社会科学版），2015（4）：33-38，191.

第四节　国际直接投资对经济全球化进程的影响

经济全球化实际上是在生产高度社会化基础上各国经济一体化的过程，具体表现为生产全球化、贸易全球化、金融全球化、企业经营全球化，经济全球化的四个方面都与跨国公司密切相关。

一、国际直接投资对世界经济的正面影响

跨国公司自 19 世纪末 20 世纪初出现以来，对世界经济产生了深远的影响，这主要表现在跨国公司是一种综合了资本、技术、管理、人才等众多要素的、整个生产行业的跨国转移。20 世纪 90 年代中期以来，随着跨国公司投资的增长、规模的扩大，它们在全球经济活动中所占的地位、所发挥的作用也日益明显。正是跨国公司在全球范围开展的生产和经营活动，相应地带动了资本、技术、商品、人力、服务等在全球范围的流动，极大地推动了经济全球化进程，可以说，“跨国公司是全球化的引擎”。

（1）有利于增加社会投资资本，加快国际资本流动。资本短缺会对世界经济的发展造成严重的障碍，特别是对一些发展中国家来说，它们在经济起步之初，为实现工业化需要投入巨额资本和先进的工业技术，但它们却缺少资金和技术，这种资源供给结构无法满足工业化需要，使它们的经济建设严重受阻，甚至导致与发达国家的差距不断扩大。即使在发达国家，也可能面临资金不足的问题。国际直接投资向世界各国输出资本，促进了国际资本在世界范围内的流动，直接地缓解了部分国家和地区的资金短缺问题，而且跨国公司向东道国缴纳的税款，也为东道国创造了大量的财富，使东道国获得经济建设的必要资金支持。根据联合国贸发会议数据库（UNCTAD）资料显示，2000 年至今，世界平均的对外直接投资流入占固定资本形成的比重保持在 6% 以上的较高数值，甚至一度突破 10%。国际直接投资促进了社会投资资本的形成和流动，有力地推动了世界经济的发展（见表 10－10）。

表 10－10　　世界内向对外直接投资占固定资本形成总额的百分比

年份	比重（%）	年份	比重（%）	年份	比重（%）	年份	比重（%）
1980	1.93	1990	3.64	2000	17.34	2010	8.88
1981	2.44	1991	2.69	2001	10.11	2011	8.90
1982	2.15	1992	2.70	2002	7.62	2012	8.63
1983	1.84	1993	3.60	2003	6.30	2013	7.57
1984	1.98	1994	3.91	2004	6.92	2014	6.88
1985	1.92	1995	4.71	2005	8.54	2015	10.32
1986	2.51	1996	5.23	2006	11.46	2016	10.09
1987	3.44	1997	6.57	2007	13.54		
1988	3.58	1998	9.55	2008	9.62		
1989	3.93	1999	14.26	2009	8.31		

资料来源：UNCATA。

（2）有利于充分利用各国要素，深化国际分工，促进国际贸易发展。国际直接投资是生产社会化和国际分工的结果，生产社会化和国际化要求突破国界限制，在全世界范围内有效地配置资源，增强世界各地区经济的互补性，充分利用各国的生产要素和经营要素，提高各种要素的使用效率，促进世界经济的快速发展。跨国公司在全球范围内利用各地的优势组织生产，大大地促进了各种生产要素，特别是商品和资本在全球的流通，这反过来又进一步促进了生产的全球化以及生产在国际间的垂直分工和水平分工。原来的以国家为主体、以产品为纽带、以产业为界限的产品分工形式逐渐被一种新的分工形式所取代，即以跨国公司为主体、以对外直接投资为纽带、以价值链上劳动、资本和技术等特定要素为界限的价值链分工。① 国际直接投资还促进了国际商品贸易和服务贸易的发展，目前世界对外贸易总量的近 80% 是跨国公司内部贸易。②

（3）有利于提高科学技术水平，推动生产力发展。在全球化背景下，各国公司都面临着激烈的国际竞争，一个企业只有掌握该行业的关键技术，才能在竞争中立于不败之地，跨国公司是先进生产力的杰出代表，通常它们在科学研发、技术改进方面保持着较高的水平，对推动世界的科技水平和生产力水平不断提高具有重要作用。首先，为了保证其在世界市场范围内的竞争力和高额利润率，跨国公司拥有不断加强科研与开发活动的动力，这种研发活动有效地提高了跨国公司

① 关雪凌，张猛．发达国家跨国公司是如何为国家利益服务的——跨国公司的政治经济学分析［J］．政治经济学评论，2014，5（3）：37－56.

② 王笔敏．跨国公司对外直接投资对推进经济全球化的影响［J］．现代交际，2018（16）：206－208.

自身的劳动生产率，提升了其产品的技术含量。其次，跨国公司的科研活动对世界其他国家的公司构成了压力，促使它们不断进行新的研发以应对来自高技术跨国公司的挑战。最后，跨国公司通过在世界范围内投资设厂，将其拥有的新技术带到海外子公司，客观上增强了技术的扩散性。

（4）跨国公司创新了企业组织形式。人类任何经济活动都是与特定的经济组织形式相联系的，经济组织形式的变迁与生产力发展水平密切相关，跨国公司是生产国际化发展的产物，作为非国家行为主体，跨国公司为经济全球化提供最为适宜的经济组织形式。跨国公司是现代企业全新的生产组织形式，它以本国为基地，通过对外直接投资在世界各地设立分支机构或子公司，从事国际化的生产活动和经营活动。在财产构成方面，跨国公司的财产来源超越了单个国家的界线，它依靠来自世界各地的直接投资建立起雄厚的资本基础，而跨国公司的利润回流又再次推动了资本的国际流动；跨国公司内部的分工协作带动了资本、技术、商品、人力、服务在各个分支机构或子公司之间的流动，不仅有利于降低交易成本、提高交易效率，也加强了世界各地区的交流；跨国公司是国际贸易中最为活跃的力量，除内部贸易外，跨国公司还极大地推动了贸易全球化的发展。

（5）有利于稳定世界政治经济格局，促进国际合作。和平与发展是当今世界的两大主题，跨国公司的全球经营战略加强了世界各个国家、各个地区之间的经济联系，促使不同意识形态、不同政治制度的国家因为经济利益而建立起广泛密切的联系，促使它们努力避免冲突和矛盾、共同致力于经济的合作与共赢。跨国公司的对外直接投资是国际政治活动的润滑剂，跨国公司在不同国家之间相互渗透，使各国经济相互依存、更加一体化，推动国际合作的广泛开展和世界市场的深入发展，在一定程度上有利于维护世界政治经济格局的稳定，推动世界的和平与发展。

二、国际直接投资对世界经济的消极影响

国际直接投资对世界经济的影响是两面性的，一方面它推动了世界经济全球化的发展，为世界经济带来了积极影响；另一方面它又给世界经济的发展带来了许多问题，不能忽视国际直接投资对世界经济的消极影响。

（1）带来巨额投机资金，增加金融风险。跨国公司实力雄厚，可以调动和转移大量资金，同时跨国公司又以利润最大化为经营目标，因此它们调动大量资金用于在国际金融市场上进行投机活动，以牟取暴利，这种投机性质的资金转移使20世纪70年代末已经处于混乱状态的国际金融市场更加不稳定。跨国公司是非

国家经济主体，它的生产经营活动超越了国家的界线，可能会趁机摆脱法律法规的约束，使金融风险大大增加。此外，跨国公司的利润转移，可能会使国际收支平衡失调，从而引发金融危机。

（2）加剧南北不平衡。首先，外国直接投资一直是发展中经济体最主要的外部资金来源，它占发展中经济体整体流入资金总额的39%，[①] 跨国公司的投资一般会流向存在优惠政策或成本较低的国家，因此发展中国家为了获得外国直接投资，往往要付出一定的代价，这使发展中国家处于不利的地位。其次，跨国公司主导了全球财富和权力的再分配，跨国公司依靠强大资本、技术和管理优势，通过对外直接投资对东道国经济进行渗透和控制，它们可以通过转移价格、避税、技术垄断、产业链封锁等复杂方式造成不利于东道国的局面，跨国公司仅需支付要素价格（如劳动力成本），即可拿走东道国具有比较优势产业的超额利润，使东道国无法获得应有的利润，[②] 从而为母国谋求大量利益。最后，发达国家始终是对外直接投资的主体，2017 年发达经济体在全球对外直接投资中所占份额为 70.6%，发达国家之间利用国际直接投资使经济的相互渗透程度日益加深，使广大发展中国家特别是最不发达的国家成为被遗忘的角落，拉大了南北经济差距。据世界银行统计，2016 年高收入国家的人均国内生产总值为 40678 美元，中等收入国家和中低收入国家的人均国内生产总值分别为 4798 美元、4352 美元，而低收入国家的人均国内生产总值仅有 615 美元。

（3）威胁国家经济主权。跨国公司是追求利润最大化的全球性企业，它促进了各国经济的一体化，使经济活动冲破了单一国家的界线，原来为一国所控制的权利日益成为国际社会共同拥有的权利，使国家主权，特别是经济主权受到了一定程度的威胁。首先，外来资本和跨国公司投资增加，冲击了东道国的民族工业，跨国公司从东道国获得对各项资源的运用和控制，影响了东道国对国民经济的控制权；其次，跨国公司游说东道国政府建立宽松的市场环境和投资环境，可能迫使东道国政府制定对外国资本的优惠政策，比如减免税收等，当跨国公司不能达到目的时，它可能会对东道国做出将直接投资转向别国的威胁，甚至会通过母国政府干预东道国政府的经济决策和运行，西方发达国家为了支持本国跨国公司的发展，曾频频动用政府的力量干涉他国；最后，跨国公司是垄断资本主义扩张的重要载体，由于跨国公司具有雄厚的实力，其投资可能形成对某一商品市场的垄断，从而对东道国带来很大的不利影响，严重扰乱了东道国的经济秩序，影

---

① 联合国贸易和发展组织．世界投资报告 2018 投资及新产业政策［M］．天津：南开大学出版社，2018.

② 关雪凌，张猛．发达国家跨国公司是如何为国家利益服务的——跨国公司的政治经济学分析［J］．政治经济学评论，2014，5（3）：37－56.

响东道国经济政策目标的实现。

（4）全球性经济危机增强。跨国公司通常是国际先进生产力的代表，但是跨国公司的组织严密性及科学管理，与世界市场的盲目扩张和无序运行之间的矛盾是资本主义基本矛盾在当代资本主义经济运行中的具体体现之一。各国经济的可调节性与全球经济的无计划性之间的矛盾、跨国公司的严密组织和科学管理与世界市场的盲目扩张和无序运行之间的矛盾、全球生产能力的无限扩大趋势与世界市场容量有限之间的矛盾等，这些矛盾的尖锐化，导致全球经济总量和结构以及世界经济各部门、各领域之间的失调，在缺乏有效的全球协调体系的情况下，导致全球经济的起伏不定、动荡和危机。①

（5）国际信任度降低，反全球化运动、逆全球化现象的出现。反全球化运动以 1999 年世贸组织部长会议召开期间，5 万多名抗议者举行游行活动为开始标志，其实质是反对资本主义的全球化，从反全球化运动提出的口号来看，他们最直接的反对目标有三类：一是全球著名的跨国公司；二是大型国际组织；三是多边贸易协议。反全球化者为公司全球化开列的罪名主要有：违反民主原则、破坏生态环境、践踏人权、弱肉强食、唯利是图、剥削劳工、破坏文化的多样性。② 2008 年国际金融危机过后，资本主义国家经济复苏乏力，在西方国家陷入经济停滞常态化的背景下，当前资本主义大国也出现了反全球化和逆全球化潮流。根据联合国《世界投资报告》显示，2017 年国内生产总值和贸易在 2017 年均出现实质性改善，但全球外国直接投资流量却减少了 23%，发达经济体和转型期经济体的外国直接投资流量下降，流入发达经济体的外国直接投资减少了 1/3 以上，尽管 2017 年出台的各项投资政策总体趋向于自由化或促进措施，但 2017 年末以来限制或监管性投资政策措施所占比例大幅增加，贸易保护主义和投资保护主义加重。反全球化和逆全球化是资本主义经济矛盾、社会矛盾、阶级矛盾激化的产物，也是当前资本主义大国推行保护主义、转移政府矛盾的手段。反全球化和逆全球化的出现，暴露了资本主义国家治理的危机，以及国际金融垄断资本所主导的金融化发展模式的危机，显示了资本主义道路衰败的趋势，反全球化和逆全球化阻挡不了经济全球化的进程，却必然使西方大国的发展迟滞，逐步失去经济全球化中的主导地位。③

① 何自力．去工业化、去周期化与经济停滞常态化——一个认识当代资本主义的新视角［J］．华南师范大学学报，2015（4）．

② 何自力．经济全球化的后果和反全球化运动［J］．政治经济学评论，2004（3）．

③ 栾文莲．对当前西方国家反全球化与逆全球化的分析评判［J］．马克思主义研究，2018（4）：89－97．

第十一章

去工业化与逆全球化

2008 年金融危机之后，发达资本主义国家内部经济问题持续恶化，最终陷入了经济停滞常态化，致使主导经济全球化的发达资本主义国家强化保护主义和单边主义，使经济全球化进程出现了逆转，即逆全球化，逆全球化意味着资本主义生产方式已经失去继续主导经济全球化的能力了，继续推动经济全球化的发展需要从根本上转变经济全球化的发展动力。

第一节　经济全球化及其影响

20 世纪 80 年代以来的经济全球化阶段，世界经济呈现生产全球化、贸易全球化、金融全球化和生产组织全球化趋势。世界经济一体化后，价值经由世界各国的劳动者的共同合作生产出来，经由商品贸易、金融市场交易和跨国公司内部的协调，在世界范围内流动，形成价值分配的新格局。由资本主义主导的这一经济全球化过程会对不同的经济主体产生不同的后果，包括积极效应和消极效应。

一、经济全球化的积极效应

生产力的发展是人类社会发展的一般基础，从经济全球化所具有的物质属性来看，经济全球化符合生产力的发展要求，有助于各国的经济增长与发展和人均收入水平的提高。经济全球化包括生产、贸易、金融和生产组织的一体化趋势，这几个侧面的一体化趋势相互促进、相互依赖。经济全球化的这几个侧面在一定限度之内都符合生产力的发展要求，具有一定的积极意义。

（一）影响机制

从生产一体化来看，经济全球化促进了工业化发展。物质生产活动是人类一切社会活动的基础，因此，生产全球化过程是贸易、金融和生产组织的全球化的基础。随着生产全球化的程度变化，贸易、金融和生产组织呈现不同的特征。从机器大工业的建立开始，随着生产社会化、分工专业化的发展，可用于贸易的商品数量逐渐增长；贸易规模的扩大相应产生了国际资本融通的需要；生产、贸易、资金流动规模的扩大产生了组织扩大化的需要；贸易、金融规模扩大和生产组织的完善反过来又会促进生产社会化的发展。通过这一螺旋式的循环过程，西方发达资本主义国家实现了工业化和现代化。当西方发达资本主义国家的增长潜力在“黄金年代”结尾时达到极限之后，通过20世纪80年代以来的经济全球化又进一步将上述生产、贸易、金融和生产组织的螺旋增长过程扩散到其他发展中国家。在20世纪80年代以来的生产全球化的过程中，发展中国家承接了发达国家的产业转移，尤其是劳动密集型行业的产业转移，借此发展中国家实现了经济增长与工业化，制造业就业岗位不断增加。赤松要在1935年提出的雁形理论（Wild – Geese – Flying Pattern）可以从一个侧面解释经济全球化过程中的产业转移为何会产生促进落后国家增长的效应。[①] 产业转移过程中伴随不同国家的兴盛和衰退。随着技术成熟和生产要素成本变化，首先发展某一产业的领头国家在该产业的竞争力削弱；随着领头国家的产业升级，旧产业会转移至第二梯度国家；当产业在第二梯度国家成熟之后，旧产业又会相应转移到相对更落后的国家。发展经济学认为，第二次世界大战结束后经历经济持续高速增长的东亚国家或地区间是典型的“雁形”经济发展模式。其中日本为“雁头”，紧随其后的是韩国，中国台湾、中国香港，以及新加坡，最后是中国与包含印度尼西亚、马来西亚、菲律宾、泰国在内的东南亚国家和地区。

从贸易一体化来看，贸易开放度上升和实际贸易流动都会对增长有促进作用。[②③④] 约翰·穆勒在《政治经济学原理》一书中指出，国际贸易对一国经济具

① 日本经济学家小岛清认为雁形理论是赤松要在1935年他的论文《我国羊毛工业品的贸易趋势》中提出的。（参见，［日］小岛清．雁行型经济发展论——赤松原型［J］．世界经济评论，2000（3）．转引自，车维汉．“雁行形态”理论及实证研究综述［J］．经济学动态，2004（11）：102 – 106．）

② Dollar, David. “Outward – oriented developing economies really do grow more rapidly: evidence from 95 LDCs, 1976—1985.” *Economic development and cultural change* 40 (3), 1992: 523 – 544.

③ Frankel, Jeffrey A., and David Romer. Trade and growth: An empirical investigation. No. w5476. National Bureau of Economic Research, 1996.

④ Greenaway, David, Wyn Morgan, and Peter Wright. “Exports, export composition and growth.” Journal of International Trade & Economic Development 8 (1), 1999: 41 – 51.

有两种有益影响，包括直接影响和间接影响。国际贸易所产生的直接影响包括两个方面，一方面通过国际分工可以实现资源的优化配置，另一方面贸易可为一国提供本国所稀缺的原材料和机器设备等。国际贸易所产生的间接影响是指市场扩张能够促进分工发展，进而提高劳动生产率。亚当·斯密在《国富论》中也指出，劳动分工是劳动生产力提高的最主要原因，而劳动分工本身会受市场范围的限制。因此，世界市场的扩张有助于分工的发展，进而有助于劳动生产力的发展，对一国的财富有增进作用。大卫·李嘉图从比较成本的视角分析了国际贸易对参与贸易的双方所带来的经济利益。马克思和恩格斯认为贸易所带来的交往的扩大与分工相互促进，使生产社会化的规模和范围不断扩大，可以推动生产力的发展。20 世纪 80 年代以来，全球化价值链得以形成，增加了通过贸易获得生产所必需的中间品的重要性，使贸易一体化成为生产一体化的必要补充。

从金融一体化来看，马克思在《资本论》中曾讨论过信用的发展对资本主义生产的必要性，尤其是在生产社会化程度越来越高，生产所需要的资本规模越来越大的情况下，资本主义信用的发展为产业资本提供了所必需的货币资金。在经济全球化中商品贸易和全球分工协作的规模扩大，必然涉及资本的全球流动，需要相关金融服务活动的扩张作为支持。因此，金融全球化过程为世界各国提供了交易中介，便利了投资和融资活动，使一些缺乏资本的发展中国家可以获得国际资本投资的补充。有实证研究表明，国际资本自由流动可以使资源得到更有效的配置、使风险得以分散，促进金融发展；资本账户自由化和股票市场的自由化有助于经济增长，尤其是对发展中国家的经济增长有促进作用。① 还有一系列学者的实证研究也证实了资本账户自由化改革对经济增长的积极效应。②③④⑤

从生产组织一体化来看，跨国公司的对外直接投资对发达资本主义国家的经

---

① Edison, Hali J., et al. "Capital account liberalization and economic performance: survey and synthesis." IMF Staff Papers, 51 (2), 2004: 220-256.

② Quinn, Dennis. "The correlates of change in international financial regulation." *American Political Science Review*, 91 (3), 1997: 531-551.

③ Klein, Michael W., and Giovanni P. Olivei. "Capital account liberalization, financial depth, and economic growth." *Journal of International Money and Finance*, 27 (6), 2008: 861-875.

④ Bailliu, Jeannine N. *Private capital flows, financial development, and economic growth in developing countries.* Ottawa: Bank of Canada, 2000.

⑤ Bekaert, Geert, Campbell R. Harvey, and Christian Lundblad. "Does financial liberalization spur growth?." *Journal of Financial Economics*, 77 (1), 2005: 3-55.

济增长有积极的促进作用。[①] 从整体来看，分工细化和专业化有助于生产力的发展，而碎片化的国际分工活动的再组合主要是依赖跨国公司对全球资源的整合，从研发设计、生产、营销、物流、人员配置到售后的各个环节的设计和布局都由跨国公司这一总指挥者来实现。有组织的企业内部生产在全球化过程中规模不断扩大，这是个别生产的有组织性和社会生产的无组织性之间的矛盾通过生产组织一体化过程不断缓和的过程。从发达资本主义国家的角度而言，与跨国公司不断扩大的规模相应的垄断力量的增强，提升了资本获得垄断利润的能力；跨国公司通过对研发和设计等关键环节的控制，使由技术创新带来的超额利润可以在本国利润率下降的情况下在全球范围内得以延续，从而保持较高的利润率。从发展中国家的角度而言，跨国公司的投资活动为发展中国家带来了先进的技术、管理经验等；跨国公司的本土化为本国带来了就业，推动了工资上涨，从增加投资、扩大需求两个方面增加了发展中国家的总需求。最后，从发达资本主义国家和发展中国家的经济关系来看，由跨国公司来布局全球价值链和生产链，保证了位于不同环节的国家直接的协调性，减少了国际层面的交易由于汇率波动、贸易政策的变动而出现的不稳定性。

（二）经验事实

首先，从总体上，经济全球化对经济增长有促进作用。从生产社会化和分工专业化的视角而言，生产、贸易、金融和生产组织的一体化过程有助于生产力的发展，以此促进世界各国的经济增长与发展。经验证据表明，在 20 世纪 80 年代以来的经济全球化中，各个国家的经济表现较以前各个时期都有很大改善，包括世界各国的经济增长加速、发达资本主义国家的利润率恢复、发展中国家的工业化和现代化加速、世界贫困人口绝对数量和相对数量的下降等。已有的经验研究分别从经济全球化的不同侧面来分析经济全球化的积极效应。德雷赫（2006）构建了包含经济一体化、社会一体化和政治一体化三个维度的度量全球化的指数，并使用 1970 ~ 2000 年 123 个国家和地区的面板数据证实全球化会促进增长，在三个维度中，经济一体化对经济增长的促进作用最为显著。如表 11 - 1 所示，全球化程度较高的国家相比于全球化程度较低的国家，人均国内生产总值的增长率较高。

---

① Blomstrom, Magnus, Robert E. Lipsey, and Mario Zejan. *What explains developing country growth*? No. w4132. National Bureau of Economic Research, 1992.

表 11－1　人均 GDP 增长与全球化（1970～2000 年，123 个国家）

年份	1970～1975	1976～1980	1981～1985	1986～1990	1991～1995	1996～2000
全球化程度较低的国家（地区）	2.62	2.08	0.35	0.68	0.14	1.16
国家（地区）数量	68	71	80	83	64	40
全球化程度较高的国家（地区）	2.99	3.02	0.79	2.64	1.24	2.04
国家（地区）数量	38	38	36	36	59	82

注：全球化程度较高的国家（地区）为 Dreher（2006）构建的全球化指数大于 2.45 的国家（地区），全球化程度较低的国家（地区）为全球化指数小于 2.45 的国家（地区）。

资料来源：Dreher，Axel. Does globalization affect growth? Evidence from a new index of globalization [J]. Applied Economics. 2006，38（10）：1091－1110，Table 3.

其次，经济全球化对发达资本主义国家的私人资本增殖有积极作用。在 20 世纪 70 年代中陷入“滞胀”困境的发达资本主义国家的资本通过 80 年代的经济全球化暂时缓解了资本增殖危机。针对 20 世纪 70 年代经济不稳定、通货膨胀、低利润率和金融资产价格下降，发达资本主义国家推动经济和政治系统向对资本更友好的方向转变，经济全球化是这种转向的最终结果。如图 11－1 所示为根据美国经济分析局公布的数据整理计算的美国 1950～2017 年制造业部门的利润率。20 世纪 80 年代以来的经济全球化阶段开启之后，在 80 年代中后期至 90 年代，制造业利润率经历了一个小幅度的回升。表 11－2 中显示在 1982～1990 年实际 GDP 增长率为 4.0%，高于 80 年代的初期两年的增长率，劳动生产率的增长率为 1.8%，也高于上一个时期，失业率（5.3%）和通货膨胀率（5.4%）也处在一个相对较低的水平。在 90 年代，实际 GDP 的增长率保持在 3.7%，劳动生产率增长率进一步上升为 2.1%，失业率和通货膨胀率进一步降低，分别为 4.0% 和 3.5%。20 世纪 80 年代以来，美国非金融部门的利润率逐渐回升，美国经济逐渐从“滞胀”危机中走出，在 90 年代形成了“高增长、低通胀、低失业”的新经济时代。① 如图 11－2 所示，90 年代实体部门的利润率经历了一个明显的上升期。图 11－3 为杜梅尼尔和列维（2011）计算的五种利润率，第一种为马克思意义上的利润率，是企业总收入与工资收入的差额与固定资本存量之比；第二种为上述利润扣除企业生产税的剩余；第三种利润率计算进一步扣除企业的直接税；第四种在利润中进一步扣除的利息支付，并在分母中用企业的净资产代替固

① 鲁保林．利润挤压和利润非挤压：理论与实证 [J]．教学与研究，2013（9）：47－54.

定资本存量；第五种从利润中扣除了派发的红利。从这五种利润率的趋势来看，80年代以来的经济全球化时期利润率得到了一定程度的恢复。

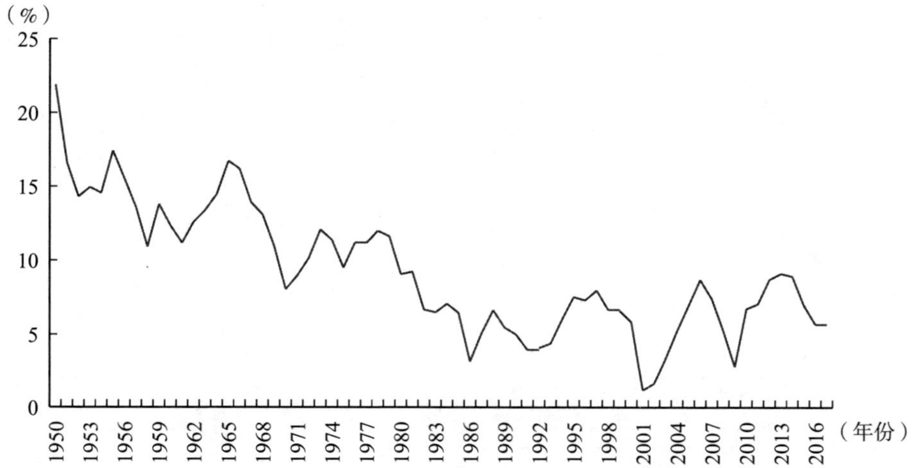

图11－1 1950～2017年美国制造业部门利润率

注：利润率＝税后利润/当前价格私人固定资本存量。

资料来源：美国经济分析局（BEA）。

表11－2 美国经济周期性的扩张

经济周期性扩张年份	实际GDP年增长率(1)（%）	每小时产出的增长率(2)（%）	上年的失业率(3)（%）	上年的通胀率(4)（%）
1961～1969	4.9	3.0	3.5	5.5
1970～1973	4.8	3.6	4.9	6.2
1975～1979	4.7	1.5	5.8	11.3
1980～1981	2.5	1.3	7.1	10.3
1982～1990	4.0	1.8	5.3	5.4
1991～2000	3.7	2.1	4.0	3.5

注：（1）以1990年美元计价的GDP的平均年增长率；（2）非农部门每小时产出的平均年增长率；（3）扩张期的上一年公民失业率；（4）消费者价值指数在扩张期上一年的增长比率。

资料来源：Kotz，David. Neoliberalism and the US economic expansion of the'90s［J］. Monthly Review. 2003，54（11）：15－33，Table 3.

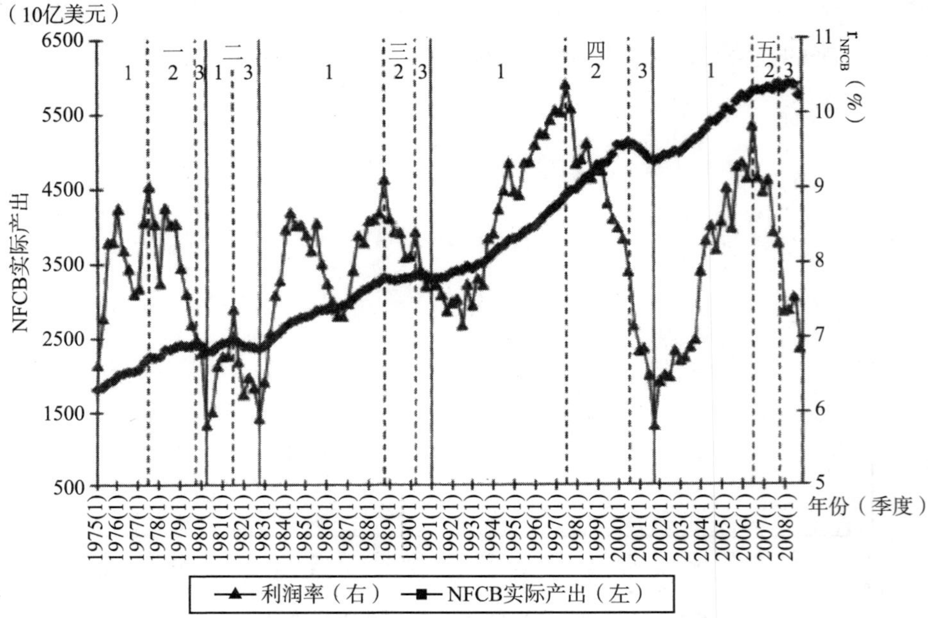

图 11-2　美国非金融公司部门实际产出和利润率：周期和阶段的划分

资料来源：谢富胜，李安，朱安东．马克思主义危机理论和 1975～2008 年美国经济的利润率［J］．中国社会科学，2010（5）：65-82，221，图 1.

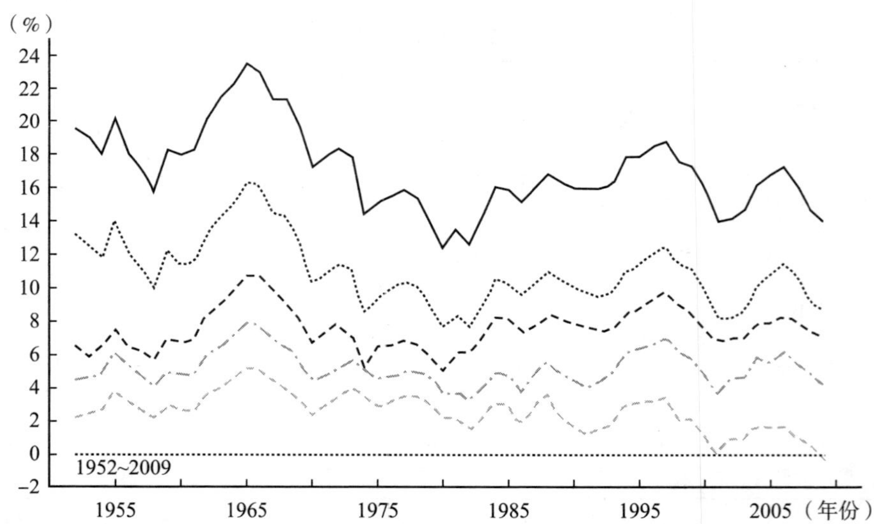

图 11-3　五种利润率：美国非金融公司部门

注：从上到下依次为马克思意义上的利润率；扣除生产税之后的利润率；扣除全部税收之后的利润率；扣除利息后，并以净资产作为分母的利润率；扣除红利之后的自留利润率。

资料来源：Duménil，Gérard，and Dominique Lévy. The crisis of the early 21st century：A critical Review of Alternative Interpretations. *Preliminary draft. En internet*：< *http*：//*jourdan. ens. fr/levy/dle*2011*e. pdf*，2011，Figure 12.

再次，经济全球化推动了发展中国家的工业化和现代化。发展中国家改善了投资环境，开始对世界开放贸易和投资，利用丰裕的廉价劳动力参与到国际分工中，通过参与到20世纪80年代以来的经济全球化中，实现了国家的工业化。Dollar和Kraay（2004）① 研究发现，在全球化程度较高的发展中国家（包括阿根廷、中国、匈牙利、印度、马来西亚、墨西哥、菲律宾和泰国等）的平均经济增长率在80年代之后持续上升，超过了发达资本主义国家的经济增长率。如图11－4所示，全球化程度较高的国家的人均实际GDP增长率从70年代的2.9%上升为80年代的3.5%，在90年代进一步上升为5.0%。同一时期，富有国家（地区）的人均实际GDP增长率则在下降，全球化程度较低的国家也经历了增长率下滑的过程，从70年代的3.3%下降至80年代的0.8%，在90年代仅仅恢复至1.4%。新兴市场国家（地区）和其他发展中国家在20世纪80年代加入经济全

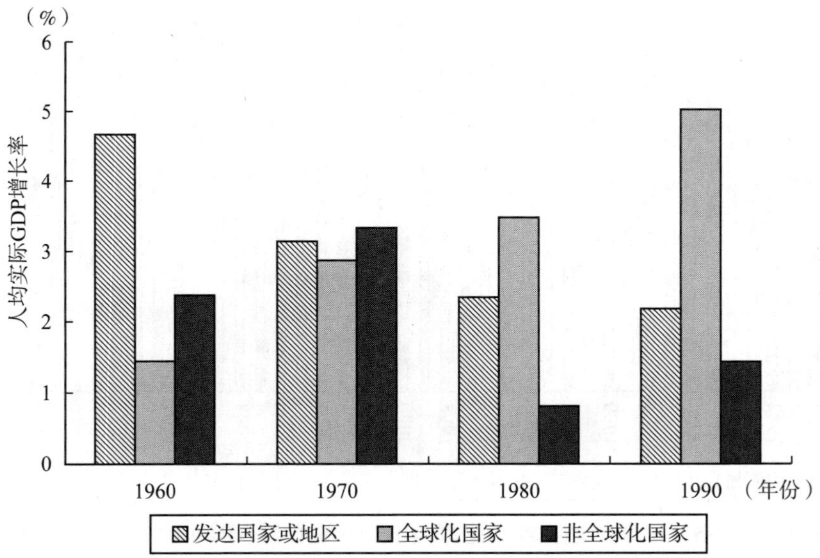

图11－4　人均实际GDP增长率

注：富有国家或地区是指24个OECD国家与智利、韩国、新加坡及中国台湾和中国香港。全球化国家（Globalisers）为在72个发展中国家中1975～1979年和1995～1997年期间贸易占GDP比重的增长率位于前1/3的国家，其他国家为非全球化的国家（Non－Globalisers）。

资料来源：Dollar，David，and Aart Kraay. Trade，growth，and poverty［J］. The Economic Journal，2004，114（493）：22－49，Figure 3.

① Dollar，David，and Aart Kraay. "Trade，growth，and poverty." *The Economic Journal* 114（493），2004：22－49.

球化之后的工业化与经济增长造成了国家间经济实力对比的变化。如图 11 –5 所示，为美国、日本、中国和印度等国家的产值在世界 GDP 中所占的份额。80 年代之后中国、印度以及其他新兴市场和发展中国家的产值在世界 GDP 中所占的份额持续增加，而日本、美国和其他发达国家或地区所占的份额则在下降。1980 年中国、印度及其他新兴市场和发展中国家（地区）的产值在世界 GDP 中所占的份额分别为 2.3%、2.9% 和 31.6%，到 2018 年相应占比上升为 18.7%、7.7% 和 32.8%；相反，日本、美国和其他发达国家的产值在世界 GDP 中所占的份额分别从 1980 年的 7.9%、21.6% 和 33.8% 下降为 2018 年的 4.2%、15.2% 和 21.5%。2008 年中国、印度、日本、美国、其他新兴市场和发展中国家、其他发达国家或地区的产值占世界 GDP 的比重分别为 12.0%、5.2%、5.3%、17.6%、34.0% 和 25.8%。

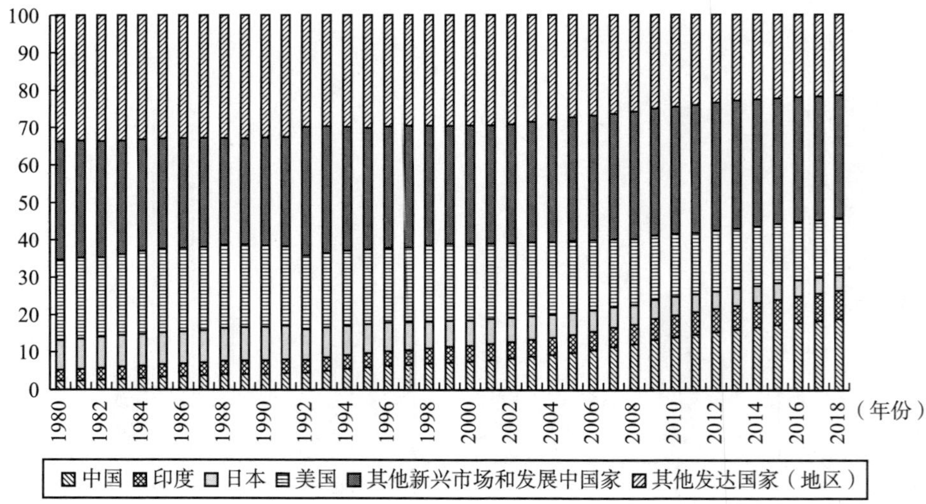

图 11 –5　各个国家和地区 20 世纪 80 年代以来在世界 GDP 中所占的份额（%）

注：这里的国内生产总值以购买力平价（Purchasing Power Parity，PPP）计价。

资料来源：IMF，World Economic Outlook，2018 年 10 月。

从 20 世纪 80 年代以来发展中国家的人均 GDP 相对于美国人均 GDP 的比重有所上升。如图 11 –6 所示，为几个较大的新兴市场国家与新兴市场和发展中国家整体的人均 GDP 与美国人均 GDP 的比值。从 80 年代至今，与美国相比，发展中国家的人均 GDP 还很低。但是在参与到经济全球化中之后，发展中国家的人均 GDP 处于持续上升状态，与美国的差距在持续缩小。与人均国内生产总值的提高相对应，发展中国家的贫困水平在 80 年代之后逐渐下降。

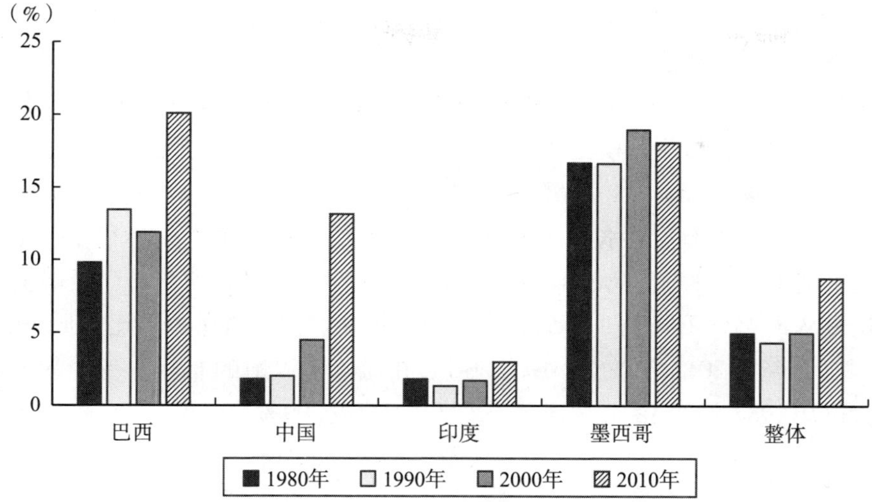

图 11 -6　新兴市场的几个大国与发展中国家整体人均 GDP 与美国人均 GDP 的比值

资料来源：IMF，World Economic Outlook database，2018 年 10 月。

如图 11 -7 显示，处于极端贫困中的世界人口总数在 20 世纪 80 年代以来开始逐渐下降，2015 年每日收入或消费小于 1.9 国际元的人口数相比于 1970 年减

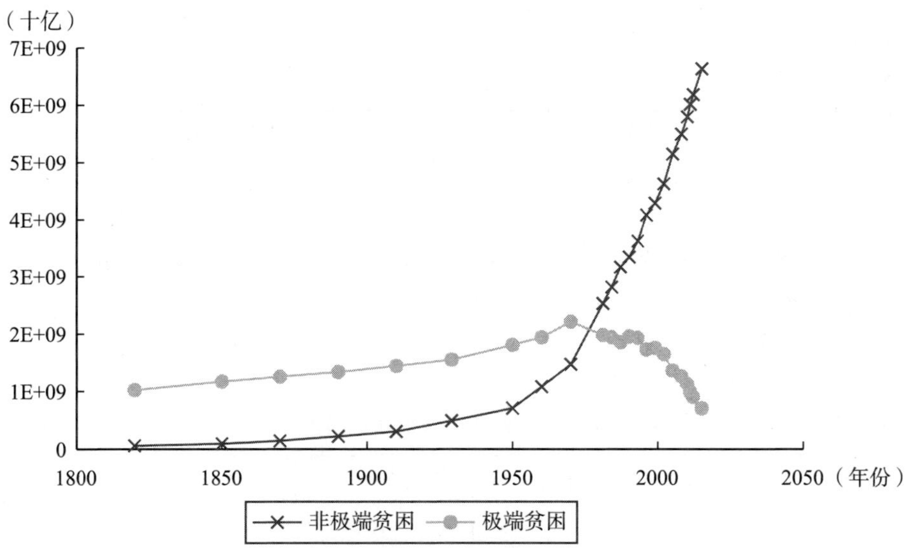

图 11 -7　处于极端贫困中的世界人口绝对数，1800 ~2050 年

注：极端贫困是指每日消费水平或收入水平低于 1.9 国际元（国际元是将多边购买力平价比较中将不同国家、不同时期的货币转换为统一货币的方法）。

资料来源：Roser，Max，and Esteban Ortiz - Ospina. Global extreme poverty. *Our world in data*，2017，https：//ourworldindata. org/extreme-poverty.

少了约68%。不仅贫困人口的绝对数目减少了，处于贫困和极端贫困的人口在总人口中所占的份额也明显下降，如图11－8所示。不同地区的贫穷状况的改善程度不同，如表11－3所示，世界总贫困人口所占的比重从34.65%下降至10.67%；在东亚和太平洋地区每天生活少于1.9美元（国际元）的人口有明显下降，从1987年的58.31%下降至2013年的3.54%；在欧洲和中亚，极端贫困的人口比重始终处于较低水平，2013年仅为2.15%；在拉丁美洲和加勒比海地区，极端贫困人口的比重从14.73%下降至5.4%；在中东和北非，极端贫困人口的比重从8.45%下降至1.75%；在南亚，极端贫困人口所占的比重从1987年的48.2%下降至2013年的15.09%；但是在撒哈拉以南的非洲，极端贫困人口数量仅仅从1987年的54.12%下降至2013年的40.99%。

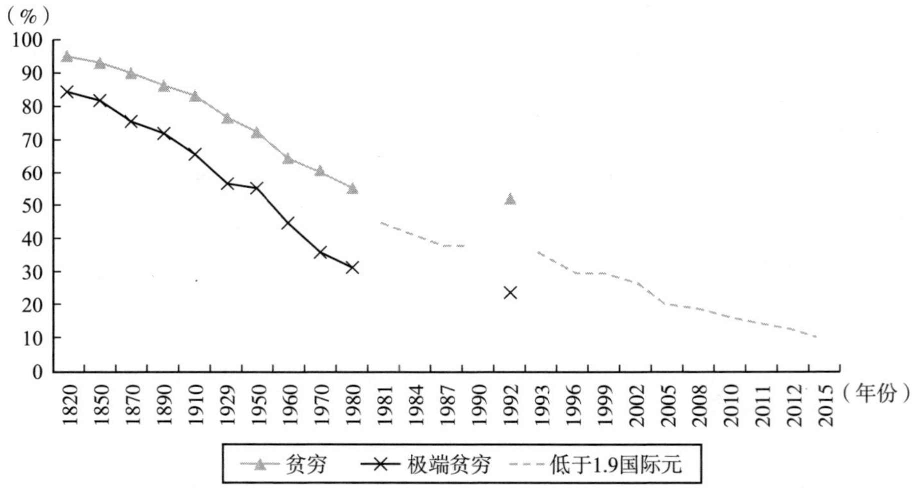

图11－8 全球贫困程度下降：生活在极端贫困的人口的比重，1820～2015年

资料来源：Roser，Max，and Esteban Ortiz－Ospina. Global extreme poverty. *Our world in data*，2017，https：//ourworldindata. org/extreme-poverty.

表11－3 1987～2013年世界各地区极端贫困人口占比 单位：%

年份	东亚和太平洋	欧洲和中亚	拉丁美洲和加勒比	中东和北非	南亚	撒哈拉以南非洲	世界
1987	58.31	1.16	14.73	8.45	48.2	54.12	34.65
1990	60.23	1.93	15.84	6.03	44.58	54.28	34.82
1993	52.43	5.46	14.42	5.6	44.82	58.44	33.37
1996	39.38	7.3	14.23	4.82	40.25	57.69	28.73

续表

年份	东亚和太平洋	欧洲和中亚	拉丁美洲和加勒比	中东和北非	南亚	撒哈拉以南非洲	世界
1999	37.24	7.98	13.86	3.82	39.08	57.12	28.02
2002	28.95	6.28	12.99	3.31	38.45	55.58	25.3
2005	18.43	4.98	10.76	3.02	33.64	50.04	20.45
2008	14.88	3.12	7.13	2.08	29.37	47.03	17.82
2010	11.11	2.89	6.46	2.02	24.58	45.68	15.55
2011	8.44	2.64	5.98	2.06	19.85	44.06	13.5
2012	7.12	2.42	5.55	1.85	17.51	42.6	12.41
2013	3.54	2.15	5.4	1.75	15.09	40.99	10.67

资料来源：Roser, Max, and Esteban Ortiz - Ospina. Global extreme poverty. *Our world in data*, 2017, https://ourworldindata.org/extreme-poverty.

二、由资本主义主导的经济全球化的消极效应

由资本主义主导的经济全球化是在资本增殖逻辑主导下的过程，它在缓解了发达资本主义国家的资本增殖危机，推动发展中国家的工业化和经济增长的同时，造成收入两极分化加剧，发达资本主义国家和发展中国家经济发展水平的差距加大，一国宏观政策的有效性降低，金融不稳定性增强，家庭债务水平不断攀升。生产一体化、贸易一体化、金融一体化和生产组织的一体化过程的资本主义性质决定了在经济全球化过程中资本相对于劳动的力量强化，发达国家的资本相对于发展中国家资本的力量强化，金融资本相对于产业资本的力量强化，垄断资本相对于非垄断资本的力量强化。

（一）资本相对于劳动的地位强化

资本主义主导的20世纪80年代以来的经济全球化阶段中的生产一体化过程造成资本相比于劳动的力量强化。资本主义主导的生产一体化过程的本质目的是为了服务于资本最大限度增殖的需要。资本在全球范围内自由流动，配置生产资源。在生产资本可以进行国际转移的威胁之下，劳动相对于资本的谈判力被削弱了。资本相比于劳动更易于流动，这种不对称性强化了劳动和资本关系的内在不平等性。全球生产体系的建立强化了资本对劳动的控制，并将劳动和资本事实上的对立转变为不同国家劳动者之间的表面上的对立。①

① 钱箭星．全球化时代发达国家劳资关系的演变及其新动向［J］．社会主义研究，2009（6）：113－116.

资本相对于劳动地位的强化一方面表现为，资本对劳动的剥削程度的上升。根据谢克（1996）的测算（如表 11－4 所示），1980～1989 年为里根和布什执政的新自由主义时期，反映资本对劳动剥削程度的剩余价值率年平均增长 1.8%，要快于上一个时期（0.6%），导致仅仅在 10 年时间内剩余价值率上升了 17.9%，而在第二次世界大战结束后到 70 年代结束的 33 年期间仅仅上升了 21.8%。如图 11－9 所示为英国学者西蒙·莫汉（2011）测算的美国 1919～2009 年剩余价值率的变化趋势，在 20 世纪 80 年代以来剩余价值率出现了巨大增长，其增长速度要快于以往的各个时期，剩余价值率的上升是 20 世纪 80 年代以来的经济全球化阶段的利润率上升的一个重要原因。

表 11－4　　剩余价值率和利润率的变化

变量	总变化（%）		年增长率（%）	
	1948～1980	1980～1989	1948～1980	1980～1989
剩余价值率（S*/V*）	+21.8	+17.9	+0.6	+1.8
r*'（马克思）	−30.8	+8.3	−1.0	+1.1
r'（平均）	−48.4	+9.9	−1.8	+1.2
r'（公司）	−57.1	+7.0	−2.2	+2.6

资料来源：Shaikh, Anwar M., and E. Ahmet Tonak. Measuring the wealth of nations: The political economy of national accounts [M]. New York: Cambrige University Press, 1996: 129, Table 5.9.

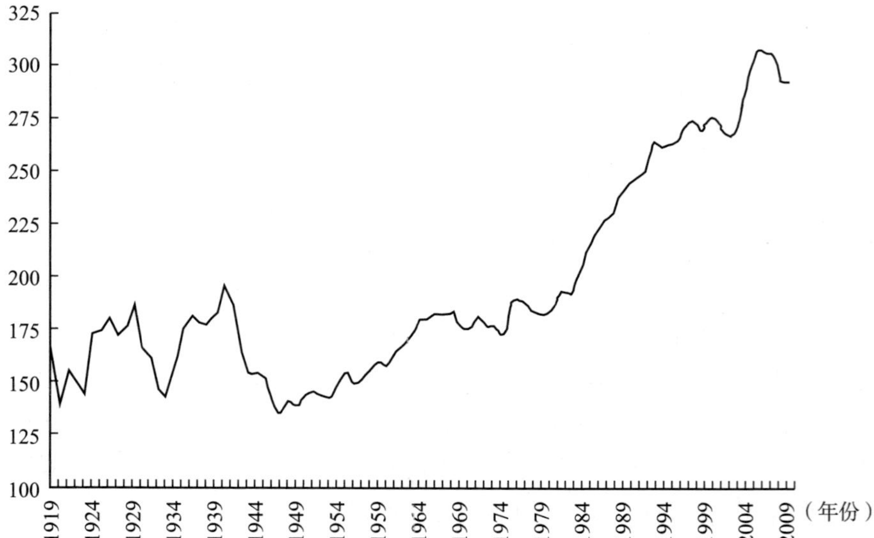

图 11－9　美国的剩余价值率（%）：1919～2009 年

资料来源：孟捷．新自由主义积累体制的矛盾与 2008 年经济——金融危机［J］．学术月刊，2012，44（9）：65－77.

资本相对于劳动地位的强化在另一方面表现为工人所获得的实际工资的增长停滞。20 世纪 70 年代美国战后繁荣时代结束，利润率降低使资本积累和经济增长减速，经济在经历危机后进入“滞胀”时代。在转向新自由主义积累体制之后，垄断资本对内借助金融化、对外借助全球化实现扩张以恢复增殖能力，对劳动形成了“三重挤压”，实际工资停滞和劳动生产率提高的并存造成劳动份额的下降。[①] 劳动份额的下降突出表现在收入较低人群的工资份额降低，如图 11 - 10 所示为杜梅尼尔和列维（2011）测算的美国公司的劳动者的工资收入在总收入中所占的比重，他们认为新自由主义并不是改变了传统意义上的利润和工资之间的分配比例，而是改变了以工资为收入形式的群体的收入分配。可以发现工资在总收入中所占的份额在 72% 左右徘徊，只是在 1970 年之前工资份额经历了一段上升期。但是，排除了收入最高的前 5% 的工资收入者之后，工资收入较低的 95% 的工资收入者的工资份额在 1980 年之后的经济全球化阶段是在下降的，从 1980 年的 62. 2% 下降至 2009 年的 51. 5% 。发达资本主义国家工人工资份额的下降与

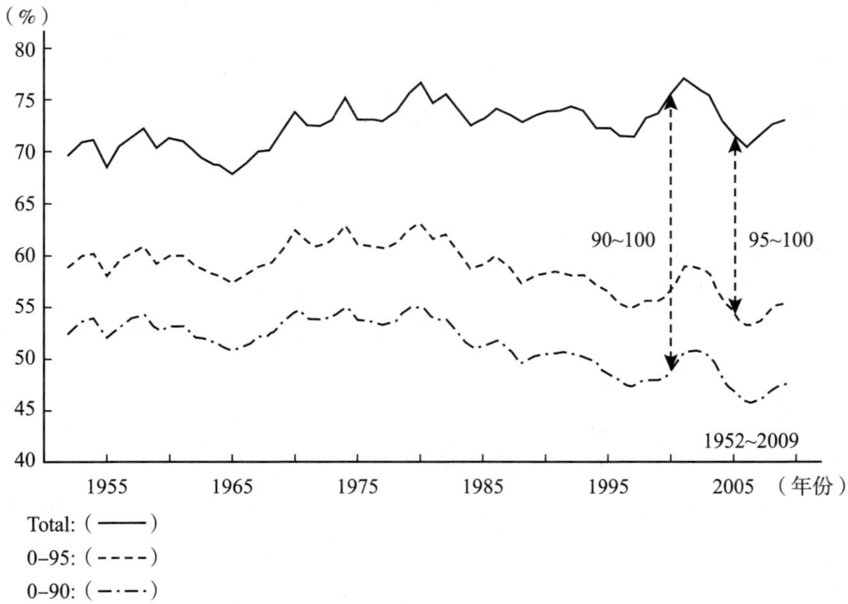

图 11 - 10　工资在总收入中的份额：美国公司

资料来源：Duménil，Gérard，and Dominique Lévy. The crisis of neoliberalism［M］. Cambridge：Harvard University Press，2011：49，Figure 3. 3.

① 鲁保林. 劳动挤压与利润率复苏——兼论全球化金融化的新自由主义积累体制［J］. 教学与研究，2018（2）：68 - 77.

资本主义主导的经济全球化有很大关联。杜梅尼尔和列维提出，20 世纪 80 年代以来的经济全球化的两个核心是自由贸易和国际资本自由流动。从第二次世界大战结束后，发达资本主义国家就逐渐推进自由贸易，到 20 世纪 80 年代以来的经济全球化阶段更是在世界范围内强制推行“开放模型”。放松资本管制则是从 20 世纪 70 年代的美国开始，到 90 年代之后，对外直接投资大幅上涨，使跨国公司可以从外围国家获得高回报率。资本的自由流动将发达资本主义国家的工人置于与发展中国家的工人相竞争的地位，同时自由贸易使发展中国家低成本生产的消费品流入发达国家，降低了发达国家再生产劳动力的必要消费品的价格，即劳动力再生产的费用，使发达国家资本的利润率恢复。①

（二）发达国家和发展中国家的不平衡发展

经济一体化过程会造成发达资本主义国家的资本相比于发展中国家的资本的力量强化。其一，贸易一体化下国际竞争加剧会阻碍发展中国家资本的积累及国家的渐趋工业化。在自由贸易体制下，商品自由流动有可能对落后国家的现代化进程产生积极的外部冲击效应。但是有更多因素会阻碍积极的外部冲击效应的形成，比如落后国家要取得先进技术本身面临发达资本主义国家设置的壁垒，运用技术本身也需要巨大的成本，不同技术间的相互依赖性也使落后国家在短期内无法建立与先进国家资本相竞争的产业。在资本主义发展的早期，落后的交通方式限制了国家之间的交往，使西欧国家可以在相对独立的条件下进行工业化，美国资本主义的发展也是在保护主义下完成的。而拉美国家和俄罗斯东欧转型国家在 20 世纪 80 年代以来的经济全球化中所受到的冲击说明自由贸易会对发展中国家的国内的产业产生致命的打击。在 20 世纪 80 年代以来的经济全球化中以激进的“休克疗法”从社会主义计划经济向资本主义市场经济转型的国家经济出现了负增长，实现的是“L”形增长而非“J”形增长说明急速扩大对外开放、任由资本主义生产关系迅速扩张会对发展中国家的经济造成损害。

其二，对外直接投资也会对低收入国家产生负面影响。② 谢克（1980）③ 在分析生产性资本的国际流动，即对外直接投资的效应时指出，国家之间的工资差异是决定生产性资本国际流动的首要因素，跨国企业的直接生产投资的选择依赖于劳动生产率、工作日长度、劳动强度和工资率的差异。发达资本主义国家将本国的先进技术与发展中国家的廉价劳动力结合可以降低生产成本，为本国市场提

---

① Duménil, Gérard, and Dominique Lévy. The crisis of neoliberalism. Harvard University Press, 2011.

② Garrett, Geoffrey. “The distributive consequences of globalization.” *UCLA*, *MS* (2001).

③ Shaikh, Anwar. “Foreign trade and the law of value: Part II.” Science & Society, 1980: 27 – 57.

供廉价商品，获得更高的利润。但是一般情况是，发展中国家的出口部门会成为发达资本主义国家对外直接投资的首选，从而国际资本会对发展中国家的本土资本形成冲击，导致本土资本被排挤到边缘部门或成为满足外资主导的出口部门的需求的部门。因此，对外直接投资对发展中国家有两种影响，一方面对外直接投资可以推动发展中国家的现代化，改善国际收支，但另一方面却会阻碍发展中国家的内生性发展，利润转移会造成国际收支的恶化。

其三，金融一体化过程导致发展中国家金融依赖性和金融体系脆弱性的增强。福斯特（2007）认为金融化是除新自由主义和全球化以外的资本主义的最新特征之一，金融化使垄断资本主义进入新阶段，即“金融垄断资本主义”阶段。世界经济的金融化导致帝国主义向欠发达国家的渗透，增强了以新自由主义全球化的政策为标志的欠发达国家的金融依赖性。在金融全球化过程中，一些金融体制不完善和金融监管缺失的发展中国家盲目实施了金融自由化改革。资本跨国自由流动，尤其是大量短期的、投机性的资本流动增强了发展中国家金融和经济系统的不稳定性。1994 年底至 1995 年初的墨西哥金融危机和 1997 年东南亚金融危机就是金融全球化造成发展中国家金融系统脆弱性增强的例证。在全球金融垄断资本主义的主导之下，巴西在过去几十年的经济政策的首要目标就是吸引外国投资，尤其是证券投资，以及支付对国际资本的外债。巴西的金融系统建设较为完善，但却经常伴随着高利息率、去工业化、经济增长缓慢和对国际资本快速流动的不断增加的脆弱性。① 资本账户的自由化改革会对经济增长产生积极的促进作用，但是这种积极效应的发挥依赖于进行自由化改革的国家的经济发展水平。克莱因和奥利弗（2000）的实证研究认为资本账户的自由化改革会对工业化国家产生积极的影响，但没有证据表明同样的效应发生在非工业化国家。埃德瓦尔斯（2001）的实证研究更进一步，认为资本账户的开放虽然会促进工业化国家和新兴市场国家的经济增长，但是却会对低收入国家的经济增长造成损害。更有学者认为，资本账户的自由化改革并不能促进经济增长（Grilli and Milesi - Ferretti，1995；Rodrik，1998；Kraay，1998）。

（三）金融资本压抑产业资本

金融一体化过程造成金融资本相比于产业资本的力量强化。通过分析经济中公司利润的来源，克里普纳（2005）证实了美国经济金融化的事实。20 世纪 80

---

① Prates, Daniela Magalhaes, and Leda Maria Paulani. “The financial globalization of Brazil under Lula.” Monthly Review - New York - 58. 9 (2007): 32.

年代和 90 年代证券投资收入占公司现金流的比重是 50 年代和 60 年代的 3 ~ 5 倍，金融利润和非金融利润的比率也有相同的趋势。金融全球化造成两方面的经济后果：一方面，新自由主义政策助推的金融化损害了实体经济的发展，实体经济部门越来越受到金融部门的制约。美国非金融公司利息支出占公司税前利润的比重在 20 世纪 80 年代和 90 年代该比例高达 64. 73% 和 52. 13% ，2008 年这一比例为 50. 36% ，说明非金融公司对外部融资的依赖性很强。尽管通过 20 世纪 80 年代以来的经济全球化，资本获得了短暂的利润率恢复期，但并不能改变资本主义生产方式下利润率长期下降的趋势。贝克和坎贝尔（2009）首先证实了多数马克思主义者已经达成共识的观点，即 20 世纪 80 年代以来的经济全球化阶段的利润率远远低于先前各个时期。如图 11 – 11 所示为美国制造业利润在全部公司税前利润中所占的份额，制造业份额从 1987 ~ 2017 年处于持续下降的趋势中，由 33. 5% 下降至 14. 61% 。由于利润率是资本积累的动机同时也是资本积累的来源，以制造业为主的实体经济部门的萎缩造成资本积累率的下降。贝克和坎贝尔（2010）认为新自由主义时期相比于调节资本主义时期发生了明显的结构性变化，利润以利息的形式从非金融部门向金融部门的大规模转移减少了可用于积累的资本，导致资本利润率和积累率之间的差别越来越大。如图 11 – 12 所示为贝尔和坎贝尔计算的美国非金融类企业部门的税后利润率和积累率，在 1979 年以前利润率和积累率的变化基本同步，但在 20 世纪 80 年代以来的经济全球化阶段的前 12 年积累率出现下降，而 1980 ~ 1997 年利润率却一直在恢复。1948 ~ 1979 年积累率为 61% ，1980 ~ 2007 年积累率降为 43% 。

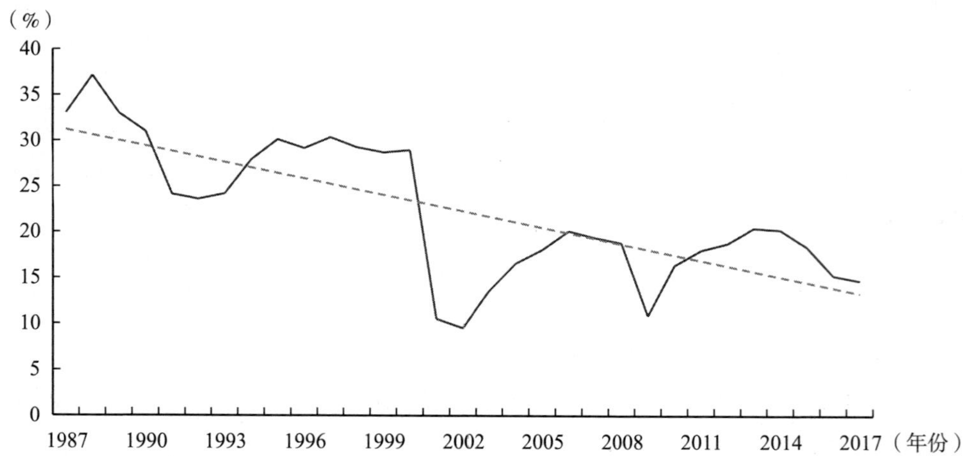

图 11 – 11　美国公司税前利润中制造业所占的份额

资料来源：美国商务部国民经济分析局，Table 6. 17C 和 Table 6. 17D。

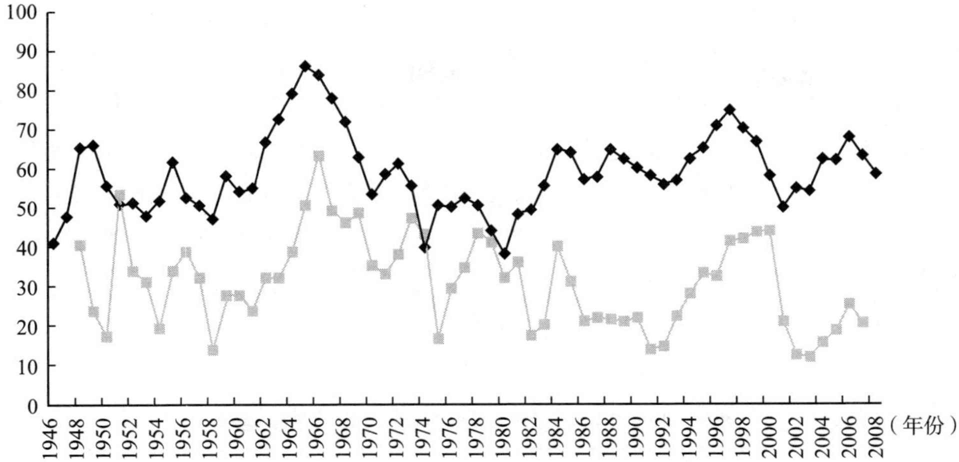

图 11－12　美国非金融公司的税后利润率和资本积累率

注：由上至下两条曲线分别为税后利润率（%）（1946～2008）、资本积累率（实际资本存量变化率）（%）（1948～2007）。

资料来源：Bakir，Erdogan，and Al Campbell. Neoliberalism，the Rate of Profit and the Rate of Accumulation [J]. Science & Society. 2010，74（3）：328，Figure 1.

另一方面，在新自由主义助推下的金融化导致金融不稳定性增强、金融危机频发；并且由于世界金融和经济联系越来越紧密，危机的扩散速度越来越快，范围也越来越广。危机及之后的经济停滞，会进一步加强经济的金融化。福斯特（2007）指出资本主义的金融化导致系统的可控性减弱，例如 1997～1998 年的亚洲金融危机，2000 年的“新经济”泡沫，2001 年阿根廷的债务违约。科兹（1997）认为在 20 世纪末资本主义主导的全球化程度更高了，国际贸易规模扩大、投资性的短期资本跨国流动增加以及制造业、采掘业和金融业中跨国公司扮演越来越重要的角色是全球化最重要的三个特征。国际贸易和跨国公司的发展延续了战后国家管制资本主义时期的发展，而跨境短期资本流动反映了战后国家管制资本主义这一积累的社会结构的解体，是实行新自由主义政策的结果。短期资本流动的增加给国际资本主义体系加入新的不稳定因素，1997 年亚洲金融危机就是一个证明，短期内发生的大规模的资本外流使亚洲国家经济先后遭遇重创。何秉孟（2010）认为 2008 年的金融危机与 1929～1933 年的大萧条相比，呈现出三个特征：第一，危机从一开始就表现为金融危机，而不是从生产领域的生产过剩危机开始；第二，危机的发生与经济金融化、金融监管缺失和金融自由化密切相关；第三，危机波及范围更广，参与到经济全球化中的国家几乎无一幸免。这是由当代资本主义的金融垄断资本主义的性质及基本矛盾的新表现形式所决定的。20 世纪 70 年代的“滞胀”危机加剧了资本集中，使发达资本主义由国家垄断过渡到国际金融资本垄断，经济趋于金融化、虚拟化、泡沫化、自由化。这在提高了生产社会化程度的同时扩大了生产资料私人占有的规模，加剧了资本主义基本矛盾，降低了劳动者的收入，形成了“负债经济模式”。工资停滞造成全球消费需求低迷，为了拉动消费以保证相对过剩商品的价值实现，美国的消费信贷不断膨胀，造成家庭债务水平不断攀升，增强了经济的不稳定性。如表 11 –5 中第三列显示美国家庭债务支出占可支配收入的比例从 20 世纪 80 年代开始持续上升，一直到 2008 年金融危机，从 11.10% 上升至 12.91%。金融危机是美国国际金融垄断资本主义基本矛盾日益激化的结果。

表 11 –5　　1980 ~ 2008 年美国经济金融化和全球化的重要指标

年份	非金融部门利息支出占实体经济利润的比例（%）①	家庭债务支出占可支配收入的比率（%）②	贸易逆差（亿美元）③
1980s	64.73	11.10	535.8
1990s	52.13	11.09	1142.3
2000	61.99	11.77	3964
2001	78.58	12.37	3830
2002	51.75	12.37	4432
2003	36.39	12.25	5132
2004	28.21	12.21	6252
2005	28.25	12.58	7373
2006	25.60	12.74	8019
2007	38.46	13.03	7108
2008	50.36	12.91	6832

资料来源：①、③分别来自美国商务部经济分析局编《国民收入和产出账户》表 1.14 和 4.1，②来自于美国联邦储备委员会编《家庭部门还本付息和贷款比率》。

此外，金融全球化导致各国金融和经济相互依赖性的增强降低了国别宏观经济政策的有效性。当一国中央银行为了刺激经济增长、增加就业而实行扩张性的货币政策时，自由流动的资本会选择外逃，去其他国家寻找更有利的投资机会，从而降低了货币政策的效果。因而，避免通货膨胀成为宏观经济政策的首要目标。相反，若一国为了抑制通货膨胀而提高利率，采取紧缩性的货币政策时，会吸引国际性的游资，使该国的货币供给量增加，削弱紧缩性货币政策的效果。同时，限制政府的作用是新自由主义制度的核心内容，具体包括对公司和收入较高人群减税、降低社会福利支付和减少政府赤字。在 2008 年金融危机之后，由于发达国家的政府宏观经济政策受限，经济难以从危机中恢复，陷入停滞状态。

（四）私人垄断资本对非垄断资本的统治

生产组织的一体化过程强化了垄断资本相对于非垄断资本的力量。垄断资本作为众多具有竞争性厂商的产品的购买者，或作为少数的资本品或消费品的供应者在谈判中具有更大的优势，可以制定垄断价格，获得垄断性的超额利润。在经济全球化的条件下，跨国性的大公司获得了迅猛的发展。为了吸引跨国公司在本国的投资，各国制定了各种有利于跨国公司经营的法律和政策，使跨国公司越来越成为经济中的统治力量。此外，跨国公司的发展造成跨国资本和民族国家之间的利益存在不协调的可能性。“跨国公司按照自身利润最大化和资本积累要求而形成的整体性及内部统一性，使它的对外投资改变着传统的民族国家内部的经济结构，使传统的民族国家经济内部各种联系被割断，而民族国家经济内部的各个局部与跨国公司的联系在加强，这在一定程度上否定了传统的民族国家内部经济的整体性和内部统一性。民族国家的经济在跨国公司的推动下逐渐变成跨国公司整体活动的一个局部，这种情况也使传统的民族国家作为独立的经济体实现自身经济的发展遇到了巨大困难。”① 跨国公司和民族国家之间的这种矛盾在发达资本主义国家和发展中国家中均有所体现，在发达资本主义国家中表现为跨国资本的增殖与本国产业的去工业化之间的矛盾，在发展中国家中表现为跨国资本的增殖与本国独立的低水平工业化之间的矛盾。

（五）综合影响

以上过程，资本相对于劳动力量的强化、金融资本相对于产业资本的力量强化、垄断资本相对于非垄断资本的力量强化、跨国公司和民族国家之间的矛盾的综合导致经济主体之间的矛盾加剧。

第一，收入两极分化加剧，包括国内层面和国际层面。科兹（2003）认为从 20 世纪 70 年代后期开始，美国逐渐放弃了“黄金年代”时占主导地位的凯恩斯学派的调节主义模式，转而采用新自由主义，并且通过重新设计国际资本主义经济巩固新自由主义，要求西欧、东欧、亚洲、非洲和拉丁美洲进行新自由主义重构。新自由主义重构使 20 世纪 80 年代以来经济一体化程度不断提高，这使美国

---

① 张俊山．政治经济学——当代视角［M］．北京：清华大学出版社，2015：299.

在90年代经历了一次经济扩张期，但这种扩张以投资为基础，极不稳定，并使两极分化越来越严重。世界银行的布兰科·米兰诺维奇（2012）认为在经济全球化时代，个体间的不平等程度保持相对稳定状态，其中大多数发达资本主义国家内部收入分配不平等的加剧抵消了新兴经济体相对于富国的人均收入的上升所导致的国家间收入分配不平等状况的缓和。他还指出，全球收入分配中收入最高的5%收入人群的收入在1988年和2008年间大幅上涨，尤其是前1%的收入人群增长得更快。从最低收入开始的位于10分位和70分位之间的人群收入增长表现较好，而最底部的10%收入人群和70分位到95分位之间的收入人群表现相对较差。

第二，金融不稳定性增强，金融和经济危机频发，其范围扩大、持续时间延长。谢克（2010）认为在20世纪80年代之后，美国进入了以利润率上升为标志的“新自由主义大繁荣”阶段。利息率降低提高了资本的净利润率，促进了资本的全球扩张，催生了消费信贷的增长，加剧了金融和房地产泡沫化。金融去管制化、劳动剥削率的提高直接带来了利润率的提高。实际工资与劳动生产率之间差额的加大原本会使消费停滞，但低利息率和信用扩张保证了消费及其他支出的持续上升，保证了繁荣的持续，但却导致债务水平不断攀升。2007年的次贷危机反映出由低利息率和不断扩张的信贷支撑的繁荣已经达到极限。

第三，垄断资本的强化并没有减少竞争，经济全球化反而使垄断资本之间的竞争加剧了。在“黄金年代”，主要资本主义国家以垄断和寡头垄断为特征（Baran and Sweezy，1966；Galbraith，1967），但全球化时代贸易增加改变了大公司所处的环境。例如，美国国内制成品市场的进口渗透率从1950年的2%上升至1993年的16%（Sutcliffe and Glyn，1999）。在经济全球化时代，民族资本既要面对国内市场的竞争，也要面对国际市场上来自其他国家的企业的竞争。

第四，经济全球化从两个方面限制了国家在引导快速资本积累上的作用。一方面，全球经济相互依赖性的增强限制了单个国家管制资本的能力，个别国家单独进行管制会造成本国企业生产成本上升，削弱本国企业的国际竞争力；另一方面，监管型国家的两个政治基础——大资本和劳动者中大资本转而支持减少管制以增强国际竞争力，而劳动者的力量在全球化时期被削弱了，这两方面综合导致监管型国家政治基础的削弱。如果不能重新建立监管型国家，全球化时期就不能形成能够促进资本积累的新的积累的社会结构，造成国际和国内矛盾加剧、不稳定性增强以及不均衡发展。

第二节　逆全球化的含义及表现

20 世纪 80 年代以来的经济全球化在给世界经济增长与发展做出巨大贡献的同时，也带来了一系列的负面效应，尤其是使主导经济全球化的发达资本主义国家的经济中出现了各种难以克服的问题。2008 年金融危机之后，发达资本主义国家内部经济问题持续恶化，最终陷入了经济停滞常态化，致使主导经济全球化的发达资本主义国家强化保护主义和单边主义，使经济全球化进程出现了逆转，即逆全球化。

一、逆全球化的含义

资本主义主导的经济全球化在 2008 年金融危机之后扩张速度逐渐放缓，出现了与经济全球化进程相悖的趋势。2017 年 3 月，李克强总理在第十二届全国人大第五次会议上所做的《政府工作报告》[①] 中，着重提及了逆全球化，在分析国内外形势时他指出："世界经济增长低迷态势仍在延续，'逆全球化'思潮和保护主义倾向抬头，主要经济体政策走向及外溢效应变数较大，不稳定不确定因素明显增加。"此后，出现了大量有关逆全球化的研究，但是争议颇大，争议的根源在于对逆全球化的概念的界定不清晰，混淆了逆全球化、反全球化和保护主义等政策。关于逆全球化的含义目前主要有以下几类观点。

第一，认为逆全球化只是经济全球化历史中周期性出现的、短暂的趋势，是不可持续的。他们将逆全球化仅仅理解为经济全球化的中断期或调整期[②]，或者认为逆全球化是全球化的"小退步"，是一种不可持续的暂时性趋势。[③④] 还有学者认为经济全球化总体上呈波浪式发展规律，在其演进的整个历史进程中呈现"进两步"或者"退一步"的相反走向，危机之后发达国家出现逆全球化即全球化中出现的"退一步"的趋势。[⑤] 甚至有学者认为逆全球化只是新一轮全球化前

---

① http://www.xinhuanet.com//politics/2017lh/2017-03/16/c_1120638890.htm.

② 佟家栋，刘程．"逆全球化"的政治经济学分析［J］．经济学动态，2018（7）：19-26.

③ 郑一明，张超颖．从马克思主义视角看全球化、反全球化和逆全球化［J］．马克思主义与现实，2018（4）：8-15.

④ 蒋瑛，周俊．习近平新时代对外开放思想与逆全球化挑战的应对［J］．经济学家，2018（9）：5-11.

⑤ 郭强．逆全球化：资本主义最新动向研究［J］．当代世界与社会主义，2013（4）：16-21.

期的调整和能量积聚。① 或认为逆全球化与全球化是一个硬币的两面，其目的是修正资本主义主导的全球化过程中出现的种种弊端。②

第二，将逆全球化等同于贸易保护主义，将之视为一种国家对外经济政策。有学者将逆全球化与贸易保护主义、种族主义升温等同起来。③ 有学者从“现代化输家”的角度定义和解释逆全球化，认为逆全球化，又称“去全球化”，是重新赋权于地方和民族国家层面，与经济全球化中资本、生产和市场的一体化背道而驰。④ 同样有学者将逆全球化理解为重新赋权于地方与国家的一种思潮，包括重商主义、李斯特的幼稚工业保护论等。⑤ 也有学者将本轮逆全球化视为一种国家主义思想的回归，以反自由贸易和反一体化为特征（陈伟光和郭晴，2017），本质上也是将逆全球化理解为发达资本主义国家的一种政策。还有学者认为逆全球化是从“反全球化”发展而来的概念，反全球化代表体制外的反抗，逆全球化是去全球化执政理念的出现乃至政策的实施，包括英国脱欧，特朗普当选美国总统，意大利修宪公投失败、总理辞职，世界各地民粹主义的崛起。⑥

第三，认为逆全球化既指国家政策层面的措施，也指世界经济所发生的实际发展趋势。有学者从国际政治经济学的角度对逆全球化做了界定，认为逆全球化包含两个层面的含义，即经济意义上商品和要素跨国流动的停滞或倒退和政治意义上阻碍或禁止商品和要素跨国流动的政治进程。⑦ 有学者认为逆全球化的含义包含两个层面，第一个层面是政策层面，一些国家的对外经济战略与经济全球化的发展趋势相背离；第二个层面是世界经济的外在表现，逆全球化的对外经济战略对世界经济产生了实质性的影响，使经济全球化发展进程出现了逆转。这一概念成立的前提是逆全球化政策确实能够影响世界经济的发展趋势。⑧

第四，认为逆全球化是一种确实存在的历史性趋势：“逆全球化是指与经济

---

① 王虎，袁璇．理性看待全球化进程中的逆全球化思潮［J］．财政科学，2018（4）：156－160.

② 田行健，江涌．资本积累视角中的“逆全球化”问题［J］．当代世界与社会主义，2018（6）：135－140.

③ 徐坚．逆全球化风潮与全球化的转型发展［J］．国际问题研究，2017（3）：1－15，125.

④ 郑春荣．欧盟逆全球化思潮涌动的原因与表现［J］．国际展望，2017，9（1）：34－51，145－146.

⑤ 董琴．“逆全球化”及其新发展对国际经贸的影响与中国策略研究［J］．经济学家，2018（12）：91－98.

⑥ 陈伟光，郭晴．逆全球化机理分析与新型全球化及其治理重塑［J］．南开学报（哲学社会科学版），2017（5）：58－70.

⑦ 孙伊然．逆全球化的根源与中国的应对选择［J］．浙江学刊，2017（5）：5－15，2.

⑧ 雷达．“逆全球化”概念辨析与全球化进程的梳理［J］．世界经济研究，2018（3）：6－8.

全球化相背、国际合作和相互依赖逐渐消减的全球性发展趋势。”① 有学者将逆全球化理解为经济全球化强劲发展势头的戛然而止之后以贸易保护主义为主要手段的逆转经济全球化的浪潮。② 有学者认为逆全球化是与全球化相悖的一种趋势，并区分了反全球化与逆全球化，前者是批判全球化的思潮以及抗议，反对的是全球化的弊端，后者是一体化趋势的削减，在历史上不止一次出现。③ 有学者认为逆全球化是一种状态，而反全球化是一种社会运动或思潮。④

综上，逆全球化是在缺乏关键性技术创新、世界经济停滞的情况下，发达资本主义国家采取阻碍商品、资本和劳动等自由流动的国际经济政策，使世界各国相互开放、相互联系和相互依赖的一体化削减的趋势。它具有以下几个特点：第一，它是资本主义主导的经济全球化发展的必然趋势，既不是经济全球化的短暂的倒退，也不是对资本主义主导的经济全球化的修复过程；第二，它以贸易保护主义政策、限制移民等为主要的推进手段，但不等同于这些政策；第三，它不同于反全球化，反全球化是以经济全球化进程中非国家经济主体所发动的反对经济全球化的消极方面的运动，而逆全球化是以民族国家为主体发动的国家层面的行动而造成的经济全球化所发生的实际性的走向或趋势。因此，逆全球化本质也是由资本主义主导的过程，是由资本主义主导的经济全球化的逆转。

二、逆全球化的表现

2008 年金融危机之后，世界各国经济普遍陷入停滞状态，凸显并强化了资本主义主导的经济全球化的消极效应。发达资本主义国家视国际经济交往为零和博弈，公然违背多边的国际经贸规则，实行保护主义，以恢复本国经济、增加本国工人就业。发达资本主义国家的这些行为造成世界经济一体化进程停滞，经济全球化逆转。

其一，世界贸易和投资的增长减速。根据麦肯锡全球研究所公布的报告，如图 11－13 所示。经过 20 多年的快速增长，2007 年商品、服务和资本的跨境流动规模达到峰值 30 万亿美元，占全球 GDP 的 53%，此后商品、服务和资本的跨境流动相对于 GDP 的份额在下降，尽管三者跨国流动的绝对规模恢复至危机之前

① 吴志成，吴宇．逆全球化的演进及其应对［J］．红旗文稿，2018（3）：32－34.

② 冯新舟．经济全球化新形势与中国的战略选择［J］．经济问题，2018（3）：1－6，18.

③ 唐庆鹏．逆全球化新动向的政治学分析［J］．当代世界与社会主义，2017（4）：195－202.

④ 付随鑫．美国的逆全球化、民粹主义运动及民族主义的复兴［J］．国际关系研究，2017（5）：34－46，152－153.

的水平，但现在相对份额仅仅占世界 GDP 的 39%。在 20 世纪 80 年代以来的经济全球化阶段，由于跨国公司供应链的扩张，在劳动力成本较低的国家进行生产，商品贸易的增长几乎以世界 GDP 两倍的增速增长，1986 年商品贸易占 GDP 的份额仅仅为 13.8%，到 2008 年上升为 26.6%。但在危机之后，这一趋势发生了转折，商品贸易增长开始慢于世界 GDP 增长。包括借贷、对外直接投资、股票和债券投资在内的跨境金融资本流动使各国金融市场一体化，成为连接来自不同国家或地区的借款人和贷款人的桥梁。跨境金融资本从 1980 年占世界 GDP 的 4.1%，在 2007 年上升为 20.7%，但是在此之后跨境金融资本流动下降。大卫·斯密克（2012）和乔治亚、库普、拉莫（2012）都将这个趋势视为是经济全球化停滞的标志。大卫·斯密克提出，从世界总出口年增长率下降，多哈回合谈判举步维艰，各国为获得贸易优势导致世界处于货币战争的边缘，危机后金融管制加强导致资本跨境自由流动困难这几个方面来看，从 80 年代以来的经济全球化模式呈现崩溃迹象。乔治亚、库普、拉莫指出在过去 20 年贸易通常以两倍于世界经济总量的增长速度，但是近来贸易的增长放缓，一些领域的贸易增长率甚至低于 GDP 的增长率，并且海外资产投资数量也在下降，未来世界经济将回归内向型经济发展模式。

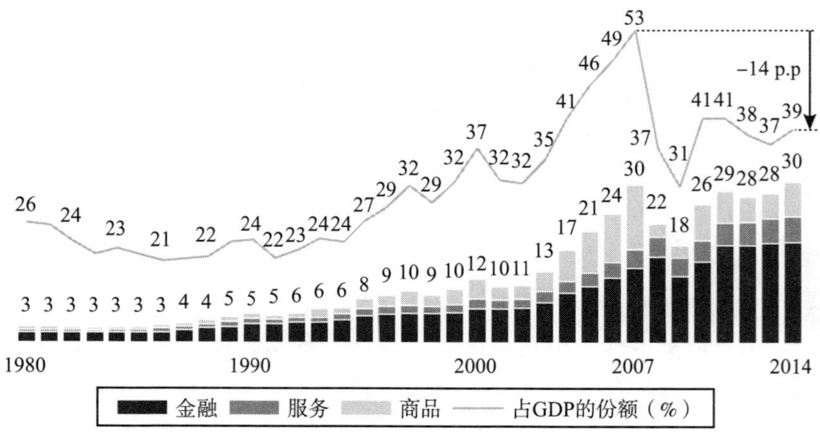

图 11－13　1980～2014 年商品、服务和资本流动

注：Finance 为资本，Services 为服务，Goods 为商品，图中柱状图为三者的名义量（单位：万亿美元）；All flows as of GDP 为资本、服务和商品流量占 GDP 的比重。

资料来源：UNCTAD；IMF Balance of Payments；World Bank；Mckinsey Global Institute analysis，转引自，Manyika J，Lund S，Bughin J，Woetzel J，Stamenov K，Dhingra D. Digital globalization：The new era of global flows. Report，McKinsey Global Institute，February 2016：3.

不仅仅世界经济总体上出现了上述趋势，各国国际贸易的规模均在下降。

2017 年全球贸易中的国外增加值（各国出口中包含的进口商品和服务）占贸易的比重下降至 30%，全球价值链增长停滞。2009 年世界 GDP 和总出口均为负增长，且后者的降幅更大，增长率分别为 -1.73% 和 -10.16%，至今未恢复至危机前的水平。如图 11 -14 所示为危机前后世界上规模最大的几个经济体包含商品和服务在内的贸易占 GDP 的比重，这一比重在 2008 年和 2009 年期间大幅下降，巴西、中国、德国、印度、日本和美国这一比重的绝对数值分别降低了 5.1%、12.4%、10.3%、7.0%、9.9% 和 5.2%。除了德国以外，各国的这一比重都始终未能恢复至危机之前的水平。除了贸易规模的变化外，发达资本主义国家进行的逆转生产一体化的举动在宏观经济上体现为国外投资规模下降。根据《2018 年世界投资报告》公布的数据，全球跨境投资规模大幅缩减，2017 年全球对外直接投资流量减少 23%，从上年的 1.87 万亿美元降至 1.43 万亿美元。对外投资收益率持续下降，全球内向外国直接投资收益率从 2012 年的 8.1% 下降至 2017 年的 6.7%，危机前 2005 ~2007 年这一指标平均值为 9.2%。

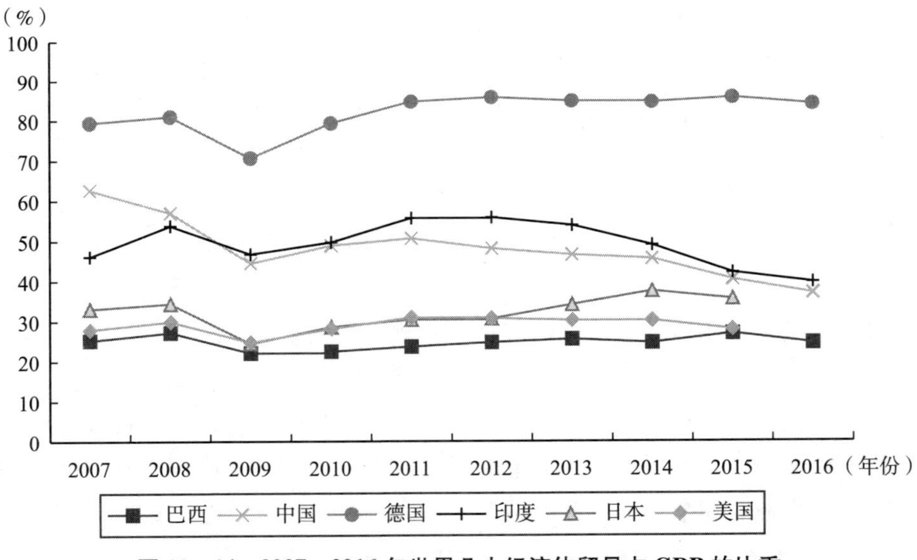

图 11 -14　2007 ~2016 年世界几大经济体贸易占 GDP 的比重

资料来源：世界银行 WITS 数据库。

其二，发达资本主义国家各种形式的贸易保护主义行为不断增加。发达资本主义的对外经济政策趋向保护主义，成为逆全球化的主要手段。非关税壁垒包括除了关税以外的所有限制贸易的措施，包括进口配额、出口补贴、反倾销、自愿的出口限制、歧视性的公共采购、对外贸易的国家垄断、技术和卫生检疫标准等。鲍温（2009）的调查报告显示，2009年行业要求的贸易壁垒总量比2008年高19.7%，2008年比2007年高35.0%；2009年第四季度有14个WTO成员国发起新的贸易救济调查，中国的出口商仍然是首要的目标，在可能会导致进口限制的国家层面的调查中占比超过70%；2009年第四季度，根据之前发起的贸易救济调查的结果而新增的进口限制与2008年同期相比上升了35.7%；2009年整体根据贸易救济法而实行的进口限制比2008年高29.5%。根据《关于中美经贸摩擦的事实与中方立场》白皮书中公布的数据，美国是实行贸易保护主义的国家的代表。第一，美国违背世界市场经济规则，歧视他国商品。美国通过立法在限制购买其他国家商品的同时，还要求政府采购本国产品，包括《购买美国产品法案》《农业、农村发展、食品和药品管理及相关机构拨款法案》等。第二，美国频繁利用"国家安全审查"，阻碍外国企业的正常投资活动。在2008年发布《外国人合并、收购和接管规则：最终规则》之前的3年内，468起审查外国投资交易案例中只有8%需要进入调查阶段，但2009~2015年审查的770起案例中进入调查阶段的比重达40%，2018年《外国投资风险身缠现代化法案》代表着外资安全审查的进一步加强。第三，美国为部分企业提供补贴，扭曲了市场竞争。2000~2015年，联邦政府至少向企业补贴了680亿美元，联邦机构向私人部门提供了数千亿美元补助，涉及航空、汽车、计算机和半导体制造、军工、农业多个领域。第四，美国违背世贸组织规则，使用了大量的非关税壁垒，包括卫生和植物检疫以及技术性贸易壁垒，分别有3004项和1574项，占全球比重达18%和6.6%。第五，美国滥用贸易救济措施，保护本国产业。2008年以来美国的反倾销和反补贴措施不断增长，截至2018年7月17日，共有44项。金融危机之后贸易保护主义的大幅增长，使全球贸易一体化进程受阻。

其三，发达国家提出并开始实施再工业化战略，使全球生产一体化进程受阻。去工业化是一国制造业增加值和就业占比持续下降的过程。在世界经济生产一体化不断加强的条件下，发达国家的制造业向外围的发展中国家转移，实现了产业结构向服务业和金融业的升级转型，发生了"去工业化"。在2008年金融危机之后，为了恢复经济、增加就业，美国奥巴马政府提出了再工业化战略。再工业化战略旨在通过税收政策调整等方式鼓励美国企业家将制造业就业岗位重新带回美国，要逆转在经济全球化的历史中已经发生的生产一体化进程。为了实现再工业化，美国政府出台了大量的产业政策，包括《重振美国制造业框架》（2009）、《美国制造业促进法案》（2010）、《先进制造业伙伴计划》（2011）、《电网现代化计划》（2011）、《美国清洁能源制造计划》（2013）、《从互联网到机器人——美国机器人路线图》（2013）、《美国人工智能研究与发展战略计划》

（2016）等，以加强政府从投资、采购、信贷等多方面对再工业化的支持。同时，为巩固美国已有的技术领先优势，美国长期实行出口管制，2018 年 8 月 13 日签署的《出口管制改革法案》进一步增加了对“新兴和基础技术”的出口限制。此外，为与再工业化的战略相配合，特朗普意图通过以征收惩罚性“边界税”为威胁，迫使美国公司的投资回流。

其四，英国脱欧使欧洲经济一体化和经济全球化进程受阻。2008 年金融危机之后，欧盟各国为了刺激经济，采取了积极的财政政策，使原本因高福利、低盈余财政而形成的政府公共债务水平不断攀升，逐渐超过了政府的承受能力，引发违约风险。2009 年 12 月，随着三大评级机构下调希腊主权信用评级，欧洲主权债务危机率先在希腊爆发，主权债务问题在希腊凸显，并于 2010 年 3 月开始向葡萄牙、意大利、爱尔兰、意大利等国蔓延。“欧债危机”造成欧盟主要成员国的经济衰退。2010 年 5 月，欧盟批准了 7500 亿欧元用于援助希腊，2011 年又向希腊提供了 1090 亿欧元贷款。这些巨额的援助将使作为欧盟第二大经济体的英国承担巨大的风险。同时，在 2010 年底爆发阿拉伯之春后，来自西亚和北非到欧洲避难的难民数量不断激增，给欧洲造成了严重的社会和经济危机。面对欧债危机和欧洲难民危机，英国认为继续留在欧盟要承担的责任大于可获得的利益，极力想要脱离欧盟，以避免其他国家的问题通过欧盟的传导机制传递给英国。2016 年英国就是否保留欧盟成员国的身份举行公投，以 51.9% 的支持率促成了《退出欧盟法案》。根据该法案，英国将于 2019 年 3 月退出欧盟，英国作为欧盟创始成员国之一的退出使欧洲经济一体化遭受重创，并刺激了疑欧主义的抬头。

其五，美国退出多边国际协定或组织，强化单边主义，使全球制度一体化进程受阻。美国总统特朗普上任后先后推翻与加拿大、欧盟等传统盟友的贸易协定，并于 2018 年 1 月签署行政命令退出 TPP，表示要通过更公平的双边贸易协定使制造业和工作机会重返美国。随后又接连退出联合国教科文组织、联合国人权理事会等多个国际组织以及巴黎气候协定，要求对包括北美自由贸易协定在内的多边或双边自由贸易协定重新谈判，单方面发起针对中国的贸易战。美国无视以 WTO 为核心的多边贸易体制，公然违背世贸规则，以美国国内法为依据，以保护美国产业和知识产权为由，发起“232 调查”[①]　“201 调查”[②] 和“301 调查”[③]。在调查中选择性使用证据材料，在调查后又非法使用惩罚性高关税，严

---

① 依据美国《1962 年贸易扩展法》第 232 条款，以“国家安全”为由进行的调查。

② 依据美国《1974 年贸易法》第 201～204 节进行的调查。

③ 依据美国《1974 年贸易法》第 301 条款进行的调查。

重违反世贸组织规则。美国的这些单边主义行为对世贸组织成员国造成了损害，威胁了包括多边贸易体制在内的国际贸易秩序。

第三节 逆全球化的后果

经济全球化的各方面，生产全球化、贸易全球化、金融全球化和生产组织的一体化，都符合生产社会化的发展要求，促进了社会生产力的发展。资本主义生产方式过去与社会生产力的发展相适应而推动了经济全球化的发展，现在却由于资本主义内在矛盾的激化而推动逆全球化。说明资本主义生产方式不能适应生产社会化的发展要求了，继续由资本主义生产方式主导世界经济，任由资本主义推动逆全球化，会对生产力的发展形成阻碍。逆全球化是发达资本主义国家为了缓和国内矛盾、维持在国际经济中的中心地位的尝试。逆全球化表明资本主义生产方式不能适应不断社会化的生产力的发展要求。但是经济全球化本身仍然是符合生产力发展要求的，因此，若任由发达资本主义国家主导世界经济，任由发达资本主义国家推动逆全球化，会产生一系列不良的经济后果。一方面，逆全球化并不能从根源上解决发达资本主义国家出现的经济结构失衡的问题，因此，不能使发达资本主义国家从经济停滞常态化走向经济增长常态化；另一方面，更重要的是，逆全球化不符合生产社会化的发展要求，是逆历史潮流而动。最后，逆全球化不利于世界各国建立在和平共处基础之上的共同发展。

一、加剧发达国家的经济停滞常态化

对发达国家而言，逆全球化并不会使其打破经济停滞常态化，也不会增加就业、提高工人阶级的实际收入水平。经济全球化符合资本增殖需要，逆全球化不利于缓解发达国家内部资本盈利能力危机，违背资本的利益。资本的本质是世界性的，世界市场作为最大的市场，为发达资本主义国家的商品资本的价值实现提供了需求，为其生产资本生产剩余价值提供了廉价劳动力，为其游离出的过剩的货币资本提供了新的投资领域。从 1948 ~ 1987 年美国制造业利润率下降超过 30%[①]，通过将制造业转移至劳动力成本和原材料成本较低的发展中国家，缓解

① THOMAS, R. MICHL. Wage – profit curves in US Manufacturing [J]. Cambridge Journal of Economics, 1991, 15 (3): 271 – 286.

了资本增殖的危机。因此，通过保护主义等方式使制造业产业和就业岗位回流就要迫使资本改变追求剩余价值最大化的本质，使资本增殖受损，是不能赢得资产阶级的广泛支持的。这一点体现在总统大选和贸易战中特朗普几乎没有获得美国资产阶级的支持。逆全球化不能从根本上改变资本主义生产方式，因此也就不能从根本上解决导致国内矛盾不断激化的经济停滞常态化，反而会进一步加剧发达资本主义国家的经济停滞。

发达国家的产业结构的高级化、经济服务化和金融化，依赖于经济全球化。根据马克思的劳动价值论和剩余价值论，只有生产性劳动才是创造价值，为资本家无偿带来剩余价值的劳动。在发达国家产业结构中占主导地位的服务业中，除了与物质产品生产相关的服务之外的服务业部门的劳动都不创造价值，只是从物质产品生产部门和与物质产品生产相关的服务业部门转移价值。价值是一国财富积累的源泉。服务业化和金融化的发达国家的内部缺少价值形成的来源，那么价值只能来源于外部进行生产性活动的发展中国家。此时，发展中国家的制造业及其相关的服务业通过国际贸易而进行的不平等交换向发达国家转移的价值就对发达国家的经济服务化和金融化形成了“价值支撑”。不可能既要改变国际分工格局，又要保留从发展中国家向发达国家的价值流动。逆全球化要改变国际分工格局，使制造业重新回归美国，只有同时舍弃从发展中国家转移的价值。这意味着新创造的价值并不会增加，只是生产剩余价值的主体从发展中国家的工人变为发达国家的工人，因而短期内并不会为本国带来经济增长，从长期看，发达国家的工资成本和其他生产要素成本远远高于发展中国家，制造业回归发达国家会严重削弱其竞争力。更重要的是，制造业回流在改变国际分工结构的同时也会切断与世界市场的经济联系，会严重影响本国生产的制造业产品的价值实现，削弱在国际贸易中处于优势地位的服务业的发展。

发达国家的高增加值化——占据全球价值链的高端——依赖于经济全球化。在经济全球化条件下，生产社会化表现为一个商品的全部生产环节被不断的碎片化和局部化，分布于世界上不同的国家和地区。发达国家的私人垄断资本以跨国公司作为垄断组织形式整合全球价值链，控制其中的关键生产环节和关键性的技术，获得全部增加值链中最大的一部分，实现了产业的高增加值化。① 其生产从高加工度化向高增加值化的转变离不开由发展中国家所从事的中间产品生产。若

① 高增加值化和高加工度化是产业组织理论中的基本概念。高增加值化是指增加值在总产出中所占的份额较高，意味着利润、工资和利息之和较高；高加工度化是指中间投入合计在总产出中所占的份额较高，意味着该国承担了较多的产品生产的中间环节，但所获得的要素收入较少。从高加工度化向高增加值化的转变是一国产业升级转型的内容之一。

发达国家的关税保护引起了对方国家相应的报复行为，会对在国际商品贸易中占据越来越大的份额的中间产品的进口和出口产生不良的影响，影响中间商的成本计算和处于全球价值链高端的发达国家的价值获取。

发达国家的劳动力再生产——降低劳动力商品价值——依赖于经济全球化。若要降低劳动力价值在新增加价值中所占的份额，提高剩余价值率，可以通过延长劳动者进行无偿劳动的时间的方式，这是绝对剩余价值生产，也可以通过相对缩小必要劳动时间的方式，这是相对剩余价值生产。资本主义生产方式下相对剩余价值生产逐渐取代了绝对剩余价值生产，这是资本主义生产关系与不断发展的生产力不断适应的结果。必要劳动时间的缩短，降低劳动力的价值，既可以通过促进生产劳动力再生产所必需的消费资料的产业的发展的途径实现，也可以通过直接购买发展中国家的廉价的消费品的途径实现，在经济全球化条件下，后一种途径被视为降低发达国家劳动力商品价值的主要途径。发达国家要通过逆全球化扭转生产全球化，使制造业及其就业回归本土，就无法继续购买发展中国家的廉价消费品，本国劳动者所必需的消费品价格必然上升，从而推高劳动力商品价值，除非资本家采用更先进的技术提高劳动生产率，进一步降低劳动力再生产价值，提高剩余价值率，否则资本家没有动力将制造业回迁本土。可以说，资产阶级政府企图通过资本家将企业回迁本土克服经济停滞的目标是根本不可能实现的。

二、阻碍发展中国家的工业化和现代化

对发展中国家而言，逆全球化不利于发展中国家借助经济全球化实现国家工业化和现代化，减少绝对和相对贫困。

其一，发展中国家的工业化——从初级产业占主导向工业占主导的产业升级——依赖于经济全球化。由于历史原因，发展中国家开始是作为殖民地和半殖民地，为满足发达国家的财富积累的需要而存在的，由此形成了依赖于发达国家的以农业和采矿业为主的出口部门与其他弱小落后的非出口部门并存的二元经济结构。通过参与经济全球化进程，发展中国家承接了发达国家转移的低端制造业，获得了本国所稀缺的资金、技术、管理知识，实现了初步工业化，逐步走上经济快速发展道路。逆全球化将减缓甚至打断发展中国家的产业升级进程，使发展中国家难以获得先进的技术、设备以及资金。在中美贸易战中，美国商务部对中兴禁售芯片，直接导致了中兴企业运营的瘫痪，带来了难以计量的经济损失。

其二，发展中国家的产品价值实现——主要是工业制成品——依赖于经济全

球化。发展中国家大都实行出口导向型经济，一方面其产品生产主要满足发达国家市场需要，对国外市场有很强的依赖性，另一方面国内工人的收入水平较低导致内需不足，无法吸收其生产的工业制成品。逆全球化破坏了发展中国家与国际市场的联系，既无法扩大出口，又难以扩大内需，经济发展面临停滞或倒退的局面。

三、阻碍世界经济整体的健康发展

其一，从人类整体利益出发，逆全球化会导致生产社会化进程的停滞，造成无产阶级之间无法形成世界范围内的联合。经济全球化加快了生产社会化进程，使资源在全球范围内整合和配置，有力推动了社会生产力的发展，逆全球化则会中断生产社会化和分工专业化进程，阻碍社会生产力的发展。马克思和恩格斯认为世界历史的形成为共产主义创造了历史的前提。由资本主义生产方式所推动的生产社会化促进了社会生产力的发展，是实现社会主义和共产主义的物质基础，世界历史的形成使世界范围内形成了资产阶级和无产阶级的对立，无产阶级只有在世界范围内实现联合才能形成最有利于革命的力量，逆全球化强化了民族国家的观念，阻碍了无产阶级的世界性联合，对世界无产阶级革命运动和无产阶级自身利益造成损害。

其二，逆全球化将加剧国与国之间的矛盾，贸易战可能演化为货币战、甚至是更大范围的经济战、军事冲突。在过去数十年间，经济全球化快速发展有力推动了世界经济的发展，给发展中国家摆脱贫穷落后和实现发展提供了机遇，许多发展中国家通过参与经济全球化走上现代化道路，经济得以快速发展，人民生活得到较大改善。发达国家实施逆全球化发展战略，势必破坏经济全球化进程，恶化经济发展的国际环境，进一步激化资本和劳动之间的矛盾和民族国家之间的矛盾，阻碍生产社会化的发展，既不利于发达国家自身的发展，也不利于发展中国家的发展。

发达国家主导的经济全球化发生逆转具有客观必然性，说明资本主义生产关系已经无法与高度社会化的生产力发展相适应，资本主义生产方式已经失去继续主导经济全球化的能力了，经济全球化的进一步发展要求对经济全球化的发展动力进行重构，这一切不可能在资本主义生产方式内部完成，只能在对资本主义生产方式进行根本变革，世界各国团结合作共同努力构建人类命运共同体的基础上去完成。

第十二章

资本主义经济停滞常态化：从经济危机到金融危机

当代资本主义已经发展到后工业资本主义阶段，金融资本替代工业资本成为占主导地位的资本形态，金融资本积累模式主导的资本主义经济运行频繁发生危机且呈现出与工业资本主义经济危机完全不同的特征，本章拟对当代资本主义经济危机形态的变化及新特征进行深入分析，以期更加准确把握当代资本主义的阶段性特征及其发展趋势。

第一节　工业资本主义的经济危机

一、工业资本主义经济危机的特点

第一次工业革命后，机器工业代替了工场手工业，在生产中占据主导地位，奠定了资本主义生产关系的技术基础。人们通常将18世纪60年代第一次工业革命兴起到20世纪中叶的200年，定义为工业资本主义时期。在工业资本主义时期，机器的广泛应用提高了劳动生产率，大大缩短了工人的必要劳动时间，剩余劳动时间随之延长，相对剩余价值增加，资本家对工人的剥削也大大加深。机器大工业生产促进了生产社会化，使工人对资本的依附性更强，工人不得不一边忍受着资本家严酷的剥削，一边无条件为资本家生产剩余价值。这种随着机器大工业发展带来的私人资本的发展，使阶级对立越来越严重，资本主义制度的基本矛盾日益凸显，当矛盾激化到一定程度，经济危机发生。在工业资本主义的200年间，经济危机的特点大致可以归结为：

（一）生产过剩与无力消费并存

在工业资本主义时期，资本家为追求利润，不断扩大生产，不断用机器代替工人，导致社会生产与劳动者的消费之间的矛盾激化，危机爆发。危机是对资本主义经济的一种再平衡。危机期间，产能严重过剩，产品无法及时转换为货币，货币支付链断裂，再生产无法进行，工人失业、企业倒闭纷至沓来，工业生产减少。以大萧条时期资本主义世界工业生产指数为例，1929 年危机前工业生产指数最高点为 150，到 1932 年则只有 84，下降了 44%。在此期间，美国和德国的降幅均超过了 50%（见表 12－1）。但是，所谓的生产过剩并不是绝对过剩。事实上，正是由于资本家盲目的逐利行为，导致了生产结构不合理，使广大劳动者的实际需求并没有得到很好地满足。在市场经济条件下，利润至上的理念支配着企业所有者不断扩大生产规模，生产出大量商品，但是相对于广大劳动人民有限的购买力而言，他们支付能力的需求是固定的，此时商品便“无人问津”，社会生产就显得过剩，生产与需求之间的比例失衡。

表 12－1　20 世纪 30 年代危机期间主要国家工业生产指数变化（1913 年为 100）

年份	英国	德国	法国	美国	资本主义世界
1890	62	40	56	39	43
1900	79	65	66	54	60
1910	85	89	89	88	88
1913	100	100	100	100	100
1929 年危机前最高点	104	108.3	144	182.6	150
1932 年危机时最低点	70.7	51.8	92	81.2	84
1932 年比 1929 年下降	32	52.2	36.1	55.5	44

资料来源：尤·瓦尔加．世界经济危机，1848～1935［M］．北京：世界知识出版社，1958：54. 转引自宋则行，樊亢．世界经济史（中卷）［M］．北京：经济科学出版社，1998：122.

（二）普遍性和世界性

在工业资本主义时期，经济危机的爆发已经突破地域限制，在全世界范围内普遍发生，资本主义经济危机已经发展为“世界市场危机”[①]。工业革命后，资本主义世界通过不断地开拓海外市场，相互间联系越来越紧密，在世界市场形成之后，系统性危机显得更为严重。当经济危机在某个资本主义国家爆发后，国家间的贸易往来、资本输出、海外投资等就成为“传播”经济危机的纽带。正如马克思提到的那样，当经济危机到来时，“广州、孟买和加尔各答很快就为滞销的商品所充斥”[②]，“商业活动在世界各地都停顿了，而恐怖也在这同一时刻笼罩了伦敦的西蒂、利物浦、曼彻斯特、里子等地的交易所”[③]，“从伦敦西蒂的巨贾到最末一个德国小店主，无一幸免”[④]。资本主义发展史已经表明，经济危机会在同一时期出现在不同的资本主义国家，这些资本主义国家的经济危机几乎是同时期开始，同时期结束，各资本主义国家的经济周期也几乎同步，经济危机的发生次数也大致相同。比如，1857 年，经济危机在美国爆发后，迅速蔓延到英国、德国、法国、俄罗斯等国家；1929～1933 年的经济危机，美、英、德等国几乎在同一时期爆发，危机的持续时间也较相似。以 1930～1940 年主要资本主义国家的 GDP 增长率为例进行分析可以看出，在 1930～1933 年，除日本以外的其他发达资本主义国家的 GDP 增长均为负值，分别于 1932 年或 1933 年降至最低点（如图 12－1 所示）。经济危机使资产阶级利润减少、企业倒闭。同时，资产阶级还把自身的困境转嫁给广大劳动人民。在 1933 年“大萧条”时期，随着资本主义世界各国大批企业破产，资本主义世界失业总人数就高达 3000～4500 万人。德国的失业率由 1929 年的 13.2% 上升到 1933 年（前 8～9 个月）的 44.7%；美国的失业率由 1929 年的 12% 上升到 1933 年（前 8～9 个月）的 25%；英国的失业率由 1929 年的 8.2% 上升到 1933 年（前 8～9 个月）的 16.5%，奥地利、加拿大、丹麦等其他资本主义国家的失业率也普遍超过了 20%，失业率激增已经蔓延至整个资本主义世界，劳动人民的普遍贫困成为资本主义国家最不能忽视的关键问题（见图 12－2）。第二次世界大战结束后，资本主义世界仍然频繁爆发危机，对资本主义经济造成严重损害。

---

① 刘明远．“六册结构”视野中的马克思经济危机理论［J］．政治经济学评论，2015，6（2）：196－214.

② 马克思，恩格斯．马克思恩格斯全集（第 6 卷）［M］．北京：人民出版社，1998：385.

③ 马克思，恩格斯．马克思恩格斯全集（第 6 卷）［M］．北京：人民出版社，1998：386－387.

④ 马克思，恩格斯．马克思恩格斯全集（第 6 卷）［M］．北京：人民出版社，1998：387.

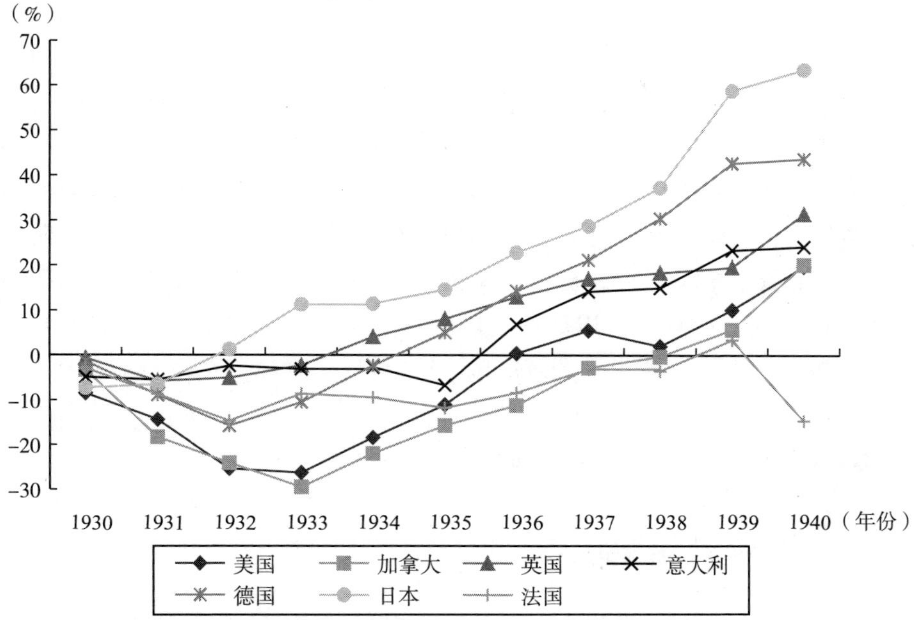

图 12－1 主要资本主义国家 1930～1940 年的实际 GDP 增长率

资料来源：OECD. The World Economy：Historical Statistics［EB/OL］.（2015－09－29）［2018－07－02］. http：//www. the world economy. org/statistics. htm.

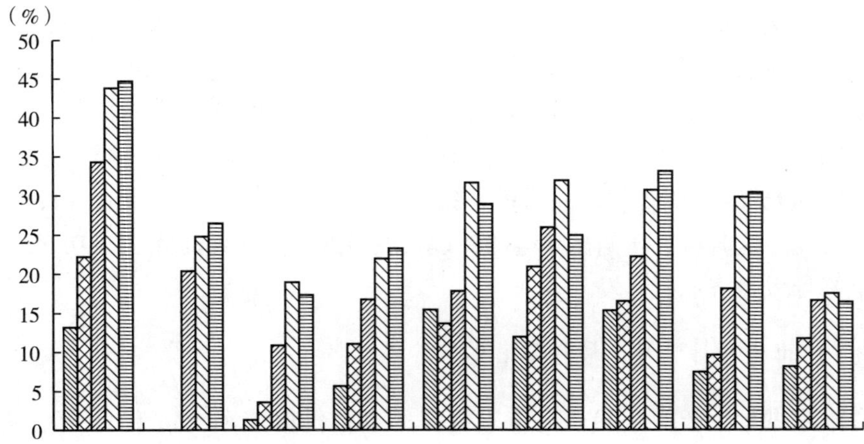

图 12－2 主要资本主义国家完全失业工人的比重

资料来源：（苏联）尤·瓦尔加．世界经济危机 1848～1935［M］．北京：世界知识出版社，1958：54. 转引自宋则行，樊亢．世界经济史（中卷）［M］．北京：经济科学出版社，1998：122.

（三）周期性

资本主义经济呈现出周期性发展的特点，工业资本主义时期的经济也不例外。一次危机的开始、结束到下一次危机的开始、结束是一个周期。在这一周期内，资本主义社会经历危机、萧条、复苏、高涨 4 个阶段。危机是经济发展周期的决定性阶段，它既是上一经济发展阶段的终点，同时也是下一经济发展阶段的起点。在工业资本主义时期，资本主义世界相继在 1857 年、1866 年、1878 年、1882 年、1890 年、1900 年、1907 年、1920 年、1929 ~ 1933 年、1937 年、1957 ~ 1958 年、1973 ~ 1975 年爆发了经济危机。

二、工业资本主义经济危机的发生机制

（一）“买”“卖”联系中断

工业资本主义时期，自由竞争与技术创新迅速提高了资本主义国家的生产能力，工业生产出现繁荣的局面。随着生产力水平的不断进步，机器不断替代工人，导致两个相互矛盾现象的出现：一方面是机器大工业的产出不断增加，商品市场一片繁荣；另一方面是工人被排挤出工厂，大量失业，收入锐减，入不敷出。商品无法卖掉，G—W—G 的循环无法完成，货币无法实现回流。可见，工业资本主义时期，商品的买和卖在时间和空间上成为两个独立的行为，当流通过程中断，危机就会发生。“危机的可能性只在于卖和买的分离。”① 例如，在大萧条时期的美国，个人消费支出下降了 40%，企业接不到新订单，都在想方设法清库存以回笼资金。② 大量商品滞销，找不到出路，企业主中鲜少有人对经济抱有乐观态度。这时买、卖间循环链的断裂，就导致大量的商品无法成功交换为货币，最终导致经济危机爆发。

（二）市场盲目性与滞后性带来生产过剩

资本家进行生产的目的就是追求更多的剩余价值或利润，为了“无尽的财富”，资本家必须不断扩大生产规模，占据更多的生产资料、更大的市场，从而在与其他资本家的企业竞争中获得胜利。这种对剩余价值的强烈欲望，致使生产

---

① 马克思，恩格斯．马克思恩格斯全集（第 26 卷）第 2 册［M］．北京：人民出版社，1974：580.

② ［美］休斯，凯恩．美国经济史（原书第 8 版）［M］．上海：格致出版社，上海人民出版社，2013：528.

无限扩大，产出的商品也就越来越多。但是，生产能力的扩大只有在与购买能力的扩大相一致时，才能保证再生产顺利进行。在工业资本主义时期，价值规律的自发调节使社会各生产部门间保持一定的比例关系，从而确保再生产顺利进行。但是，市场的盲目性和滞后性往往导致企业无法及时掌握市场需求的变化，生产出的许多产品卖不出去，积压在仓库中。不过，这种过剩并不是与劳动人民的实际需求相比的绝对过剩，事实上正是由于资本家盲目的逐利行为，导致了生产结构不合理，使广大劳动者的实际需求并没有得到很好的满足，生产相对过剩，为经济危机到来埋下了伏笔。

（三）贫富差距扩大

工业资本主义时期，资本家利用其掌握的生产资料，剥削劳动者，导致社会贫富差距扩大。20 世纪 20 年代，美国股东年收入增长率为 16.4%，而工人工资的增长率仅为 1.4%。1917 ~ 1928 年美国最富有的 10% 的家庭收入占总收入的比例为 50%。[①] 马克思曾说过："一切现实的危机的最终原因，总不外乎群众的贫穷和他们的消费受到限制。"[②] 资本家对剩余价值的贪婪，势必会造成日益严重的社会财富两极分化现象。在资本主义社会，工人既是物质财富的创造者，又是物质财富的"被剥削者"。劳动者身份的异化，使劳动者遭受着沉重的剥削与压迫。1929 ~ 1941 年美国非农就业者的实际年收入水平就远远低于货币年收入，1929 年二者差距就高达 636 美元，并且在这 13 年间，美国工人的实际收入并没有显著增长（见图 12 - 3）。年实际收入水平所呈现出停滞不前的状态，说明相较于生产力水平的进步，劳动者的收入在缩水，劳动者所获得的报酬难以与其付出的劳动成正比。工人的财富缩水、购买能力越来越弱，资本家的产品卖不出去，生产相对过剩，最终引发经济危机。

（四）信用的出现

工业资本主义时期，信用是经济危机发生的重要因素。马克思曾指出："信用加速了这种矛盾的暴力的爆发，即危机"[③]，"银行和信用同时又成了使资本主义生产超出它本身界限的最有力的手段，也是引起危机和欺诈行为的一种最有效的工具。"[④] 第二次世界大战结束后的主要资本主义国家，由于银行和金融部门

① 刘鹤．两次全球大危机的比较研究［M］．北京：中国经济出版社，2013：24.
② 马克思，恩格斯．资本论（第 3 卷）［M］．北京：人民出版社，1975：548.
③ 马克思．资本论（第 3 卷）［M］．北京：人民出版社，1975：499.
④ 马克思，恩格斯．马克思恩格斯全集（第 25 卷）［M］．北京：人民出版社，1974：686.

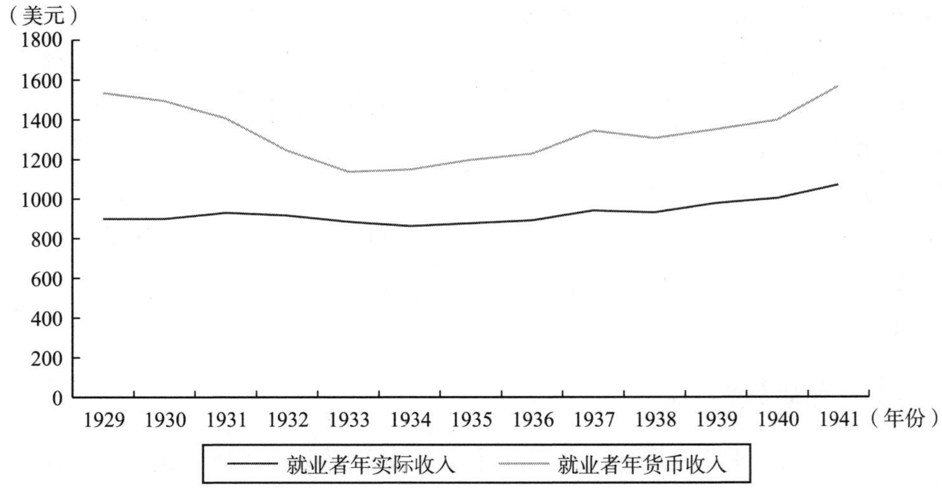

图 12－3　1929～1941 年美国非农业就业者年收入

资料来源：Stanley Lebergott，"The American Labor Force"，in L. E. Davis et al.，American Economic Growth（New York：Haper & Row，1972），p. 213；hourly wages from Historical Statistics，series Ba 4361.

的投机活动，在生产过剩没有发生时虚拟资本就已经过度膨胀，导致金融危机的爆发。正如 1890 年恩格斯致信康拉德·施密特时曾说的："金融市场也会有自己的危机，工业中的直接的紊乱对这种危机只起从属的作用，或者甚至根本不起作用。"① 从图 12－4 可以看出，在 1929～1940 年，美国的股市有很大的波动，1932 年

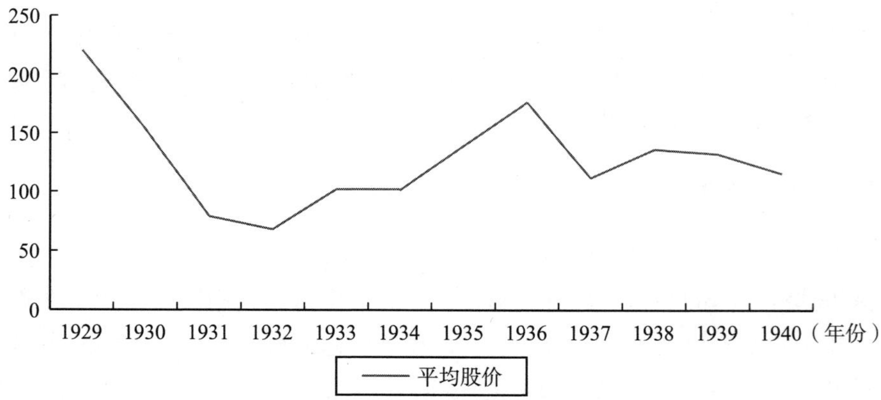

图 12－4　1929～1941 年美国股票平均价格（1941～1943 年＝100）

资料来源：Historical Statistics，series Ca 76，Cg27，Ch 442，Cj800，832；U. S. Bureau of Economic Analysis，National Income and Product Account，table 1. 1. 5.

① 马克思．资本论（第 3 卷）［M］．北京：人民出版社，1975：286.

较 1929 年下降了 73%，而 1933 年的平均股价还不到 1929 年的一半。股票市场是反映经济前景的晴雨表，金融信用市场的崩溃，必然导致股市、债市、汇市、期市的多市下跌，随之而来的是财富蒸发、需求下降、消费缩减、信用中断、生产过剩危机加剧，全社会被恐慌所蔓延。不难看出，金融危机总是与经济危机相关联的，二者互为因果，共同发生。

三、工业资本主义经济危机的影响及实质

（一）工业资本主义经济危机的影响

工业资本主义经济危机对于资本主义社会的影响是巨大的。马克思、恩格斯认为，经济危机会给资本主义社会带来“在过去一切时代看来都好像是荒唐现象的社会瘟疫，即生产过剩的瘟疫”①。“在危机时间，商业停顿，市场盈溢，产品滞销，银根奇紧，信用停止，工厂关门，工人群众因为他们生产的生活资料过多而缺乏生活资料，破产相继发生，拍卖纷至沓来。”② 危机会引起工商业的崩溃。“在危机期间，由于生产资料和产品的过剩，经济机制中的流通便突然停止；在多余的产品没有找到新出路以前，工业和商业几乎完全停顿。”③ 危机会引起商品价格下跌和资本灭失。“商业危机最普遍和最显著的现象，就是商品价格在长期普遍上涨之后突然普遍跌落”④，“在危机中，——在普遍的价格下跌中，——到一定的时刻就会同时出现资本的普遍价格丧失或者说资本的消灭”⑤。危机会造成工人失业。“任何危机，主人的任何逞性，都能使他失业，——这个无产者已经被置于人们所能想象的最令人愤怒的非人的地位了。”⑥ 危机会给工人带来贫困和灾难。危机“给某一些工人带来严重的后果，即匮乏、贫穷和犯罪”⑦。

同时，经济危机是资本主义基本矛盾的强制性、暂时性解决。危机客观上促进资本家改革、创新生产技术，缩短固定资本更新周期，淘汰落后产能，为经济复苏做好准备。资本主义经济发展就是破坏性前进的过程，是通过对前一段生产力的抛弃、牺牲才换来新生产力的进步。工业资本主义是资本主义发展史上的黄

① 马克思，恩格斯．马克思恩格斯全集（第 4 卷）［M］．北京：人民出版社，1958：472.
② 马克思，恩格斯．马克思恩格斯全集（第 19 卷）［M］．北京：人民出版社，1963：237.
③ 马克思，恩格斯．马克思恩格斯全集（第 7 卷）［M］．北京：人民出版社，1959：281.
④ 马克思，恩格斯．马克思恩格斯全集（第 25 卷）［M］．北京：人民出版社，1974：620.
⑤ 马克思，恩格斯．马克思恩格斯全集（第 46 卷）上册［M］．北京：人民出版社，1979：441.
⑥ 马克思，恩格斯．马克思恩格斯全集（第 2 卷）［M］．北京：人民出版社，1957：401.
⑦ 马克思，恩格斯．马克思恩格斯全集（第 2 卷）［M］．北京：人民出版社，1957：421.

金时期，同样伴随着一次又一次经济危机。危机在给资本主义社会带来灾难的同时，促进资本家推进采用新技术、新的更加先进的机器、改革管理方式等，推动生产力进步和资本主义经济繁荣发展。经济的繁荣使资本家不断更新设备，扩大生产，资本主义矛盾不断积累，这也加强了下一次经济危机的规模和破坏力。

（二）工业资本主义经济危机的实质

经济危机之所以会周期性爆发，其根源在于资本主义制度的历史性和局限性。马克思认为经济危机爆发的根源在于资本主义制度的基本矛盾，即生产资料的资本主义私人所有制与生产社会化间的矛盾。当个别企业生产的有组织性与整个社会生产的无政府状态矛盾无限扩大，当资本主义生产日益扩大、资本家日益富裕与劳动人民有支付能力的需求日益缩小的矛盾不断激化，社会再生产的实现条件就被破坏，再生产无法顺利进行，经济危机随之出现。

生产的相对过剩源自资本主义基本矛盾。经济危机之所以会表现出大规模的生产剩余，是因为工人阶级的实际购买能力难以跟上资产阶级扩大生产规模的速度。“在资本主义生产方式内发展的、与人口相比显得惊人巨大的生产力，以及虽然不是与此按同一比例的、比人口增加快得多的资本价值（不仅是它的物质实体）的增加，同这个惊人巨大的生产力为之服务的、与财富的增长相比变得越来越狭小的基础相矛盾，同这个日益膨胀的资本的价值增殖的条件相矛盾。危机就是这样发生的。”[①] 马克思指出，资本主义经济危机实质上是资本最大限度追求剩余价值与价值最终难以实现的矛盾。这种生产力越发展、消费越狭隘间的矛盾根源在于资本主义的基本矛盾。资本主义生产的目的是尽可能多地获得剩余价值。对剩余价值的无止境追求使资本家不断积累资本扩大再生产，推动技术创新，更新机器设备。机器设备的大规模更新、应用导致大量工人失业，收入降低。资产阶级的消费能力是有限的，商品向货币的“惊险跳跃”必须依靠广大劳动者来实现。广大劳动者有支付能力的消费需求不足导致“庞大的商品堆积”[②]出现，大量企业倒闭，经济发展陷入困境。

个别企业生产的有组织性与整个社会生产的无政府状态的矛盾源自资本主义基本矛盾。资本家依据产品销售情况、价格变化在企业内部有组织地编制、安排生产活动，决定生产何种产品、是否追加生产等，并把资本投向那些生产周期短、利润高的领域。为了在市场竞争中获胜，企业还不断加强内部的组织性，改

---

① 马克思．资本论（第3卷）［M］．北京：人民出版社，1975：296.

② 马克思．资本论（第1卷）［M］．北京：人民出版社，1975：47.

善经营管理，提高劳动生产率。企业间基于自身利益展开的无休止的竞争使整个社会的生产更加无序，社会生产的无政府状态加重，生产往往不顾市场的实际需求而向利润率高的领域过度集中，生产过剩出现，经济危机发生。

四、工业资本主义经济危机的防范与调控

鉴于经济危机对经济的巨大破坏作用，资本主义国家纷纷采取措施防范危机的发生，并对经济进行调控，尽量减少危机的负面影响，帮助经济复苏。工业资本主义早期，资本主义国家通过出台相关法律、对贫民进行救济、举办公共工程等措施来治理经济危机。例如：1834 年，英国新《济贫法》规定，有劳动能力的失业者必须进贫民习艺所；1844 年，英国出台《银行法》，期望通过加强金融监管来防范危机；英国于 1846 年废除了《谷物法》，改善了社会贫民的生活状况；1858 年，英国成立济贫院，对贫民进行救济。1856 ~ 1857 年危机期间，德国举办公共工程缓解就业压力。这些措施在一定程度上消除了经济危机的恶劣影响，但没有从根本上解决问题，经济危机在资本主义世界仍旧周期性地发生。垄断资本主义时期，资产阶级宣扬用垄断来消除危机，但“用卡特尔消除危机是拼命为资本主义涂脂抹粉的资产阶级经济学家的无稽之谈。相反，在几个工业部门中形成的垄断，使整个资本主义生产所特有的混乱现象更加厉害，更加严重”。[①] 20 世纪 30 年代，资本主义经济出现大萧条，凯恩斯主义应运而生。凯恩斯主义主张通过扩大政府开支、实行赤字财政、政府举办公共事业、信用扩张等来刺激经济，促进经济繁荣发展。例如：在 1929 ~ 1932 年，美国政府花费数百万美元用于公共工程建设，以此来增加就业岗位，解决大规模失业问题；1932 年，在印第安纳州，美国通过企业——救济机构——家庭联合的自助模式，大规模开垦沼泽地，有效解决了粮食供给问题；罗斯福就任总统后，美国通过制定周密的公共政策，有目的地增加公共预算，加大兴办公共工程的力度，既弥补了私人投资不足的问题，又增加了就业岗位，缓解了经济危机的不利影响。凯恩斯主义的经济主张在治理危机、振兴经济方面确实发挥了重要作用，使资本主义经济进入快速发展的黄金时期。但是，凯恩斯主义只是在资本主义制度框架下缓解了资本主义的各种矛盾，并不能从根本上解决资本主义的基本矛盾，也在 20 世纪 70 年代发生的以滞胀为特征的经济危机面前束手无策，新自由主义经济理论走上历史舞台并逐渐占据主流地位。新自由主义为了维护资产阶级的利益主张回归自由放任

---

① 列宁．列宁全集（第 27 卷）［M］．北京：人民出版社，1990：344.

的市场经济，减少政府干预，使社会生产的无政府主义状态更为严重，危机频繁发生。可见，经济危机是资本主义制度本身的产物，是资本主义基本矛盾激化导致的，工业资本主义时期资本主义各国采取的防范、消除经济危机的各种措施只能在一定程度上缓解经济危机的消极影响，却无法从根本上消除经济危机。只要资本主义制度存在，经济危机就必然发生，并随着资本主义固有的各种矛盾的累积和激化以更加全面、更加猛烈的形式表现出来。

第二节　当代资本主义经济危机的新特点

经济危机是资本主义基本矛盾发展的必然产物。在不同发展阶段，资本主义基本矛盾的具体表现形式不同，经济危机也呈现出不同的表现形式和特点。在产业资本占据主导地位时期，经济危机主要发生在实体经济领域并集中地表现为生产的相对过剩。20 世纪 70 年代以来，随着信用制度的普遍化以及金融资本的产生、发展并逐渐占据资本主义经济的主导地位，经济危机以金融危机的形式表现出来，首先集中爆发于金融领域，然后传递到实体经济领域，对资本主义经济造成巨大破坏。

一、当代资本主义经济危机的新形式及其特点

（一）当代资本主义经济的金融化

在资本主义社会，资本的本性是追求剩余价值，资本家组织生产的目的是获取利润。在追逐剩余价值和利润的过程中，随着市场竞争的日趋激烈以及生产规模的不断扩大，对货币资本的需求也越来越大，当现有的产业资本和商业资本无法满足市场需求时，借贷资本作为一种特殊的资本形式应运而生并与产业资本、商业资本发生联系，各种形式资本按照各自在总资本中所占的比例分割利润。随着商品经济的繁荣发展，资本家间直接借贷在资本供需信息获取、及时性、风险防控等方面的局限逐渐凸显出来，商业信用、银行信用等信用制度产生并逐渐普遍化，从而加速了资本流通，突破了资本积累的瓶颈。在信用制度发展的基础上，股票、债券等资本融通形式发展起来，金融资本和食利者阶层出现，极大地放大了资本的功能。在自由竞争资本主义阶段，金融资本服务于资本主义的生产，其收入来自职能资本所创造的剩余价值。20 世纪 70 年代，资本主义经济出

现滞胀，实体经济部门的利润率下降，美元与黄金脱钩导致货币脱离其价值基础成为纯粹的价值符号，金融资本通过金融创新转嫁金融风险，资本市场上股票、债券等价格的涨涨落落、花样繁多的金融衍生品的出现等使金融资本投机获利的机会大大增加，资本终于可以不必忍受进入生产领域的艰辛就可以迅速、便捷地获得可观的收入，资本逐渐由实体经济领域流向金融领域，资本主义经济开启了金融化的进程。在新自由主义政策的加持下，金融资本如脱缰野马急剧膨胀，越来越多地分割了资本主义生产所创造的剩余价值，与实体经济严重脱节，由服务于职能资本向主宰职能资本异化，逐渐主导了资本积累和经济增长。据统计，20世纪70年代美国金融部门的利润只是非金融部门利润的20%，20世纪末这一比例上升到了70%左右[①]；20世纪70年代后，美国非金融企业的投资资金有50%以上是从金融市场直接融资获得，2017年这一比例更是达到79.5%[②]；美国金融、保险、房地产（FIRE）等行业增加值在GDP中所占的比重由1957年的13%上升到2008年的20%，2010～2013年一直维持在19.5%～20%，并在2013年后持续缓慢上升；形成鲜明对比的是，美国制造业增加值在GDP中所占的比重却由1957年的27%下降到2008年的12%[③]；美国金融资产流量与GDP的比值从1952～1972年的平均值257倍迅速上升到1980～2007年的418倍。[④]

（二）当代资本主义经济危机的新形式——金融危机

资本主义经济的金融化是资本主义国家缓解经济失衡的一种手段，资本向金融领域转移在满足资本增殖需要的同时客观上缓解了实体经济领域生产相对过剩的状况。但是，经济金融化无法解决资本主义的基本矛盾，纯粹的金融活动是无法创造价值的，没有实体经济的支持，金融资本封闭地在金融领域流转只能是击鼓传花式的“游戏”，当资本增殖的需要与实体经济领域因资本大量转移到金融领域而无法创造足够多的价值的矛盾激化到一定程度时，经济危机就会发生。只是，经济危机以一种崭新的形式表现出来，即金融危机，它首先爆发于金融领域，然后蔓延到实体经济领域。典型的代表是2008年由美国次贷危机引发的国际金融危机，它由金融领域传导到实体经济领域，由发达资本主义国家扩散到新兴市场国家，造成全球性的经济衰退。

---

① 格·R. 克里普纳，丁为民，常盛，李春红. 美国经济的金融化（上）［J］. 国外理论动态，2008（6）：7－15.

②③ 王守义. 经济金融化趋向及其对我国实体经济发展的启示——基于1973－2017年美国经济发展数据的分析［J］. 马克思主义研究，2018（10）：62－73.

④ 张宇. 金融危机、新自由主义与中国的道路［J］. 经济学动态，2009（4）：17－21，37.

(三) 金融危机的特点

与以往的经济危机不同，当代金融危机呈现出许多新的特点。

(1) 首先爆发于金融领域。与当代资本主义经济的金融化相联系，当代金融危机首先爆发于金融领域，然后再传递到实体经济领域乃至整个经济系统。2008年国际金融危机就是由美国次贷危机引发，首先表现为金融领域的股票价格暴跌、正常银行信用关系遭到破坏、银行挤兑、银根短缺、大量金融机构破产倒闭、资本外逃、官方储备资产大量减少、货币大幅贬值等，然后才因通货紧缩、企业资金短缺、汇率波动、消费者持币观望、消费萎靡等因素传导到实体经济领域，引发大量生产能力闲置、工厂倒闭、工人失业、工人工资下降等，整个经济陷入萧条。

(2) 生产相对过剩与"需求过度"并存。传统经济危机集中地表现为生产的相对过剩。资本的逐利本性使资本家一方面无休止地扩大再生产，另一方面不断贪婪地挤占工人的工资，从而导致生产无限扩大和人民有支付能力的需求的矛盾日益激化并最终导致危机。当代金融危机表面上发端于金融领域，但却是实体经济领域利润率下降资本脱实向虚不断向金融领域转移的必然后果，反映出的是实体经济领域的生产相对过剩。按照美国联邦储蓄银行的统计数据，20 世纪 70 年代美国制造业的产能利用率为 81.5%，21 世纪头 10 年下降到 74.5%左右，其中 2009 年更是下降到了 66.2%①。实体经济领域的产能过剩是与劳动人民收入增长过慢甚至降低导致有支付能力的需求不足密切相关的。根据美国劳工统计局的数据，1973 年7 月美国私人部门普通生产性工人和非管理类雇员的实际工资达到9.37 美元/小时，之后不断下降，1994 年8 月降到7.75 美元/小时，尽管在20 世纪 90 年代后期因劳动力市场相对紧张工人工资有所恢复，2008 年曾达到 8.94 美元/小时，但仍未恢复到 1973 年的水平，之后则又开始在波动中下降。② 在这种情况下，以通过抵押住房等获得消费现金、分期付款、预支等为流行方法的借贷消费、超前消费就成为刺激消费需求的主要方式。据统计，1990 年美国家庭负债与可支配收入的比值为 87.22%，2000 年这一比值上升到 107.89%，而且还在不断提高。③ 显然，相较于自身的可支配收入，劳动人民的需求"过度"了。这种缺乏收入增长作为基础，仅仅依靠借贷维持的虚假的消费繁荣终究是无法持续的，资本家们不会仁慈并无底线地借钱给劳动人民消费，当劳动人民的偿还能

①② 朱安东．世界资本主义危机的根源和发展［J］．马克思主义与现实，2012（4）：93－101.

③ 张宇．金融危机、新自由主义与中国的道路［J］．经济学动态，2009（4）：17－21，37.

力无法负担其负债时，虚假的消费繁荣也将终结，实体经济领域的生产过剩则会因劳动人民已经透支了未来的消费而更加严重，危机发生，经济衰退随之而来。

（3）影响深度和广度大。金融资本具有较强的投机性和流动性，主导着资本主义经济，渗透到国民经济的方方面面，同时为了追逐更高的利润向全球扩张。基于此，金融危机爆发后，不仅金融领域损失惨重，实体经济领域也深受影响，负面效应波及全球。2008 年国际金融危机爆发后，雷曼兄弟公司破产引发了美国投资银行和其他金融机构一系列连锁反应，美国银行收购美林公司，美国政府接管美国国际集团，华尔街投资银行陆续破产，仅存的高盛公司和摩根士丹利两家投资银行也改为商业银行，甚至“华尔街投资银行”作为一个历史名词都消失了。其中，美国国际集团亏损 993 亿美元，房利美和房地美分别亏损 587 亿美元和 501 亿美元。根据国际货币基金组织在 2009 年 4 月《全球金融稳定报告》的估算，从危机爆发到 2010 年全球持有的源自美国的信贷资产潜在的损失为 2.7 万亿美元。金融危机蔓延到实体经济领域。据统计，美国世界 500 强企业整体盈利从 2007 年的 6452 亿美元下降到 2008 年的 989 亿美元，下跌了 84.7%，其中 128 家企业亏损，通用汽车公司、福特汽车公司、摩托罗拉公司分别亏损 309 亿美元、147 亿美元、42 亿美元。① 金融领域和实体经济领域的损失，使美国经济陷入衰退中。根据世界银行的统计数据，美国 2004～2007 年 GDP 增长率分别为 3.799%、3.513%、2.855%、1.876%，2008 年是负增长，为 -0.137%，2009 年更是降到 -2.537%，2010 年恢复到 2.564%，之后一直在 1.5%～2.5% 波动，2018 年恢复到 2.857%，但与 2004 年的高值相比仍有较大差距。同时，金融危机的负面影响非常广泛，波及全球。与 1929～1933 年大萧条、1997 年亚洲金融危机、拉美危机、俄罗斯危机等呈现出的明显的区域性特征相比，当代金融危机影响更为广泛。2008 年国际金融危机爆发于美国，迅速蔓延到全球，日本与欧盟的发达资本主义国家经济步入下行通道，亚洲、非洲、拉美各国均受到金融危机的负面影响。根据世界银行的统计数据，日本 2007 年的 GDP 增长率为 1.654%，2008 年和 2009 年则为负增长，分别为 -1.094%、-5.416%；德国 2007 年的 GDP 增长率为 3.261%，2008 年降为 1.082%，2009 年则为负增长，为 -5.619%；甚至中国也受到很大影响，2007 年中国 GDP 增长率为 14.231%，2009 年降到 9.4%。其中，金融危机对国际贸易的影响更为突出。2007 年 10 月，美国、欧盟、东盟三个主要出口市场出口增长率分别为 15.5%、30.7%、31.4%，2008 年 10 月则分别降为 11.4%、24.5%、27.7%，2009 年初则为负增

① 源自美国《财富》杂志 2009 年 4 月 19 日公布的数据。

长，分别为 -9.8%、-17.4%、-21.9%；中国 2009 年前 10 个月累计出口额同比下降 20.5%。[①]

二、金融危机的发生机理

（一）当代资本主义经济金融化为金融危机发生创造了现实条件

20 世纪 70 年代，资本主义经济出现滞胀，实体经济部门利润率下降的同时，资本积累的空间受到挤压，资本积累的意愿降低，资本积累率下降。根据贝克和坎贝尔（2009）的计算，美国非金融类企业部门的积累率在税后利润率中所占的份额由 1948~1979 年的 0.61 下降到 1980~2007 年的 0.43。[②] 资本的逐利性使其迫切地想找到一种可以继续为其带来高额利润、不断实现价值增殖的形式。在这种情况下，资本向金融领域转移，开启了经济金融化的进程。金融资本以银行借贷、债券、股票等为主要表现形式，不拘泥于某一具体产业，游离于实体生产过程之外，具有较强流动性，不仅可以依托职能资本实现价值增殖，还可以通过交易在流通中实现对剩余价值的分割，把资本积累变为"钱生钱"的游戏。同时，1971~1973 年的美元危机导致布雷顿森林体系瓦解，美元与黄金脱钩，世界货币失去了价值基础。货币没有相应的价值基础作为支撑使商品价格频繁变动的概率大大提高，商品价格的频繁变动则使金融资本在低买高卖中就可以实现价值增殖，大大增加了金融资本投机获利的机会，也使其进一步脱离现实生产。马克思在《资本论》中曾指出："一切资本主义生产方式的国家，都周期地患一种狂想病，企图不用生产过程作中介而赚到钱。"[③] 追求利润的狂热和金融投机的"狂想病"结合起来，共同推动了金融资本市场的繁荣，信用工具不断创新，花样繁多的金融衍生品大量出现，金融资本在疯狂攫取利润的同时巧妙地转嫁金融风险。至少在表面上，金融资本实现了既远离辛苦漫长的生产过程又可以迅速便捷地获取利润，资本主义经济的金融化、去工业化也因此而不断深化。

按照马克思主义政治经济学的观点，金融资本只有与生产过程结合才能创造价值，单纯的金融活动并不创造任何价值。资本主义经济金融化的过程中，金融资本追求的由 M 到 M+ΔM 的所谓的快捷积累，实质上是一种剥夺性积累，剥夺

---

① 胡求光，李洪英．金融危机对中国出口贸易影响的实证分析［J］．国际贸易问题，2010（3）：3-11.

② E. Bakir and A. Campbell. Neoliberalism, the Rate of Profit and the Rate of Accumulation［J］. Science & Society, 2010: 323-342.

③ 马克思．资本论（第 2 卷）［M］．北京：人民出版社，1975：68.

的对象是依赖金融产品满足其住房、医疗、教育、消费等基本生活需要的广大工人阶级，利润来源则是工人们的工资收入。正如伦敦大学拉帕维茨讲到的："随着成熟的资本主义经济已经金融化，金融利润的源泉显然发生了重大转变。从工人和其他人的个人收入中直接榨取金融利润具有极端的重要性。这一点堪称是金融剥夺。"[①] 金融剥夺发生在流通领域，没有创造新的价值，只是剥夺了原本属于工人的工资收入。事实上，金融化没有像每次技术革命那样创造出新的可以显著提高社会生产力、做大社会财富蛋糕、实现价值快速增值的产业，也没有从根本上改变社会生产生活方式进而创造出新的社会需求，因而也没有从根本上解决资本积累空间不足的问题。通过信贷、金融创新诱导人们超前消费来解决生产过剩问题无异于饮鸩止渴，消费者严重透支未来的消费能力，况且金融资本还会通过利息的形式剥夺消费者未来的部分收入，眼前的资本增殖是以未来消费不足与生产过剩矛盾激化为代价的，信用资金链条过长也为发生经济危机埋下了隐患。当信用资金链条断裂，危机首先发生在金融领域并以金融危机的形式集中表现出来，然后迅速传导至实体经济领域。可见，经济金融化是金融危机发生的基础现实条件。

（二）新自由主义经济政策助推金融危机发生

资本主义经济出现滞胀后，西方经济学理论界把其归咎于凯恩斯主义，新自由主义逐渐走到历史的前台并成为主流。主要资本主义国家随之摒弃了以强化政府对宏观经济的干预、刺激需求、保障就业等为核心内容的凯恩斯主义经济政策，转而施行以自由化、私有化、政府干预最小化为内核的新自由主义经济政策。新自由主义经济政策是金融危机发生的深刻根源，推动了金融危机的最终爆发。

新自由主义经济政策加剧了资本主义经济运行的无政府状态。新自由主义经济政策试图恢复古典自由主义，强调自由市场的重要性，反对国家干预政策，主张公共部门私有化、削减公共服务开支和社会福利、削弱工会的力量、强化资本对劳动力市场的控制、开放商品市场和资本市场、放松金融管制、实现资本自由流动等。新自由主义经济政策表面上通过减少各种约束实现了所谓的经济自由，实质上却通过减少政府干预、削弱劳动者议价能力等方式为资本积累创造了更为宽松有利的环境。为企业、富人减税大大减少了资本主义企业的负担和社会责

① C. Lapavitsas. Financialised Capitalism: Crisis and the Financial Expropriation ［J］. Historical Materialism, 2009 (17): 114 - 148.

任，企业可以更加无所顾忌地追求资本的价值增殖；金融自由化则推动了金融资本的形成并为其创造了更多投机盈利的机会；削弱工会力量则大大降低了资本主义企业生产的劳动力成本，保证了庞大的劳动力后备队伍；等等。新自由主义经济政策的推广，使资本主义经济运行的自发性、盲目性、无政府状态空前加剧。

新自由主义经济政策加剧贫富分化。新自由主义经济政策并没有实现其宣扬的“对无产者也是一样”[①] 的自由，更多的是实现了资产阶级的自由。在劳资关系中，雇主占据了更为主动的一方，非法解雇工人，雇用临时工来代替正式工人。正如克鲁格曼曾描述的：“20 世纪 60 年代似乎与工会运动达成了和解的企业利益集团，从 20 世纪 70 年代开始对工会发动反击。我们并不是在谈论温文尔雅的劝服，而是真刀真枪的手段。例如：试图组织或支持工会活动的工人，就常常遭到非法解雇。从 70 年代后期到 80 年代初期，投票支持工会的人，至少有 5% 遭到非法解雇；一些估计甚至认为是 1/8。”同时，劳动者的议价能力因工会力量被削弱而大大降低，实际工资增长率呈现出下降趋势。据统计，1979 ~ 1995 年，美国工资最低的 60% 的劳动力的平均实际工资比开始年份下降了 10%[②]。形成鲜明对比的是，美国收入前 10% 人群的收入占国民收入的比重从 20 世纪 70 年代的不足 35% 上升至 2000 ~ 2010 年的 45% ~ 50%[③]。瑞信研究院发布的《2018 年全球财富报告》显示，全球最富裕的 0.8% 人口拥有 44.8% 的全球财富，而财富不足 1 万美元的人占到全球总人口的 63.9%，只掌握了 1.9% 的全球财富。可见，新自由主义经济政策加剧了全球的贫富分化。与全球的贫富分化加剧密切相关，全球私人实际消费支出也呈下降趋势。据统计，美国私人实际消费增长率从 1961 ~ 1970 年的 4.4% 下降至 2001 ~ 2005 年的 3.1%，欧洲 12 国私人实际消费增长率从 1961 ~ 1970 年的 5.5% 下降至 2001 ~ 2005 年的 1.4%[④]。马克思曾指出：“一切真正的危机的最根本的原因，总不外乎群众的贫穷和他们的有限的消费。”[⑤] 贫富分化的加剧使居民消费严重不足，没有实际收入增长作为基础而仅仅依靠信贷透支未来消费来实现现实消费的繁荣注定是虚假的、不可持续的，当虚假消费繁荣破灭时，生产与消费、资本与劳动之间的矛盾就会进一步激化，并以经济危机的形式反映出来。

---

① ［英］弗雷德里希·奥古斯特·冯·哈耶克（F. A. von Hayek）. 通往奴役之路［M］. 王明毅等译. 北京：中国社会科学出版社，1997：123.

② R. Brenner. The Economics of Global Turbulence［M］. London：Ver - so，2006：209 - 210.

③ ［法］托马斯·皮凯蒂. 21 世纪资本论［M］. 巴曙松，陈剑，余江，周大昕，李清彬，汤铎铎译. 北京：中信出版社，2014：25.

④ R. Brenner. The Economics of Global Turbulence［M］. London：Ver - so，2006：283.

⑤ 马克思. 资本论（第 3 卷）［M］. 北京：人民出版社，1975：548.

新自由主义经济政策使虚拟经济与实体经济严重脱节。虚拟经济之所以产生，是实体经济发展的现实需要。虚拟经济本身不创造价值，它以实体经济为基础，为实体经济服务，与实体经济结合才能创造价值。“虚拟资本的积累对实体资本积累的效率有着巨大的影响，它在适应实体资本积累时，能够使市场交易更加方便，加速资本配置和财富的创造。”① 虚拟经济与实体经济严重脱节时，不仅不能推动实体经济发展，还会因资金从生产和消费领域抽离而严重损害实体经济的发展，实体经济的衰退又会引起虚拟经济的波动，从而形成恶性循环。正如马克思所指出的：“一旦劳动的社会性质表现为商品的货币存在，从而表现为一个处于现实生产之外的东西，独立的货币危机或作为现实危机尖锐化的货币危机，就是不可避免。”② 现实中，在逐利动机的驱使下，随着美元与黄金脱钩，在新自由主义经济政策的支持下，资本越来越多地流入金融领域进行“剥夺”式的积累，虚拟经济逐渐与实体经济脱节。脱离了实体经济，虚拟经济只能是无源之水、无本之木，只会催生泡沫经济，脆弱而不堪一击，当资产泡沫破裂时，金融危机随之爆发。

（三）资本主义信用制度加速金融危机的发生

信用制度是伴随着资本主义生产的发展而产生发展的。马克思指出：“一种崭新的力量——信用事业，随同资本主义生产而形成起来，起初，它作为积累的小小的助手不声不响地挤了进来，通过一根根无形的线把那些分散在社会表面的大大小小的货币资金吸引到单个的或联合的资本家手中；但是很快它就成了竞争斗争中的一个新的可怕的武器；最后，它转化为一个实现资本集中的庞大的社会机构。”③ 资本主义信用制度在推动资本主义生产发展的同时，也加速了金融危机的发生。首先，信用制度加速了商品和货币流通以及资本主义再生产过程。正如马克思所说：“由于信用，流通或商品形态变化的各个阶段进而资本形态变化的各个阶段加快了，整个再生产过程因而也加快了。”④ 资本主义再生产过程的加快使资本主义再生产规模快速扩大，加深了生产过剩与有效需求不足的矛盾，促使危机发生。其次，信用制度促进生产与流通的分离，掩盖了生产过剩。信用

---

① 裴小革．论虚拟资本与实体资本的积累——兼谈中国虚拟资本积累应注意的问题［J］．河北经贸大学学报，2005（3）：1-6.

② 马克思．资本论（第3卷）［M］．北京：人民出版社，1975：585.

③ 马克思．资本论（第1卷）［M］．北京：人民出版社，1975：687.

④ 马克思．资本论（第3卷）［M］．北京：人民出版社，1975：493.

制度尤其是银行信用通过“预先实现的形式”[①] 实现商品资本向货币的转化，“使货币形式上的回流不以实际回流的时间为转移”[②]，促进了生产与流通的分离；同时，信用制度通过将过剩产品抵押贷款、票据贴现等方式掩盖了生产过剩，使“在回流实际上已经消失以后，总是会由于已经发生作用的信用，而在较长时间内保持下去”。[③] 当“回流”的假象消失，信用链条出现断裂，被掩盖的生产过剩就会显露出来，危机随之爆发。最后，信用制度加速危机来临并增强危机的负面影响。信用制度在保障资本主义生产正常进行的同时，也因金融资本的逐利性而导致商业过度投机和生产规模的过度膨胀。信用制度成为“使资本主义生产超出它本身界限的最有力手段”以及“引起危机和欺诈行为的一种最有效的工具”。[④] 实际上，商业的过度投机是“人为的使再生产过程猛烈扩大的体系”，[⑤]“常常是发生在生产过剩已经非常严重的时期。它是生产过剩的暂时出路，但是，这样它又加速了危机的来临和加强危机的力量”。[⑥] 马克思指出：“在再生产过程的全部联系都是以信用为基础的生产制度中，只要信用突然停止，只有现金支付才有效，危机显然就会发生”。[⑦] 信用引发的危机“最初不是在和直接消费有关的零售商业中暴露和爆发的，而是在批发商业和向它提供社会货币资本的银行中暴露和爆发的”[⑧]，即会爆发金融危机。

（四）经济全球化推动金融危机在世界范围内传导

马克思在《资本论》中曾对危机的国际传导做过论述。他认为当危机发生时，无论国际贸易顺差还是逆差，都会因支付期限的缩短而成为逆差，从而使“一切国家都会先后卷入危机”。[⑨] 他拿英国为例，指出：“在普遍危机的时刻，支付差额对每个国家来说，至少对每个商业发达国家来说，都是逆差，不过，这种情况，总是像排炮一样，按着支付的序列，先后在这些国家里发生；并且，在一个国家比如英国爆发的危机，会把这个支付期限的序列压缩到一个非常短的期间内。这时就会清楚地看到，这一切国家同时出口过剩（也就是生产过剩）和进

---

① 马克思，恩格斯．马克思恩格斯全集（第49卷）［M］．北京：人民出版社，1982：293.
② 马克思．资本论（第3卷）［M］．北京：人民出版社，1975：506.
③ 马克思．资本论（第3卷）［M］．北京：人民出版社，1975：507.
④ 马克思，恩格斯．马克思恩格斯全集（第25卷）［M］．北京：人民出版社，1974：686.
⑤ 马克思．资本论（第3卷）［M］．北京：人民出版社，1975：555.
⑥ 马克思，恩格斯．马克思恩格斯全集（第7卷）［M］．北京：人民出版社，1959：492.
⑦ 马克思，恩格斯．马克思恩格斯文集（第7卷）［M］．北京：人民出版社，2009：555.
⑧ 马克思．资本论（第3卷）［M］．北京：人民出版社，1975：340.
⑨ 马克思．资本论（第3卷）［M］．北京：人民出版社，1975：556.

口过剩（也就是贸易过剩），物价在一切国家上涨，信用在一切国家过度膨胀。接着就在一切国家发生同样的总崩溃。”①

20世纪80年代以来，经济全球化兴起，世界经济无论是在广度上还是在深度上都以前所未有的程度紧密联系在一起，各国经济相互依存，一荣俱荣，一损俱损。经济全球化是在资本逐利动机的驱使下资本主义生产方式向全球扩张的必然产物，它“使一切国家的生产和消费都成为世界性的了”②。在经济全球化进程中，随着金融资本占据资本主义经济的主导地位，金融全球化也在迅猛发展。布雷顿森林体系瓦解后，美国利用美元的国际货币地位，通过发行没有价值基础的美元来购买其他国家尤其是新兴市场经济国家的产品实现对他国剩余劳动的无偿占有，通过发行国债等方式回收美元维持国际收支平衡，并利用自身的霸权地位迫使通过出口产品积累大量美元储备的国家货币升值进而掠夺别国财富。可以说，经济全球化使全世界劳动者尤其是新兴市场经济国家劳动者的劳动都成为资本攫取剩余价值的源泉。资本的贪婪使美国一方面长期过度发行美元，另一方面大肆举债，导致美国资产价格大幅上涨以及虚拟资本迅速膨胀，为金融危机的爆发留下隐患。同时，国际贸易把美国的通胀输送到其他国家，迫使其他国家增发货币并形成这些国家货币对内贬值、对外升值的尴尬局面进而对其经济增长造成不利影响。可以看到，金融危机在一国爆发后，必然也会因各国经济的密切联系而使金融危机在世界范围内传导，使“一切国家都会先后卷入危机”。美国次贷危机由美国迅速向全球蔓延并演变为全球金融危机已经证明了这一点。

三、金融危机的实质

经济危机是资本主义基本矛盾的集中体现和强制性暂时解决。金融危机是经济危机的表现形式，其实质仍然是生产社会化与生产资料资本主义私人占有之间矛盾发展的产物。金融危机尽管首先发生在金融领域，但从根本上说却是实体经济领域生产相对过剩引起的。正如马克思所说：“在再生产过程的全部联系都是以信用为基础的生产制度中，只要信用突然停止，只有现金支付才有效，危机显然就会发生，对支付手段的激烈追求必然会出现。所以乍看起来，好像整个危机只表现为信用危机和货币危机。而且，事实上问题只是在于汇票能否兑换为货

---

① 马克思．资本论（第3卷）［M］．北京：人民出版社，1975：557.

② 马克思，恩格斯．马克思恩格斯选集（第1卷）［M］．北京：人民出版社，1995：276.

币。但是这种汇票多数是代表现实买卖的，而这种现实买卖的扩大远远超过社会需要的限度这一事实，归根到底是整个危机的基础。”① 因此，理解金融危机的实质不能仅仅分析金融资本的运动，更要深入剖析工业资本主义的矛盾运动。工业资本主义的典型特征是劳资关系悖论，这是理解金融危机实质的关键。一方面，资本增殖的价值源泉是工人的劳动，产业资本只有与产业工人结合起来，才能创造价值，实现资本增殖，这是工业资本主义生产体系运转的基础。另一方面，产业资本为了追求更多剩余价值，通过不断采用新技术、大量用机器代替工人、推动资本有机构成高的企业淘汰资本有机构成低的企业、改善经营管理等方式提高劳动生产率，结果导致大量产业工人与产业资本分离，工人失业。这种劳资关系悖论导致工业资本主义出现危机并逐渐走向衰落。通过将大量资本投资于研发引进新技术、采购新机器以及机器更新换代等，产业资本建立起庞大的机器大工业生产体系，实现对工人的剥削以及占有更多剩余价值。同时，大量工人被机器排挤出传统的加工制造业，“机器吃人”以及工人生活境况长期得不到改善导致社会消费严重不足，引起加工制造业利润率的降低以及资本积累率的降低，大量产业资本逃离加工制造业，造成资本主义国家的去工业化和产业空洞化。在利润的驱使下，越来越多的资本进入到可以快速实现价值增殖的金融领域并在经济全球化的推动下在世界范围内攫取剩余价值。但是，加工制造业的萎缩、越来越多工人进入到不创造价值的第三产业使价值的源泉在枯竭，金融资本的增殖也因缺乏实体经济的支持变得困难，只能通过金融创新、超前消费来维持虚假的繁荣。当生产与消费、劳资之间矛盾进一步激化时，金融危机随之爆发。现实中，在金融危机爆发前，实体经济领域中商业和工业危机的因素已经存在，金融危机只是工商业危机的序幕，危机最终会在工商业等实体经济领域中集中显现出来，引起实体经济的衰退。2008 年国际金融危机爆发时，美国制造业的产能利用率经历了从 20 世纪 70 年代到危机爆发前的长期下降，产能严重过剩；同时期美国私人部门普通生产性工人和非管理类雇员的实际工资也在波动中不断下降，劳动者有效需求严重不足。危机爆发后，迅速从金融领域蔓延至实体经济领域，美国世界 500 强企业整体盈利暴跌，美国经济陷入长期衰退之中。可见，金融危机的背后，是工业资本主义的危机，实质还是资本主义基本矛盾发展的产物。

① 马克思．资本论（第 3 卷）[M]．北京：人民出版社，1975：554 – 555.

第三节　当代资本主义金融危机的去周期化

资本主义自诞生以来，其经济就一直周期性地经历着危机、萧条、复苏和高涨。周期性是资本主义经济的重要特征，也是正确认识资本主义经济的重要视角。

一、经济周期理论述评

在对资本主义经济周期进行研究的过程中，不同学者从不同的研究视角提出了不同的观点，形成了不同的经济周期理论。

（一）太阳黑子理论

1875 年，英国经济学家杰文斯（W. S. Jevons）最早提出了太阳黑子理论。该理论认为经济的周期性变化是由太阳黑子的周期性变化引起的。太阳黑子大约每 10 年出现一次，引起地球气候、自然环境的巨大变化，影响农业的产量，进而影响到工业等国民经济其他部门，最终引起整个经济的周期性变化。显然，太阳黑子理论只是杰文斯通过把本来是由资本主义基本矛盾引起的经济周期性波动归因于自然现象而为资本主义制度所做的辩护。况且，随着资本主义经济的工业化，农业在资本主义国家国民经济中的比重不断降低，对资本主义经济的影响也不断减弱。因此，将经济的周期性波动归因于太阳黑子等自然现象是不科学的。

（二）心理理论

英国经济学家庇古、拉文顿等人认为，人们的心理变化是造成经济周期性波动的主要原因。当投资因某种原因得到刺激，生产者就会对未来的经济状况产生乐观的预期，从而进一步增加投资，引起经济扩张。当人们发现当初的乐观预期存在错误时，又会产生悲观预期，造成投资下降，经济收缩。经济随着人们心理的变化周期性波动。心理理论把经济周期主要归结于人们的主观心理变化，是无法客观地揭示经济周期的本质成因的。

（三）康德拉季耶夫的长波理论

长波问题在很早就引起了各国经济学家的注意。早在 1896 年，俄国马克思主义者帕尔乌斯在一篇讨论农业危机的论文中，就提出资本主义历史存在“长波”。1901 年他再次提到长波的存在。1913 年荷兰学者格得伦（J. van Gelderen）注意到经济发展中存在长波运动。1924 年荷兰经济学家沃尔夫用统计分析证实了格得伦的研究成果。

1925 年，“长波理论之父”、苏联经济学家尼古拉·康德拉季耶夫（Nikolai D. Kondratieff）第一次系统地提出了长波周期理论。他详细考察了英国、法国、美国和德国等主要资本主义国家从 18 世纪末到 20 世纪初（约 140 年）的一系列行情指标（商品价格的平均水平，贷款利率，工业工人的工资，对外贸易额，煤、生铁、铅、黄金的生产和消费）按时间序列排列的统计资料，这些资料既包括“具有纯价值特性”的商品价格、利率和工资，或者“至少具有混合特性”的外贸等“对经济情况变动敏感的数量”，也包括煤炭、生铁、铅等“纯实物量数列的变动”。在此基础上，他对经济发展的长波进行了实证研究，提出在资本主义经济中，除了存在通常所说的 7～11 年的商业周期和 3 年半左右的“更短变动”之外，还“存在着一个平均长约 50 年的长期波动”。康德拉季耶夫指出，一个完整的长波的“持续时间在 47～60 年之间”。他将人们的视野引导到更广阔的层面，为进行长期经济预测的可能性提供了依据。

康德拉季耶夫把 1780～1920 年这 140 年中的资本主义经济发展归结为两个半长周期波动：

第一个长波上升期是从 18 世纪 80 年代末或 90 年代初开始，持续到 1810～1817 年，下降期从 1810～1817 年开始，持续到 1844～1851 年；

第二个长波上升期从 1844～1851 年持续到 1870～1875 年，下降期从 1870～1875 年开始直到 1890～1896 年；

第三个长波上升期从 1890～1896 年持续到 1915～1920 年，而下降期大约从 1914～1920 年开始。

康德拉季耶夫并不认为引起长波产生的原因是偶然的、超经济的环境和事件，如技术变化、战争和革命、新的国家被纳入世界经济、黄金生产的波动等。他在解释长波的产生过程方面，主要使用了自由可贷资金理论和固定资本品投资理论。他把经济长波归因于主要固定资本产品的更新换代引起的经济平衡的破坏与恢复。按照他的解释，当对新型主要固定资本的投资有利可图时，社会出现大规模的投资和技术更新，从而推动经济高速增长，经济长周期的上升波形成。随着投资推动作用的减弱最终造成经济增长的停滞，经济周期进入下降波。他特别提出下降波的开始期与农业危机的开始期往往同时出现。在下降阶段，资本品的必要更替所造成的刺激作用则导致了长期萧条的回升。因而，基本资本品投资的重复作用造成了一种波，其长度依赖于资本品生命的长度。他还指出，发明和可用于信贷的资金在经济下降期间进行积累，当经济回升时就提供给企业使用，在长波上升阶段加速经济增长。

尽管康德拉季耶夫对长波起因的解释中存在诸多不足，例如他对转折点动力的分析不够明确等，但他的理论仍为后人提供了启迪。比如，固定资本品投资理论可引溯出冯·丹因的革新寿命周期；在下降波开始期和农业危机开始期不期而遇的观点，以及农产品价格下降有利于工业资本积累增加的观点中，已包含了罗斯托的相对价格长波论；关于下降波会迫使资本改进技术的观点，后来也被格·门施和曼德尔展开。其中，曼德尔构造的马克思主义的长波理论影响比较大，他认为由若干基本经济变量所制约的利润率的上升和下降，是导致经济长期波动的主要力量。他同时强调促使经济转入长波下降阶段的经济因素是内生的，但经济转入长波上升阶段必须依赖外生因素的推动。①②

（四）熊彼特的长波技术论

继康德拉季耶夫之后，约瑟夫·阿洛伊斯·熊彼特（Joseph Alois Schumpeter）对经济长波问题进行了研究。他的研究成果主要体现在《商业周期》（1939）一书中。运用早期建立的创新理论，熊彼特批判性地发展了康德拉季耶夫的长波理论。他的长波理论建立在康德拉季耶夫的理论之上，但分析重点从基本资本品转向创新与经济增长的交互作用。熊彼特认为，资本主义社会的成长过程并非简单地由技术和组织创新所伴随，而是由这些创新直接推动的，经济周期中每次较大的经济高涨都是建立在一个新的投资浪潮基础上的，而这种新投资浪潮又是同一种或几种重要技术（如蒸汽动力和电力）的推广结合在一起的。由于创新的扩散在时间上以及不同的经济部门之间是不平衡的，那么，就可以相应地把创新看作系统失衡的主要原因和各种不同的周期性波动的主要原因，包括在重要的新技术条件下长周期波动的主要原因。

熊彼特认为，大小各异的创新活动，会引起长短不一的经济周期。在资本主义经济发展中，存在三种主要经济周期：（1）基钦周期。1923 年，美国的约瑟夫·基钦从厂商生产过多时，就会形成存货，就会减少生产的现象出发，把这种 2～4 年的短期调整称之为“存货”周期。（2）尤格拉周期。1860 年，法国的克莱门·尤格拉从投资周期是与主要产品和主要设备的更新寿命相对应的现象出

---

① ［比］厄尔奈斯特·曼德尔．晚期资本主义［M］．马清文译．哈尔滨：黑龙江人民出版社，1983.

② ［比］欧内斯特·曼德尔（Ernest Mandel）．资本主义发展的长波　马克思主义的解释［M］．南开大学国际经济研究所译．北京：商务印书馆，1998.

发，提出了 9～10 年的周期。（3）康德拉季耶夫长周期。

熊彼特把 1780～1946 年的资本主义经济运行划分为三个长周期：

第一个长周期大约是从 1783～1842 年，即第一次产业革命，波峰在 1800 年左右；

第二个长波大约从 1842～1897 年，即蒸汽机和钢铁时代，波峰在 1857 年左右；

第三个长波大约从 1897～20 世纪 20 年代末，即电气、化学和汽车时代，波峰在 1911 年左右。

熊彼特还通过扩展用以解释投资周期（朱格拉周期）的模型，将长波区分为繁荣、衰退、萧条和复苏四个阶段。

尽管熊彼特的长波技术论并非完美，但他用技术创新解释长波起因的方法，对后世长波学者具有重大的影响。

（五）政治性周期理论

该理论的代表人物是诺德豪斯、卡莱斯基等人。该理论把经济的周期性波动归因于政策制定者周期性地刺激经济、抑制通货膨胀的行为。该理论认为，政策制定者掌握着刺激经济的工具和手段，为了在选举中获胜以及追求连任，政策制定者会在选举前实施刺激经济的政策推动经济较快增长、促进就业，进而赢得选民支持。当刺激经济的政策使通货膨胀严重时，政策制定者又会人为地制造衰退来抑制通货膨胀。这种与政治性周期密切相关的经济政策的更迭造成了经济的周期性波动。政治性周期理论把经济周期性波动归因于资本主义经济运行之外的政治性因素，显然无法从根本上揭示资本主义经济周期性波动的本质原因。

（六）纯货币理论

该理论的倡导者是英国学者霍特里、美国经济学家弗里德曼等人。该理论认为，经济周期纯粹是货币现象。在发达资本主义社会中，货币只是被用作零星的支付，经济活动更多地依靠银行信用实现资金的流动，因此银行信贷会对经济产生很大影响。由于银行信用有乘数效应，因而银行信贷具有很大的伸缩性。当银行实施降低利率、收购有价证券、放松信贷等扩张性的信用政策时，商人就会增加贷款、增加订单，引起生产的扩张以及收入的增长，收入增加使消费需求增加进而引起物价上涨，厂商面对繁荣的市场会进一步增加投资，最终促进了经济的高涨。相反，银行实施提高利率、出售有价证券、收紧信贷等收缩性信用政策时，银行信用的功能使经济陷入衰退。不可否认，银行信贷对当代资本主义经济的影响是巨大的。但是，把经济的周期性波动完全归结为货币信用的扩张和收缩却并不妥当。

（七）马克思经济周期理论[①]

马克思认为资本主义经济危机具有每隔一段时间重演一次的周期性。周期性的根源在于资本主义固有的基本矛盾。马克思指出："资本主义生产绝不是发展生产力和生产财富的绝对形式，它反而会在一定点上和这种发展发生冲突，这种冲突部分地出现在周期性危机中""繁荣和危机的交替……对生产当事人表现为不可抗拒的、自发地统治着他们的自然规律，并且作为盲目的必然性对他们发生作用"。[②] 资本主义社会的各种矛盾是经常存在的，当它们发展到极其尖锐的程度，使再生产的比例严重失调的时候，危机就宣告爆发。但是，危机的爆发只是资本主义再生产过程中各种矛盾暂时的、强制的解决，并不是这些矛盾的消灭。随着危机过后资本主义经济的恢复和发展，资本主义所固有的各种矛盾还会重新发展和激化，使再生产过程中比例失调的现象重新严重起来，直至另一次危机的爆发，这样就使资本主义生产具有周期的性质。

马克思具体分析了资本主义生产的周期所经历的不同阶段：危机、萧条、复苏和高涨。其中，危机是周期的决定性阶段，它是上一个周期的终点，同时又是另一个周期的起点。

（1）危机通常以突然地方式到来，它往往首先爆发于批发商业和向它提供社会货币资本的银行中，随后在向消费相关的零售商业中蔓延；当危机来临时，工资下降、股价暴跌、现金奇缺、支付困难。

（2）经过经济危机的沉重打击，经济逐渐下降到谷底，进入萧条阶段。这时，借贷资本大量闲置不用，利息率低，资本主义经济开始进行产业调整和设备更新。

（3）随着投资扩大，经济开始增长，从而使经济由停滞状态转向复苏。

（4）随着经济进入高涨阶段，再生产过程大大扩张，工人充分就业，工资提高，消费提高，金融市场活跃，信用膨胀，证券价格提高，利率缓慢上升。随着生产的不断发展，信用支持下的商业繁荣造成虚假需求，生产相对过剩，从而引起新的危机。新的周期开始，如此不断反复。

此外，凯恩斯、萨缪尔森等人从有效需求方面解释了经济周期。总的来说，

---

① 部分内容发表在何自力，冯新舟．马克思经济危机理论的创新与发展［J］．经济纵横，2009（11）：16－19.

② 马克思，恩格斯．马克思恩格斯全集（第25卷）［M］．北京：人民出版社，1974：939.

西方经济周期理论是在坚持资本主义制度是永恒的、资本主义私有制是神圣不可侵犯的前提下开展对经济周期性波动的研究的，把资本主义经济周期性波动归结为自然、心理、技术、政治等经济体系外部因素，强调从分配、交换、消费方面分析经济周期的成因而忽视从生产过程本身探寻答案，更多侧重于头痛医头、脚痛医脚式的反危机政策措施研究，极力排除经济危机与资本主义基本制度的内在联系，显然无法揭示资本主义经济周期发生的根本原因。马克思经济周期理论从唯物史观出发，认为经济危机和周期是资本主义生产方式下特有的现象，是资本主义生产方式各种矛盾和规律综合作用的结果，根源是资本主义基本矛盾，揭示了资本主义经济运行的客观规律，为正确认识资本主义经济周期提供了重要遵循。

二、工业资本主义经济危机的周期性及其成因

（一）工业资本主义经济危机周期性的表现

工业资本主义经济是呈周期性发展的。按照马克思的论述，经济危机是有周期性的。马克思指出："现代工商业在其发展过程中产生历时五年到七年的周期性循环，以经常的连续性经过各种不同的阶段。"① 在《资本论》中，马克思以1825～1873年英国棉纺织业为例生动论述了经济危机的周期性。这种周期性"正如天体一经投入一定的轨道就会不断地重复这种运动一样，社会生产一经进入交替发生膨胀和收缩的运动，也会不断地重复这种运动。而结果又成为原因，于是不断地再生产出自身条件的整个过程的阶段变换就采取周期性的形式"②，"它们的各个相继的阶段，都为时数年，而且它们总是以一场普遍危机的爆发而告终，这场危机既是一个周期的终点，也是另一个新周期的起点"③。经济危机的周期性使资本主义再生产也周期性地经历危机、萧条、复苏、高涨四个阶段。在危机阶段，生产过剩，商品价格大幅下降，企业被迫削减投资、压缩生产，大量机器闲置，失业率大幅提高，社会消费需求严重不足，部分企业破产倒闭，生产领域危机传递到金融领域引起资金链条断裂、挤兑存款等，部分银行陷入困境甚至倒闭。在萧条阶段，生产在低水平上徘徊，失业工人因就业岗位缺乏大多尚未重新就业，社会消费需求仍然不足，商品价格停止下跌但仍处于较低水平，社

① 马克思，恩格斯．马克思恩格斯全集（第8卷）［M］．北京：人民出版社，1961：416.

② 马克思．资本论（第1卷）［M］．北京：人民出版社，1975：694－695.

③ 马克思．资本论（第1卷）（法文版）［M］．北京：中国社会科学出版社，1983：675.

会游资充斥，利率较低，股市长期在底部震荡，经济到处呈现出萧条景象。随着大量过剩商品被以较低的价格销售出去，企业库存得以削减甚至需要扩大生产重建库存来解决生产与销售之间的矛盾，低利率则为企业扩大投资、更新设备等提供了便利，经济逐渐复苏。在复苏阶段，企业继续扩大投资，就业机会增加，失业率下降，工人收入提高，市场活跃，物价稳步回升，企业利润增加并进一步扩大投资，投资增加又带动消费增长，生产不断扩大并逐渐超过危机前的最高点，经济进入高涨阶段。在高涨阶段，生产加速，失业率进一步下降，工人收入进一步提高，社会消费需求旺盛，物价不断上涨，供销两旺，企业产能利用率达到高点，利率提高也无法阻挡企业增加投资扩大生产规模，经济一片繁荣。但是，“这个狂热发展状态也只不过是崩溃状态的先声”①。随着生产的扩大，资本主义经济运行中的各种矛盾不断积累激化，危机再次爆发，经济进入下一个周期。资本主义经济在“危机—萧条—复苏—高涨—再次危机”中周而复始地循环。

（二）工业资本主义经济危机周期性爆发的原因

资本主义基本矛盾总是贯穿于经济发展的每一过程，但是，资本主义基本矛盾并不是总处于严重激化的程度，生产资料的私有制与生产社会化之间的对立往往呈现出一种时而缓和、时而尖锐的状态。当基本矛盾激化到一定程度，经济危机才会爆发。经济危机对于资本主义世界来说是一个“毁灭性”的进步过程，资本主义社会中许多潜在矛盾必须经过经济危机才能得到缓解，不过，这种局部性的调整并不能消除经济危机爆发的可能，一次危机过去后，随着经济的恢复和发展，社会基本矛盾又会逐步累积、激化起来，下一次危机也就不可避免。只要资本主义制度存在，其基本矛盾就会存在，那么经济危机就必然会发生。

在工业资本主义时期，对经济危机周期时间长短影响较为重要的是固定资本更新周期。“在资本主义条件下生产过剩危机的基本特征之一是它的周期性，其基础是固定资本的更新”。② 固定资本更新既是经济周期的物质基础、又是造成经济危机的物质基础。固定资本更新需要引进适合新技术的机器设备，为生产新的机器设备就会增加就业，就业增加后会增加劳动人民的购买力，购买力增加商品过剩得到解决，从而经济得到恢复和发展。

---

① 马克思，恩格斯．马克思恩格斯全集（第8卷）［M］．北京：人民出版社，1961：422.

② 维·索·维果茨基．《资本论》创作史［M］．福州：福建人民出版社，1983：16.

三、当代资本主义金融危机的去周期化和资本主义经济停滞常态化

经济危机只是资本主义基本矛盾的强制性的暂时解决，资本主义生产方式的局限性注定资本主义制度本身是无法从根本上解决危机的，“资产阶级准备更全面更猛烈的危机的办法，不过是使防止危机的手段越来越少的办法”。[①] 当资本主义基本矛盾激化到一定程度，经济危机必然呈现出去周期化的特点，资本主义经济陷入长期停滞。20 世纪 70 年代以来，伴随着金融自由化，金融领域风险加大，资本主义世界金融危机频发。20 世纪 80 年代爆发了拉美国家的债务危机，1992 年爆发了欧洲货币危机，1994 年墨西哥发生金融危机，1997 年爆发亚洲金融危机以及俄罗斯的金融危机，2001 年阿根廷爆发金融危机，2007 年美国爆发次贷危机并引发 2008 年的国际金融危机。国际金融危机爆发后，全球股市暴跌，大量银行倒闭，金融资产缩水严重。危机的负面影响迅速蔓延至实体经济领域，全球经济增长长期停滞，国际贸易萎靡，各国失业率居高不下，世界贫困人口不断增加，社会矛盾激化。更令人沮丧的是，国际金融危机爆发后的 10 多年时间里，资本主义经济并没有摆脱困境，依然处于长期的停滞状态。可以说，20 世纪 70 年代后，资本主义经济迅速衰落。2008 年国际金融危机的影响更是持续至今，危机的去周期性明显，资本主义经济停滞常态化。主要表现在：

（1）产业空心化严重，国家竞争力下降。20 世纪 70 年代以来，西方资本主义国家的冶金、机械、建筑材料、纺织、家电、汽车等产业不断衰退，新兴的高新技术产业发展缓慢。根据世界银行的统计数据（如图 12 -5 所示），20 世纪 90 年代以来美国、日本、欧盟的加工制造业增加值在 GDP 中的占比持续下降，美国从 1997 年的 16.09% 下降到 2017 年的 11.15%，日本从 1994 年的 23.49% 下降到 2017 年的 20.73%，欧盟则从 1991 年的 19.18% 下降到 2018 年的 14.18%。形成鲜明对比的是，西方资本主义国家的金融、保险、广告、咨询等服务业却持续稳定增长。根据世界银行的统计数据（如图 12 -6 所示），美国 2001 年服务业增加值增速为 2.23%，2005 年达到 4.02%，2009 年受国际金融危机影响为 -1.22%，2010 年恢复为 2.29%，2017 年为 2.08%；日本 2001 年服务业增加值增速为 1.34%，2004 年达到 1.81%，2008 年、2009 年受国际金融危机影响为负增长，分别为 -1.26%、-2.47%，2010 年恢复到 1.2%，2013 年达到 1.91%；欧盟 2001 年服务业增加值增速为 2.8%，2007 年达到 3.47%，2009 年受国际金

① 马克思，恩格斯．马克思恩格斯文集（第 2 卷）[M]．北京：人民出版社，2009：37.

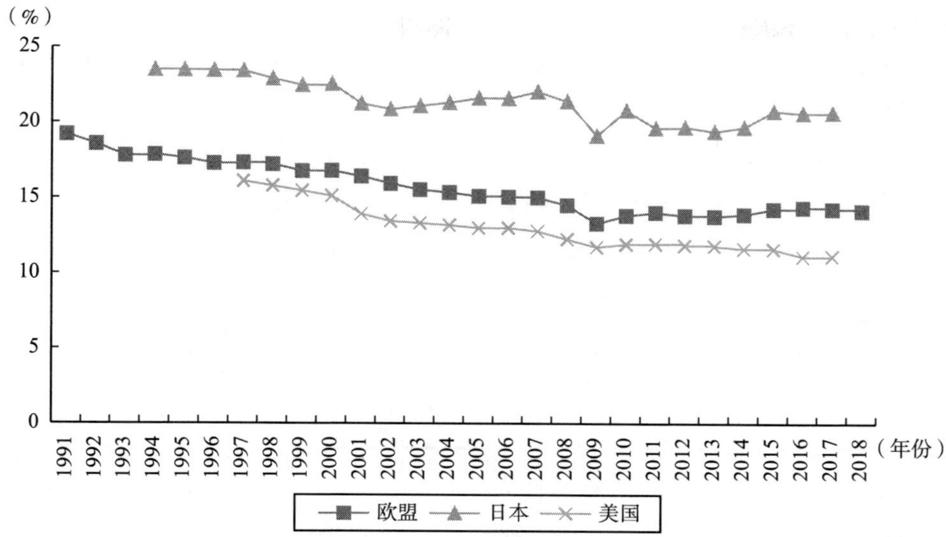

图 12－5　1991 年以来美国、日本、欧盟制造业增加值占 GDP 比重

资料来源：世界银行数据库。

融危机影响为－2.35%，2010 年恢复到 1.27%，2017 年为 2.15%。制造业的萎缩、服务业的增长导致西方资本主义国家第二产业在 GDP 中所占的比重逐渐下降，第三产业在 GDP 中所占的比重却不断上升。根据世界银行的统计数据，2000 年美国、法国、英国第二产业在 GDP 中所占的比重分别为 22.4%、21.3%、22.5%，2018 年分别下降为 18.2%、16.9%、18.0%；2000 年美国、法国、英国第三产业在 GDP 中所占的比重分别为 73.1%、66.3%、66.4%，2018 年分别上升为 77.4%、70.3%、70.5%。[①] 更令人沮丧的是，西方资本主义国家的固定资产投资也呈下降趋势。据统计（如图 12－7 所示），美国 1998 年固定资本形成总额增长 9.66%，之后持续下降，2008 年、2009 年受国际金融危机影响为负增长，分别为－4.21%、－12.52%，之后有所上升，但一直没有恢复到 1998 年水平，2018 年为 4.13%；日本 1996 年固定资本形成总额增长 6.49%，之后一直低速增长甚至负增长，2008 年、2009 年分别降为－3.79%、－9.74%，2013 年恢复到 4.93%，2018 年则又降到 1.06%；欧盟 1998 年固定资本形成总额增长 6.37%，之后增速不断降低，2008 年、2009 年分别降为－0.98%、－11.46%，2015 年恢复到 4.83%，2018 年则又降到 2.5%。西方资本主义国家的去工业化、产业空心化导致其产业竞争力衰竭，严重依赖进口才能满足本国的需求，外贸赤

① 资料来源：世界银行 WDI 数据库。

字增加。资本因无法从本国制造业获得高额回报而流向第三产业甚至国外，即使政府刺激也无法改变本国投资乏力的现实，长此以往，西方资本主义国家的衰退也成为必然。

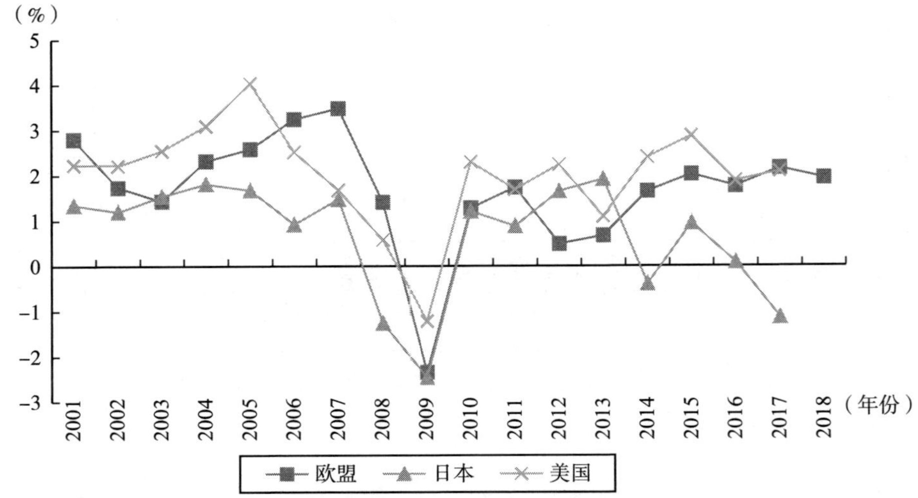

图 12－6　2001 年以来美国、日本、欧盟服务业增加值增速

资料来源：世界银行数据库。

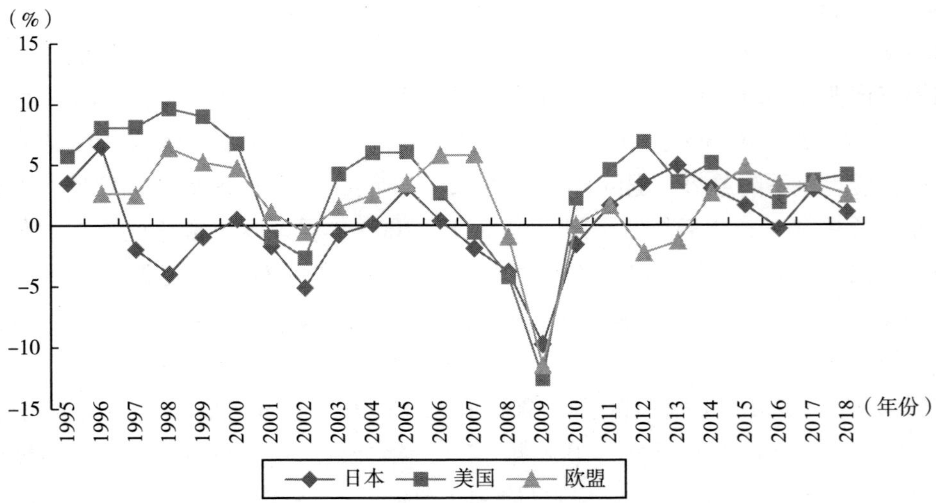

图 12－7　1995 年以来美国、日本、欧盟固定资本形成总额增长率

资料来源：中经网数据库。

（2）政府税源减少，债务负担持续增加。随着西方资本主义国家加工制造业的衰退、产业空心化，西方国家经济长期低迷、缺乏竞争力，政府税收来源减少，许多资本家甚至通过对外直接投资的方式来避税，更加剧了西方国家税源缺乏的困境。同时，加工制造业的萎缩、新机器、新技术代替劳动等导致西方国家大量工人失业，被迫到第三产业就业，收入降低，甚至需要依靠政府救济度日。大量生活在底层的广大劳动人民生活条件长期得不到改善、贫富差距拉大等残酷现实激化了资本主义矛盾，严重威胁资本主义制度。为了缓和矛盾，西方国家政府通过增加公共支出、加大转移支付力度等方式来维持广大劳动人民的基本福利。在这种情况下，西方国家财政收入增加的速度远远无法满足公共支出增加的速度，政府只能依靠不断举债来支撑不断增长的公共支出，政府债务的雪球越滚越大，债务负担持续增加。根据世界银行统计数据（如图 12－8 所示）显示，美国、日本、英国、法国的中央政府公共债务占 GDP 的比重分别从 2000 年的 33.16%、100.46%、42.86%、58.04% 增加到 2015 年的 97.38%、197.04%、106.73%、98.04%。[①] 政府背负的巨额债务随时会压垮西方国家的经济，并引发一系列社会问题，欧债危机对欧洲的消极影响、美国政府关门事件就是其中的突出表现。

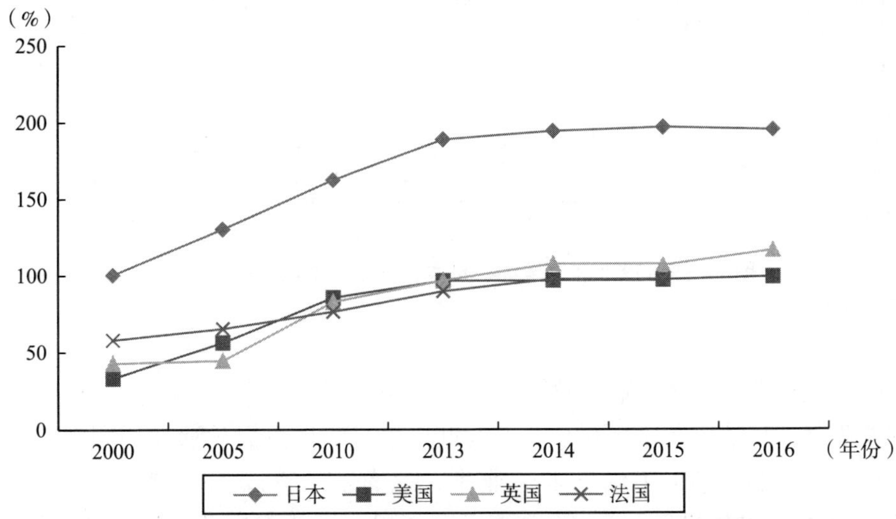

图 12－8　2000～2016 年美国、日本、英国、法国中央政府公共债务占 GDP 比重

资料来源：世界银行 WDI 数据库。

① 资料来源：世界银行 WDI 数据库。

（3）经济持续低迷，复苏无望。20 世纪 70 年代以来，以美国、日本、欧盟为代表的资本主义国家的经济持续低迷，GDP 增长率一直在低位徘徊，从来没有恢复到 20 世纪五六十年代所谓“黄金年代”的水平。2008 年国际金融危机爆发后，资本主义国家经济更是一蹶不振，尽管资本主义各国纷纷采取实施宽松货币政策、实施再工业化战略、加大基础设施投资、培育新的经济增长点、鼓励资金回本土投资等一系列恢复、振兴经济的措施，但收效甚微。根据世界银行的统计数据（如图 12－9 所示），2008 年，美国、日本、欧盟经济受到金融危机冲击，GDP 增长率分别为－0.14%、－1.09%、0.54%，2009 年更是分别降为－2.54%、－5.42%、－4.34%，之后尽管有所恢复，2018 年分别达到 2.86%、0.79%、2.01%，但一直处于较低水平，经济复苏无望。

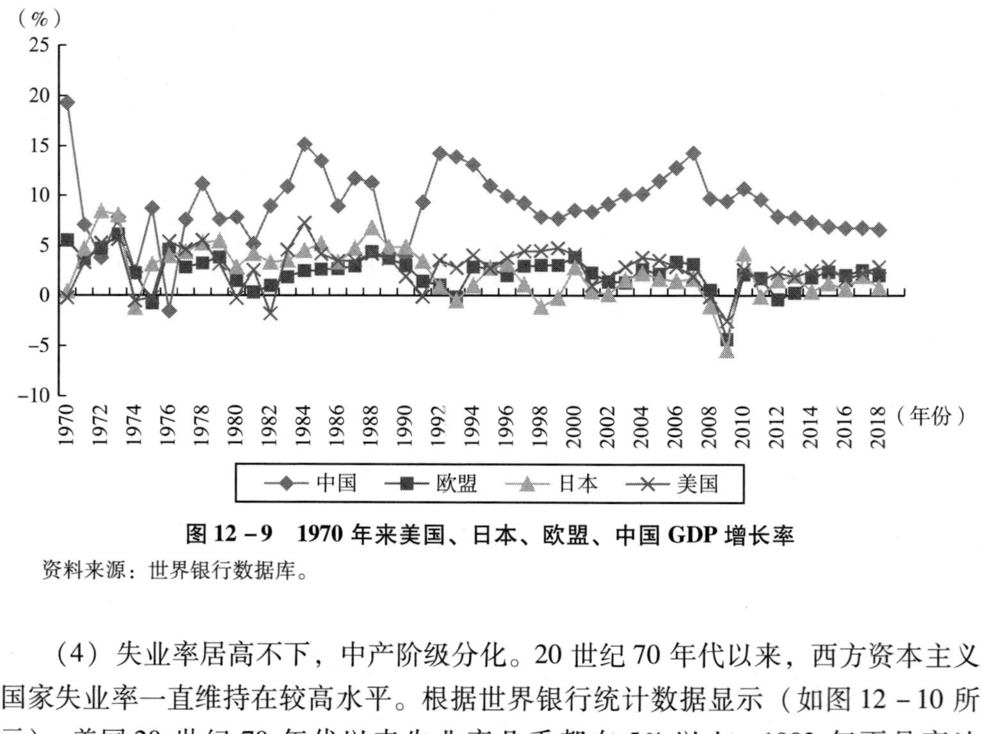

图 12－9　1970 年来美国、日本、欧盟、中国 GDP 增长率

资料来源：世界银行数据库。

（4）失业率居高不下，中产阶级分化。20 世纪 70 年代以来，西方资本主义国家失业率一直维持在较高水平。根据世界银行统计数据显示（如图 12－10 所示），美国 20 世纪 70 年代以来失业率几乎都在 5% 以上，1982 年更是高达 9.7%。国际金融危机后，西方各国受危机影响，失业率攀升，2008 年美国、日本、欧盟的失业率分别为 5.78%、4%、6.5%，2009 年分别提高到 9.25%、5.1%、8.91%，2010 年分别进一步提高到 9.63%、5.1%、9.53%。之后，美国、日本失业率有所下降，2018 年分别下降到 3.9%、2.4%，欧盟失业率则因欧债危机等因素的影响分别在 2012 年、2013 年、2014 年上升到 10.42%、

10.82%、10.21%，2018 年仍然高达 6.82%。与制造业的衰落、持续的高失业率相联系，西方国家的中产阶级迅速分化，越来越多的中产阶级滑落到低收入群体中，贫富差距不断拉大，社会阶级结构也由橄榄形向金字塔形转变。据统计，20 世纪 70 年代后的近 30 年时间里，占美国人口 0.1% 的最富有的人财富增长了 4 倍，占美国人口 0.01% 的最富有的人的财富是 1973 年财富的 7 倍，普通美国家庭的收入却没有明显的提高。[①] 收入的极端不平等使贫富对立严重，广大普通消费者消费能力严重不足，严重抑制经济发展，经济复苏无望。

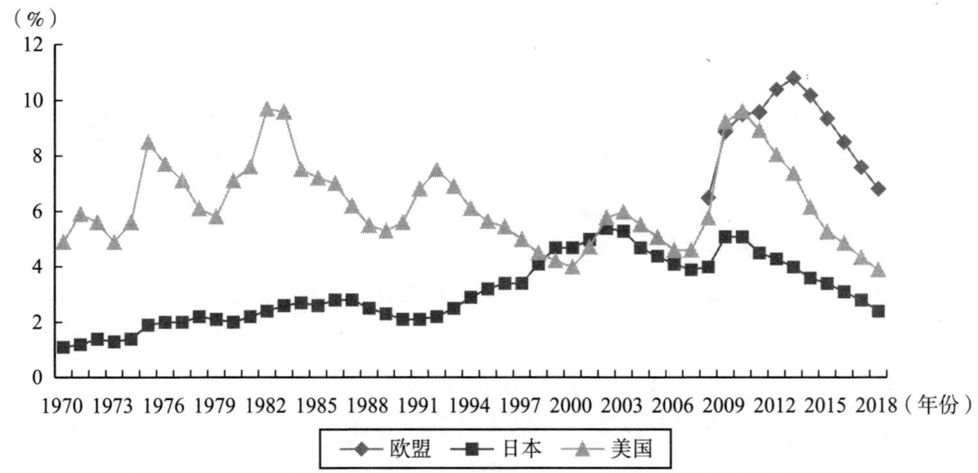

图 12－10　1970 年来美国、日本、欧盟失业率

资料来源：世界银行数据库。

资本主义世界金融危机的去周期化以及经济停滞的常态化对世界经济、政治、社会、文化等方方面面产生了重大影响。主要表现在：资本主义世界社会矛盾激化，陷入长期的冲突动荡中，暴力事件频发，恐怖主义泛滥，难民问题凸显；西方资本主义国家主导经济全球化的能力减弱，以美国为首的西方国家长期的产业空心化、制造业萎缩大大降低了国家竞争力，奉行本国利益至上的原则大肆推行贸易保护主义政策，为了实现本国再工业化吸引企业回流、缩减对外投资，在承担振兴全球经济重任上力不从心；世界和平与发展受到挑战，国际贸易摩擦不断，中东乱局难解，局部战争和武装冲突时有发生。在这样的背景下，反思、质疑资本主义生产方式及制度成为必然。危机本质上是资本主义基本生产方

① ［美］克鲁格曼．美国怎么了?：一个自由主义者的良知［M］．刘波译．北京：中信出版社，2008：99.

式导致的危机，采用英美模式的美国和英国以及采用莱茵模式的欧洲诸国均爆发危机并长期无法摆脱危机消极影响，宣告了两种主流的资本主义经济模式的失败，新自由主义经济政策走下历史舞台，资本主义生产关系、资本主义制度不再是西方资产阶级学者宣扬的“不受时间影响的自然规律”①、永恒的不可战胜的“千年王国”。同时，马克思主义则因其对金融危机本质的科学揭示展现出强大的生命力并在世界范围内再度复兴。

四、金融危机是资本主义的不治之症

经济危机是资本主义制度与生俱来的痼疾。资本主义发展史也是资本主义经济危机周期性爆发、资产阶级治理危机的历史。资产阶级采取的诸多措施尽管在一定程度上降低了经济危机的不利影响，但都未从根本上消除危机。马克思、恩格斯驳斥了在自由竞争资本主义阶段资产阶级妄图用银行立法、征收救济捐救济贫民、设立习艺所等方法消除危机的做法。马克思认为，“任何银行立法也不能消除危机”②；“救济捐是不够用的，……它的作用一瞬间就用完了，因为在乞丐很多的地方，施舍只能帮助很少的人”③；设立习艺所则把习艺所变为了“穷人的巴士底狱”。④ 此外，资本主义国家还提出通过设立国家工厂、举办公共工程等方式消除危机，但均以失败告终。进入垄断资本主义阶段，恩格斯否定了资产阶级企图用垄断消除危机的做法，严肃指出：“正如无限制的竞争产生垄断，而垄断又产生竞争一样。这一循环必然同危机、同尖锐的长期的苦难以及整个阶层的居民的周期性破产联系在一起，也同生产资料和成品的大量浪费联系在一起。”⑤ 列宁则认为：“帝国主义使资本主义的矛盾复杂化和尖锐化，使垄断和自由竞争‘搅在一起’，但它消除不了交换、市场、竞争、危机等。”⑥ 20 世纪 30 年代，面对资本主义世界经济“大萧条”，凯恩斯主义登上历史舞台并在治理危机、振兴经济方面发挥了重要作用，但因其在 20 世纪 70 年代资本主义经济滞胀面前束手无策而被抛弃，新自由主义政策主张逐渐占据主导地位，却引起了更加频繁、深重的金融、经济危机。2008 年国际金融危机的爆发，宣告了新自由主

① 马克思，恩格斯．马克思恩格斯全集（第 4 卷）［M］．北京：人民出版社，1958：153 – 154.
② 马克思，恩格斯．马克思恩格斯全集（第 25 卷）［M］．北京：人民出版社，1974：554.
③ 马克思，恩格斯．马克思恩格斯全集（第 2 卷）［M］．北京：人民出版社，1957：373.
④ 林振淦．马克思恩格斯论述金融危机与经济危机［M］．北京：社会科学文献出版社，2011：438.
⑤ 马克思，恩格斯．马克思恩格斯全集（第 39 卷）［M］．北京：人民出版社，1974：101.
⑥ 列宁．列宁全集（第 29 卷）［M］．北京：人民出版社，1985：479.

义经济政策的失败。

历史和现实证明，经济危机是资本主义生产方式、资本主义制度本身决定的，是资本主义基本矛盾发展的必然产物。任何妄图在资本主义生产方式下、资本主义制度框架内消除危机的做法都是徒劳的。作为经济危机在当今历史时期的现实表现形式，金融危机同样是资本主义的不治之症，是不可防范和避免的。正如马克思所说："如果现在的国民经济组织和法的基础（！），土地的私有制和资本等被看作基本上不应变化的'制度'，那就没……任何办法来消除……｛那些由此产生的灾祸，如销售方面的阻碍、危机、解雇工人、减少工资，等等的｝原因，从而消除'这个祸害本身'。"① 恩格斯也深刻指出："生产过剩和大众的贫困，两者互为因果，这就是大工业所陷入的荒谬的矛盾，这个矛盾必然地要求通过改变生产方式来使生产力摆脱桎梏。"② 总之，"要消灭危机，就必须消灭资本主义"③。

① 马克思，恩格斯．马克思恩格斯全集（第19卷）［M］．北京：人民出版社，1963：425.
② 马克思，恩格斯．马克思恩格斯全集（第21卷）［M］．北京：人民出版社，1965：345.
③ 斯大林．斯大林全集（第12卷）［M］．北京：人民出版社，1955：215.

参考文献

[1] [比] 厄尔奈斯特·曼德尔．晚期资本主义 [M]．马清文译．哈尔滨：黑龙江人民出版社，1983.

[2] [比] 厄尔奈斯·曼德尔 (Ernest Mandel)．资本主义发展的长波　马克思主义的解释 [M]．南开大学国际经济研究所译．北京：商务印书馆，1998.

[3] [德] 弗里德里希·李斯特．政治经济学的国民体系 [M]．陈万煦译．北京：华夏出版社，2009.

[4] [法] 托马斯·皮凯蒂.21 世纪资本论 [M]．巴曙松，陈剑，余江，周大昕，李清彬，汤铎铎译．北京：中信出版社，2014.

[5] [美] 保罗·克鲁格曼．萧条经济学的回归和 2008 年经济危机 [M]．刘波译．北京：中信出版社，2009.

[6] [美] 克鲁格曼．美国怎么了?：一个自由主义者的良知 [M]．刘波译．北京：中信出版社，2008：99.

[7] [美] 库兹涅茨．现代经济增长：速度、结构与扩展 [M]．戴睿，易诚，译．北京：北京经济学院出版社，1989.

[8] [美] 罗伯特·布伦纳 (Robert Brenner)．繁荣与泡沫　全球视角中的美国经济 [M]．王生升译．北京：经济科学出版社，2003.

[9] [美] 罗伯特·布伦纳．全球动荡的经济学 [M]．郑吉伟译．北京：中国人民大学出版社，2012.

[10] [美] 钱纳里，等．工业化和经济增长的比较研究 [M]．吴奇等译．上海：上海三联书店，1989.

[11] [美] 西蒙·库兹涅茨．各国的经济增长 [M]．常勋译．北京：商务印书馆，2017.

[12] [美] 休斯，[美] 凯恩．美国经济史（原书第 8 版）[M]．邸晓燕译.上海：格致出版社，上海人民出版社，2013.

[13] [苏] 乌尔拉尼斯，Б. Ц. 世界各国人口手册 [M]．魏津生译．成都：四川人民出版社，1982.

［14］［意］乔万尼·阿里吉．亚当·斯密在北京：21 世纪的谱系［M］．路爱国，黄平，许安结，译．北京：社会科学文献出版社，2009.

［15］［英］弗雷德里希·奥古斯特·冯·哈耶克（F. A. von Hayek）．通往奴役之路［M］．王明毅，等，译．北京：中国社会科学出版社，1997.

［16］［英］配第．配第经济著作选集［M］．陈冬野，等，译．北京：商务印书馆，1981.

［17］［英］亚当·斯密．国富论［M］．郭大力，王亚南，译．北京：商务印书馆，2012.

［18］［英］约翰·梅纳德·凯恩斯．就业、利息和货币通论［M］．徐毓枬译．北京：北京时代华文书局，2017.

［19］［日］小岛．雁行型经济发展论——赤松原型［J］．世界经济评论，2000（3）.

［20］柴彬．英国工业化时期的工资问题、劳资冲突与工资政策［J］．兰州大学学报（社会科学版），2013，41（2）：71－78.

［21］车维汉．“雁行形态”理论及实证研究综述［J］．经济学动态，2004（11）：102－106.

［22］陈健，徐康宁．跨国公司研发全球化：动因、地域分布及其影响因素分析［J］．经济学（季刊），2009，8（3）：871－890.

［23］陈伟光，郭晴．逆全球化机理分析与新型全球化及其治理重塑［J］．南开学报（哲学社会科学版），2017（5）：58－70.

［24］陈晓涛，雷佑新．新型工业化下我国产业演进的探索［J］．财经科学，2004（S1）：365－367.

［25］陈焰，熊玉珍．中心外围论及对中国的实证分析［J］．国际贸易问题，2005（3）：10－15.

［26］成德宁．英国前工业化时期的农业革命及其在社会转型中的作用［J］．安徽史学，2002（3）：84－89.

［27］初庆东．18 世纪英国劳资纠纷化解机制的嬗变［J］．四川师范大学学报（社会科学版），2017，44（5）：161－167.

［28］大卫·哈维．新帝国主义［M］．初立忠，沈晓雷译．北京：社会科学文献出版社，2009.

［29］德尼兹·加亚尔，贝尔纳代特·德尚等．欧洲史［M］．蔡鸿滨，桂裕芳译．海口：海南出版社，2000.

［30］董琴．“逆全球化”及其新发展对国际经贸的影响与中国策略研究

[J]. 经济学家, 2018 (12): 91-98.

[31] 方英仁. 十八世纪前半叶英国农业技术改革及其深远意义 [J]. 财经科学, 1990 (2): 53-55, 67.

[32] 冯新舟. 经济全球化新形势与中国的战略选择 [J]. 经济问题, 2018 (3): 1-6, 18.

[33] 付随鑫. 美国的逆全球化、民粹主义运动及民族主义的复兴 [J]. 国际关系研究, 2017 (5): 34-46, 152-153.

[34] 干春晖, 郑若谷, 余典范. 中国产业结构变迁对经济增长和波动的影响 [J]. 经济研究, 2011, 46 (5): 4-16, 31.

[35] 格·R. 克里普纳, 丁为民, 常盛, 李春红. 美国经济的金融化 (上) [J]. 国外理论动态, 2008 (6): 7-15.

[36] 龚唯平. 工业化范畴论　对马克思工业化理论的系统研究 [M]. 北京: 经济管理出版社, 2001.

[37] 顾昕, 范西庆. 全球化背景下的工会运动: 以欧洲主要国家为例 [J]. 当代世界社会主义问题, 2005 (4): 58-65.

[38] 关雪凌, 张猛. 发达国家跨国公司是如何为国家利益服务的——跨国公司的政治经济学分析 [J]. 政治经济学评论, 2014, 5 (3): 37-56.

[39] 郭爱民. 农业革命前后英国普通民众生活水平之比较 [J]. 北方论丛, 2006 (4): 97-100.

[40] 郭佩世. 各国收入分配制度与模式 [J]. 决策与信息, 2010 (8): 48.

[41] 郭强. 逆全球化: 资本主义最新动向研究 [J]. 当代世界与社会主义, 2013 (4): 16-21.

[42] 郭笑撰. 西方城市化理论、实践与我国城市化的模式选择 [M]. 武汉: 武汉大学出版社, 2006.

[43] 何秉孟. 美国金融危机与国际金融垄断资本主义 [J]. 中国社会科学, 2010 (2): 28-44, 220-221.

[44] 何自力, 冯新舟. 马克思经济危机理论的创新与发展 [J]. 经济纵横, 2009 (11): 16-19.

[45] 何自力. 产业变迁与资本主义的衰落 [J]. 政治经济学评论, 2012, 3 (4): 33-46.

[46] 何自力. 经济全球化的后果与反全球化运动 [J]. 政治经济学评论, 2004 (3): 82-94.

[47] 何自力. 去工业化、去周期化与经济停滞常态化——一个认识当代资

本主义的新视角［J］. 华南师范大学学报（社会科学版），2015（4）：33－38，191.

［48］侯建新. 圈地运动前英国封建保有地的蜕变［J］. 世界历史，2018（1）：4－19，155.

［49］胡求光，李洪英. 金融危机对中国出口贸易影响的实证分析［J］. 国际贸易问题，2010（3）：3－11.

［50］胡莹. 马克思主义经济危机理论的发展轨迹与百年论争——纪念《资本论》第1卷出版150周年［J］. 国外理论动态，2017（12）：47－60.

［51］黄力克. 马克思经济危机理论与西方经济周期理论的比较［J］. 当代经济研究，2006（5）：18－21.

［52］黄茂兴，叶琪. 近代以来世界性经济危机爆发的主要特点及成因分析［J］. 当代经济研究，2010（3）：42－47.

［53］［德］霍夫曼. 工业化的阶段和类型［M］. 北京：中国社会科学出版社，1991.

［54］姜振寰. 试论工业化的发展阶段和模式［J］. 科学学研究，1986（1）：26－33.

［55］蒋瑛，周俊. 习近平新时代对外开放思想与逆全球化挑战的应对［J］. 经济学家，2018（9）：5－11.

［56］金燕. 英国工业革命时期政府对劳资关系的调节［J］. 湖南科技大学学报（社会科学版），2015，18（1）：119－123.

［57］靳辉明. 国际垄断资本主义的本质特征和历史地位［J］. 马克思主义研究，2006（1）：78－87.

［58］雷达. "逆全球化"概念辨析与全球化进程的梳理［J］. 世界经济研究，2018（3）：6－8.

［59］李雪阳. 对西方两类资本输出观的批判性考察——兼析列宁资本输出理论的当代适用性［J］. 经济纵横，2018（4）：31－40.

［60］利奥纳多·德乌斯，若安·宝拉，雨果·塞奎拉，卡洛斯·苏佩瑞亚克，武传鹏，刘礼. 建构中的经济危机理论——马克思《资本论》草稿与关于1866年危机的笔记本［J］. 政治经济学评论，2018，9（5）：206－217.

［61］联合国贸易和发展组织. 世界投资报告2018 投资及新产业政策［M］. 冼国明，葛顺奇，译. 天津：南开大学出版社，2018.

［62］列宁. 帝国主义是资本主义的最高阶段［M］//列宁. 列宁专题文集：论资本主义. 北京：人民出版社，2009.

[63] 列宁．列宁全集（第27卷）[M]. 北京：人民出版社，1990：344.

[64] 列宁．列宁全集（第29卷）[M]. 北京：人民出版社，1985：479.

[65] 列宁．列宁全集（第2卷）[M]. 北京：人民出版社，1984：139.

[66] 列宁．列宁专题文集·论资本主义 [M]. 北京：人民出版社，2009.

[67] 林玲，余娟娟．全球生产网络中的收益分配及中国的分配地位——由iPhone手机引发的思考 [J]. 现代经济探讨，2012（8）：78-82.

[68] 林振淦．马克思恩格斯论述金融危机与经济危机 [M]. 北京：社会科学文献出版社，2011：438.

[69] 刘海霞．当前经济危机的马克思主义解读 [J]. 红旗文稿，2009（19）：4-7.

[70] 刘鹤．两次全球大危机的比较研究 [M]. 北京：中国经济出版社，2013：24.

[71] 刘金源.19世纪英国集体谈判制兴起原因述论 [J]. 安徽史学，2017（4）：17-25.

[72] 刘金源．近代英国劳资争议仲裁制的兴起 [J]. 世界历史，2016（2）：62-73，158.

[73] 刘景华．近代欧洲早期农业革命考察 [J].2006（2）：60-66.

[74] 刘军．北美视角下的工会运动与新社会运动 [J]. 浙江学刊，2014（6）：126-136.

[75] 刘骏民，李凌云．世界经济虚拟化中的全球经济失衡与金融危机 [J]. 社会科学，2009（1）：3-10，188.

[76] 刘明远．“六册结构”视野中的马克思经济危机理论 [J]. 政治经济学评论，2015，6（2）：196-214.

[77] 刘琼．中世纪西欧农奴制解体原因探析 [J]. 大庆师范学院学报，2007（3）：138-141.

[78] 刘仁毅.1860~1914年美国工业化发展模式：农业——轻工业——重工业 [J]. 世界经济研究，1982（2）：24-27.

[79] 刘晓欣．当代经济全球化的本质——虚拟经济全球化 [J]. 南开经济研究，2002（5）：22-26.

[80] 刘友霞．工业化及其模式的理论回顾 [J]. 国外社会科学情况，1995（6）：46-48，41.

[81] 鲁棒．全球机器人市场数据统计分析 [J]. 机器人技术与应用，2012（1）：18-22.

［82］鲁保林．劳动挤压与利润率复苏——兼论全球化金融化的新自由主义积累体制［J］．教学与研究，2018（2）：68－77.

［83］栾文莲．对当前西方国家反全球化与逆全球化的分析评判［J］．马克思主义研究，2018（4）：89－97.

［84］吕世荣．马克思经济全球化思想的哲学阐释逻辑［J］．中国社会科学，2015（4）：4－23，204.

［85］马克思，恩格斯．共产党宣言［M］．北京：人民出版社，2009：31－32.

［86］马克思，恩格斯．马克思恩格斯全集（第19卷）［M］．北京：人民出版社，1963.

［87］马克思，恩格斯．马克思恩格斯全集（第21卷）［M］．北京：人民出版社，1965.

［88］马克思，恩格斯．马克思恩格斯全集（第23卷）［M］．北京：人民出版社，1972.

［89］马克思，恩格斯．马克思恩格斯全集（第25卷）［M］．北京：人民出版社，1974.

［90］马克思，恩格斯．马克思恩格斯全集（第26卷）第2册［M］．北京：人民出版社，1974.

［91］马克思，恩格斯．马克思恩格斯全集（第26卷）第3册［M］．北京：人民出版社，1974.

［92］马克思，恩格斯．马克思恩格斯全集（第2卷）［M］．北京：人民出版社，1957.

［93］马克思，恩格斯．马克思恩格斯全集（第39卷）［M］．北京：人民出版社，1974.

［94］马克思，恩格斯．马克思恩格斯全集（第49卷）［M］．北京：人民出版社，1982.

［95］马克思，恩格斯．马克思恩格斯全集（第4卷）［M］．北京：人民出版社，1958.

［96］马克思，恩格斯．马克思恩格斯全集（第6卷）［M］．北京：人民出版社，1998.

［97］马克思，恩格斯．马克思恩格斯全集（第8卷）［M］．北京：人民出版社，1961.

［98］马克思，恩格斯．马克思恩格斯文集（第2卷）［M］．北京：人民出

版社，2009.

［99］马克思，恩格斯．马克思恩格斯文集（第5卷）［M］．北京：人民出版社，2009.

［100］马克思，恩格斯．马克思恩格斯文集（第7卷）［M］．北京：人民出版社，2009.

［101］马克思，恩格斯．马克思恩格斯选集（第1卷）［M］．北京：人民出版社，1995.

［102］马克思，恩格斯．马克思恩格斯全集（第2卷）［M］．北京：人民出版社，1957.

［103］马克思，恩格斯．马克思恩格斯全集（第46卷）上册［M］．北京：人民出版社，1979.

［104］马克思，恩格斯．马克思恩格斯全集（第7卷）［M］．北京：人民出版社，1959.

［105］马克思，恩格斯．马克思恩格斯文集（第3卷）［M］．北京：人民出版社，2009.

［106］马克思，恩格斯．马克思恩格斯文集（第5卷）［M］．中共中央马克思恩格斯列宁斯大林著作编译局译，北京：人民出版社，2009.

［107］马克思，恩格斯．马克思恩格斯文集（第6卷）［M］．北京：人民出版社，2009.

［108］马克思，恩格斯．马克思恩格斯全集（第17卷）［M］．北京：人民出版社，2016.

［109］马克思，恩格斯．马克思恩格斯全集（第19卷）［M］．北京：人民出版社，2006.

［110］马克思，恩格斯．马克思恩格斯全集（第20卷）［M］．北京：人民出版社，2016.

［111］马克思，恩格斯．马克思恩格斯全集（第24卷）［M］．北京：人民出版社，2016.

［112］马克思，恩格斯．马克思恩格斯全集（第2卷）［M］．北京：人民出版社，2005.

［113］马克思，恩格斯．马克思恩格斯全集（第46卷）下［M］．北京：人民出版社，1980.

［114］马克思，恩格斯．马克思恩格斯全集（第4卷）［M］．北京：人民出版社，2016.

［115］马克思，恩格斯．马克思恩格斯文集（第9卷）［M］．北京：人民出版社，2009.

［116］马克思，恩格斯．马克思恩格斯选集（第1卷）［M］．北京：人民出版社，2012：331.

［117］马克思，恩格斯．共产党宣言［M］．北京：中央编译出版社，2005.

［118］马克思，恩格斯．马克思恩格斯全集（第1卷）［M］．北京：人民出版社，1975.

［119］马克思，恩格斯．马克思恩格斯全集（第30卷）［M］．北京：人民出版社，1995.

［120］马克思，恩格斯．马克思恩格斯全集（第47卷）［M］．北京：人民出版社，1979.

［121］马克思．哲学的贫困［M］//马克思，恩格斯．马克思恩格斯文集（第1卷）．北京：人民出版社，2009.

［122］马克思．资本论（第1卷）（法文版）［M］．北京：中国社会科学出版社，1983.

［123］马克思．资本论（第1卷）［M］．北京：人民出版社，1975.

［124］马克思．资本论（第2卷）［M］．北京：人民出版社，1975.

［125］马克思．资本论（第3卷）［M］．北京：人民出版社，1975.

［126］梅琳．经济全球化与国际产业转移［J］．当代经济管理，2011，33（3）：14－18.

［127］孟捷．新自由主义积累体制的矛盾与2008年经济——金融危机［J］．学术月刊，2012，44（9）：65－77.

［128］倪晓宁．中国多重工业化水平测度及相关问题研究［M］．北京：中国经济出版社，2007.

［129］潘纪一，朱国宏．世界人口通论［M］．北京：中国人口出版社，1991.

［130］潘迎华，管佩韦．略论英国工业革命时期的城市妇女［J］．杭州大学学报，1994（4）：35－40.

［131］裴小革．论虚拟资本与实体资本的积累——兼谈中国虚拟资本积累应注意的问题［J］．河北经贸大学学报，2005（3）：1－6.

［132］裴长洪．后危机时代经济全球化趋势及其新特点、新态势［J］．国际经济评论，2010（4）：27－45，3.

［133］钱箭星．全球化时代发达国家劳资关系的演变及其新动向［J］．社会

主义研究，2009（6）：113－116.

［134］［美］钱纳里，等．工业化和经济增长的比较研究［M］．吴奇，王松宝，译．北京：商务印书馆，1989.

［135］乔晓楠，何自力．马克思主义工业化理论与中国的工业化道路［J］．经济学动态，2016（9）：17－28.

［136］乔晓楠，杨成林．去工业化的发生机制与经济绩效：一个分类比较研究［J］．中国工业经济，2013（6）：5－17.

［137］乔晓楠，张欣．美国产业结构变迁及其启示——反思配第—克拉克定律［J］．高校理论战线，2012（12）：32－42.

［138］任晓聪，和军．当代逆全球化现象探析——基于马克思恩格斯经济全球化理论［J］．上海经济研究，2019（4）：110－118.

［139］芮明杰．产业经济学［M］．上海：上海财经大学出版社，2005.

［140］芮明杰．社会主义工业化论［M］．上海：学林出版社，1993.

［141］斯大林．斯大林全集（第12卷）［M］．北京：人民出版社，1955：215.

［142］宋正．中国工业化历史经验研究［M］．大连：东北财经大学出版社，2013.

［143］苏东水．产业经济学第4版［M］．北京：高等教育出版社，2015.

［144］孙海鹏．论近代早期英国集中制手工工场的发展［J］．贵州社会科学，2016（4）：71－77.

［145］孙伊然．逆全球化的根源与中国的应对选择［J］．浙江学刊，2017（5）：5－15，2.

［146］孙智君．产业经济学［M］．武汉：武汉大学出版社，2010.

［147］孙祖芳．现代西方收入分配制度的变迁——理论、实践与思考［J］．社会科学，2002（11）：26－30.

［148］唐军．20世纪英国养老金制度的变迁［J］．经济社会史评论，2014（00）：148－157.

［149］唐庆鹏．逆全球化新动向的政治学分析［J］．当代世界与社会主义，2017（4）：195－202.

［150］田行健，江涌．资本积累视角中的“逆全球化”问题［J］．当代世界与社会主义，2018（6）：135－140.

［151］田曦．马克思经济危机理论研究综述［J］．理论界，2017（8）：11－17.

[152] 佟家栋，刘程．“逆全球化”的政治经济学分析［J］．经济学动态，2018（7）：19－26.

[153] 托马斯·皮凯蒂．21世纪的资本论［M］．巴曙松，等，译．北京：中信出版社，2014：52，168.

[154] 王笔敏．跨国公司对外直接投资对推进经济全球化的影响［J］．现代交际，2018（16）：206－208.

[155] 王虎，袁璇．理性看待全球化进程中的逆全球化思潮［J］．财政科学，2018（4）：156－160.

[156] 王俊，苏立君．互联网资本主义下西方国家去工业化的强化趋势及就业问题［J］．政治经济学评论，2017，8（2）：90－109.

[157] 王俊．互联网资本主义下劳动力商品化的发展趋势与就业效应［J］．政治经济学评论，2016，7（4）：188－205.

[158] 王俊豪．产业经济学［M］．北京：高等教育出版社，2016.

[159] 王师勤．霍夫曼工业化阶段论述评［J］．经济学动态，1988（10）：54－57，37.

[160] 王守义．经济金融化趋向及其对我国实体经济发展的启示——基于1973～2017年美国经济发展数据的分析［J］．马克思主义研究，2018（10）：62－73.

[161] 王述英，白雪洁，杜传忠．产业经济学［M］．北京：经济科学出版社，2006.

[162] 王文丰．英国工业革命时期的议会立法与童工问题［J］．东北师大学报（哲学社会科学版），2016（6）：159－164.

[163] 王展祥，魏琳．去工业化及其在中国的适应性研究——基于结构失衡视角［J］．当代财经，2012（6）：16－25.

[164] 威廉·配第．经济著作选集［M］．北京：商务印书馆，1981.

[165] 韦建桦．列宁专题文集　论资本主义［M］．北京：人民出版社，2009.

[166] ［苏］维·索·维果茨基．《资本论》创作史［M］．福州：福建人民出版社，1983：16.

[167] 邬琼．20世纪80年代日本对外直接投资的特征与启示［J］．发展研究，2017（12）：43－45.

[168] 吴茜．国际垄断资本主义阶段资本主义的基本矛盾及其发展趋势［J］．马克思主义研究，2006（6）：87－93.

[169] 吴志成，吴宇. 逆全球化的演进及其应对 [J]. 红旗文稿，2018 (3)：32 - 34.

[170] 西蒙·库兹涅茨. 各国的经济增长 [M]. 北京：商务印书馆，2011.

[171] 西蒙·库兹涅茨. 国民收入及其构成 [M]. 北京：商务印书馆，1985.

[172] 熊性美. 不是经济衰退，是经济危机 [J]. 世界经济，1981 (1)：14 - 15.

[173] 徐滨. 工业革命时期英国工人的实际工资 [J]. 世界历史，2011 (6)：16 - 26，157 - 158.

[174] 徐坚. 逆全球化风潮与全球化的转型发展 [J]. 国际问题研究，2017 (3)：1 - 15，125.

[175] 薛国中. 美洲白银与欧洲价格革命 [J]. 扬州大学学报（人文社会科学版），2007 (6)：106 - 110.

[176] 亚当·斯密. 国富论 [M]. 孙善春，李春长译. 北京：中国华侨出版社，2011.

[177] 燕安. 凯恩斯学派与奥国学派的经济危机理论比较 [J]. 当代经济，2019 (1)：20 - 21.

[178] 杨洪晓. 日本劳动关系的新自由主义调整及其影响 [J]. 山东工会论坛，2017，23 (6)：14 - 20.

[179] 杨天虎. 英国饥荒的终结 [J]. 社会科学家，2012 (5)：137 - 140.

[180] 佚名. 那时的美国人"像畜生一样生活" [N]. 广州日报，2008 - 11 - 12：A14.

[181] 殷剑峰. 储蓄不足、全球失衡与"中心—外围"模式 [J]. 经济研究，2013，48 (6)：33 - 44.

[182] 尹建龙. 英国工业化时期的雇主结社行为与劳资冲突 [J]. 世界历史，2014 (3)：52 - 62，159 - 160.

[183] 禹继杰. 英国圈地运动中的三种转变对工业革命的影响 [J]. 学理论，2010 (33)：132 - 134.

[184] 袁志刚，余宇新. 经济全球化动力机制的演变、趋势与中国应对 [J]. 学术月刊，2013，45 (5)：67 - 80.

[185] 张贵. 国外工业化模式比较与我国产业创新选择 [J]. 理论视野，2009 (5)：41 - 43.

[186] 张俊山. 政治经济学——当代视角 [M]. 北京：清华大学出版社，

2015.

［187］张鲁萍．美国公共服务外包的演进轨迹及其启示［J］．河南财经政法大学学报，2017，32（4）：94－101.

［188］张为付．国际直接投资FDI比较研究［M］．北京：人民出版社，2008.

［189］张兴峰．马克思经济危机理论初探［J］．党史博采（下），2018（8）：30－32.

［190］张宇，孟捷，卢荻．高级政治经济学［M］．北京：中国人民大学出版社，2012：469.

［191］张宇．金融危机、新自由主义与中国的道路［J］．经济学动态，2009（4）：17－21，37.

［192］赵春明．跨国公司与国际直接投资［M］．北京：机械工业出版社，2007.

［193］郑春荣．欧盟逆全球化思潮涌动的原因与表现［J］．国际展望，2017，9（1）：34－51，145－146.

［194］郑一明，张超颖．从马克思主义视角看全球化、反全球化和逆全球化［J］．马克思主义与现实，2018（4）：8－15.

［195］中华人民共和国国家统计局．国际统计年鉴2017［M］．北京：中国统计出版社，2018.

［196］周振华．我国经济发展面临产业空洞化的挑战：机理分析及应对思路［J］．经济研究，1998（6）：37－45.

［197］朱安东．世界资本主义危机的根源和发展［J］．马克思主义与现实，2012（4）：93－101.

［198］朱钢．论工业化阶段划分及增长来源变动［J］．江苏社会科学，1993（2）：14－19.

［199］Alderson，Arthur S. and Frangois Nielsen. “Globalization and the Great U－Turn：Income Inequality Trends in 16 OECD Countries.” American Journal of Sociology，2002（107）：1244－1299.

［200］Allen E. Cartter. Theory of Wages and Employment：dissertation. Duke University，1959：128－136.

［201］Autor，David H.，David Dorn，and Gordon H. Hanson. “The China shock：Learning from labor－market adjustment to large changes in trade.” Annual Review of Economics 8（2016）：205－240.

[202] Bailliu, Jeannine N. Private capital flows, financial development, and economic growth in developing countries. Ottawa: Bank of Canada, 2000.

[203] Bakir, Erdogan, and A. L. Campbell. "The Bush business cycle profit rate: support in a theoretical debate and implications for the future." Review of Radical Political Economics 41 (3), 2009: 335 –342.

[204] Bakir, Erdogan, and Al Campbell. "Neoliberalism, the Rate of Profit and the Rate of Accumulation." Science & Society 74 (3), 2010: 323 –342.

[205] Baran, Paul, and Sweezy, Paul M. (1966) Monopoly Capital, New York: Monthly Review Press.

[206] Barry Bluestone and Bennett Harrison. The Deindustrialization of America: Plant Closing, Comminity Abandonment and the Dismantling of Basic Industry, New York, Basic Books, 1982. 6.

[207] Barry Bluestone. In Support of the Deindustrialization Thesis. Deindustrialization and Plant Closure [M]. 41 –52.

[208] Bekaert, Geert, Campbell R. Harvey, and Christian Lundblad. "Does financial liberalization spur growth? ." Journal of Financial economics 77 (1): 2005: 3 –55.

[209] Benjamin Chinitz. "The Regional Transformation of the American Economy". The American Economic Reciew, Vol. 76, Issue2, May1986: 303.

[210] Blomstrom, Magnus, Robert E. Lipsey, and Mario Zejan. What explains developing country growth? . No. w4132. National bureau of economic research, 1992.

[211] Bourguignon, François, and Christian Morrisson. "Inequality among world citizens: 1820 – 1992." American economic review. 92 (4), 2002: 727 – 744.

[212] Bown, Chad P. "A Monitoring Update to the Global Antidumping Database," 17 February 2010, available at http://siteresources. worldbank. org/INTPREMNET/Resources/Bown – GAD – Monitoring – Feb –2010. pdf.

[213] Bret Altena and Marcel van der Linden. De-industrialisation: Social, Cultural, and Political Aspects. Cambridge University Press, 2002.

[214] C. Lapavitsas. Financialised Capitalism: Crisis and the Financial Expropriation [J]. Historical Materialism, 2009, Vol. 17: 114 –148.

[215] Colin Love. Conflicts Over Closure: The Laurence Scott Affair [M]. Hampshire: Avebury, 1988: 1.

[216] Cowie Jefferson, and Joseph Heathcott. The Meanings of Deindustrialization. http://digitalcommons. ilr. cornell. edu /cbpubs /33, Cornell University, 2003.

[217] David, H., David Dorn, and Gordon H. Hanson. "The China syndrome: Local labor market effects of import competition in the United States." American Economic Review 103. 6 (2013): 2121 - 2168.

[218] Dollar, David, and Aart Kraay. "Trade, growth, and poverty." The Economic Journal 114 (493), 2004: F22 - F49.

[219] Dollar, David. "Outward - oriented developing economies really do grow more rapidly: evidence from 95 LDCs, 1976 - 1985." *Economic development and cultural change* 40 (3), 1992: 523 - 544.

[220] Dreher, Axel. Does globalization affect growth? Evidence from a new index of globalization. Applied economics, 38 (10), 2006: 1091 - 1110.

[221] Duménil, Gérard, and Dominique Lévy. The crisis of neoliberalism [M]. Cambridge: Harvard University Press, 2011.

[222] Duménil, Gérard, and Dominique Lévy. The crisis of the early 21st century: A critical Review of Alternative Interpretations. Preliminary draft. En internet: http://jourdan. ens. fr/levy/dle2011e. pdf, 2011.

[223] E. Bakir and A. Campbell. Neoliberalism, the Rate of Profit and the Rate of Accumulation [J]. Science & Society, 2010: 323 - 342.

[224] Ebenstein, Avraham, Ann Harrison, and Margaret McMillan. Why are American workers getting poorer? China, trade and offshoring. No. w21027. National Bureau of Economic Research, 2015.

[225] Edison, Hali J., et al. "Capital account liberalization and economic performance: survey and synthesis." IMF Staff Papers 51 (2), 2004: 220 - 256.

[226] Edwards, Sebastian. Capital mobility and economic performance: are emerging economies different? . No. w8076. National bureau of economic research, 2001.

[227] Fligstein Neil. Is Globalization the Cause of the Crises of Welfare States. University of California, Berkeley, working paper, 1999.

[228] Foster, John Bellamy. "The financialization of capitalism." Monthly review 58 (11), 2007: 1 - 12.

[229] Frankel, Jeffrey A., and David Romer. Trade and growth: An empirical investigation. No. w5476. National Bureau of Economic Research, 1996.

[230] Galbraith, John Kenneth (1967) The New Industrial State, Boston: Houghton Mifflin.

[231] Garrett, Geoffrey. "The distributive consequences of globalization." UCLA, MS (2001).

[232] Greenaway, David, Wyn Morgan, and Peter Wright. "Exports, export composition and growth." Journal of International Trade & Economic Development 8 (1), 1999: 41 –51.

[233] Grilli, Vittorio, and Gian Maria Milesi – Ferretti. "Economic effects and structural determinants of capital controls." Staff Papers 42 (3), 1995: 517 –551.

[234] Juan Pablo Painceira. Developing Countries in the Era of Financialisation: form Deficit Accumulation to Reserve Accumulation, Discussion Papers, 2009.

[235] Kamitake Yoshiro. The Process of De-industrialisation in Modern Economic History: Lessons from British Historical Experience. Hitotsubashi Journal of Economics, 1990 (31): 51.

[236] Klein, Michael W., and Giovanni P. Olivei. "Capital account liberalization, financial depth, and economic growth." Journal of international money and finance 27 (6), 2008: 861 –875.

[237] Kotz, David M., and Terrence McDonough. Global neoliberalism and the contemporary social structure of accumulation [M]//McDonough, Terrence, Michael Reich, and David M. Kotz. Contemporary capitalism and its crises: Social structure of accumulation theory for the 21st century. Cambridge: Cambridge University Press, 2010: 93 –120.

[238] Kotz, David. "Neoliberalism and the US economic expansion of the'90s." MONTHLY REVIEW – NEW YORK –54 (11), 2003: 15 –33.

[239] Kraay, Aart. "In search of the macroeconomic effects of capital account liberalization." (1998).

[240] Krippner, Greta R. "The financialization of the American economy." Socio – economic review 3 (2), 2005: 173 –208.

[241] Krugman P.. Domestic Distortions and the Deindustrialization Hypothesis. NBER Working Paper, No. 5473, March, 1996.

[242] Martin N. Baily. "Made in the U. S. A." . The Brooking Review, Winter 1993: 38. http: //global. umi. com.

[243] Moseley, Fred. The falling rate of profit in the postwar United States econ-

omy [M]. New York: St. Martin's Press, 1991: 77, Table 3. 10.

[244] Nicholas Abercrombie, Stephen Hill and Bryan S. Turner. the Penguin Dictionary of Sociology, London, New York: Penguin Books, 1994: 103 - 104.

[245] Paul Knoxt and John Agnew. The Geography of World Economy, (4th edition), Arnold, 1996: 422.

[246] Prates, Daniela Magalhaes, and Leda Maria Paulani. "The financial globalization of Brazil under Lula." MONTHLY REVIEW - NEW YORK - 58. 9 (2007): 32.

[247] Quinn, Dennis. "The correlates of change in international financial regulation." American Political science review 91 (3), 1997: 531 - 551.

[248] R. Brenner. The Economics of Global Turbulence [M]. London: Ver - so, 2006: 209 - 210.

[249] R. Brenner. The Economics of Global Turbulence [M]. London: Ver - so, 2006: 283.

[250] Ramo, Joshua Cooper. Globalism does backward, Forune, 00158259, Vol. 166, Issue 9, 2012.

[251] Robert Fishman. "The American metropolis at century's end: Past and future influences". Housing Policy Debate, Volume 11, Issue 1, 2000: 203.

[252] Rodrik, Dani. "Who needs capital - account convertibility? ." Essays in international finance (1998): 55 - 65.

[253] Rowthorn Robert, Coutts Ken. De-industrialisation and the Balance of Payments in Advanced Economies. Cambridge Journal of Economics, 2004, 28 (5): 767 - 790.

[254] Shaikh, Anwar M., and E. Ahmet Tonak. Measuring the wealth of nations: The political economy of national accounts [M]. New York: Cambrige University Press, 1996.

[255] Shaikh, Anwar. "Foreign trade and the law of value: Part II." Science & Society, 1980: 27 - 57.

[256] Shaikh, Anwar. "The first great depression of the 21st century." Socialist Register 47 (47), 2011: 44 - 63.

[257] Singh, Ajit. "UK Industry and the World Economy: A Case of Deindustrialization?" Cambridge Journal of Economics, 1977, 1: 113 - 136; Singh, Ajit. "Third World Competition and De-Industrialization in Advanced Countries." Cambridge

Journal of Economics, 1989 (13): 103 – 120.

[258] Smick, David M. , Could Globalization Crack Up? . The International Economy, 26 (4), 2012: 8.

[259] Stephen, Tony Thirlwall. UK Industrialization and Deindustrialization (3rd), Heinemann, 1997: 15 – 19.

[260] THOMAS, R. MICHL. Wage – profit curves in US Manufacturing [J]. Cambridge Journal of Economics, 1991, 15 (3): 271 – 286.